Dr.STONE

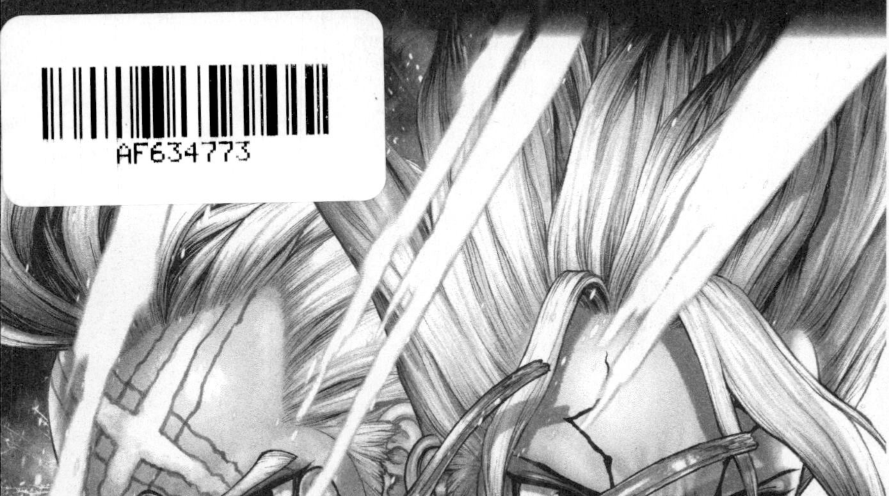

Story: Riichiro Inagaki

Art: Boichi

23

ZUKUNFTSMOTOR

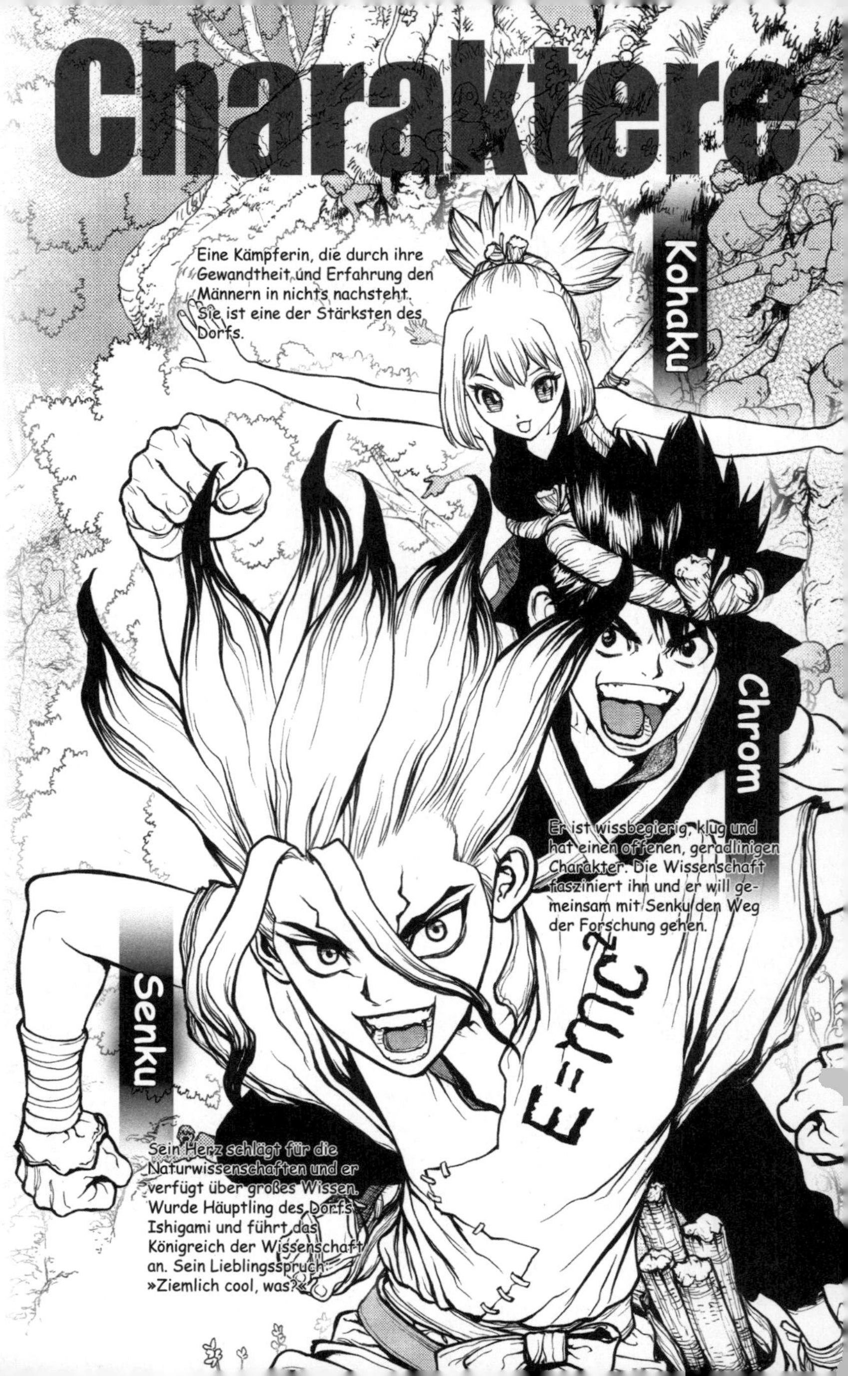
Charaktere
Kohaku
Eine Kämpferin, die durch ihre Gewandtheit und Erfahrung den Männern in nichts nachsteht. Sie ist eine der Stärksten des Dorfs.
Chrom
Er ist wissbegierig, klug und hat einen offenen, geradlinigen Charakter. Die Wissenschaft fasziniert ihn und er will gemeinsam mit Senku den Weg der Forschung gehen.
Senku
Sein Herz schlägt für die Naturwissenschaften und er verfügt über großes Wissen. Wurde Häuptling des Dorfs Ishigami und führt das Königreich der Wissenschaft an. Sein Lieblingsspruch: »Ziemlich cool, was?«
E=mc²

Dr. STONE

STORY

Eines Tages wird die gesamte Menschheit durch ein rätselhaftes Licht versteinert. Mehrere tausend Jahre später durchbrechen die Highschool-Schüler Senku und Taiju ihre Versteinerung und erwachen wieder zum Leben. Die beiden beschließen, Wissenschaft und Zivilisation von Grund auf neu aufzubauen und die Menschheit zu retten. Doch dann wird Senku von Tsukasa, dem stärksten Highschool-Schüler aller Zeiten, der die Wissenschaft verneint, beinahe umgebracht.

Senku überlebt im Geheimen und baut im Dorf Ishigami das Königreich der Wissenschaft auf, gerät dabei aber in einen Kampf gegen das Tsukasa-Imperium. Die beiden Lager können schließlich Frieden schließen, doch durch Hyogas Verrat wird Tsukasa schwer verletzt. Senku versetzt Tsukasa in einen Kälteschlaf, bis er eine Möglichkeit gefunden hat ihn zu heilen, findet auf der Schatzinsel die Versteinerungsvorrichtung und schafft es, Tsukasa wiederzuerwecken.

Nach und nach fallen die Mitglieder des Königreichs der Wissenschaft Stanleys heftigem Angriff zum Opfer. Doch kurz vor ihrer vollständigen Vernichtung gelingt es, die Medusa zu aktivieren. Die gesamte Menschheit wird ein weiteres Mal versteinert, doch dank Senkus Plan erwacht Suika als Einzige wieder zum Leben. Ganz allein arbeitet sie an der Herstellung neuer Entsteinerungsflüssigkeit und schafft es nach sieben Jahren endlich, Senku wiederzuerwecken.

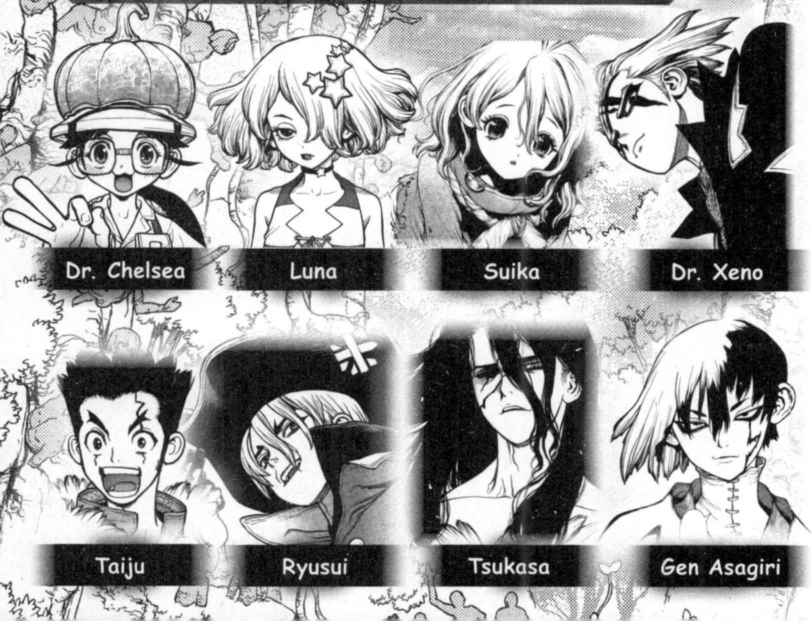

INHALT

23

ZUKUNFTSMOTOR

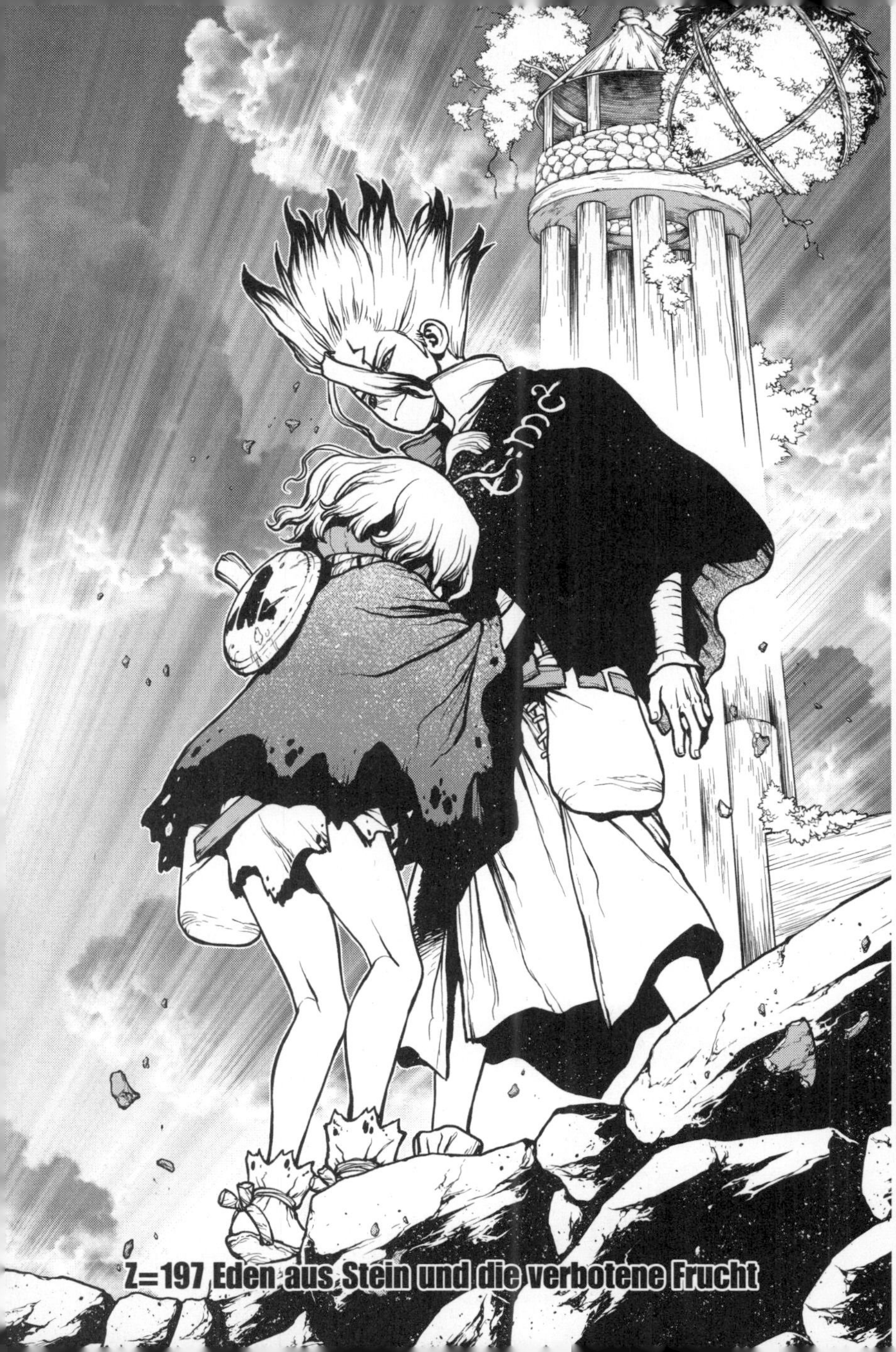

Z=197 Eden aus Stein und die verbotene Frucht

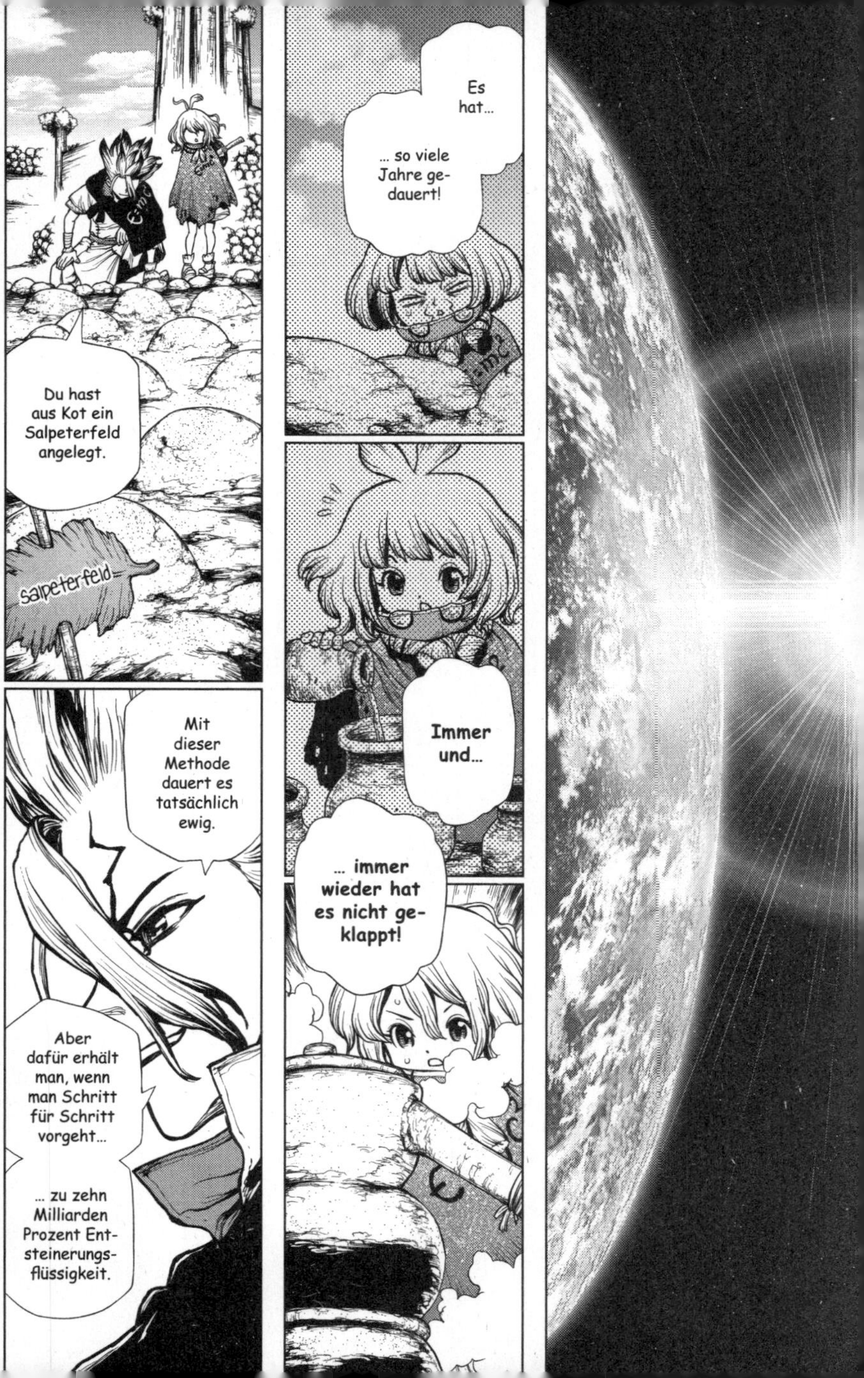

Es hat...
... so viele Jahre gedauert!
Immer und...
... immer wieder hat es nicht geklappt!
Du hast aus Kot ein Salpeterfeld angelegt.
Salpeterfeld
Mit dieser Methode dauert es tatsächlich ewig.
Aber dafür erhält man, wenn man Schritt für Schritt vorgeht...
... zu zehn Milliarden Prozent Entsteinerungsflüssigkeit.

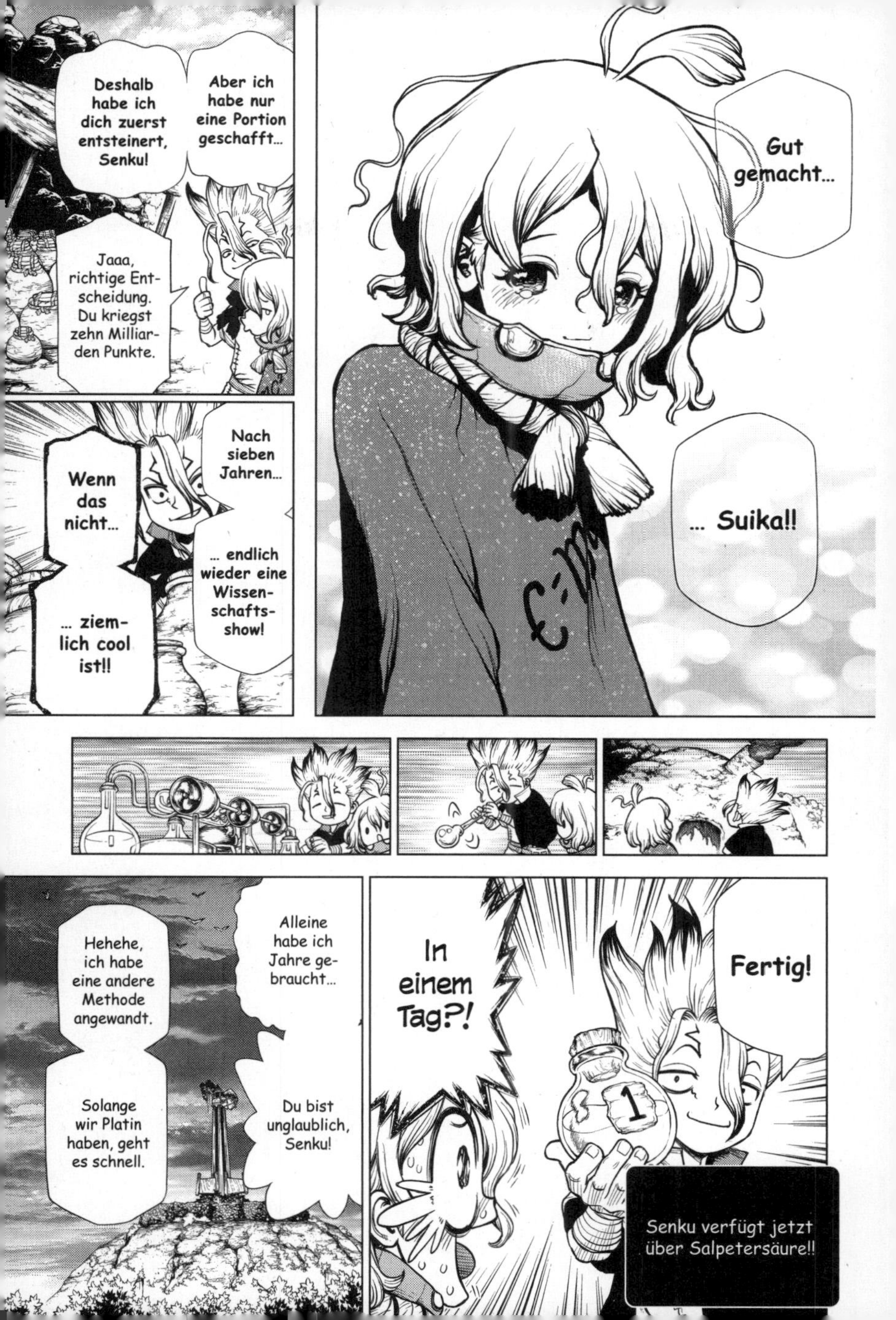

Gut gemacht...
... Suika!!
Aber ich habe nur eine Portion geschafft...
Deshalb habe ich dich zuerst entsteinert, Senku!
Jaaa, richtige Entscheidung. Du kriegst zehn Milliarden Punkte.
Nach sieben Jahren...
... endlich wieder eine Wissenschaftsshow!
Wenn das nicht...
... ziemlich cool ist!!
Alleine habe ich Jahre gebraucht...
Du bist unglaublich, Senku!
Hehehe, ich habe eine andere Methode angewandt.
Solange wir Platin haben, geht es schnell.
Fertig!
In einem Tag?!
Senku verfügt jetzt über Salpetersäure!!

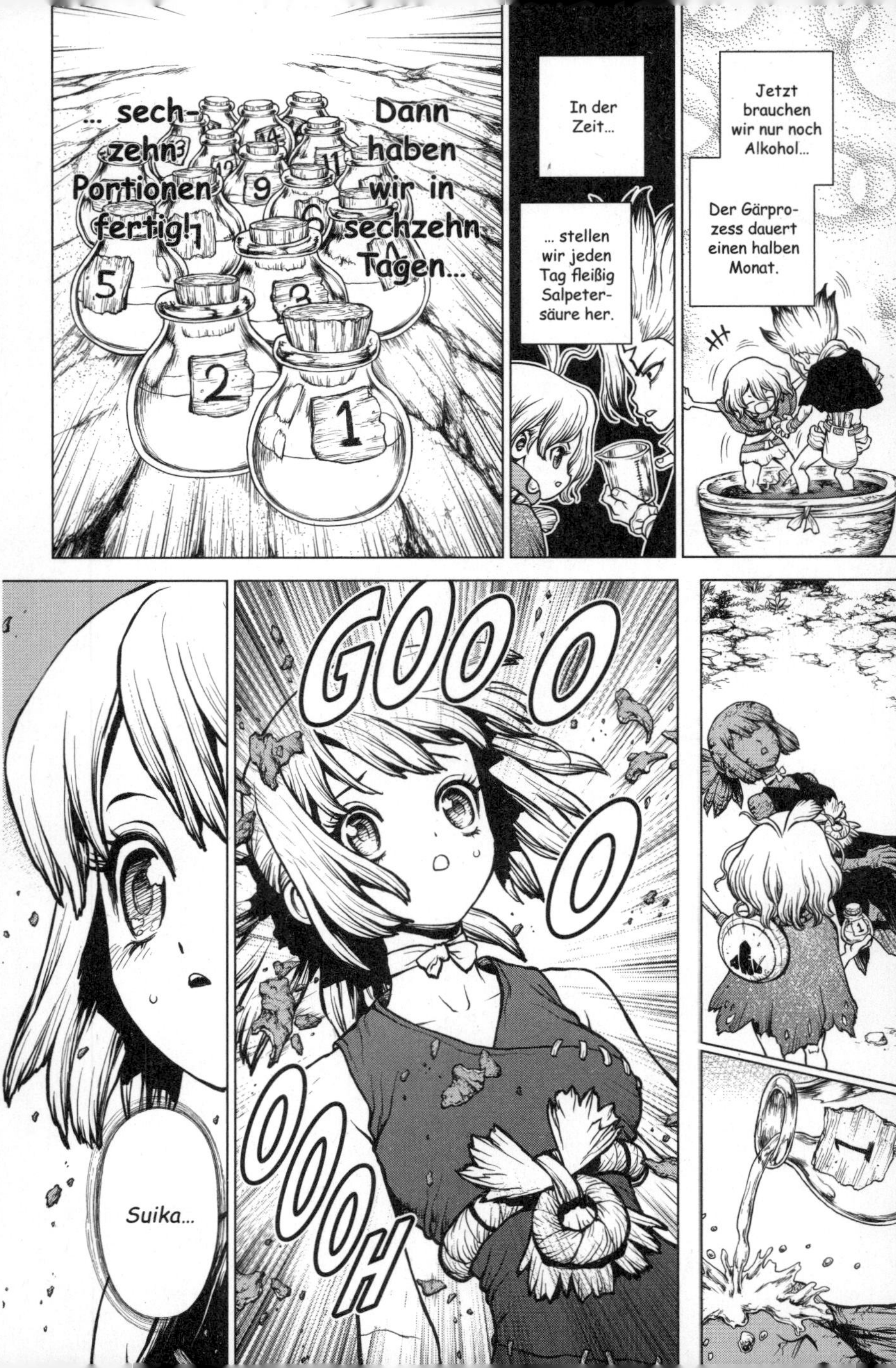
Jetzt brauchen wir nur noch Alkohol...
Der Gärprozess dauert einen halben Monat.
In der Zeit...
... stellen wir jeden Tag fleißig Salpetersäure her.
Dann haben wir in sechzehn Tagen...
... sechzehn Portionen fertig!
GOOOOOOOOH
Suika...

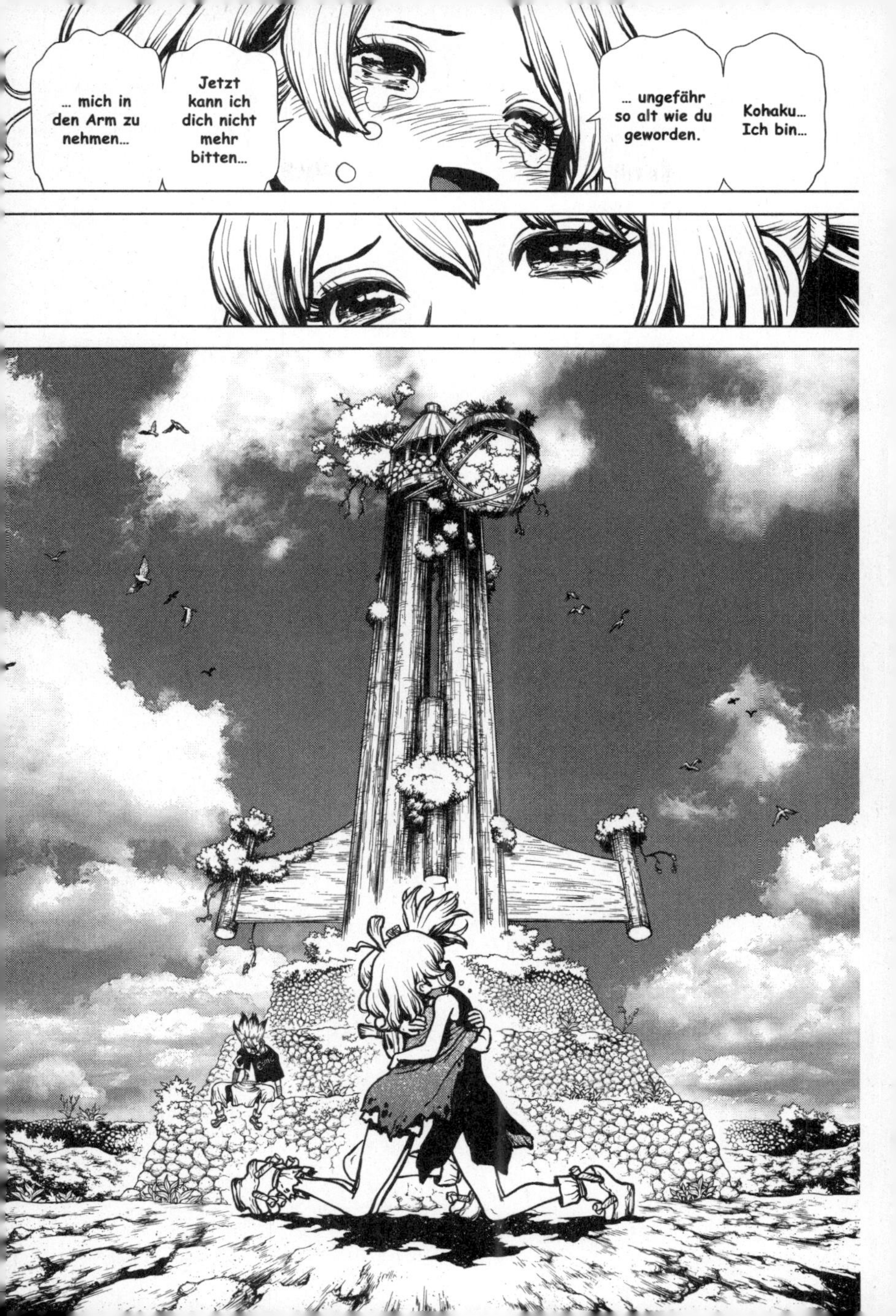
Kohaku… Ich bin…
… ungefähr so alt wie du geworden.
Jetzt kann ich dich nicht mehr bitten…
… mich in den Arm zu nehmen…

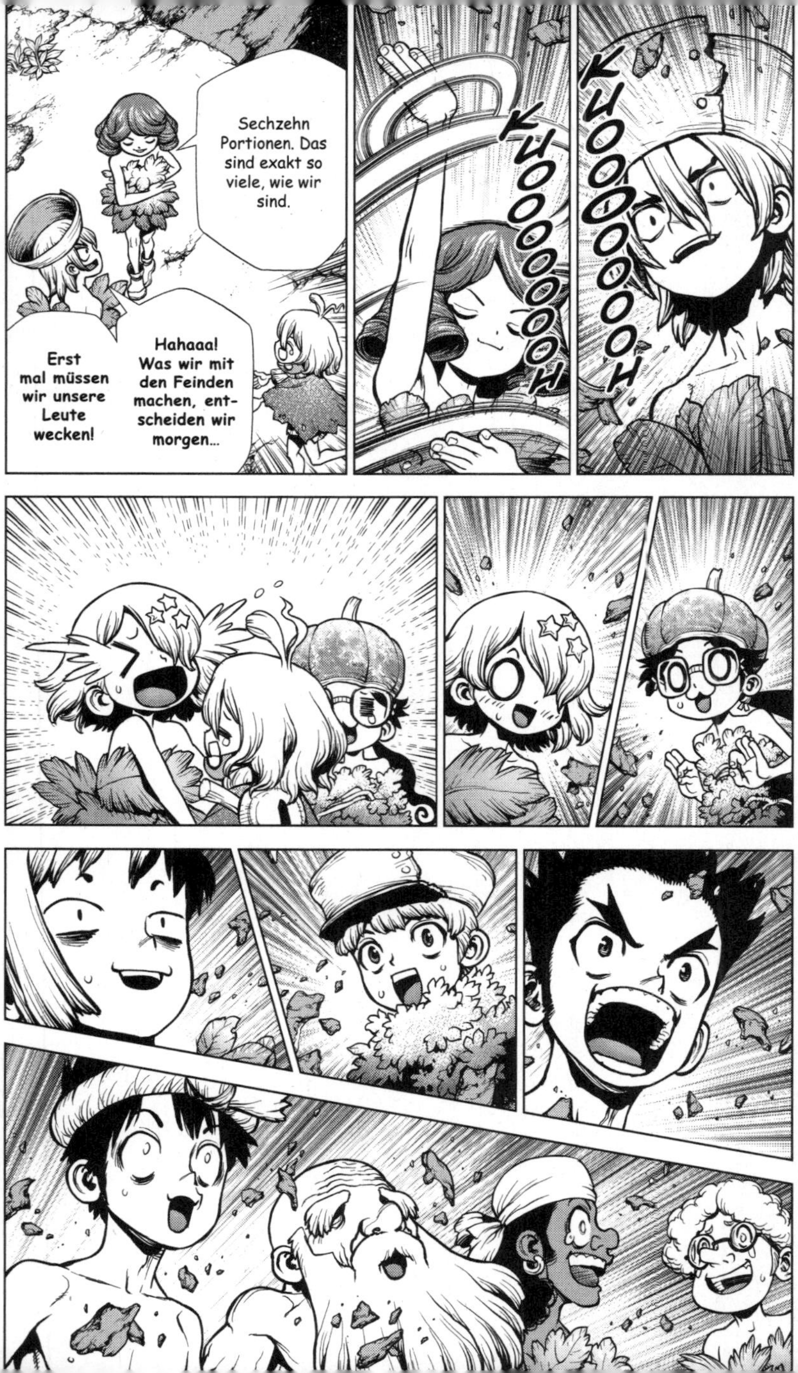
KUOOOOOOOOOOH
KUOOOOOOOOOOH
Sechzehn Portionen. Das sind exakt so viele, wie wir sind.
Hahaaa! Was wir mit den Feinden machen, entscheiden wir morgen...
Erst mal müssen wir unsere Leute wecken!

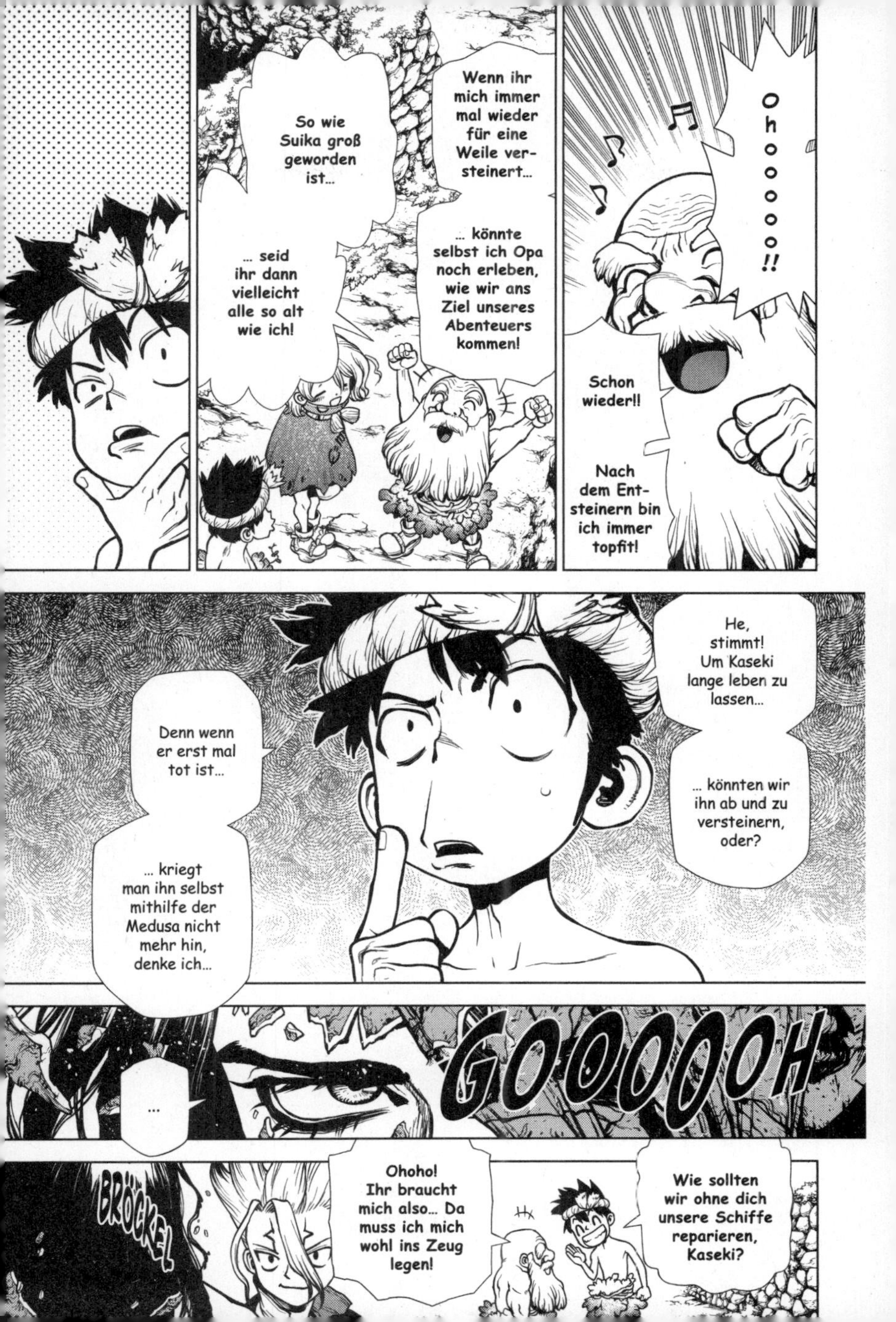
Oh ooooooo!!
Schon wieder!!
Nach dem Ent-steinern bin ich immer topfit!
Wenn ihr mich immer mal wieder für eine Weile ver-steinert...
... könnte selbst ich Opa noch erleben, wie wir ans Ziel unseres Abenteuers kommen!
So wie Suika groß geworden ist...
... seid ihr dann vielleicht alle so alt wie ich!
He, stimmt! Um Kaseki lange leben zu lassen...
... könnten wir ihn ab und zu versteinern, oder?
Denn wenn er erst mal tot ist...
... kriegt man ihn selbst mithilfe der Medusa nicht mehr hin, denke ich...
GOOOOOH
...
Wie sollten wir ohne dich unsere Schiffe reparieren, Kaseki?
Ohoho! Ihr braucht mich also... Da muss ich mich wohl ins Zeug legen!
BRÖCKEL

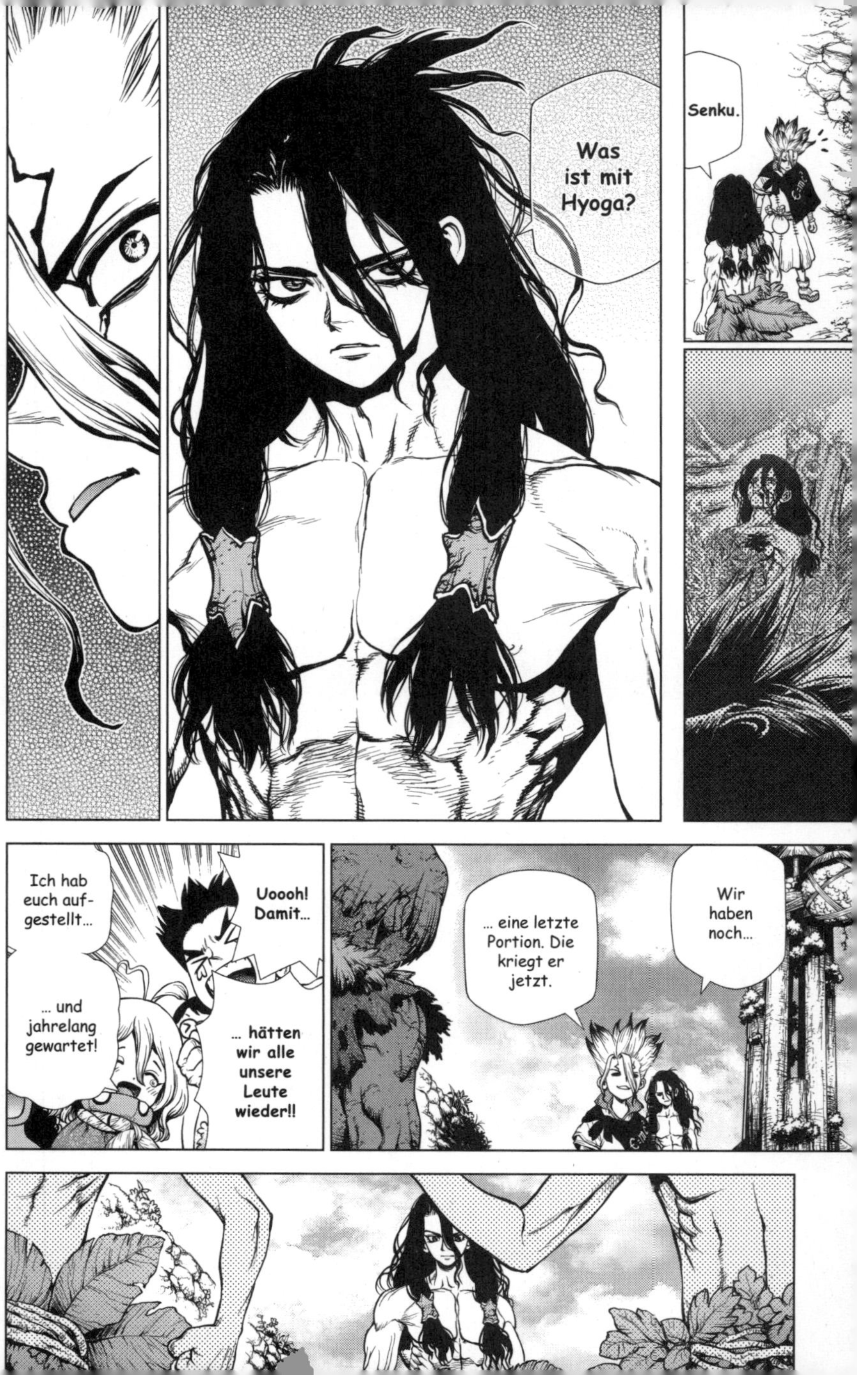
Senku.
Was ist mit Hyoga?
Wir haben noch...
... eine letzte Portion. Die kriegt er jetzt.
Uoooh! Damit...
... hätten wir alle unsere Leute wieder!!
Ich hab euch auf-gestellt...
... und jahrelang gewartet!

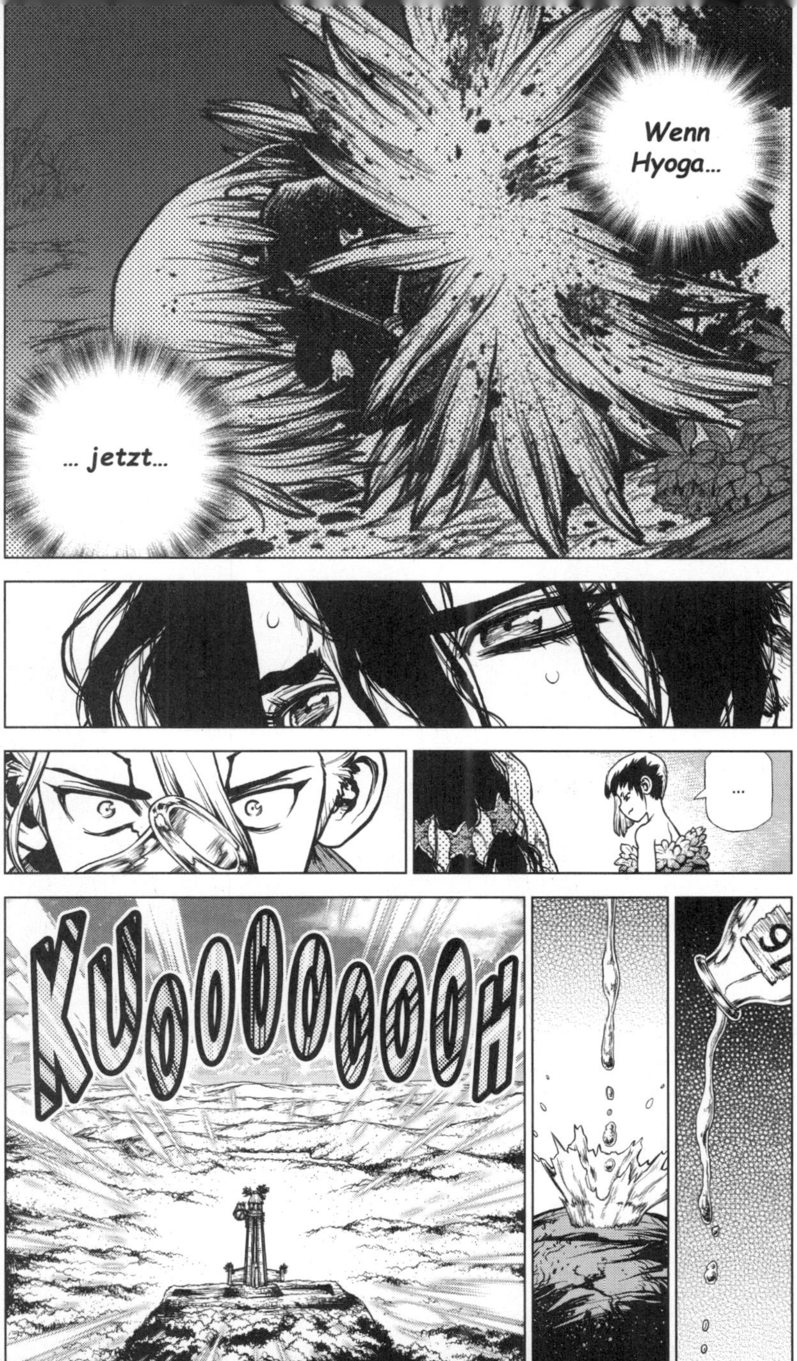
Wenn Hyoga...
... jetzt...
...
KUOOOOOOOOH

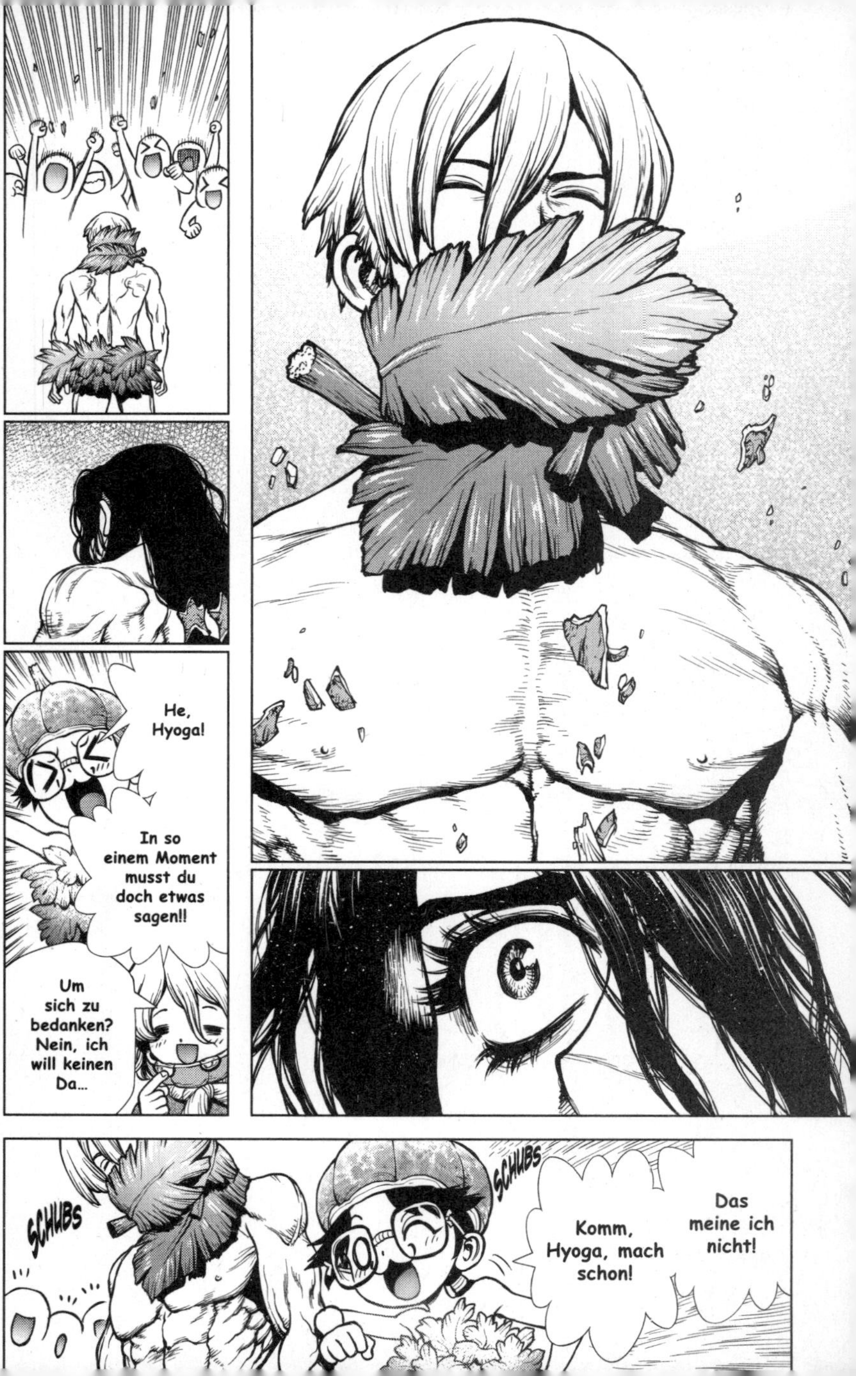
He, Hyoga!
In so einem Moment musst du doch etwas sagen!!
Um sich zu bedanken? Nein, ich will keinen Da...
Das meine ich nicht!
Komm, Hyoga, mach schon!
SCHUBS
SCHUBS

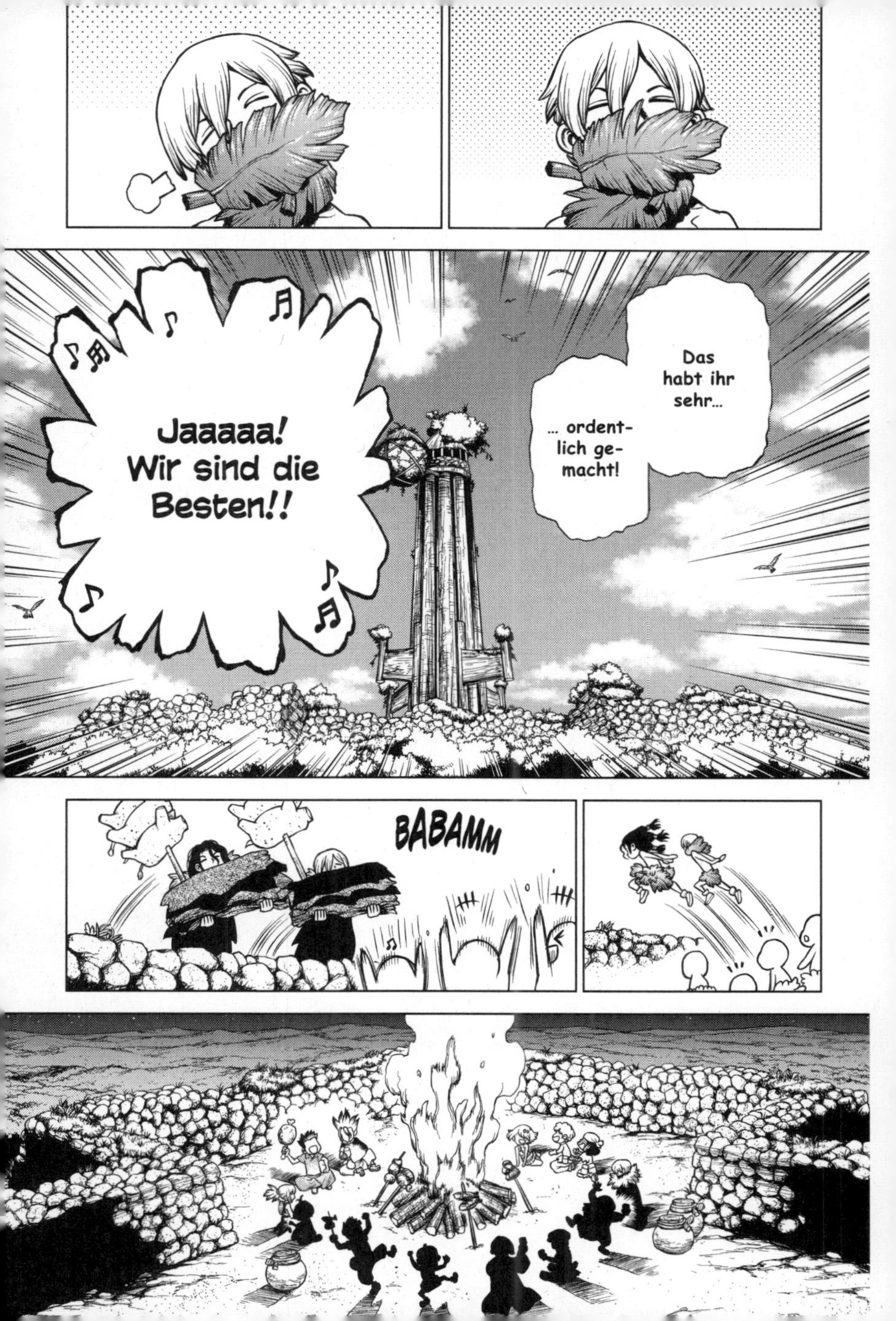
Das habt ihr sehr...
... ordent-lich ge-macht!
Jaaaaa! Wir sind die Besten!!
BABAMM

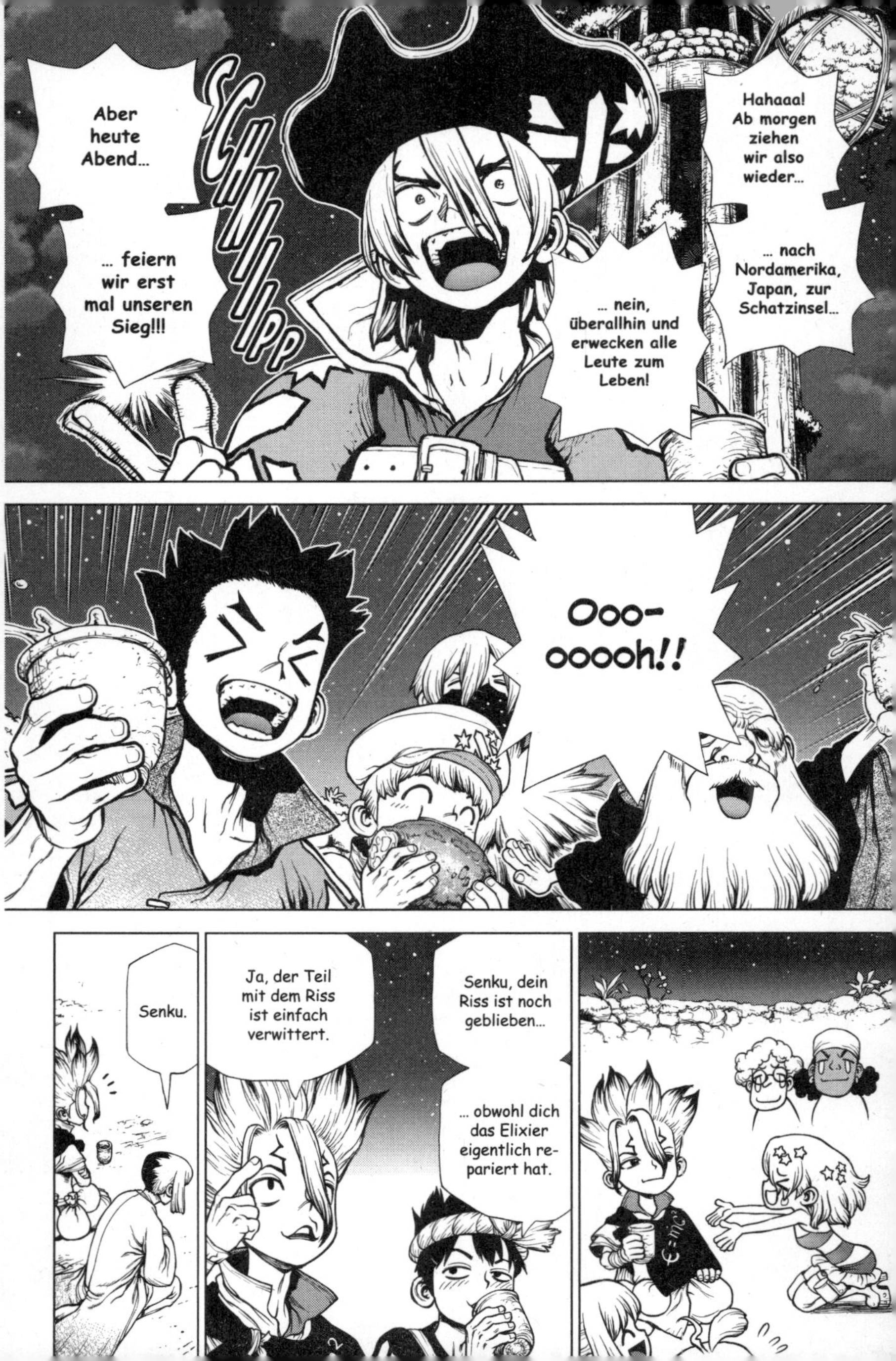

Hahaaa! Ab morgen ziehen wir also wieder...
... nach Nordamerika, Japan, zur Schatzinsel...
... nein, überallhin und erwecken alle Leute zum Leben!
Aber heute Abend...
... feiern wir erst mal unseren Sieg!!!
Ooo-ooooh!!
Senku, dein Riss ist noch geblieben...
... obwohl dich das Elixier eigentlich re-pariert hat.
Ja, der Teil mit dem Riss ist einfach verwittert.
Senku.

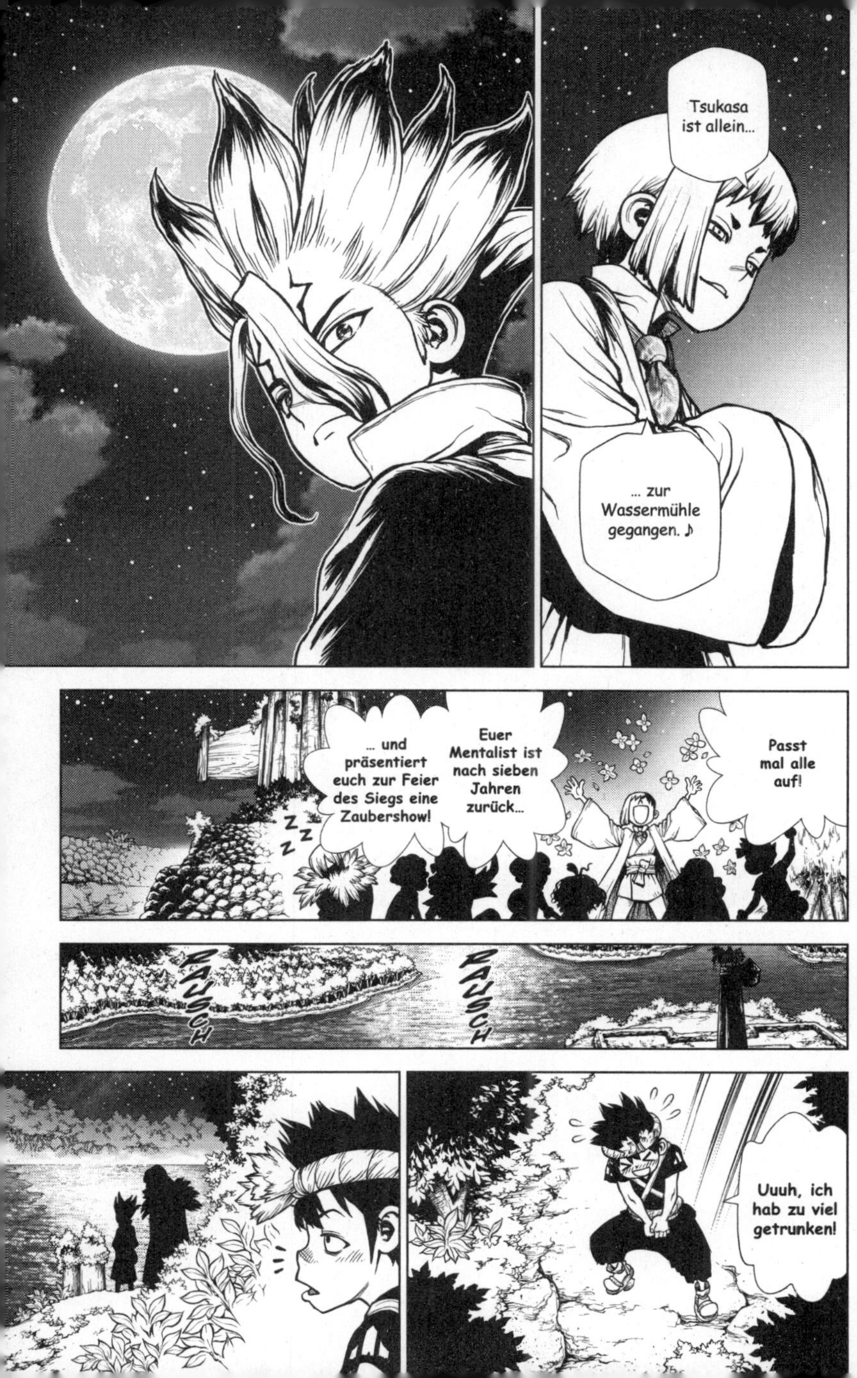
Tsukasa ist allein...
... zur Wassermühle gegangen. ♪
Passt mal alle auf!
Euer Mentalist ist nach sieben Jahren zurück...
... und präsentiert euch zur Feier des Siegs eine Zaubershow!
ZZZ
RAUSCH
RAUSCH
Uuuh, ich hab zu viel getrunken!

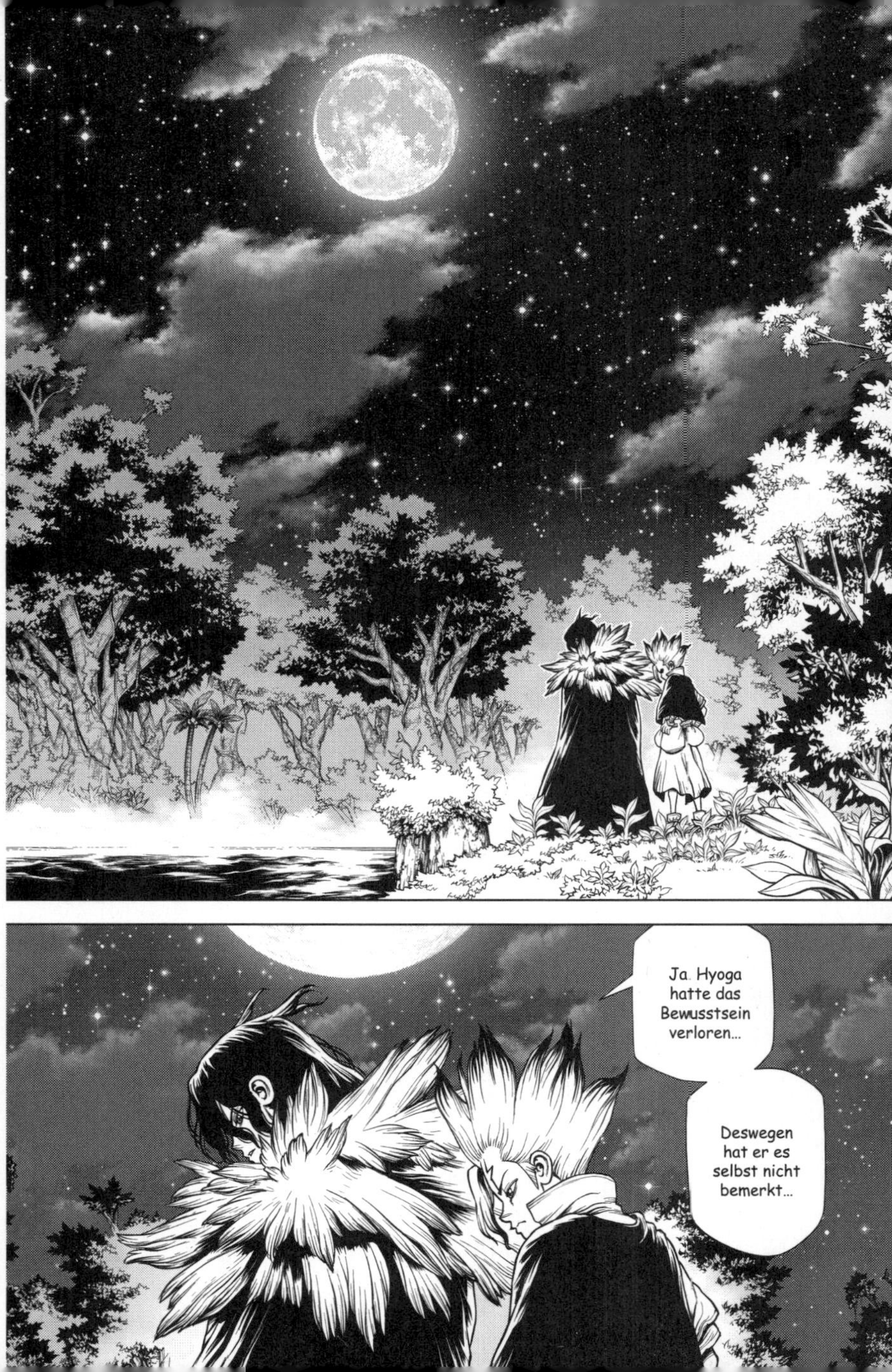
Ja. Hyoga hatte das Bewusstsein verloren...
Deswegen hat er es selbst nicht bemerkt...

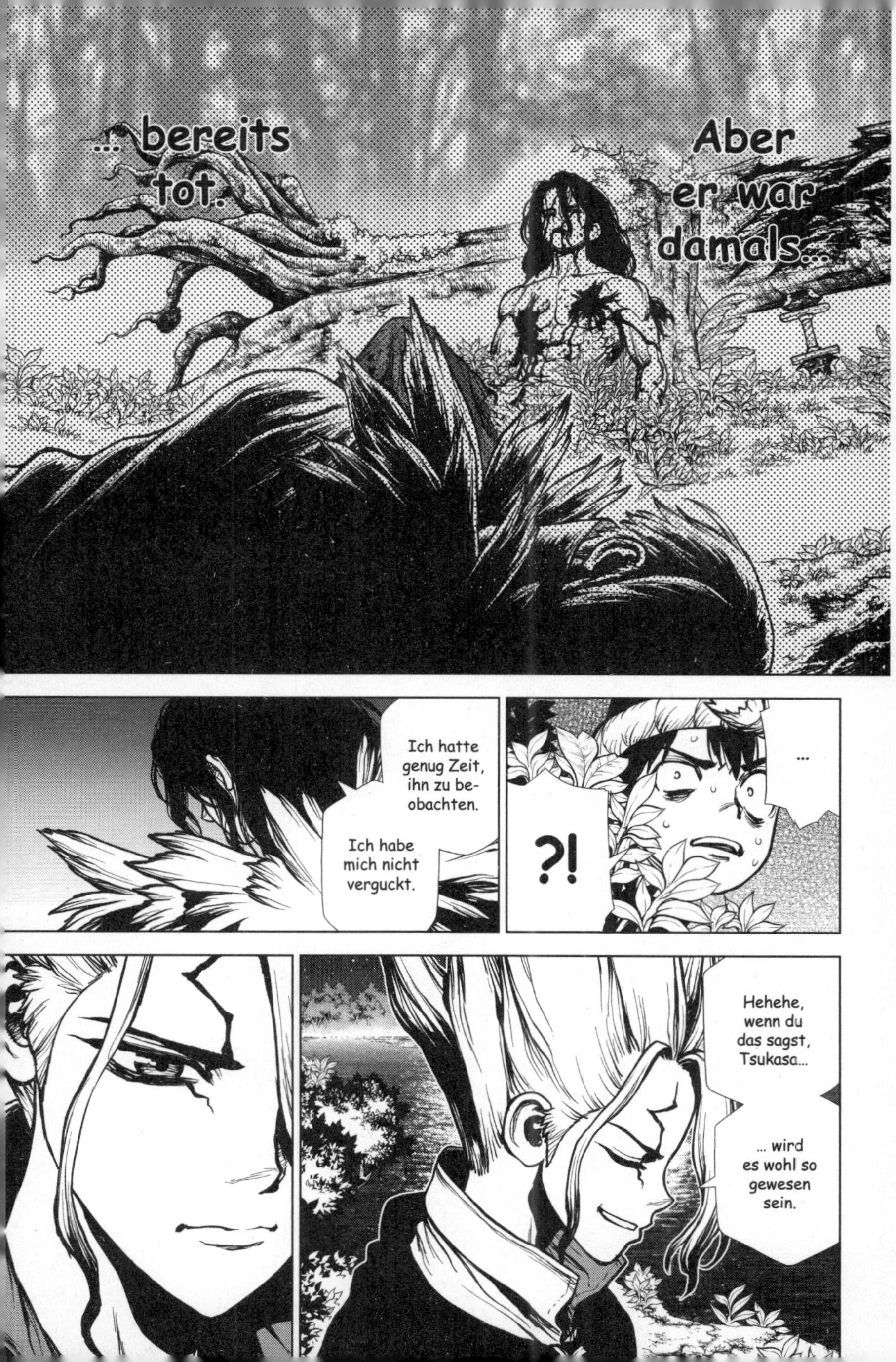

Aber er war damals...
... bereits tot.
...
?!
Ich hatte genug Zeit, ihn zu beobachten.
Ich habe mich nicht verguckt.
Hehehe, wenn du das sagst, Tsukasa...
... wird es wohl so gewesen sein.

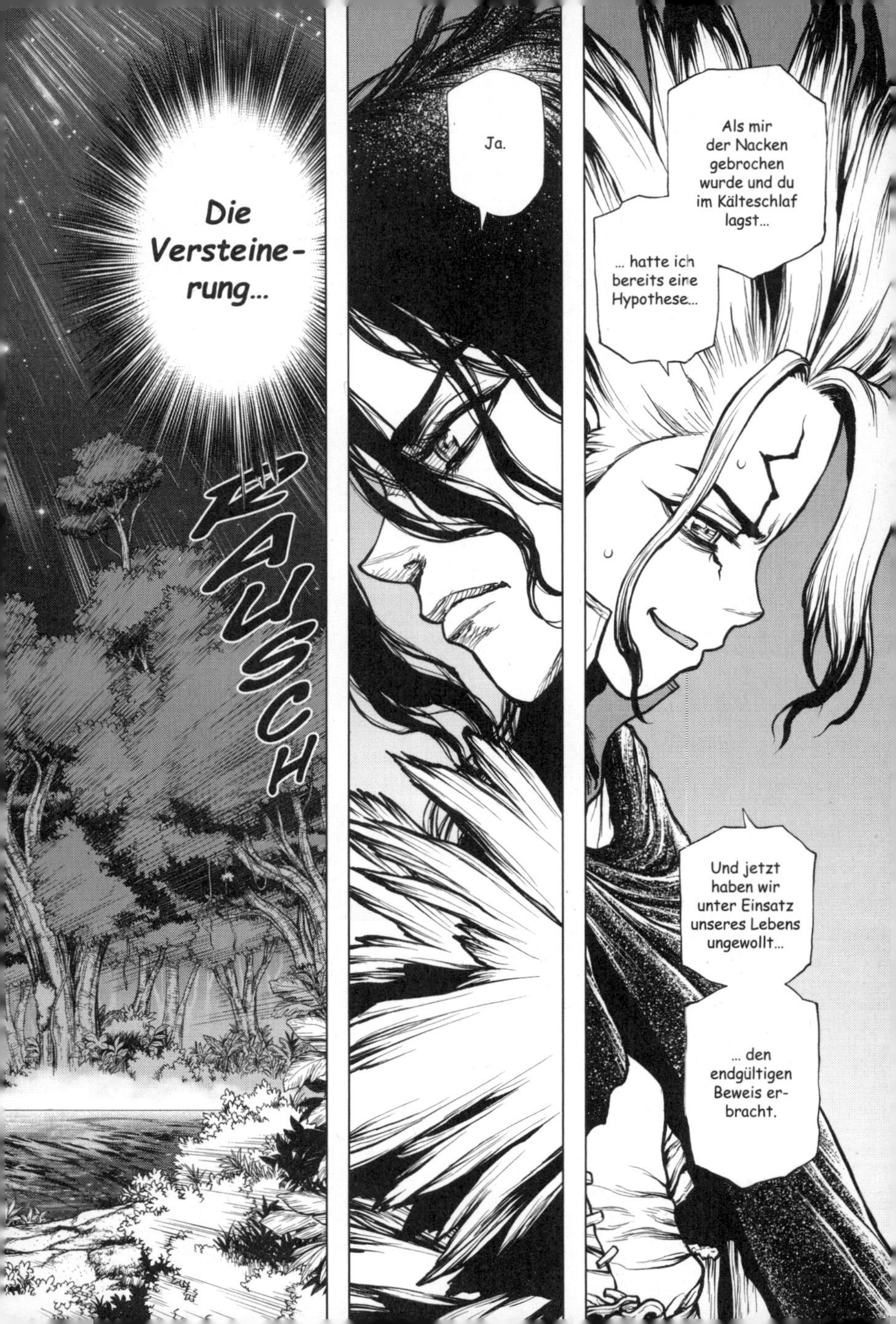
Als mir der Nacken gebrochen wurde und du im Kälteschlaf lagst...
... hatte ich bereits eine Hypothese...
Und jetzt haben wir unter Einsatz unseres Lebens ungewollt...
... den endgültigen Beweis erbracht.
Ja.
Die Versteine-rung...
RAUSCH

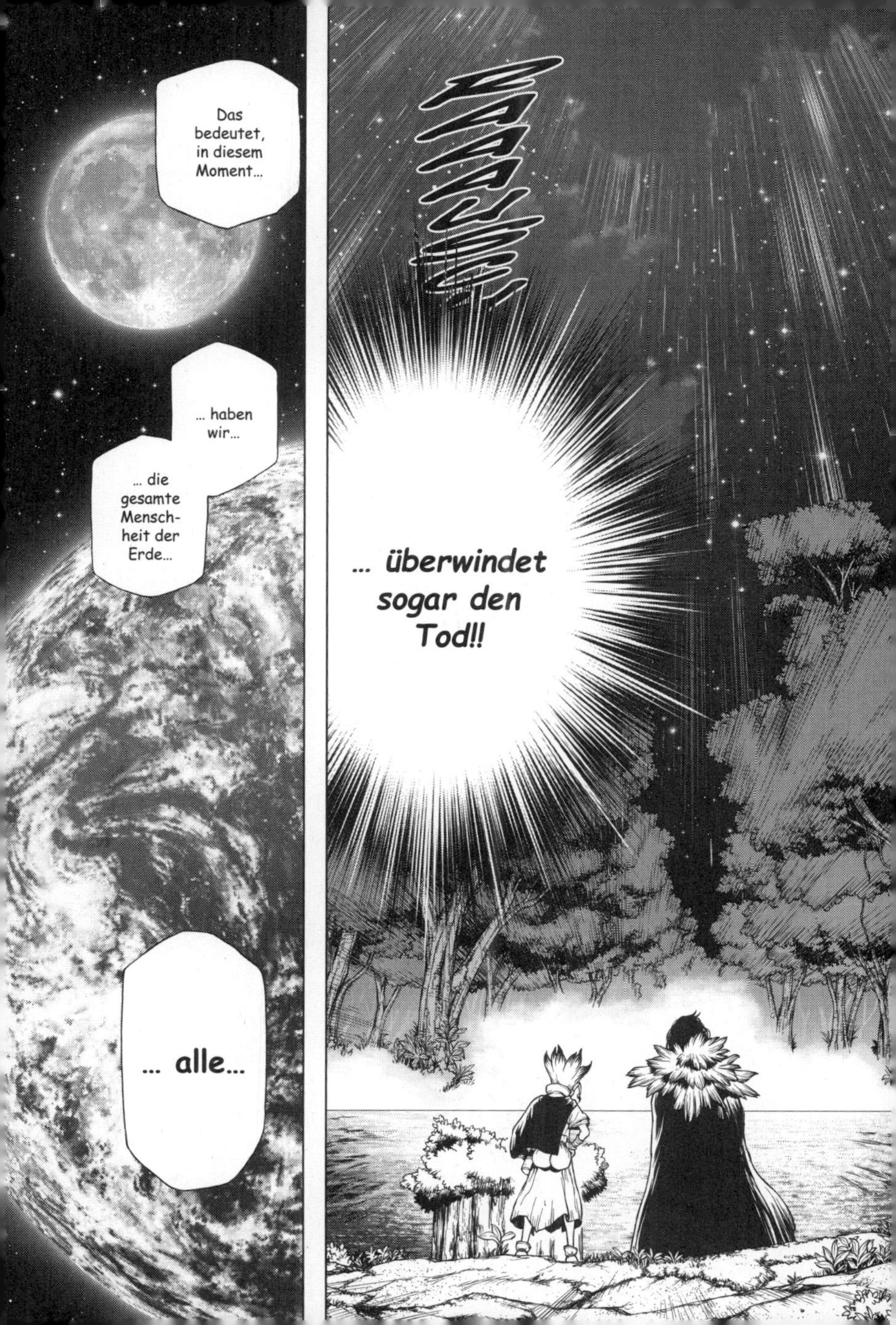
… überwindet sogar den Tod!!
Das bedeutet, in diesem Moment…
… haben wir…
… die gesamte Menschheit der Erde…
… alle…

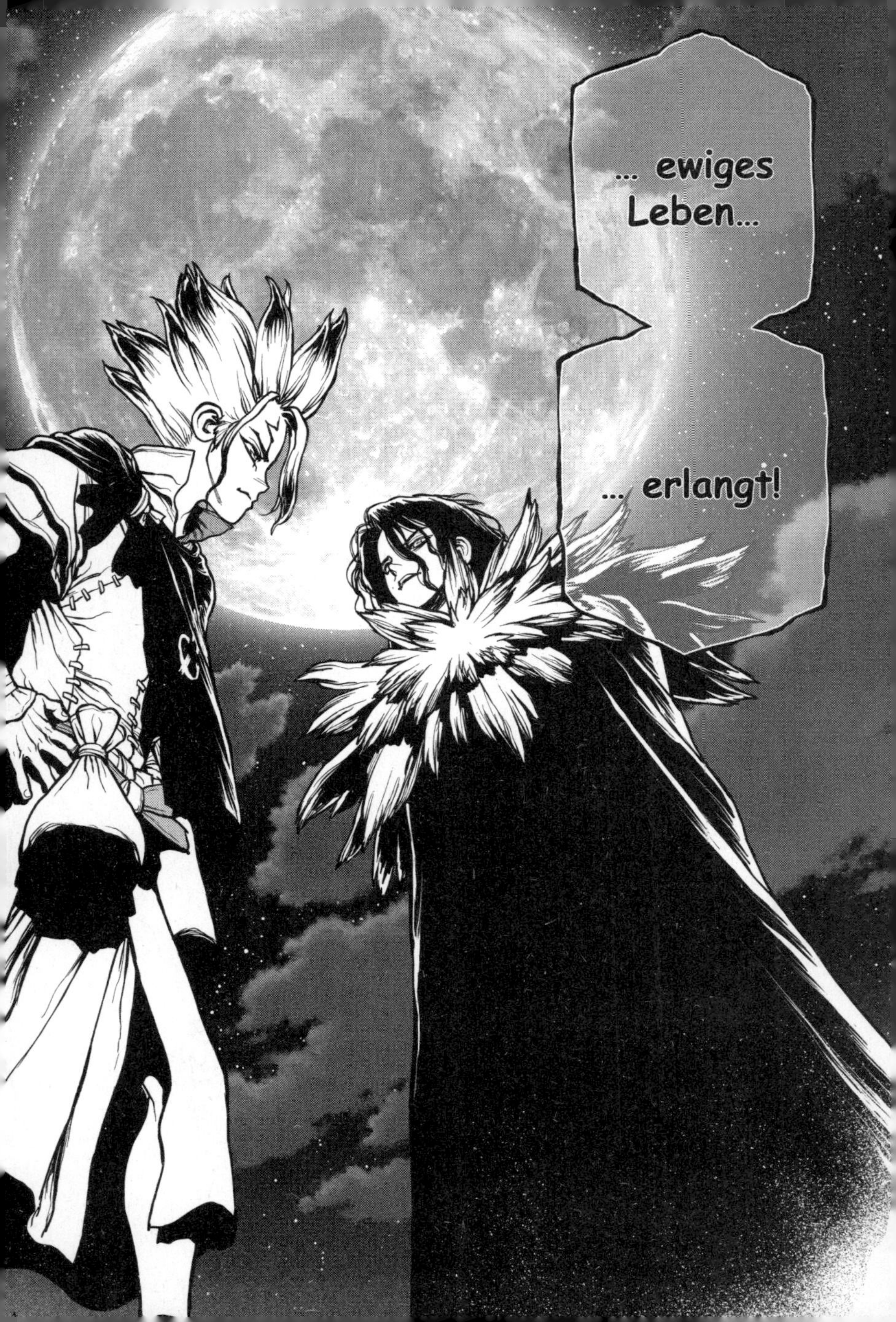
... ewiges Leben...
... erlangt!

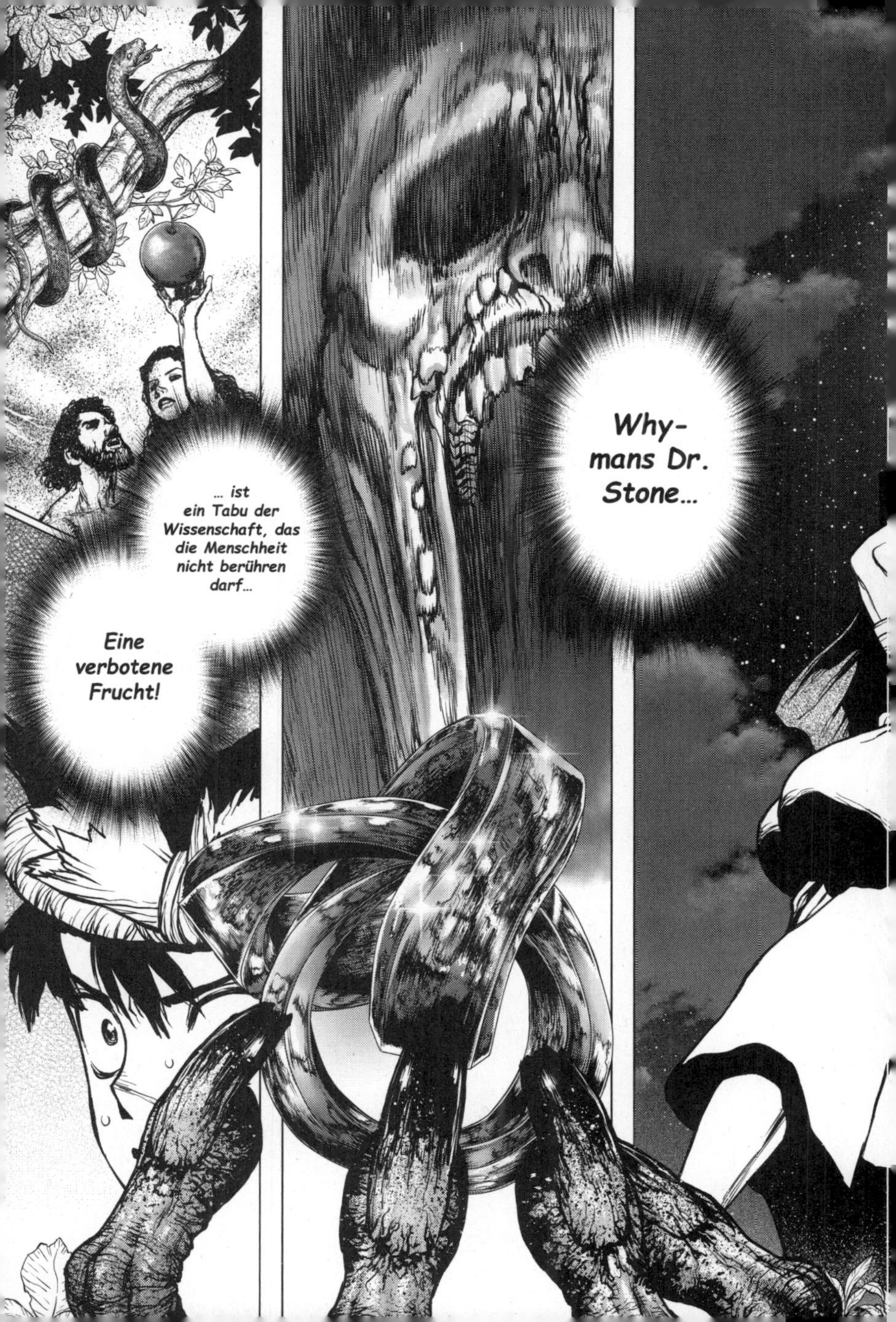
Whymans Dr. Stone…
… ist ein Tabu der Wissenschaft, das die Menschheit nicht berühren darf…
Eine verbotene Frucht!

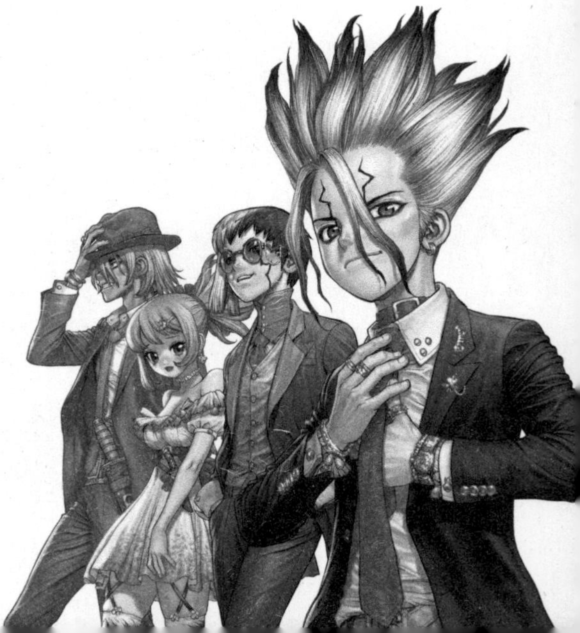

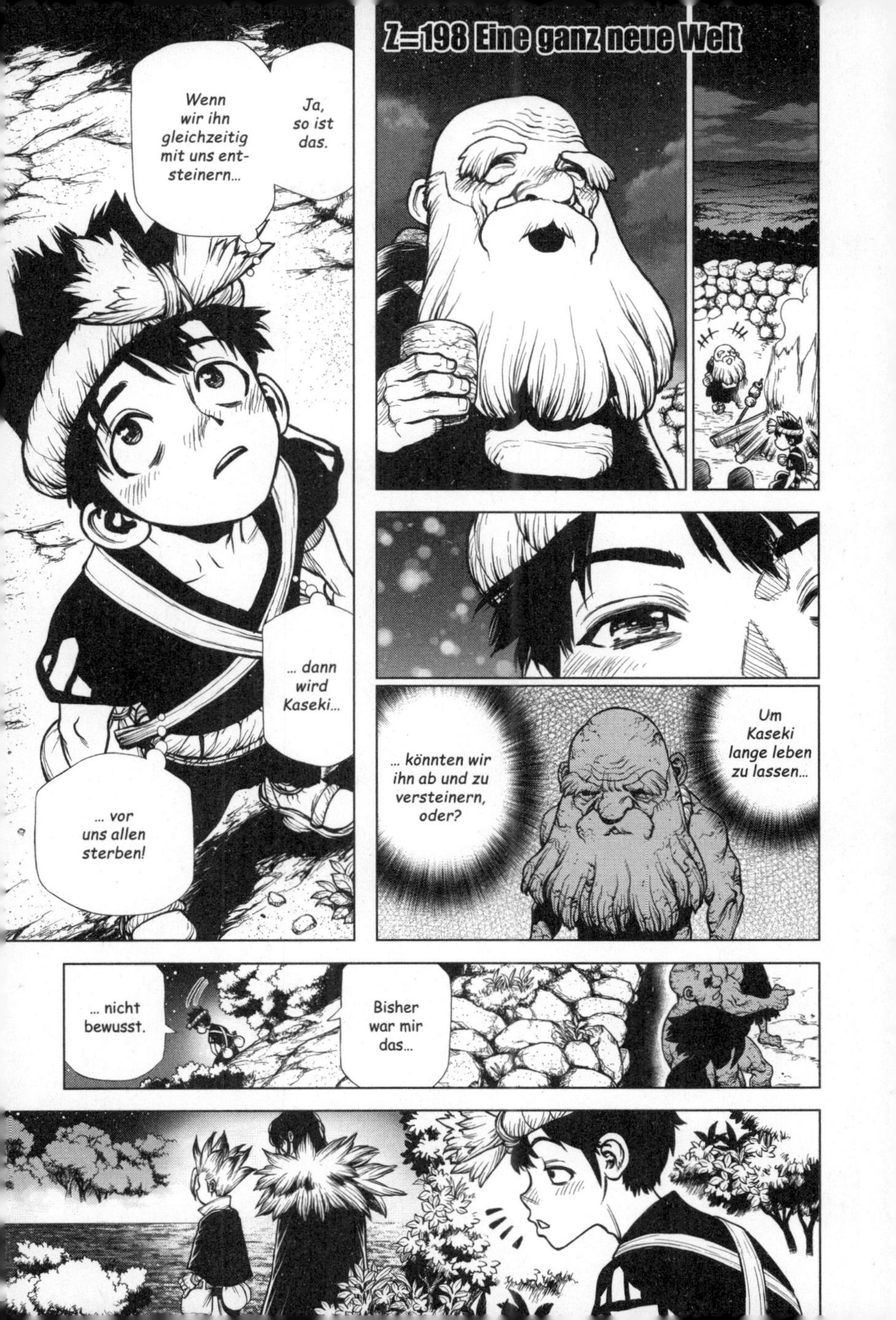
Z=198 Eine ganz neue Welt
Um Kaseki lange leben zu lassen...
... könnten wir ihn ab und zu versteinern, oder?
Ja, so ist das.
Wenn wir ihn gleichzeitig mit uns entsteinern...
... dann wird Kaseki...
... vor uns allen sterben!
Bisher war mir das...
... nicht bewusst.

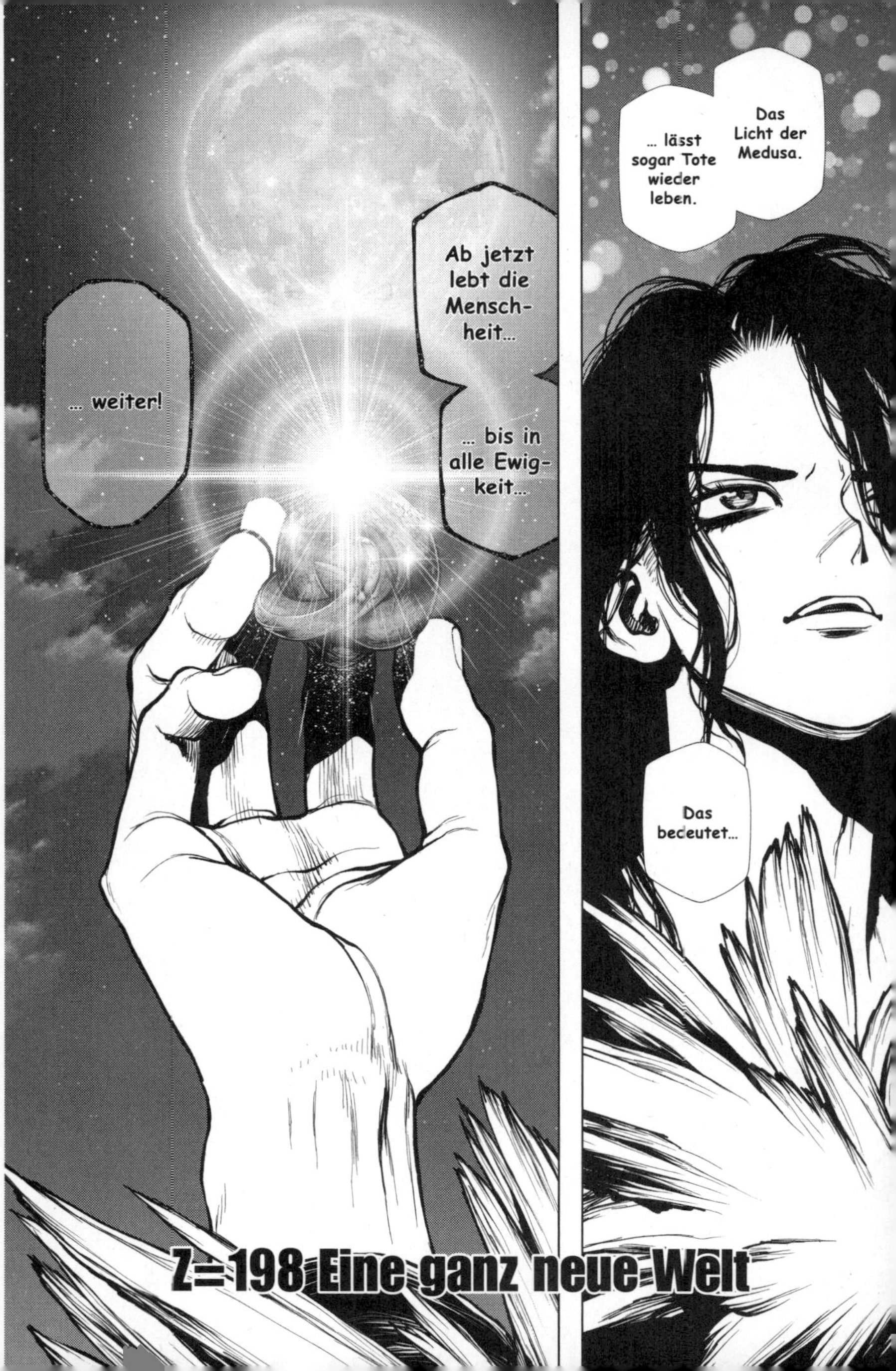

Z=198 Eine ganz neue Welt

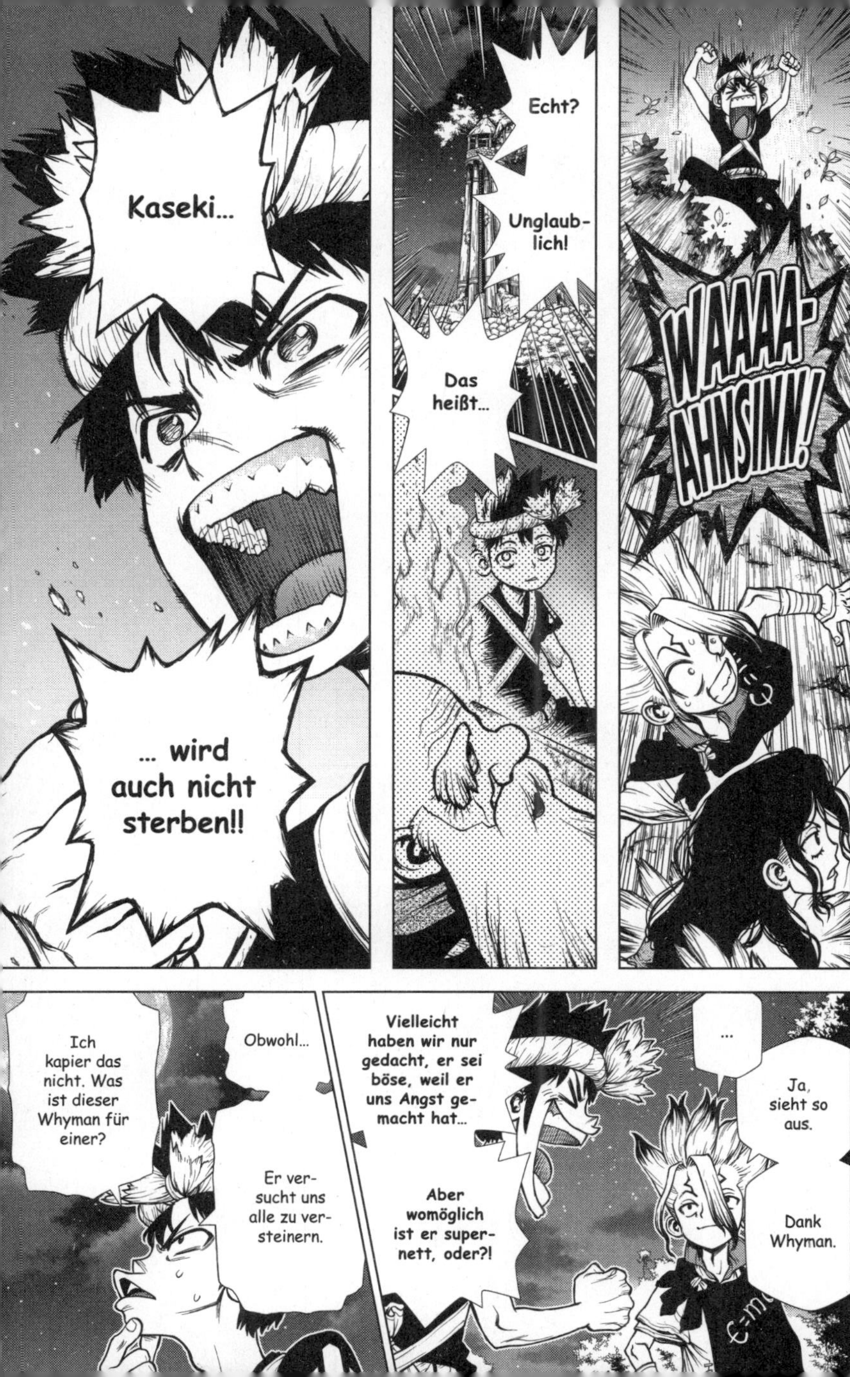

WAAAA-AHNSINN!
Echt?
Unglaub-lich!
Das heißt...
Kaseki...
... wird auch nicht sterben!!
...
Ja, sieht so aus.
Dank Whyman.
Vielleicht haben wir nur gedacht, er sei böse, weil er uns Angst ge-macht hat...
Aber womöglich ist er super-nett, oder?!
Obwohl...
Er ver-sucht uns alle zu ver-steinern.
Ich kapier das nicht. Was ist dieser Whyman für einer?

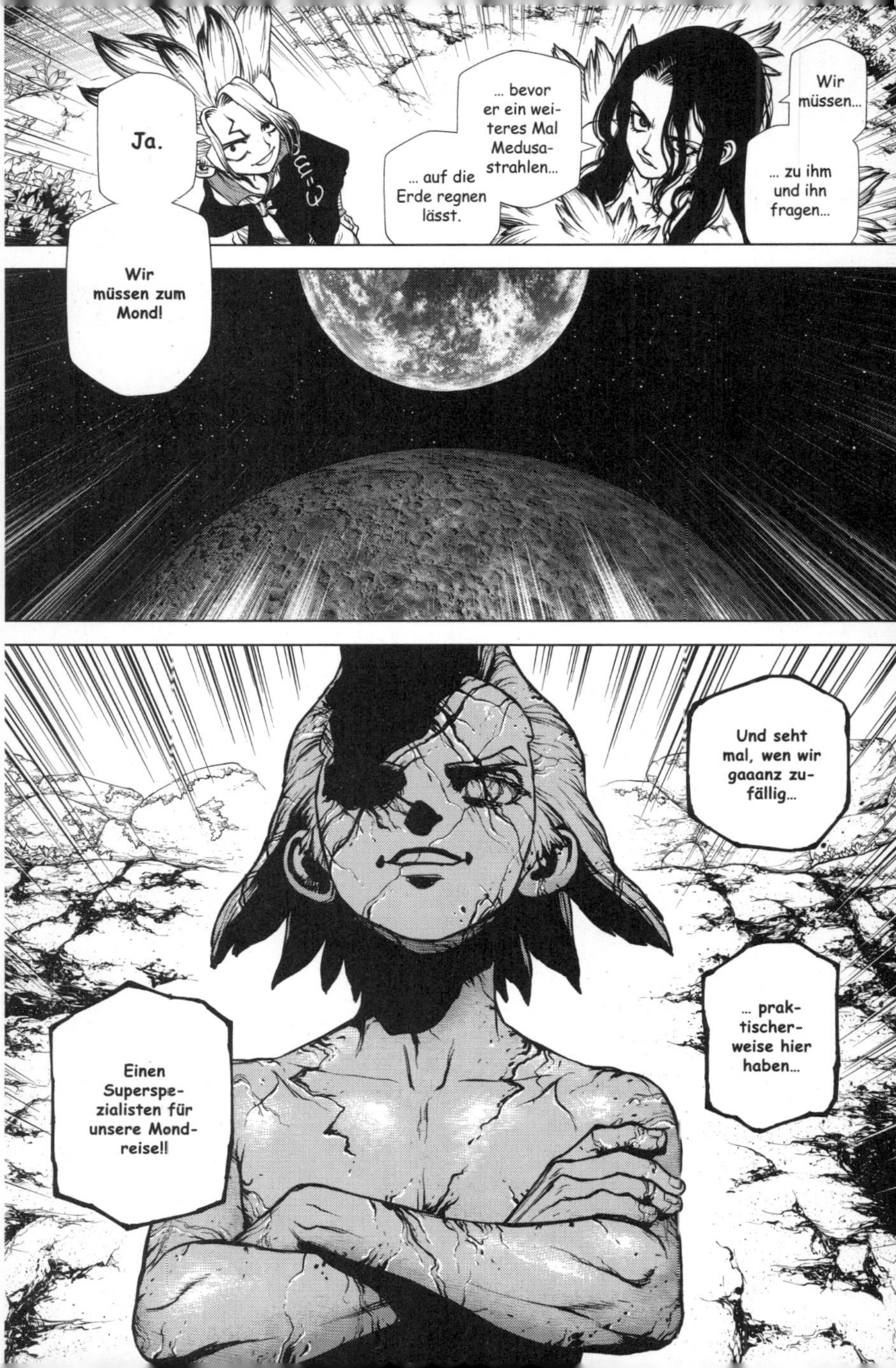
Wir müssen...
... zu ihm und ihn fragen...
... bevor er ein weiteres Mal Medusastrahlen...
... auf die Erde regnen lässt.
Ja.
Wir müssen zum Mond!
Und seht mal, wen wir gaaanz zufällig...
... praktischerweise hier haben...
Einen Superspezialisten für unsere Mondreise!!

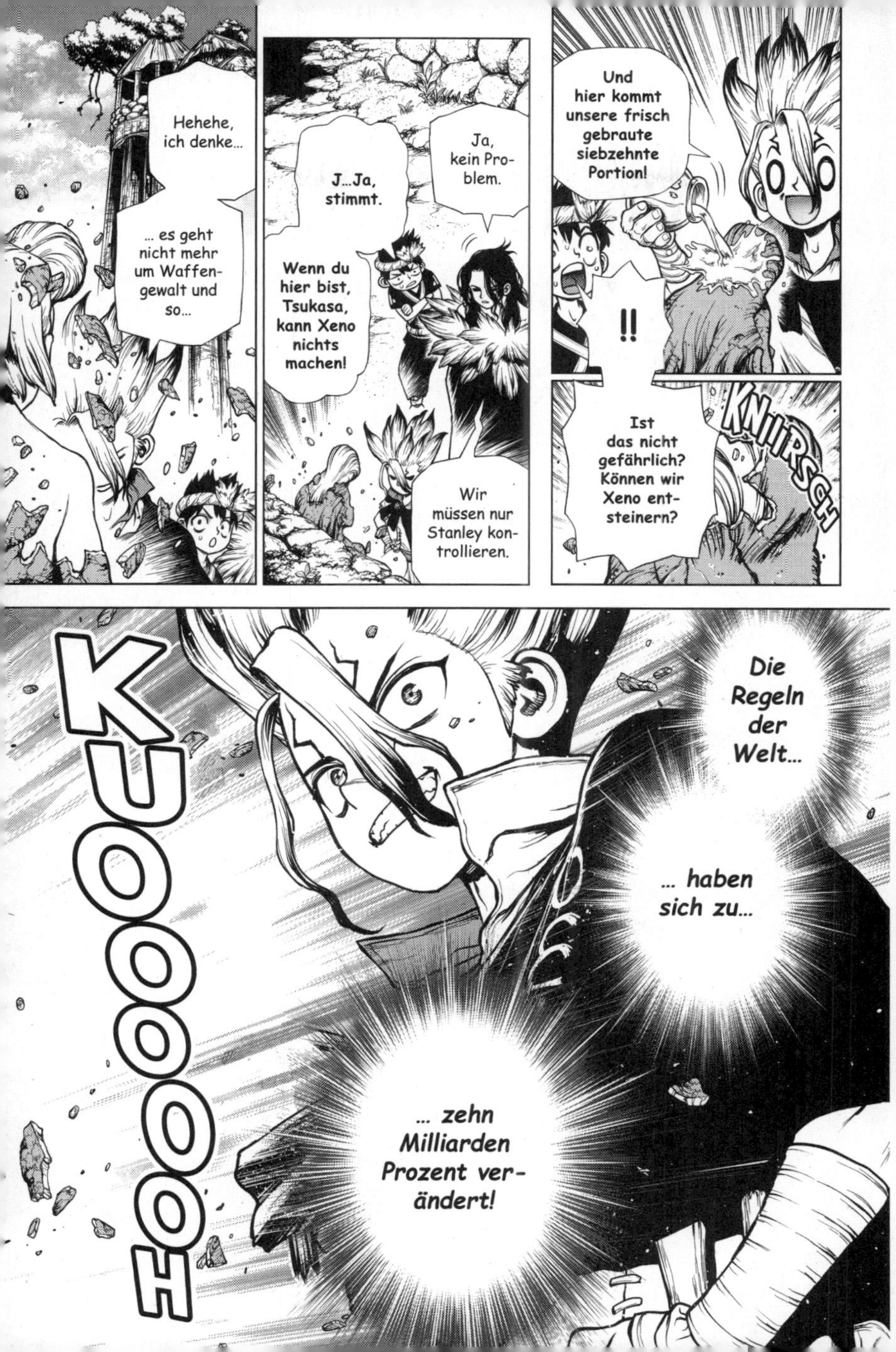
Und hier kommt unsere frisch gebraute siebzehnte Portion!
!!
KNIIRSCH
Ist das nicht gefährlich? Können wir Xeno entsteinern?
Ja, kein Problem.
J...Ja, stimmt.
Wenn du hier bist, Tsukasa, kann Xeno nichts machen!
Wir müssen nur Stanley kontrollieren.
Hehehe, ich denke...
... es geht nicht mehr um Waffengewalt und so...
Die Regeln der Welt...
... haben sich zu...
... zehn Milliarden Prozent verändert!
KUOOOOOH

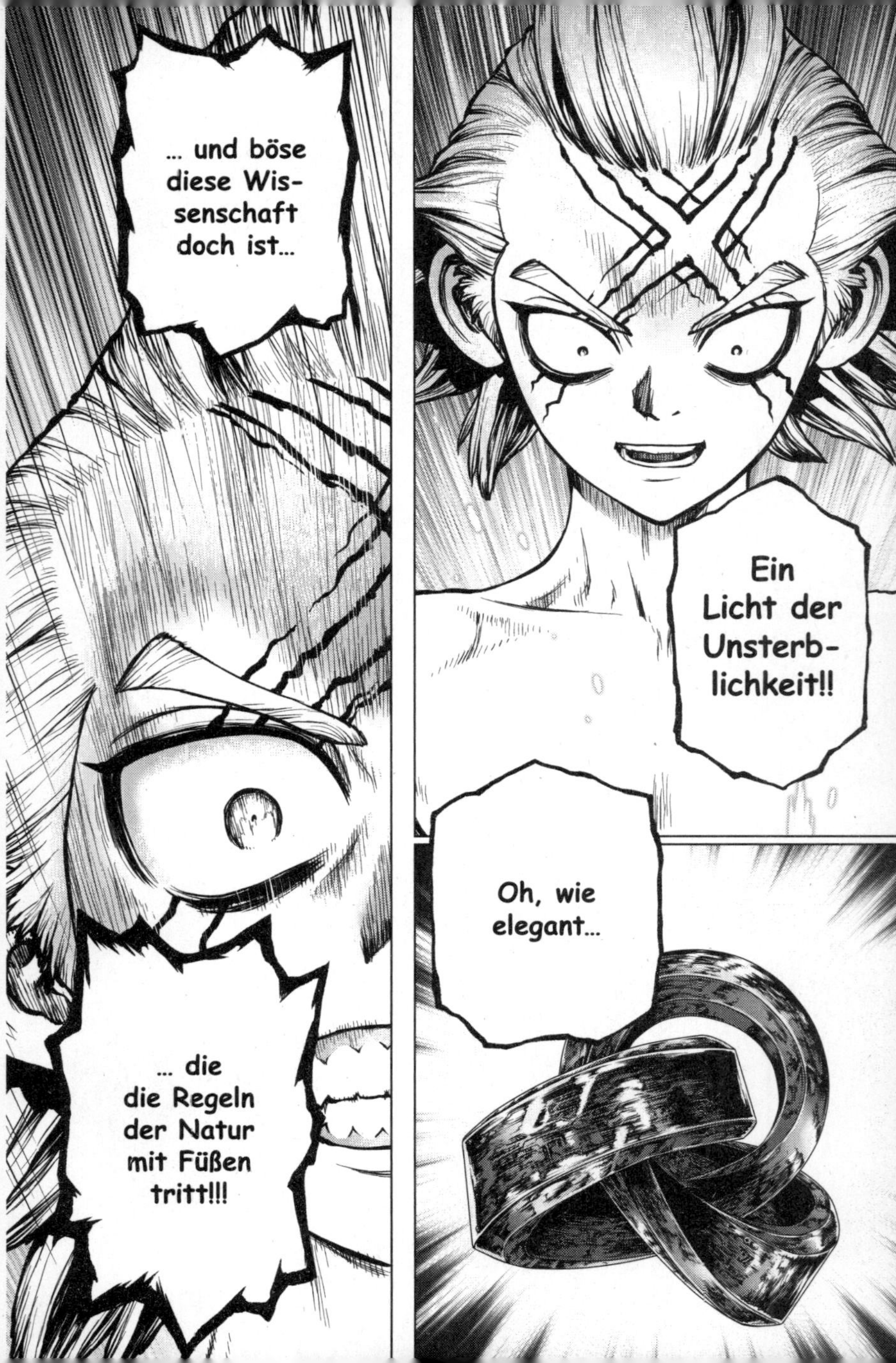
Ein Licht der Unsterb-lichkeit!!
Oh, wie elegant…
… und böse diese Wis-senschaft doch ist…
… die die Regeln der Natur mit Füßen tritt!!!

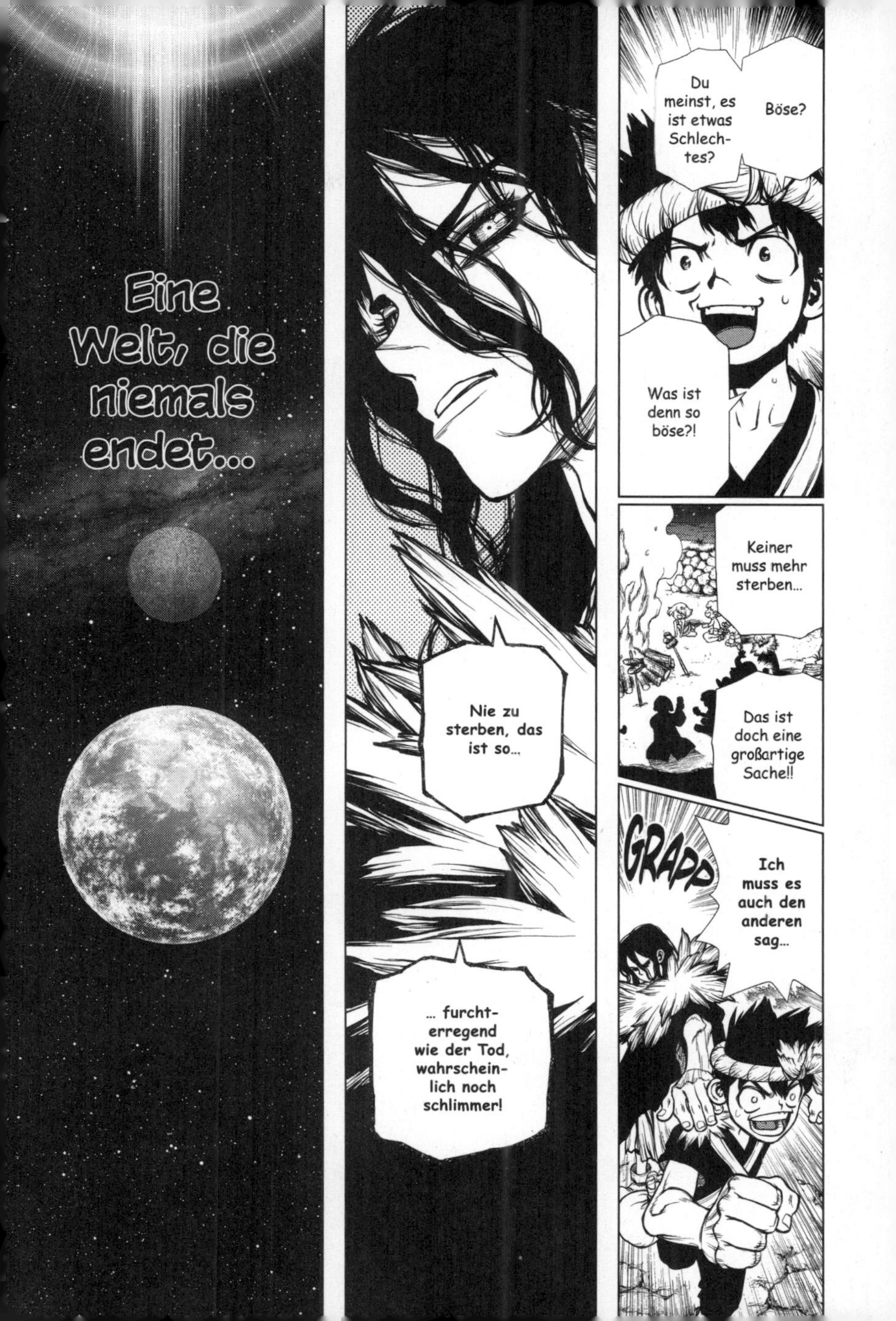
Böse?
Du meinst, es ist etwas Schlech-tes?
Was ist denn so böse?!
Keiner muss mehr sterben...
Das ist doch eine großartige Sache!!
GRAPP
Ich muss es auch den anderen sag...
Nie zu sterben, das ist so...
... furcht-erregend wie der Tod, wahrschein-lich noch schlimmer!
Eine Welt, die niemals endet...

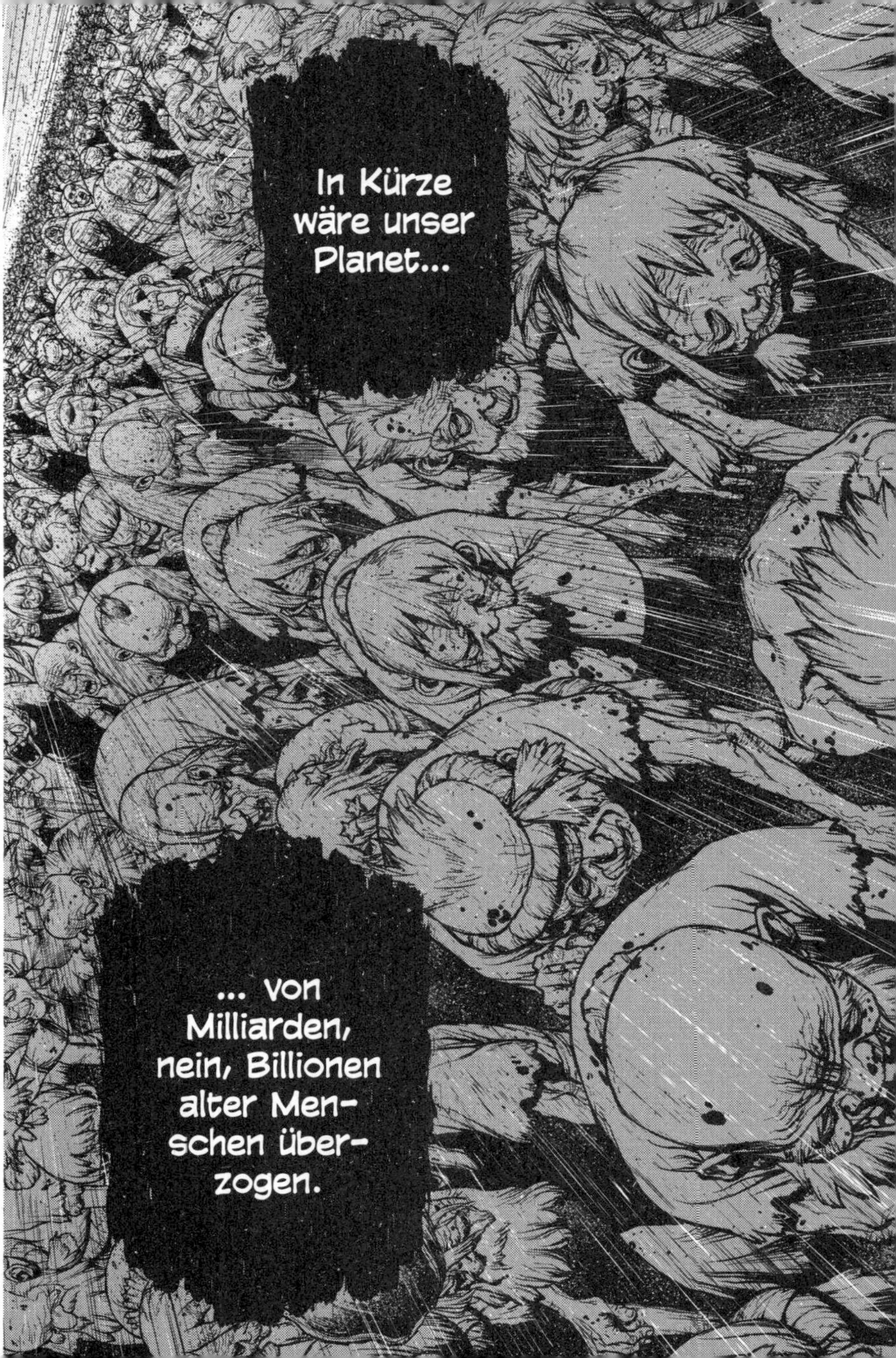
In Kürze wäre unser Planet...
... von Milliarden, nein, Billionen alter Men-schen über-zogen.

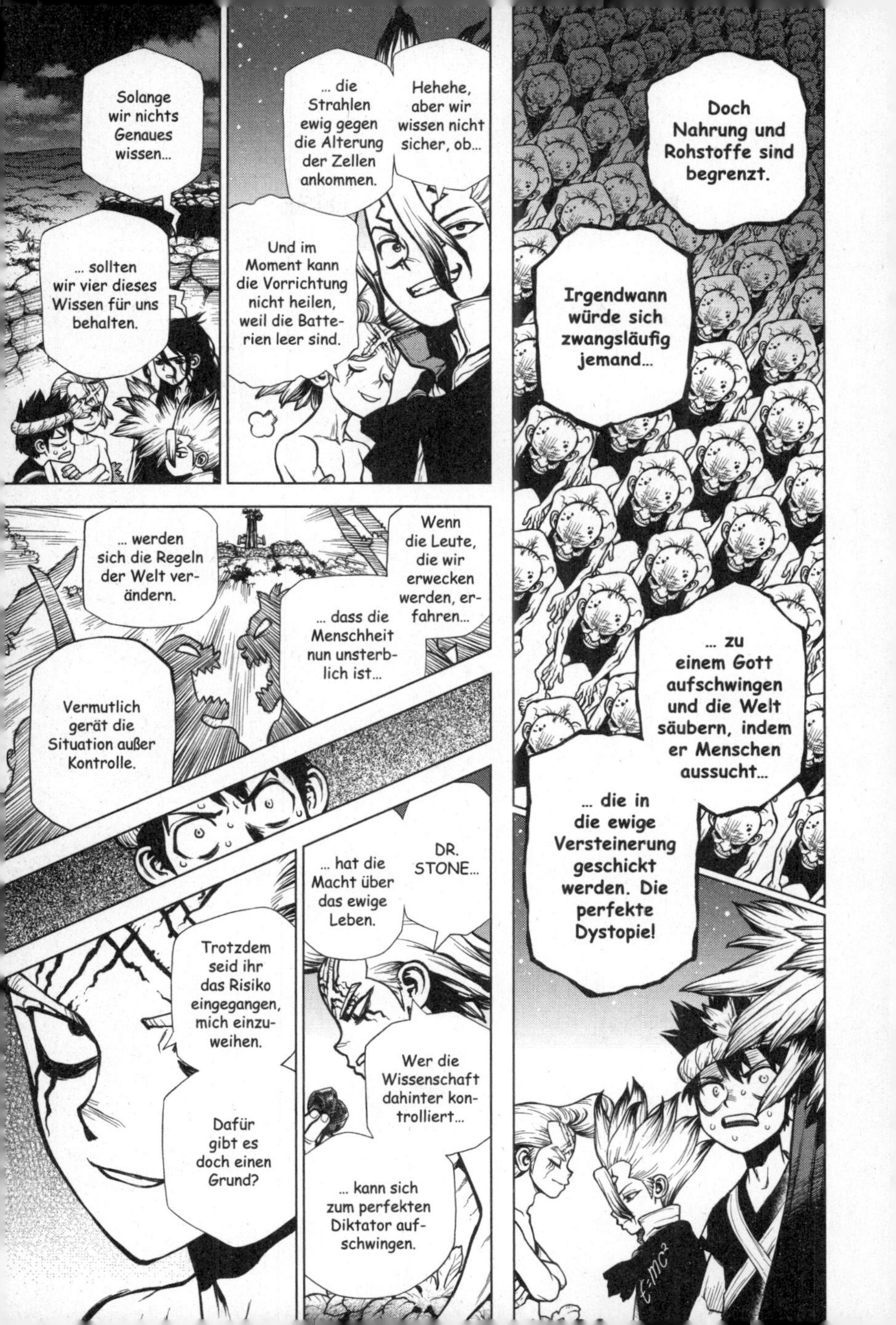
Hehehe, aber wir wissen nicht sicher, ob…
… die Strahlen ewig gegen die Alterung der Zellen ankommen.
Und im Moment kann die Vorrichtung nicht heilen, weil die Batterien leer sind.
Solange wir nichts Genaues wissen…
… sollten wir vier dieses Wissen für uns behalten.
Wenn die Leute, die wir erwecken werden, erfahren…
… dass die Menschheit nun unsterblich ist…
… werden sich die Regeln der Welt verändern.
Vermutlich gerät die Situation außer Kontrolle.
Doch Nahrung und Rohstoffe sind begrenzt.
Irgendwann würde sich zwangsläufig jemand…
… zu einem Gott aufschwingen und die Welt säubern, indem er Menschen aussucht…
… die in die ewige Versteinerung geschickt werden. Die perfekte Dystopie!
DR. STONE…
… hat die Macht über das ewige Leben.
Wer die Wissenschaft dahinter kontrolliert…
… kann sich zum perfekten Diktator aufschwingen.
Trotzdem seid ihr das Risiko eingegangen, mich einzuweihen.
Dafür gibt es doch einen Grund?

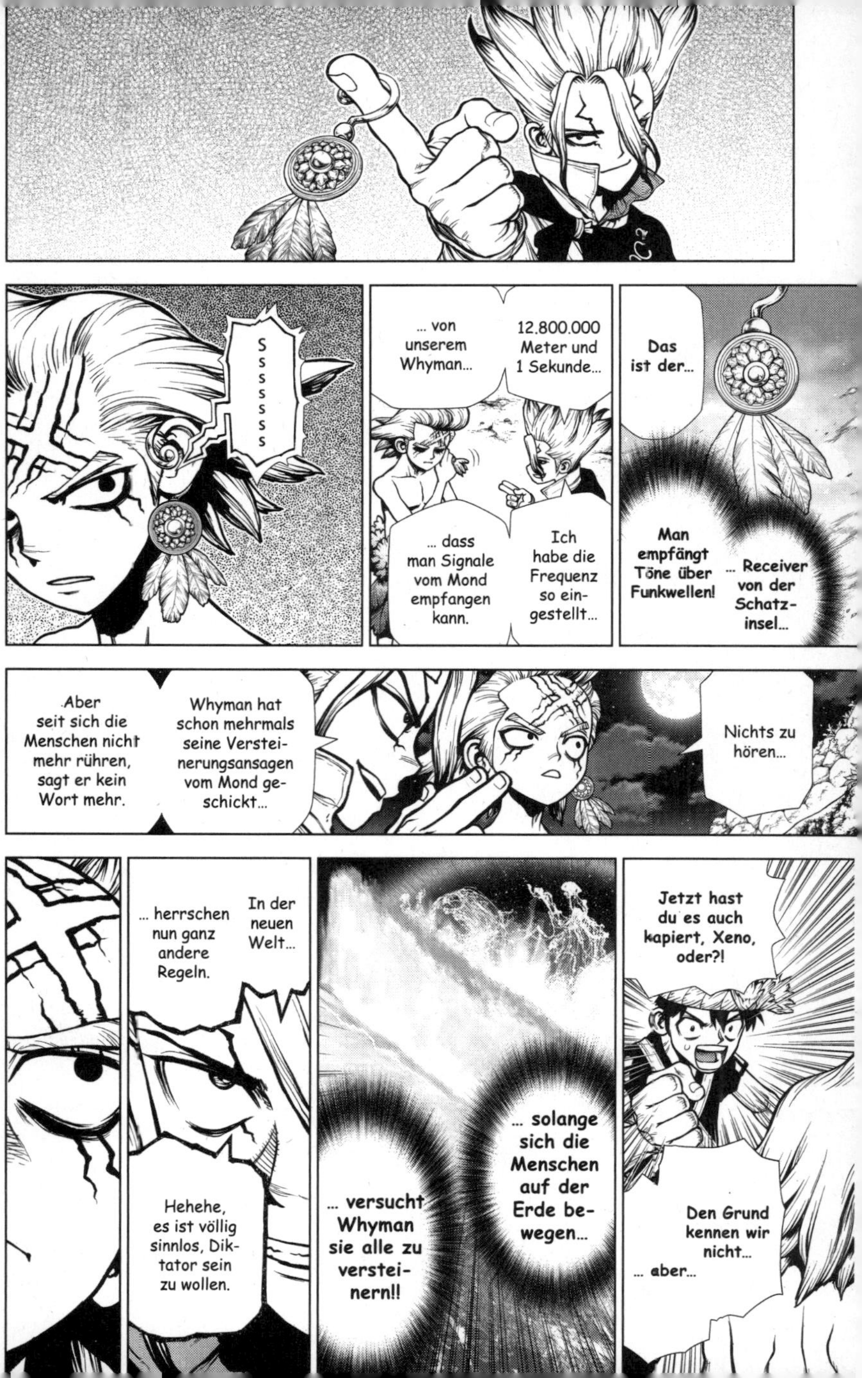

Das ist der...
... Receiver von der Schatz-insel...
Man empfängt Töne über Funkwellen!
12.800.000 Meter und 1 Sekunde...
... von unserem Whyman...
Ich habe die Frequenz so ein-gestellt...
... dass man Signale vom Mond empfangen kann.
Sssssss
Nichts zu hören...
Whyman hat schon mehrmals seine Verstei-nerungsansagen vom Mond ge-schickt...
Aber seit sich die Menschen nicht mehr rühren, sagt er kein Wort mehr.
Jetzt hast du es auch kapiert, Xeno, oder?!
Den Grund kennen wir nicht...
... aber...
... solange sich die Menschen auf der Erde be-wegen...
... versucht Whyman sie alle zu verstei-nern!!
In der neuen Welt...
... herrschen nun ganz andere Regeln.
Hehehe, es ist völlig sinnlos, Dik-tator sein zu wollen.

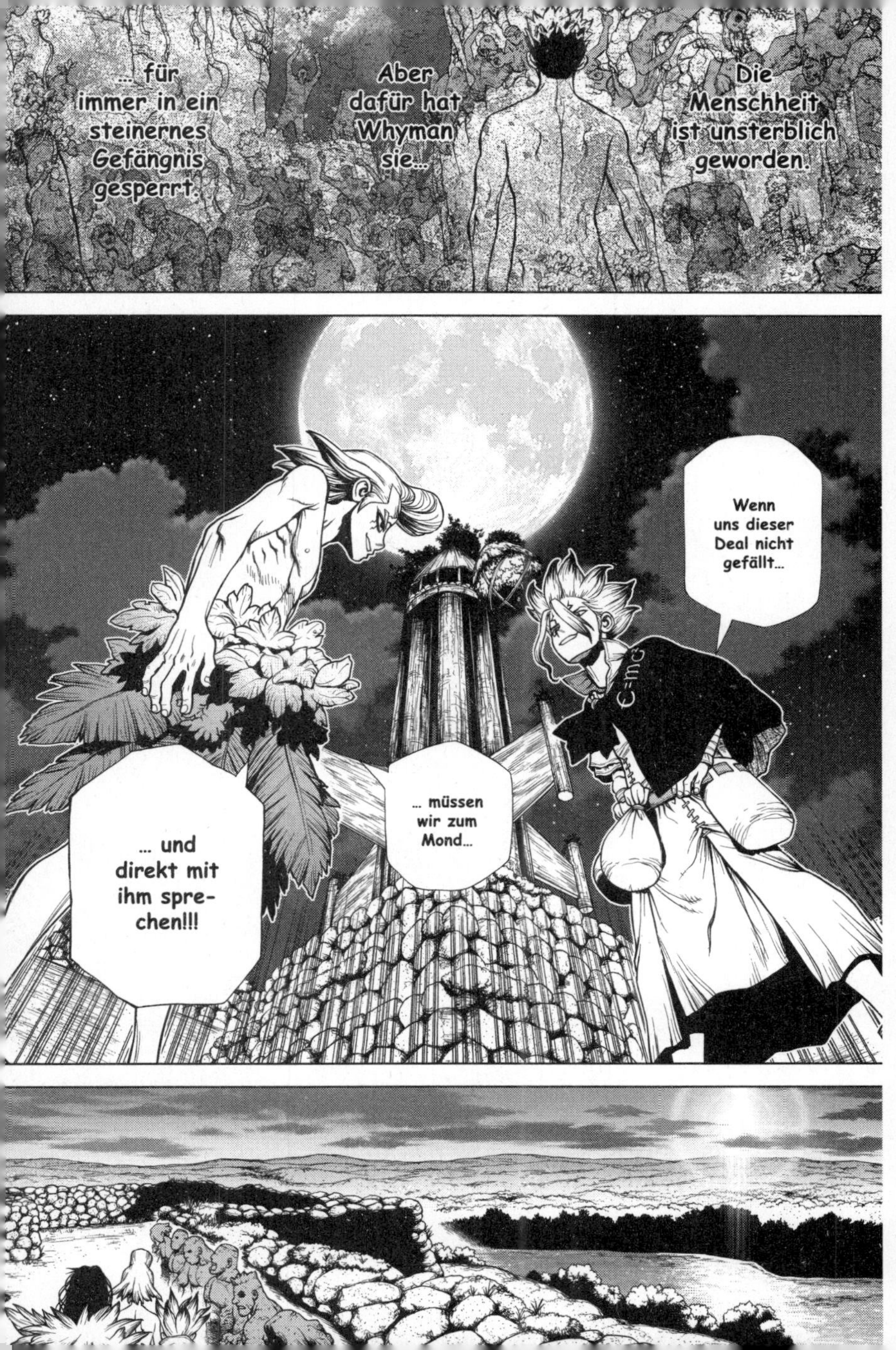

Die Menschheit ist unsterblich geworden.
Aber dafür hat Whyman sie…
… für immer in ein steinernes Gefängnis gesperrt.
Wenn uns dieser Deal nicht gefällt…
… müssen wir zum Mond…
… und direkt mit ihm spre-chen!!!

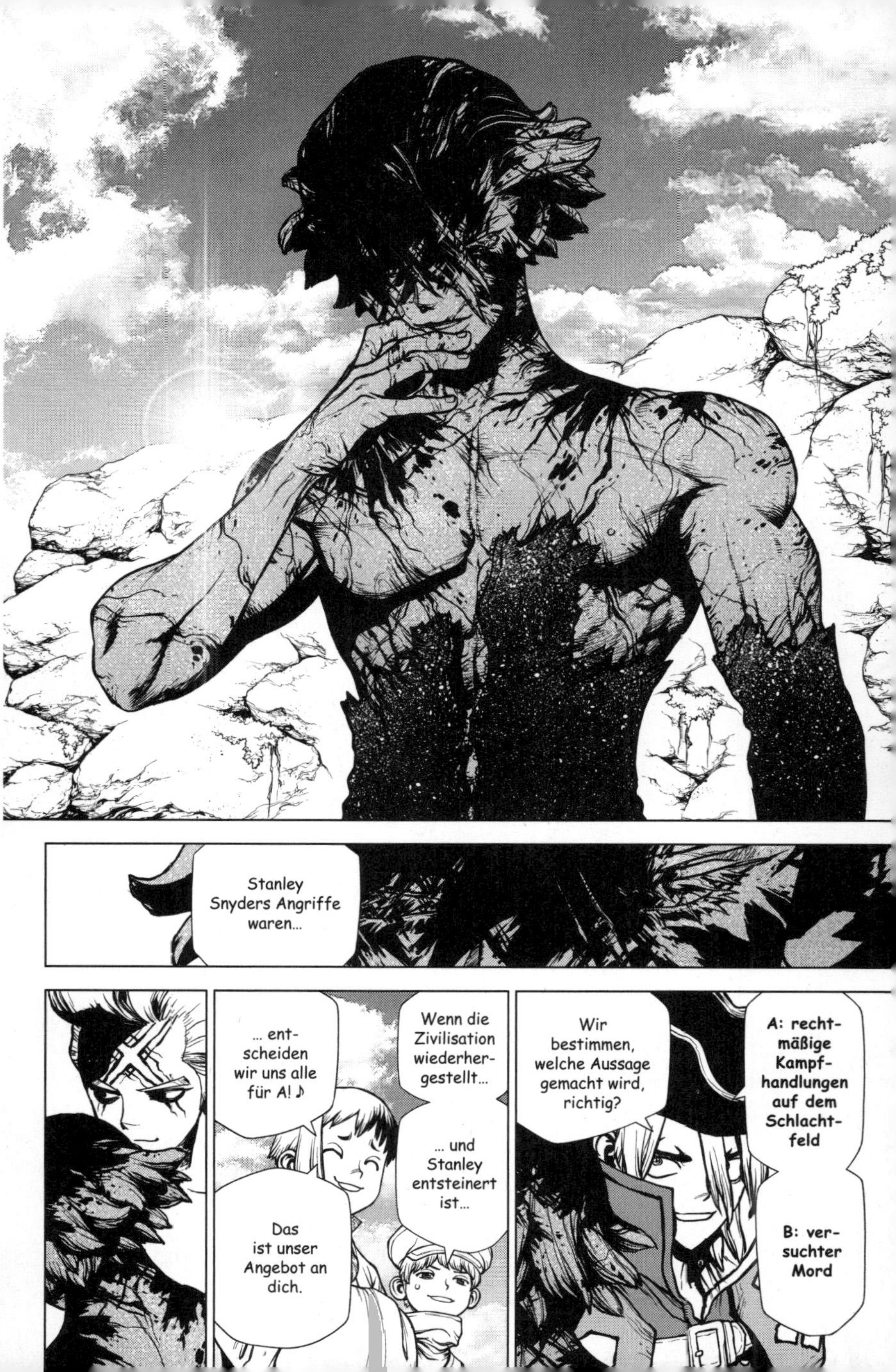

Stanley Snyders Angriffe waren...
A: rechtmäßige Kampfhandlungen auf dem Schlachtfeld
B: versuchter Mord
Wir bestimmen, welche Aussage gemacht wird, richtig?
Wenn die Zivilisation wiederhergestellt...
... und Stanley entsteinert ist...
... entscheiden wir uns alle für A! ♪
Das ist unser Angebot an dich.

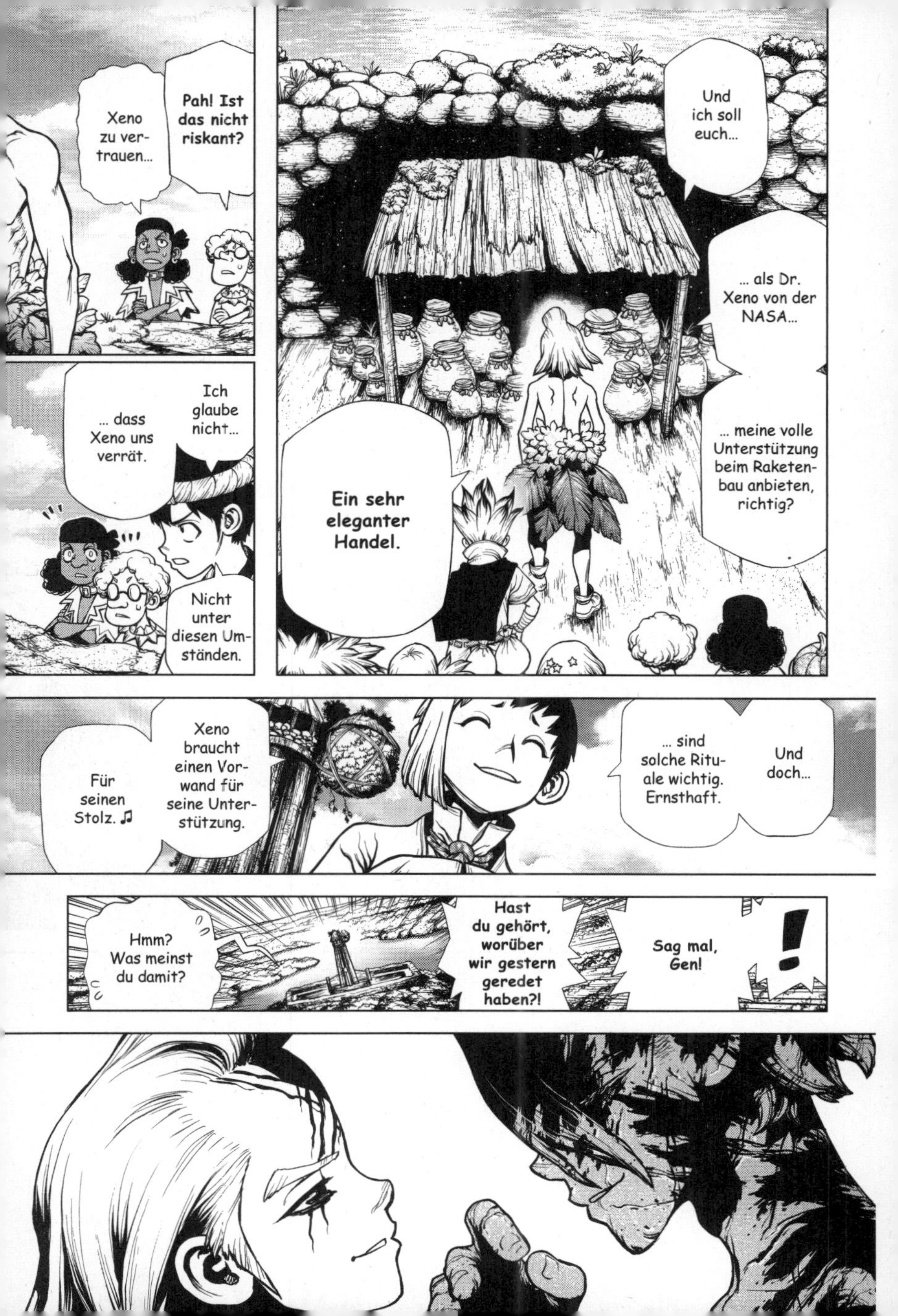
Und ich soll euch...
... als Dr. Xeno von der NASA...
... meine volle Unterstützung beim Raketenbau anbieten, richtig?
Ein sehr eleganter Handel.
Pah! Ist das nicht riskant?
Xeno zu vertrauen...
Ich glaube nicht...
... dass Xeno uns verrät.
Nicht unter diesen Umständen.
Und doch...
... sind solche Rituale wichtig. Ernsthaft.
Xeno braucht einen Vorwand für seine Unterstützung.
Für seinen Stolz. ♫
!
Sag mal, Gen!
Hast du gehört, worüber wir gestern geredet haben?!
Hmm? Was meinst du damit?

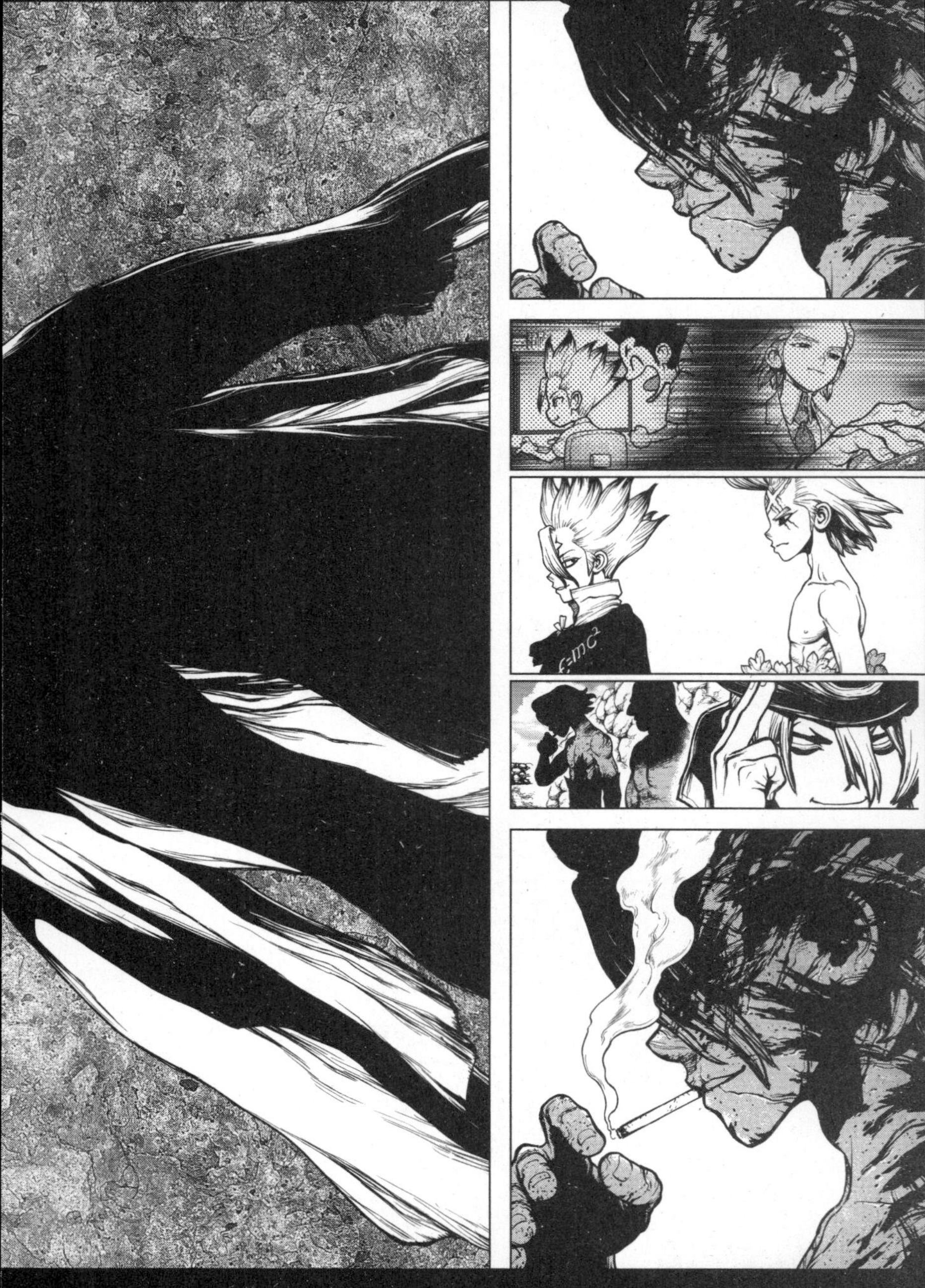

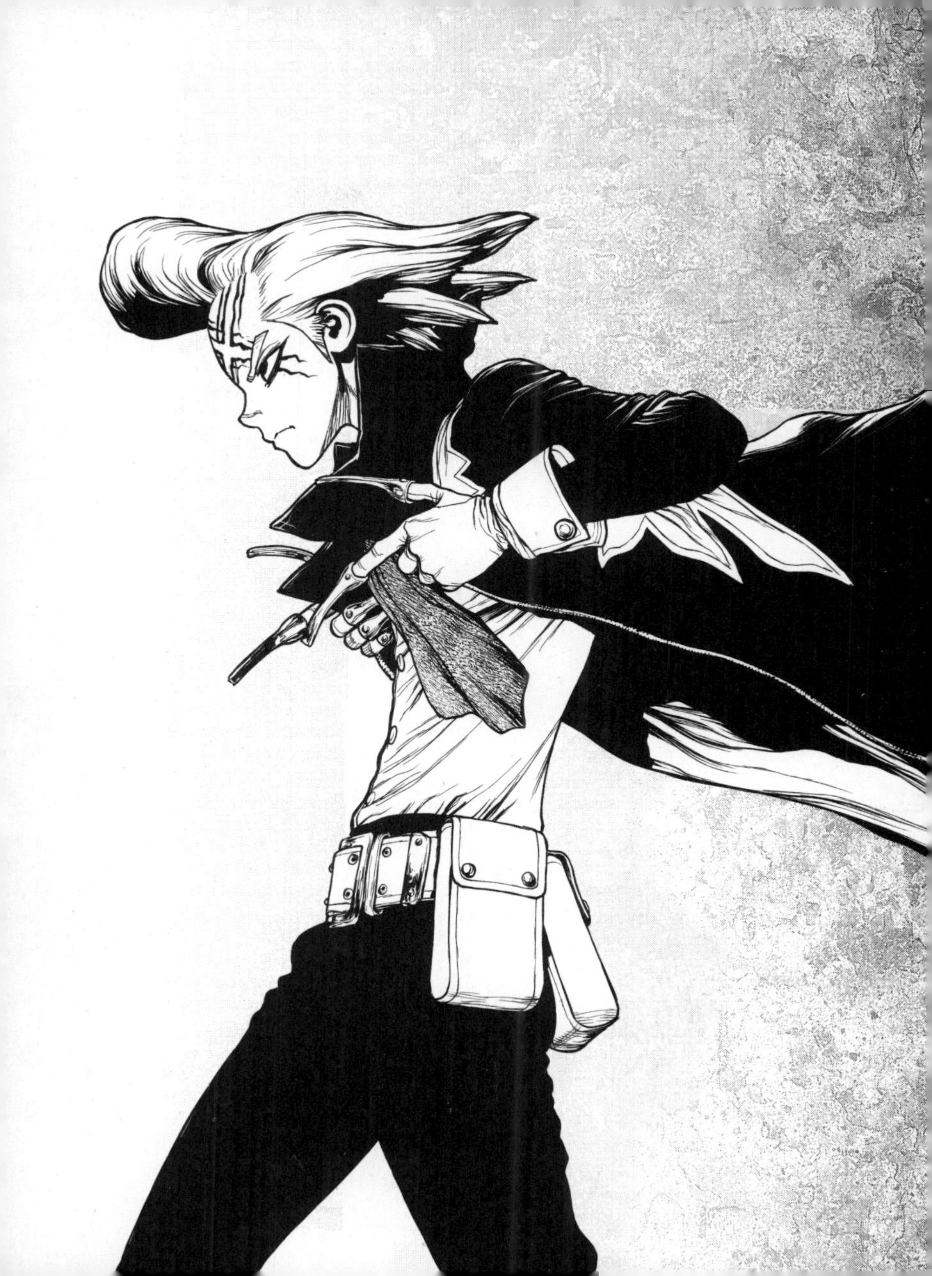

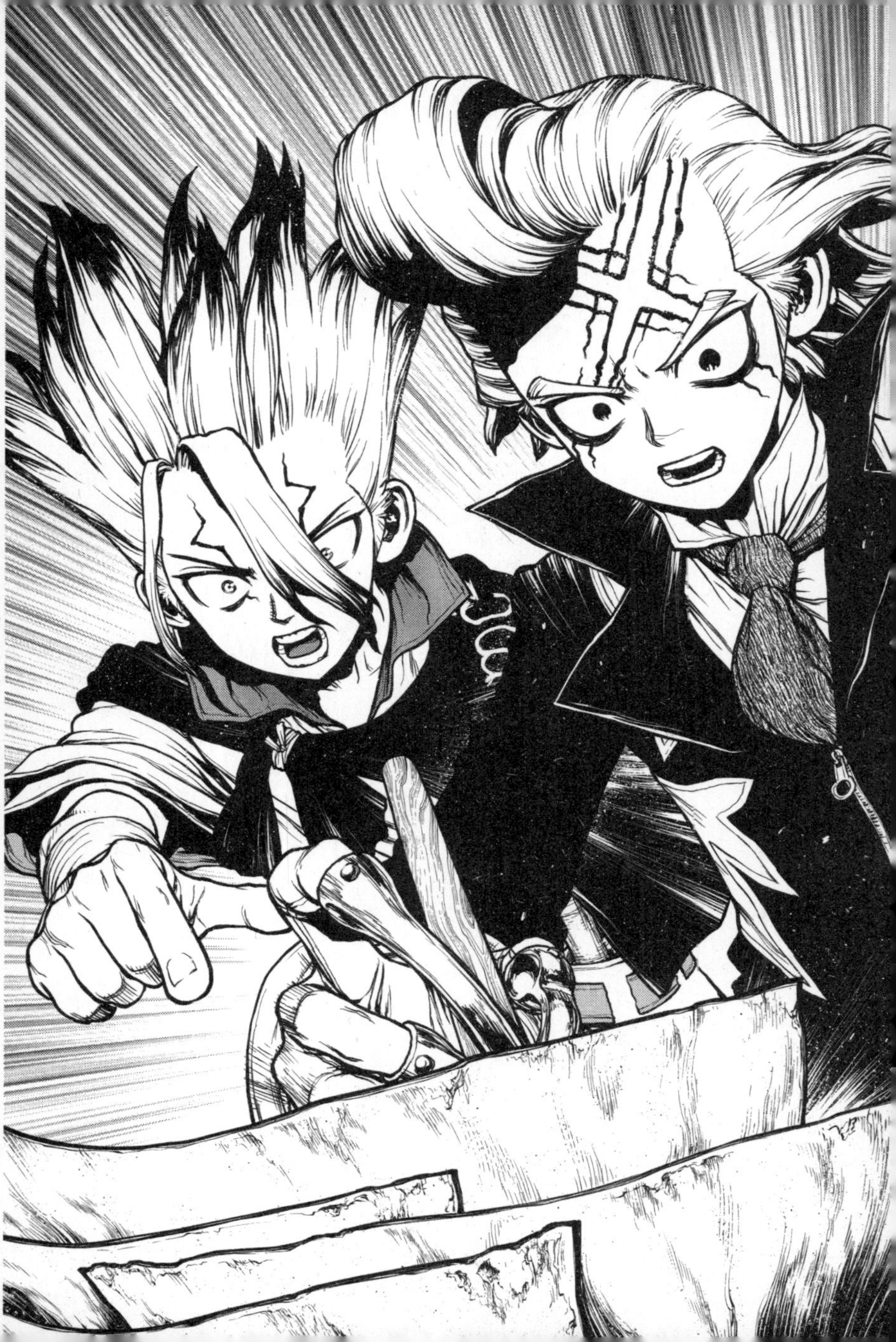

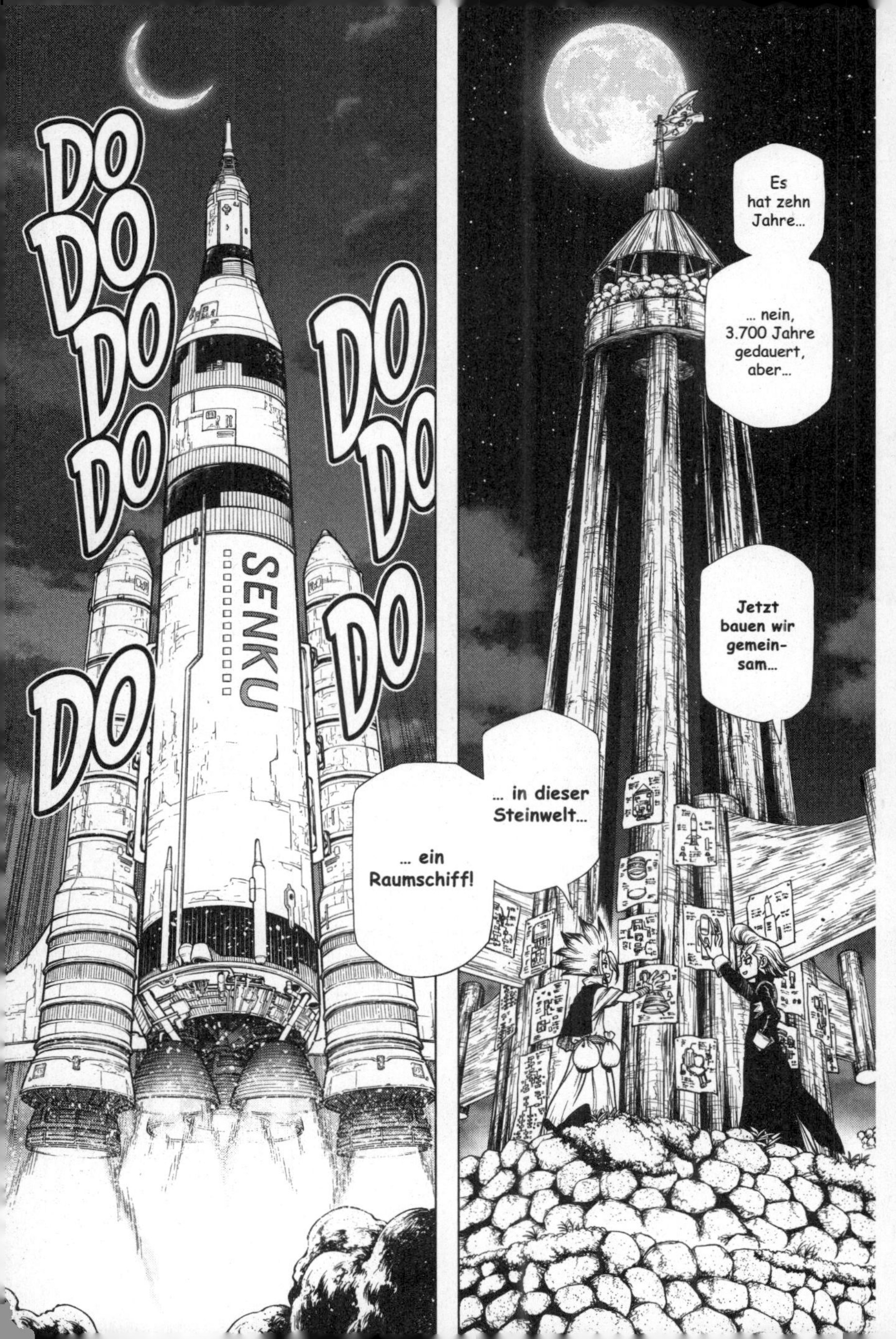
Es hat zehn Jahre...
... nein, 3.700 Jahre gedauert, aber...
Jetzt bauen wir gemeinsam...
... in dieser Steinwelt...
... ein Raumschiff!
DO DO DO DO
DO DO DO DO
DO
SENKU

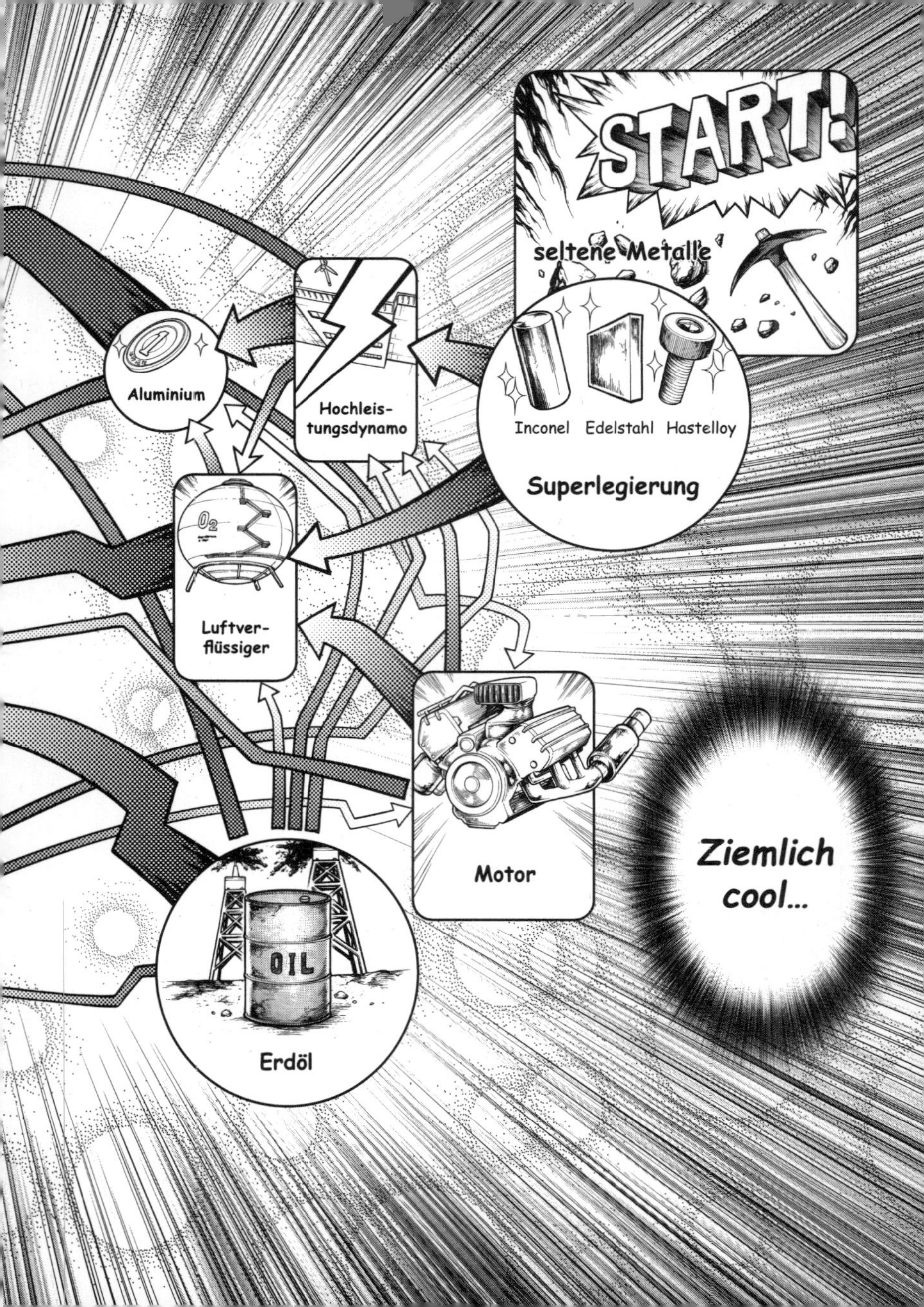

START!
seltene Metalle
Inconel
Edelstahl
Hastelloy
Superlegierung
Hochleis-
tungsdynamo
Aluminium
Luftver-
flüssiger
Motor
Erdöl
OIL
Ziemlich
cool...

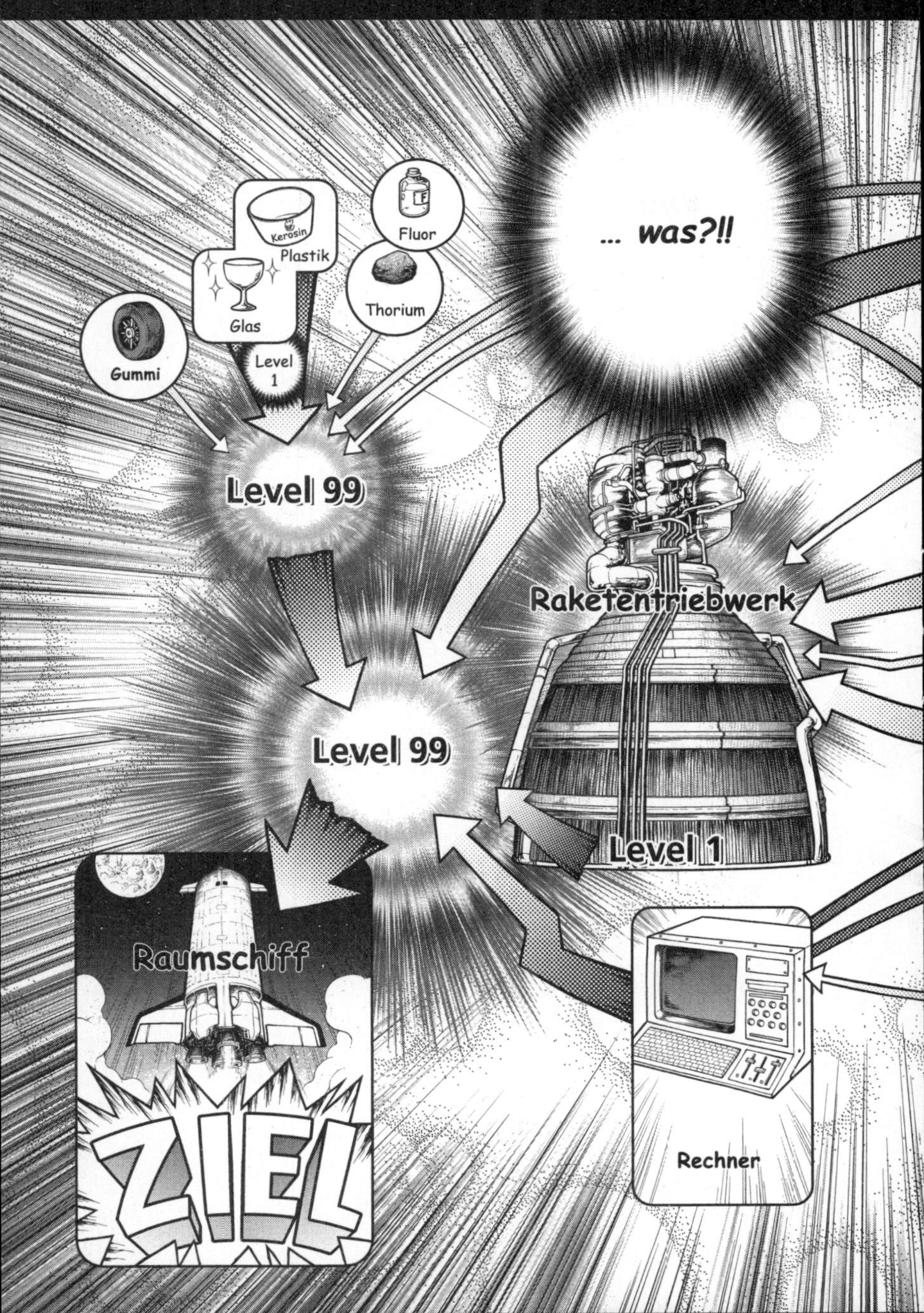

... was?!!
Fluor
Kerosin
Plastik
Glas
Thorium
Gummi
Level 1
Level 99
Raketentriebwerk
Level 99
Level 1
Raumschiff
Rechner
ZIEL

Extra-Episode: Weltallpiraten

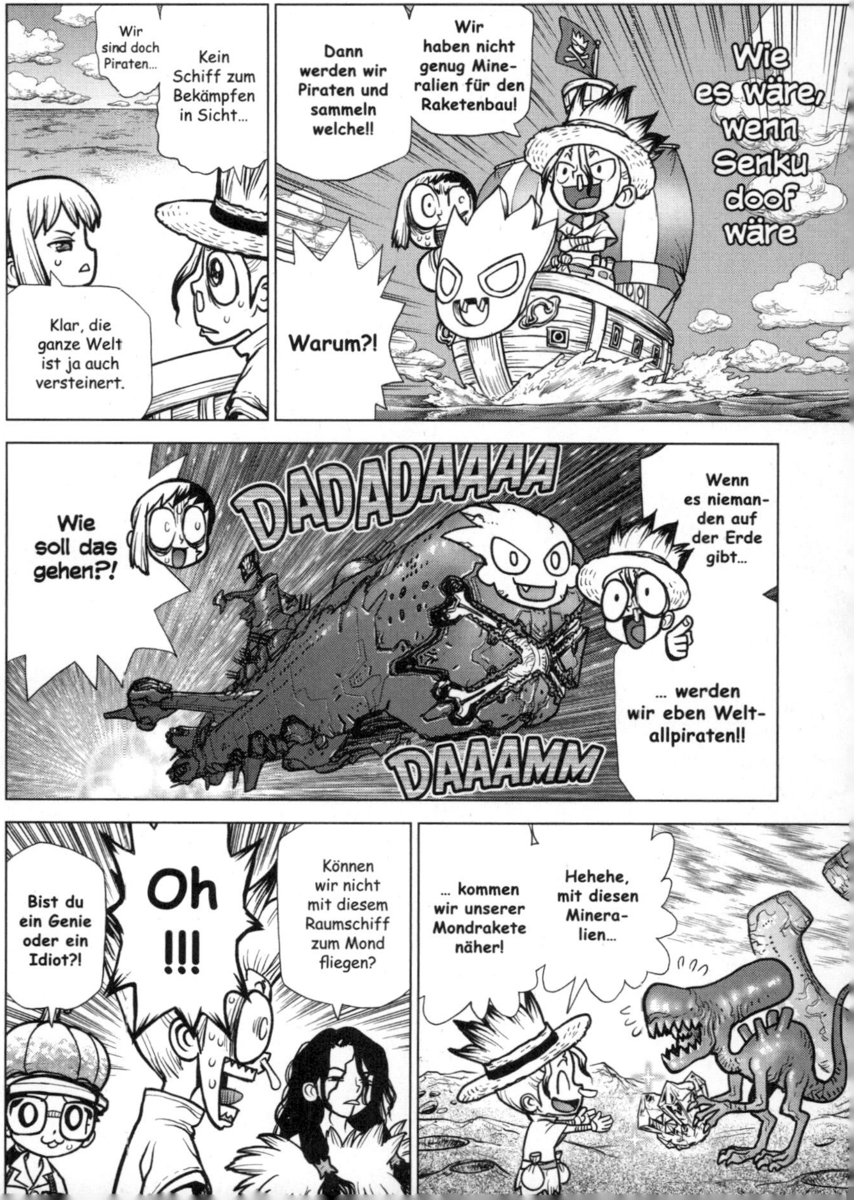

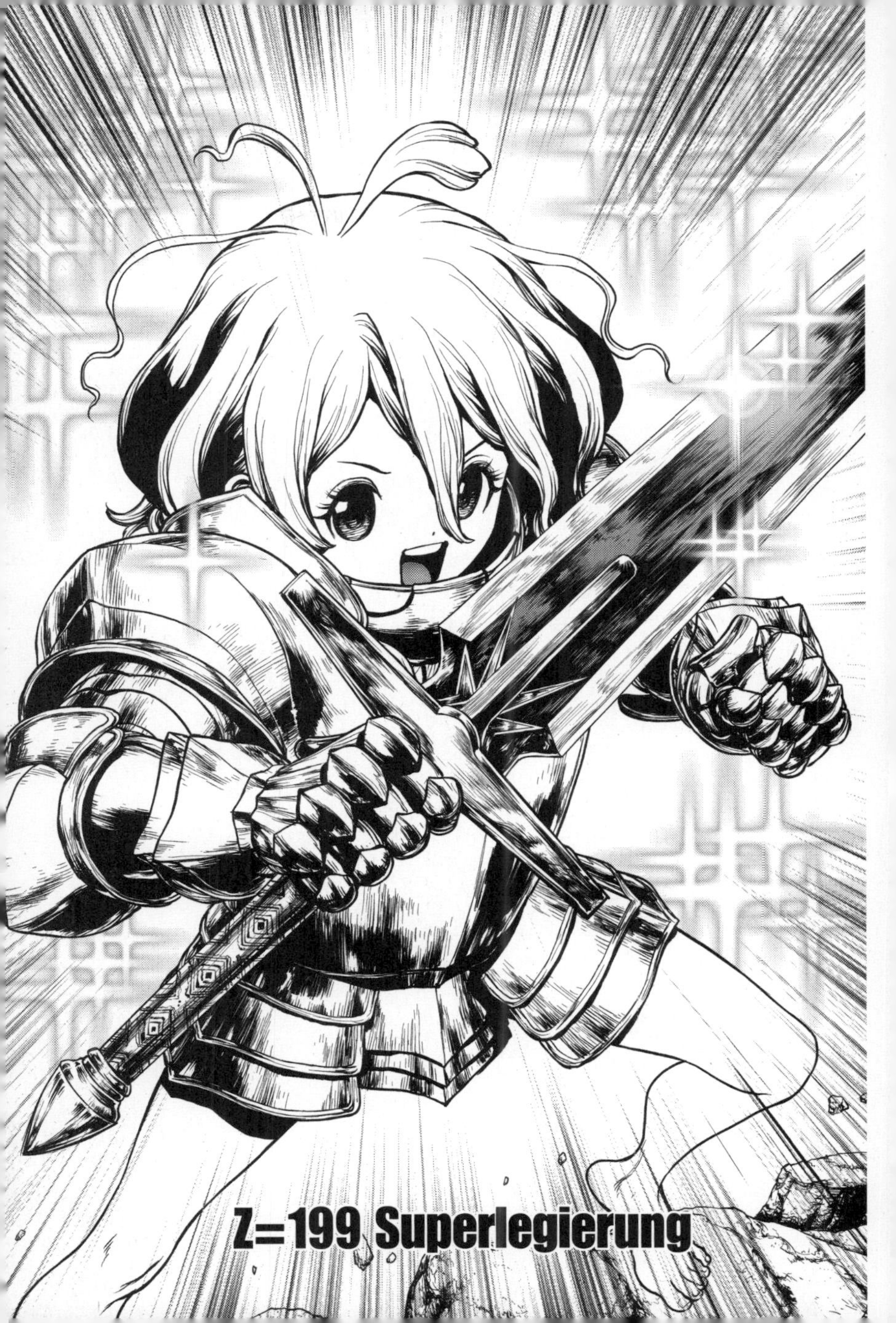
Z=199 Superlegierung

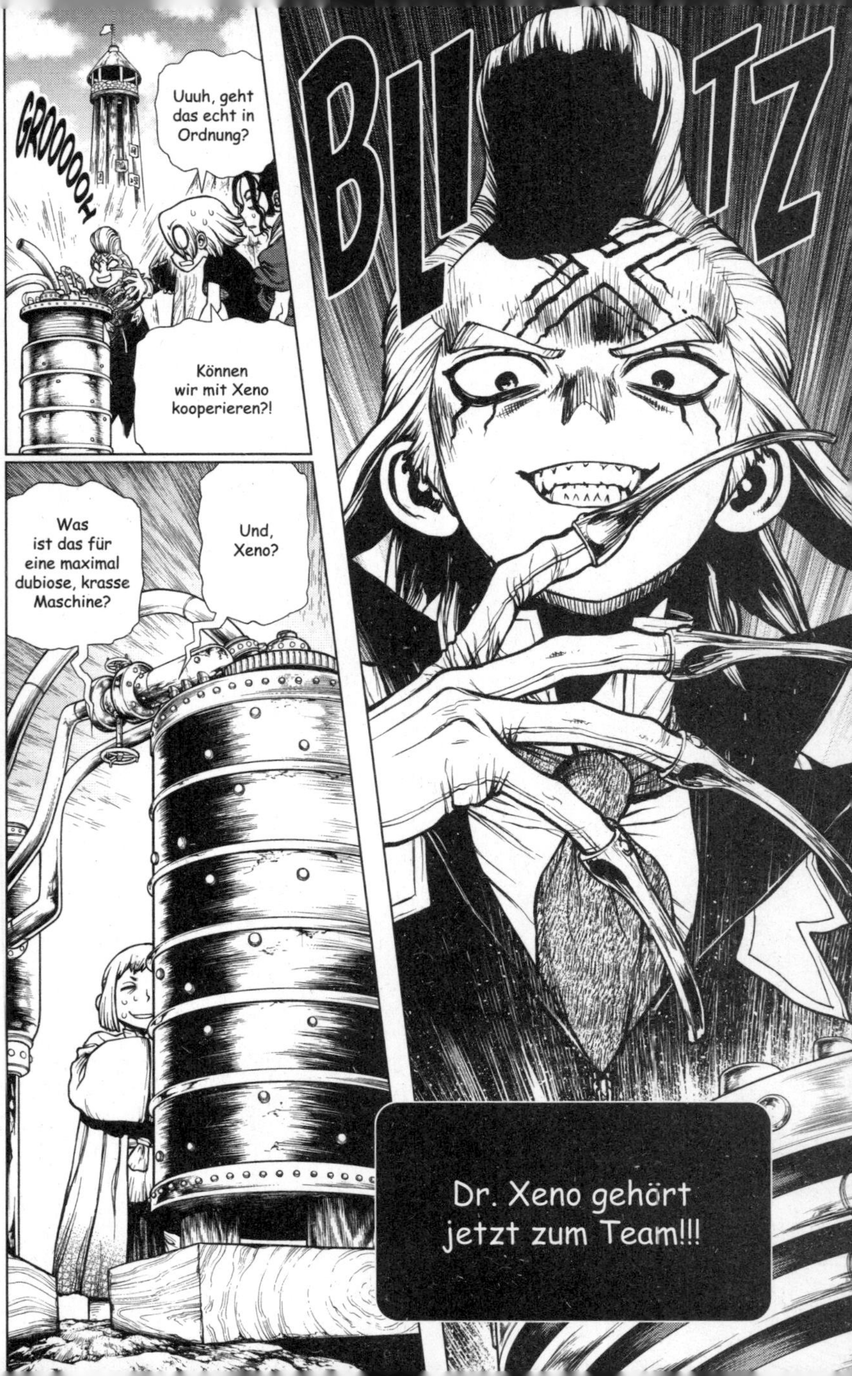
GROOOOOOH
Uuuh, geht das echt in Ordnung?
Können wir mit Xeno kooperieren?!
Und, Xeno?
Was ist das für eine maximal dubiose, krasse Maschine?
BLITZ
Dr. Xeno gehört jetzt zum Team!!!

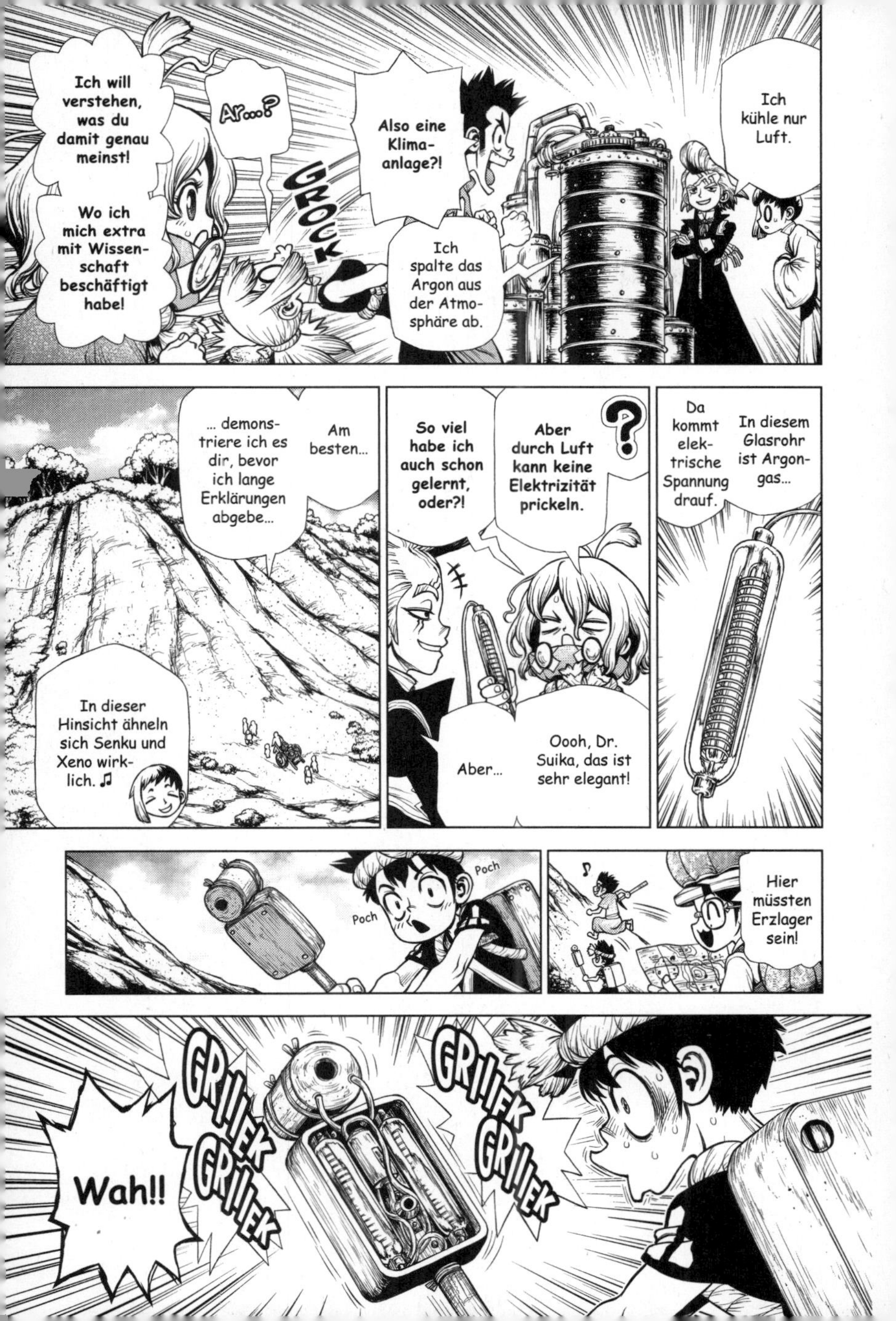

Ich kühle nur Luft.
Also eine Klima-anlage?!
Ich spalte das Argon aus der Atmo-sphäre ab.
Ar...?
GROCK
Ich will verstehen, was du damit genau meinst!
Wo ich mich extra mit Wissen-schaft beschäftigt habe!
In diesem Glasrohr ist Argon-gas...
Da kommt elek-trische Spannung drauf.
Aber durch Luft kann keine Elektrizität prickeln.
So viel habe ich auch schon gelernt, oder?!
Oooh, Dr. Suika, das ist sehr elegant!
Aber...
Am besten...
... demons-triere ich es dir, bevor ich lange Erklärungen abgebe...
In dieser Hinsicht ähneln sich Senku und Xeno wirk-lich. ♫
Hier müssten Erzlager sein!
Poch
Poch
GRIIEK GRIIEK
GRIIEK GRIIEK
Wah!!

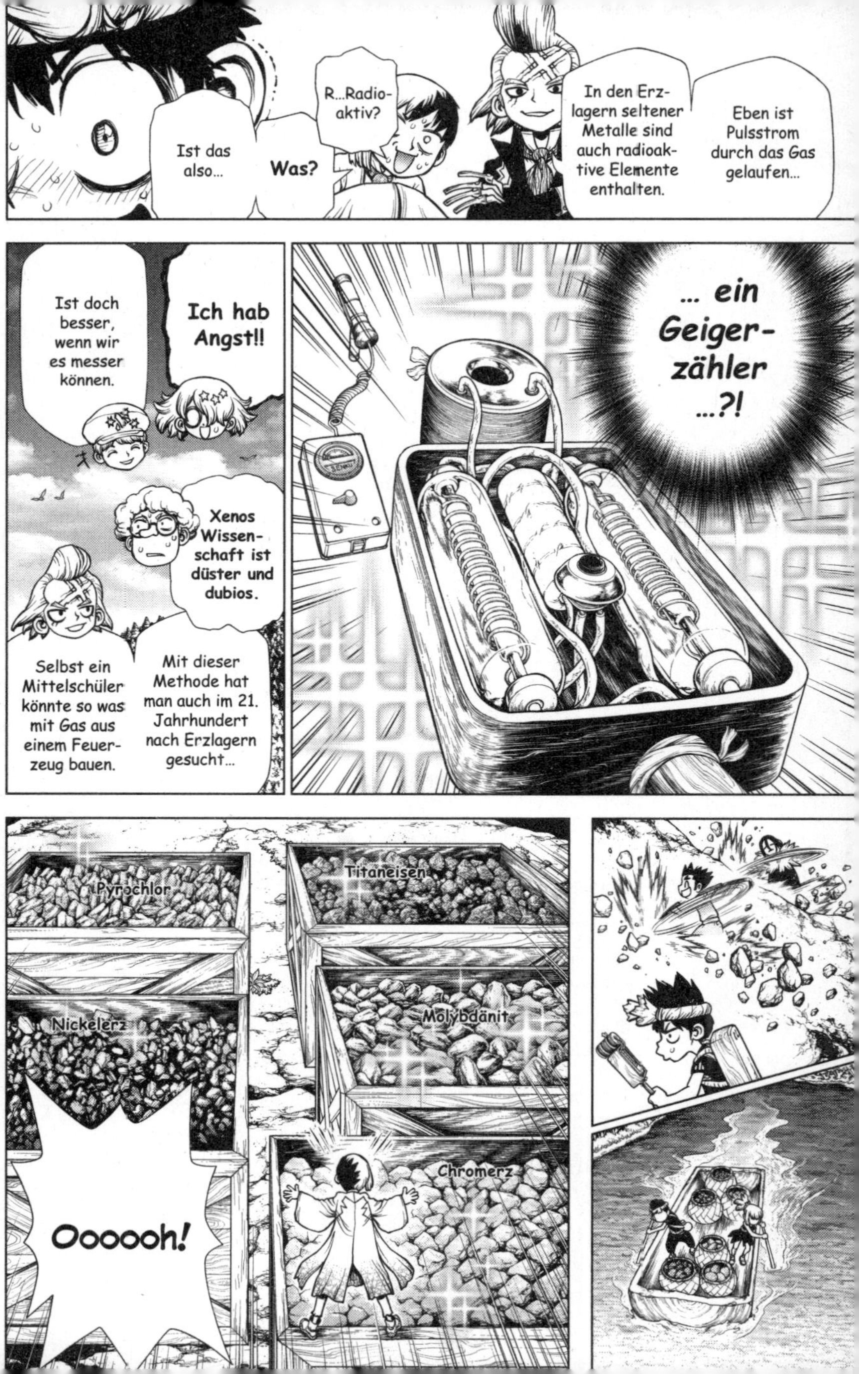
Eben ist Pulsstrom durch das Gas gelaufen...
In den Erzlagern seltener Metalle sind auch radioaktive Elemente enthalten.
R...Radioaktiv?
Was?
Ist das also...
... ein Geigerzähler ...?!
Ich hab Angst!!
Ist doch besser, wenn wir es messer können.
Xenos Wissenschaft ist düster und dubios.
Mit dieser Methode hat man auch im 21. Jahrhundert nach Erzlagern gesucht...
Selbst ein Mittelschüler könnte so was mit Gas aus einem Feuerzeug bauen.
Titaneisen
Pyrochlor
Molybdänit
Nickelerz
Chromerz
Oooooh!

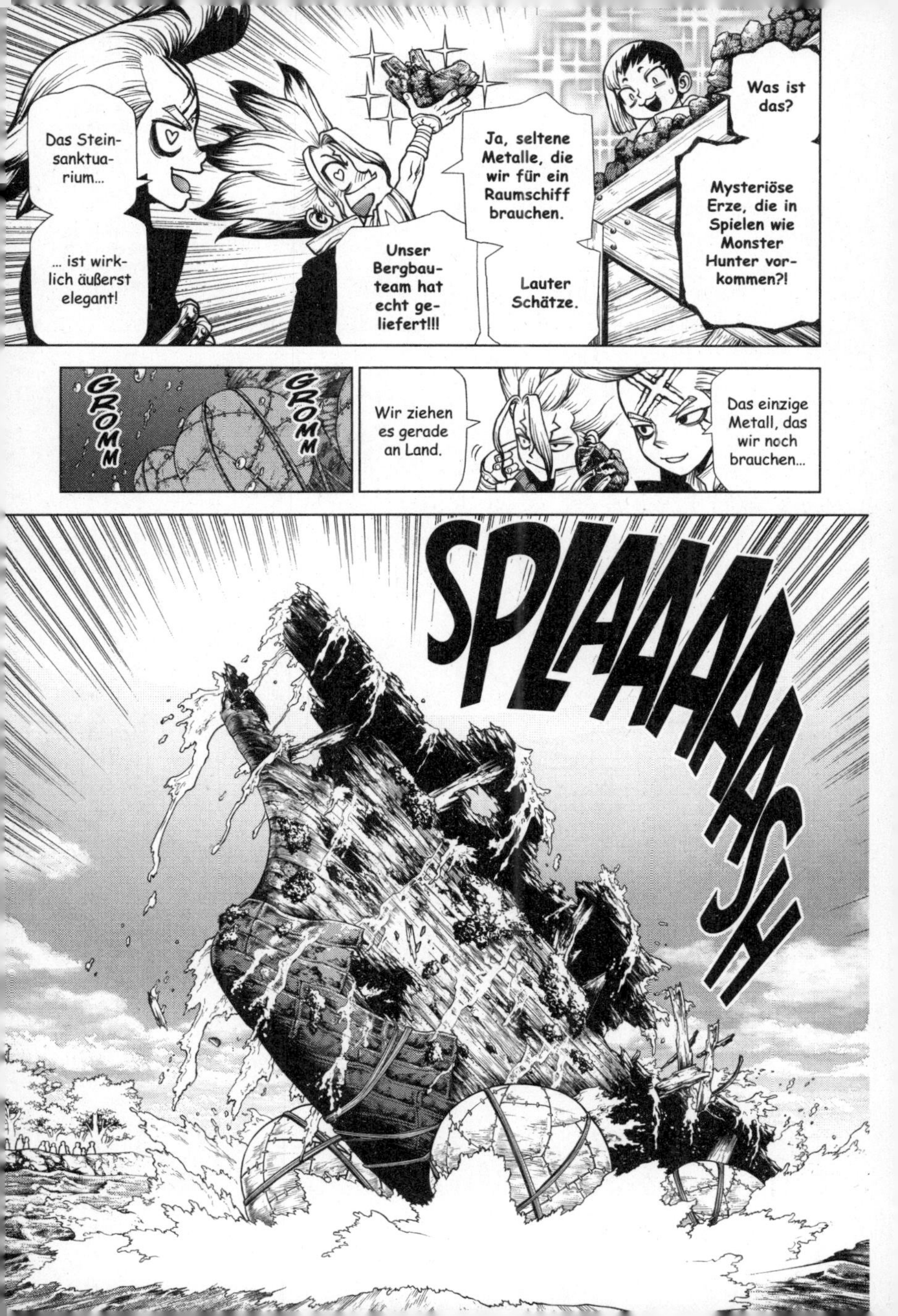
Was ist das?
Mysteriöse Erze, die in Spielen wie Monster Hunter vorkommen?!
Ja, seltene Metalle, die wir für ein Raumschiff brauchen.
Lauter Schätze.
Unser Bergbauteam hat echt geliefert!!!
Das Steinsanktuarium...
... ist wirklich äußerst elegant!
Das einzige Metall, das wir noch brauchen...
Wir ziehen es gerade an Land.
GROMM
GROMM
SPLAAAAAASH

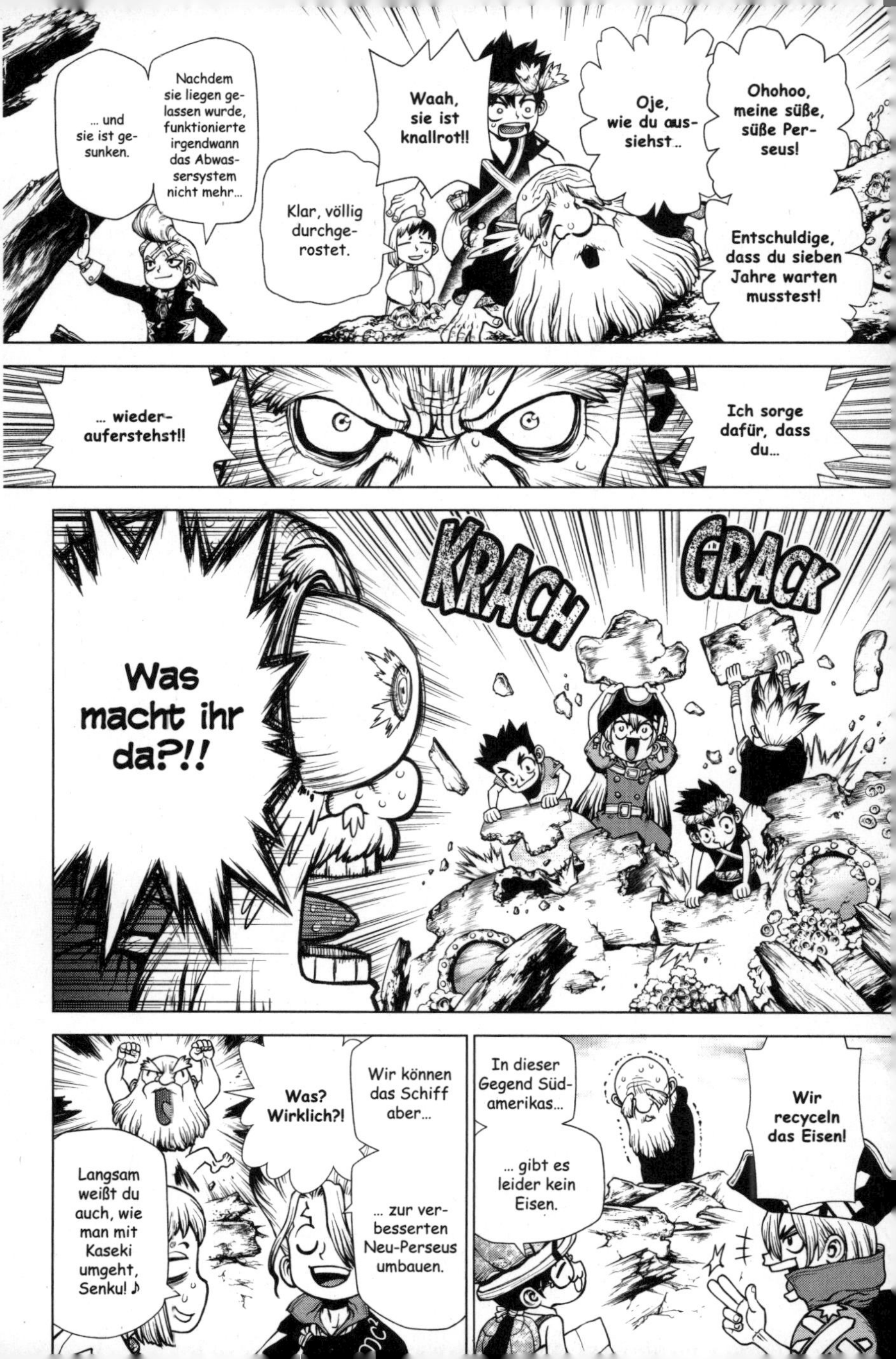

Ohohoo, meine süße, süße Perseus!
Entschuldige, dass du sieben Jahre warten musstest!
Oje, wie du aussiehst..
Waah, sie ist knallrot!!
Klar, völlig durchgerostet.
Nachdem sie liegen gelassen wurde, funktionierte irgendwann das Abwassersystem nicht mehr...
... und sie ist gesunken.
Ich sorge dafür, dass du...
... wiederauferstehst!!
KRACH
GRACK
Was macht ihr da?!!
Wir recyceln das Eisen!
In dieser Gegend Südamerikas...
... gibt es leider kein Eisen.
Wir können das Schiff aber...
... zur verbesserten Neu-Perseus umbauen.
Was? Wirklich?!
Langsam weißt du auch, wie man mit Kaseki umgeht, Senku! ♪

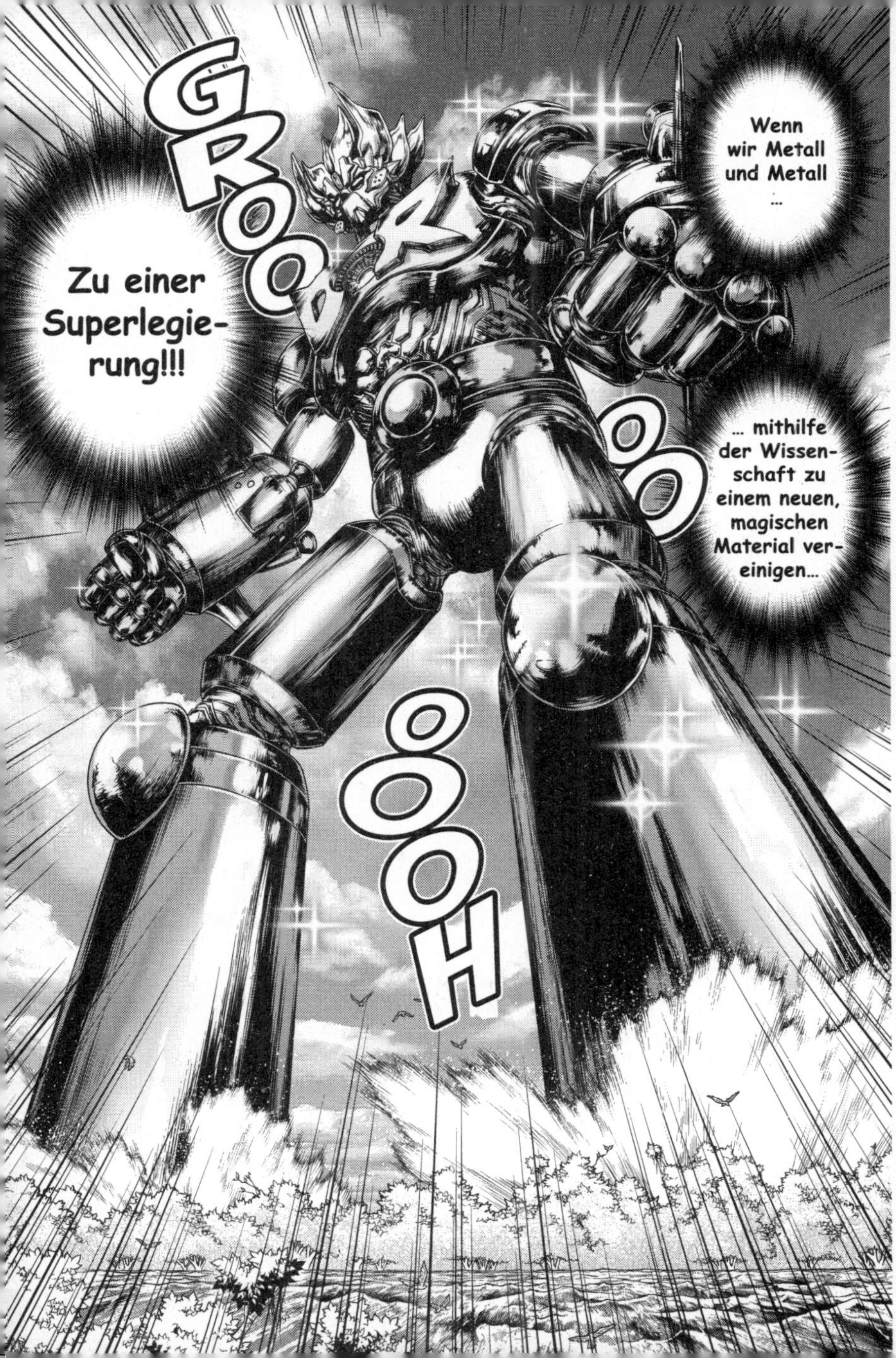
Wenn wir Metall und Metall …
… mithilfe der Wissenschaft zu einem neuen, magischen Material vereinigen…
Zu einer Superlegierung!!!
GROOROOOOOH

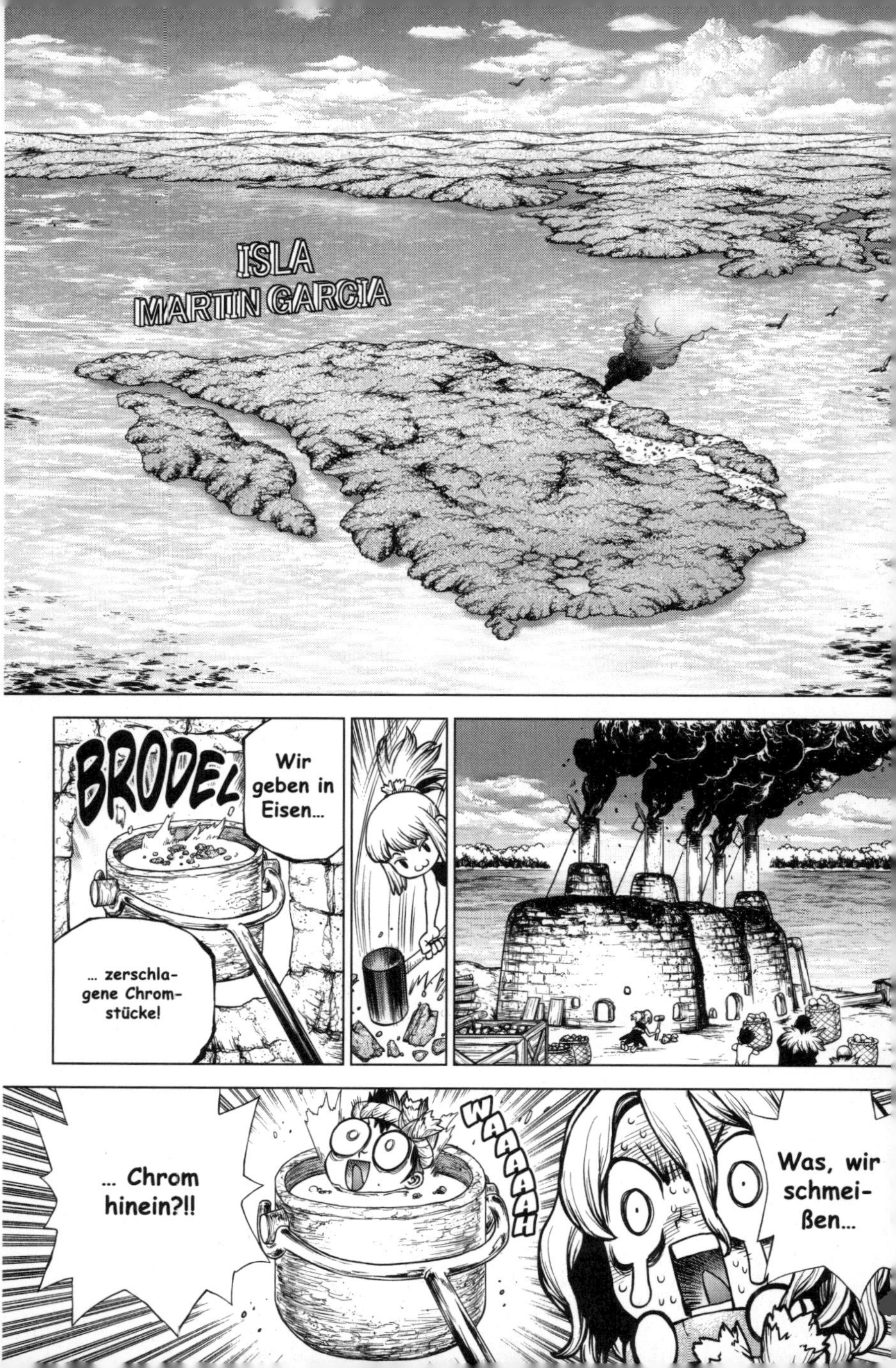
ISLA MARTIN GARCIA
Wir geben in Eisen…
BRODEL
… zerschlagene Chromstücke!
Was, wir schmeißen…
WAAAAAAH
… Chrom hinein?!!

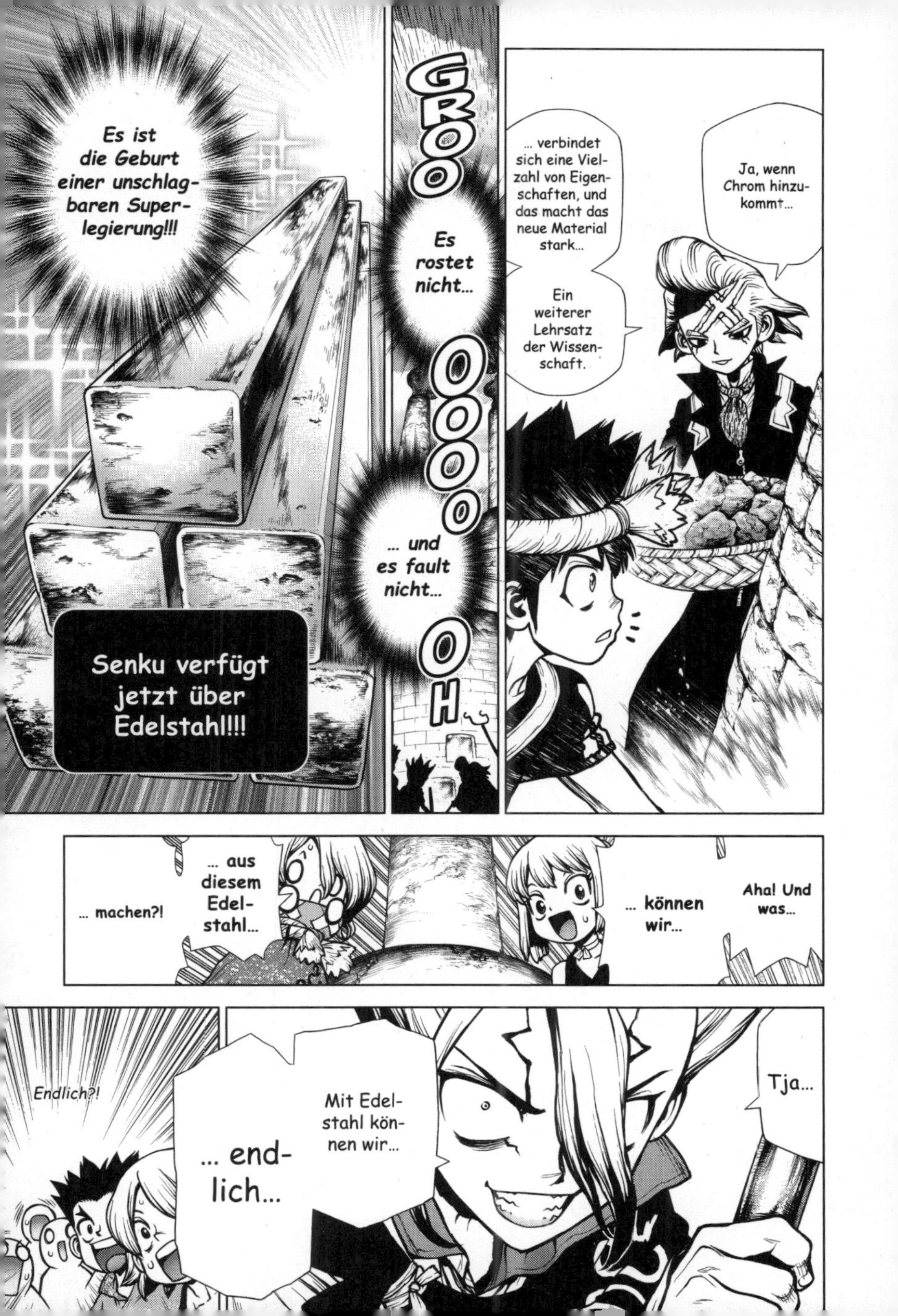

Ja, wenn Chrom hinzukommt...
... verbindet sich eine Vielzahl von Eigenschaften, und das macht das neue Material stark...
Ein weiterer Lehrsatz der Wissenschaft.
GROOOOOOOH
Es rostet nicht...
... und es fault nicht...
Es ist die Geburt einer unschlagbaren Superlegierung!!!
Senku verfügt jetzt über Edelstahl!!!
Aha! Und was...
... können wir...
... aus diesem Edelstahl...
... machen?!
Tja...
Mit Edelstahl können wir...
... endlich...
Endlich?!

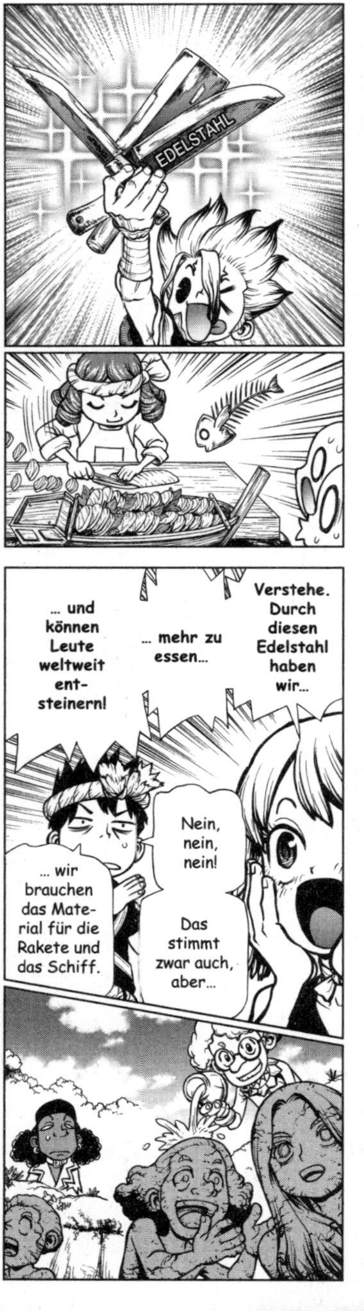
EDELSTAHL
Verstehe. Durch diesen Edelstahl haben wir...
... mehr zu essen...
... und können Leute weltweit ent- steinern!
Nein, nein, nein!
Das stimmt zwar auch, aber...
... wir brauchen das Mate- rial für die Rakete und das Schiff.

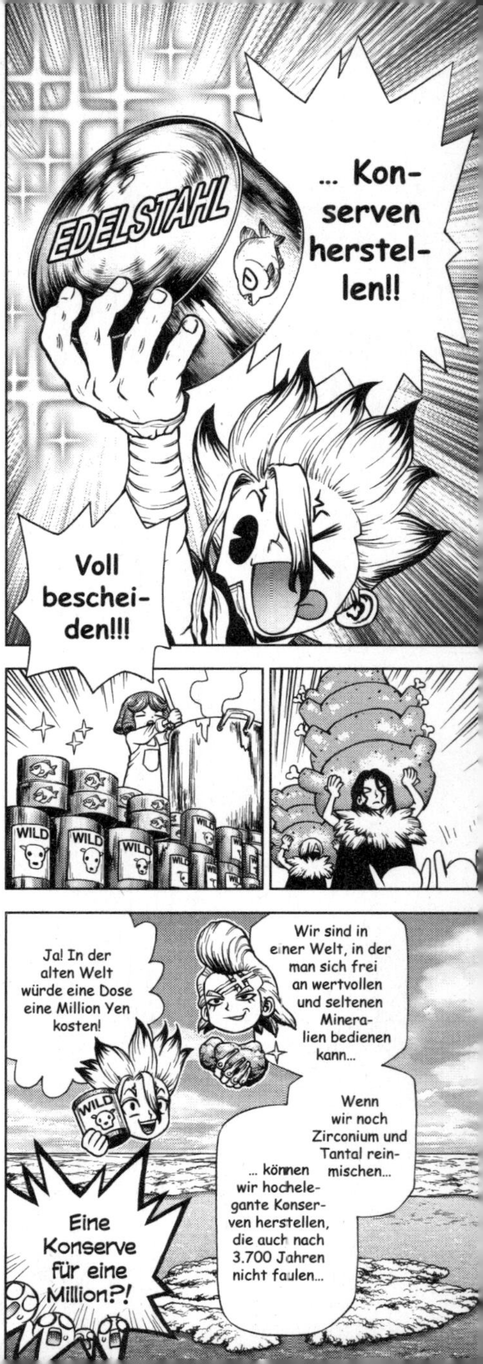
EDELSTAHL
... Kon- serven herstel- len!!
Voll beschei- den!!!
WILD
Wir sind in einer Welt, in der man sich frei an wertvollen und seltenen Minera- lien bedienen kann...
Ja! In der alten Welt würde eine Dose eine Million Yen kosten!
WILD
Wenn wir noch Zirconium und Tantal rein- mischen...
... können wir hochele- gante Konser- ven herstellen, die auch nach 3.700 Jahren nicht faulen...
Eine Konserve für eine Million?!

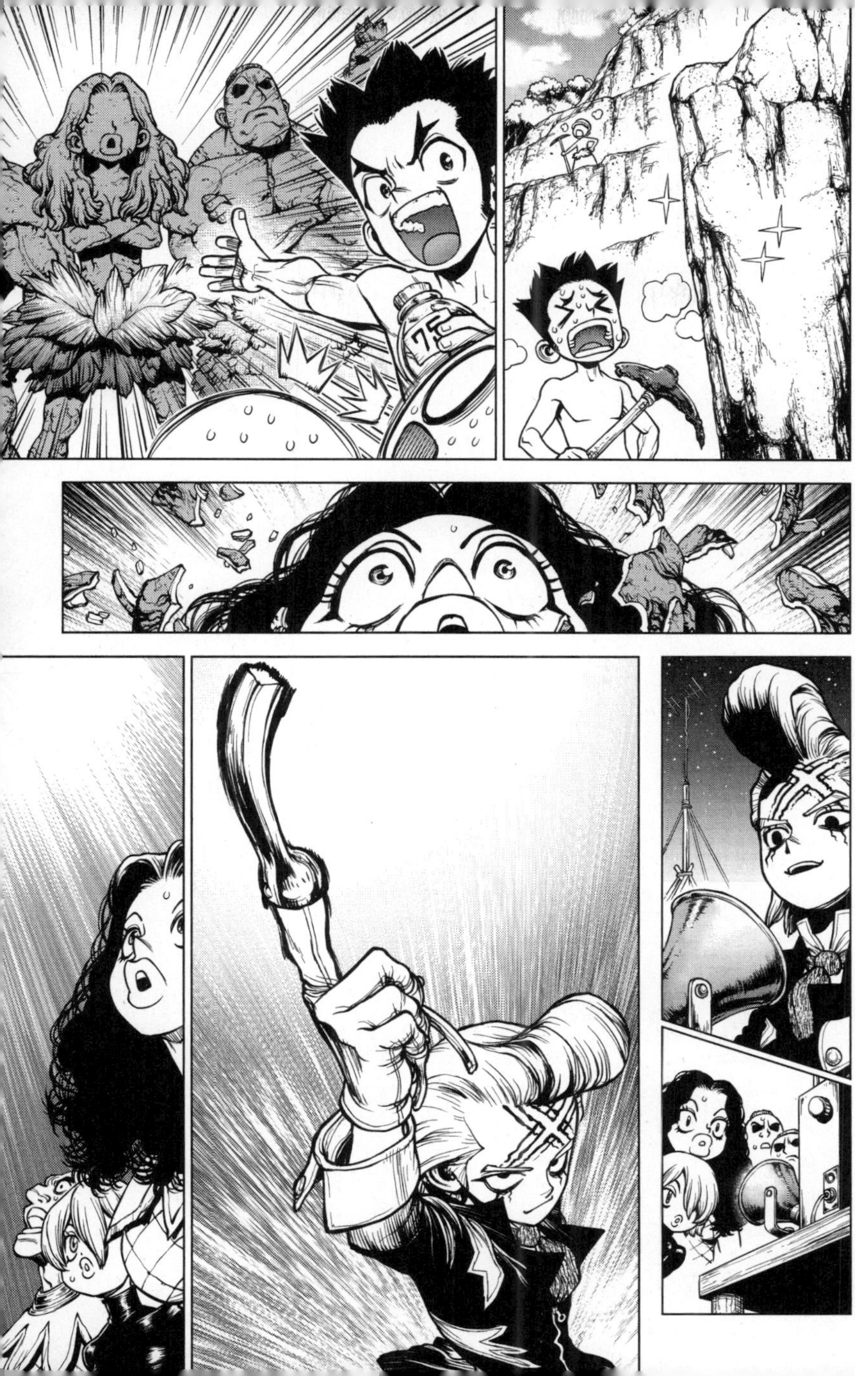

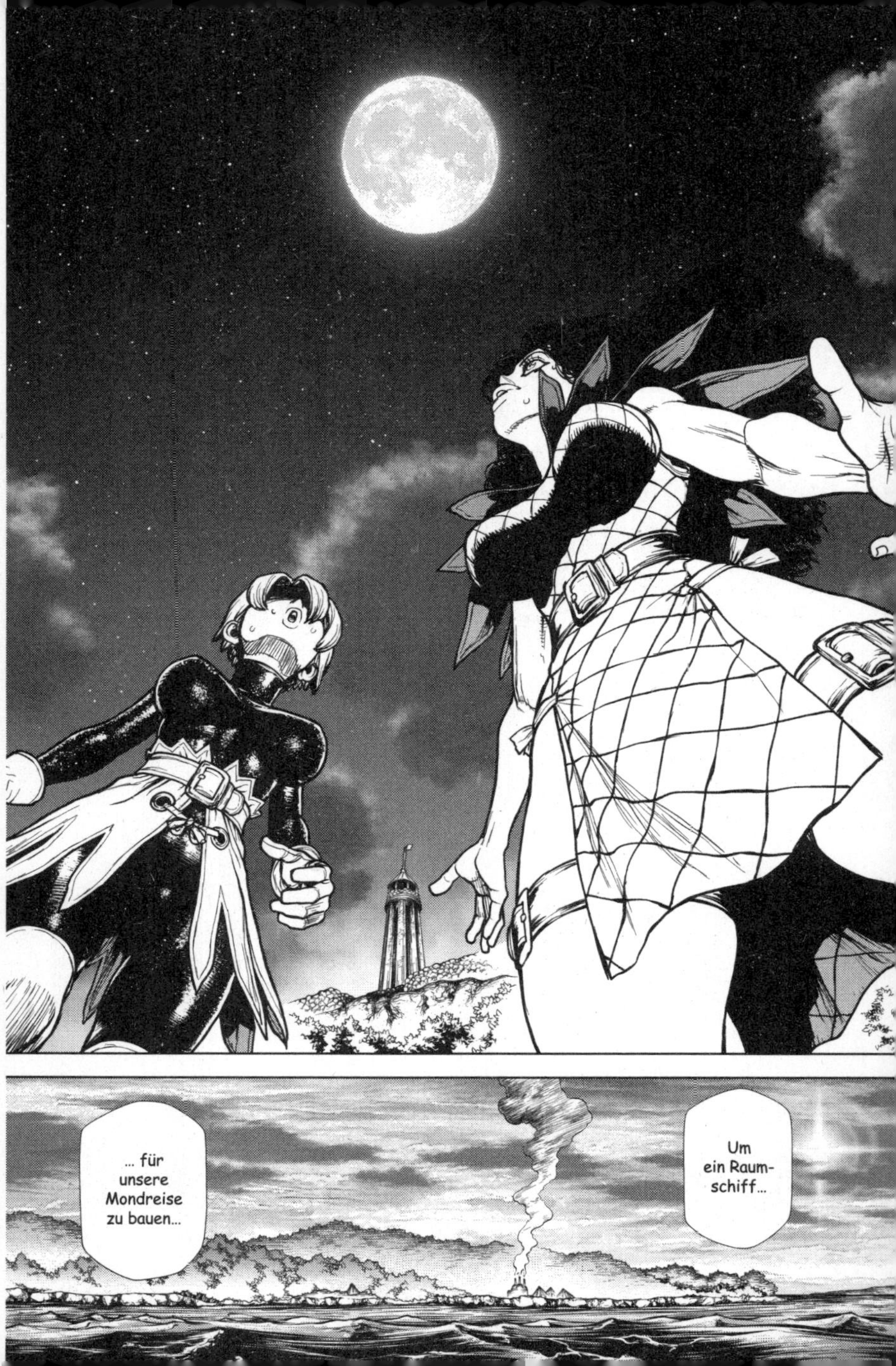
Um ein Raum-schiff...
... für unsere Mondreise zu bauen...

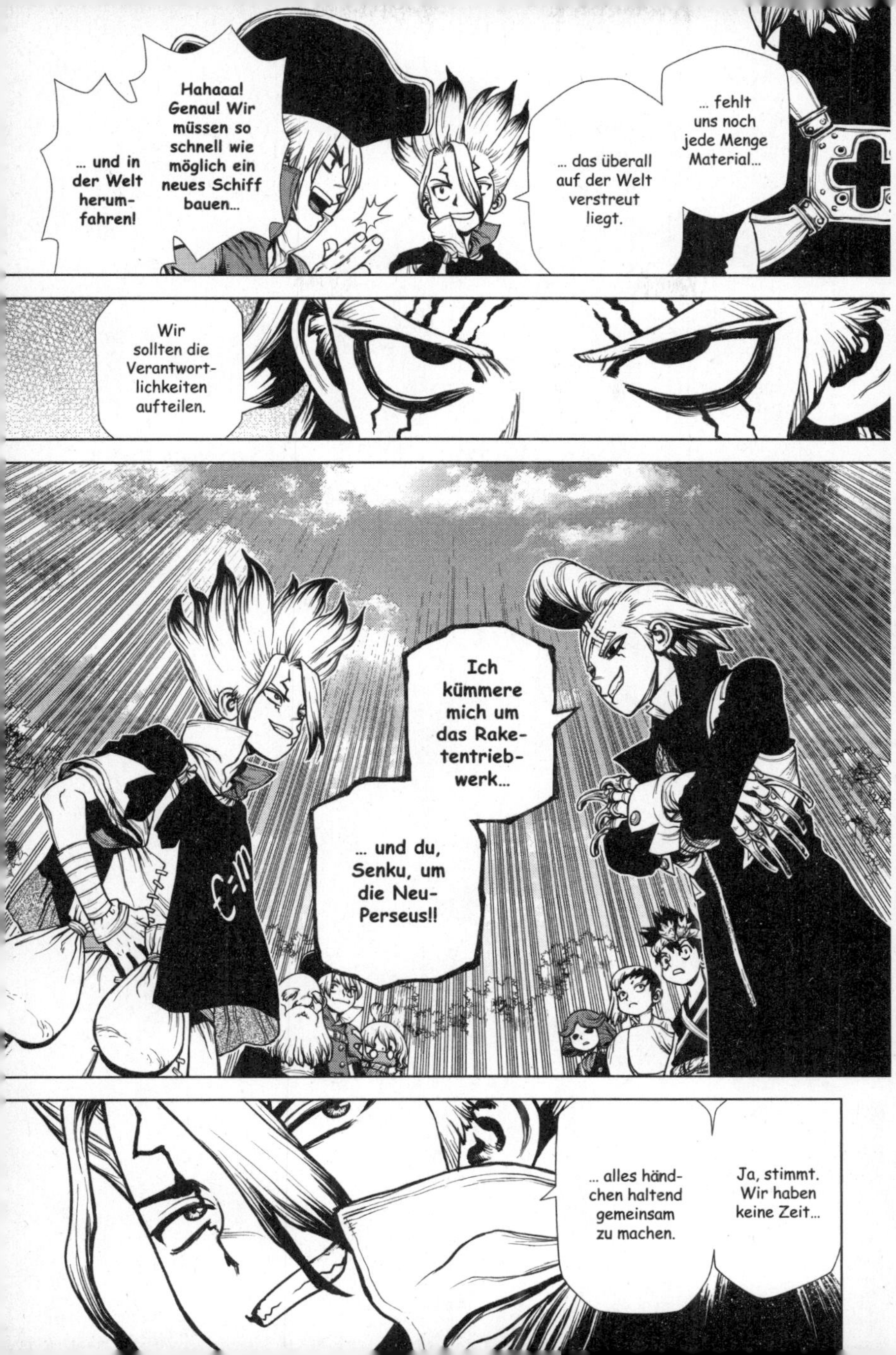

... fehlt uns noch jede Menge Material...
... das überall auf der Welt verstreut liegt.
Hahaaa! Genau! Wir müssen so schnell wie möglich ein neues Schiff bauen...
... und in der Welt herumfahren!
Wir sollten die Verantwortlichkeiten aufteilen.
Ich kümmere mich um das Raketentriebwerk...
... und du, Senku, um die Neu-Perseus!!
Ja, stimmt. Wir haben keine Zeit...
... alles händchen haltend gemeinsam zu machen.

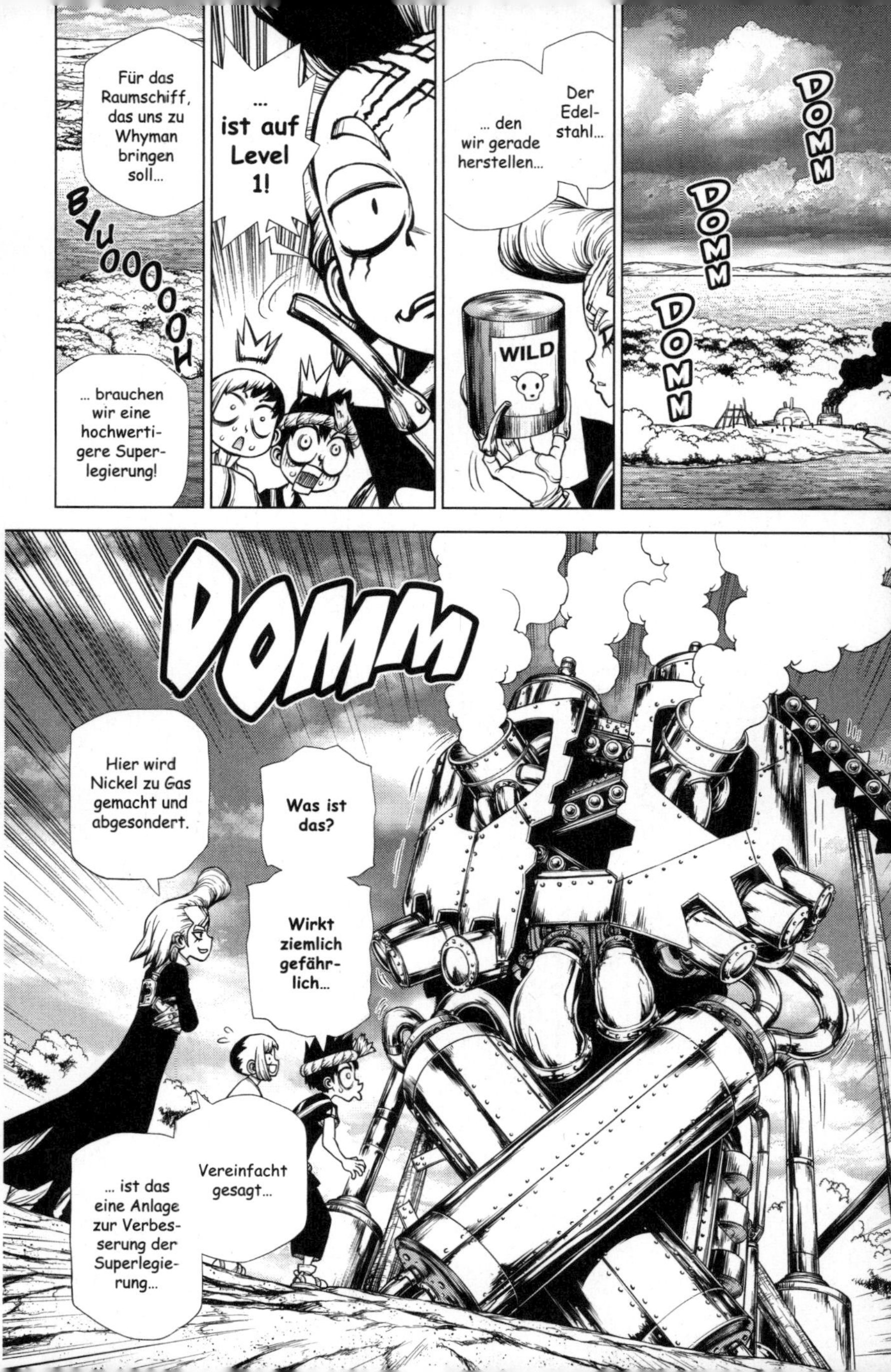
DOMM
DOMM
DOMM
Der Edelstahl...
... den wir gerade herstellen...
WILD
...
ist auf Level 1!
Für das Raumschiff, das uns zu Whyman bringen soll...
BYUOOOOOOH
... brauchen wir eine hochwertigere Superlegierung!
DOMM
Was ist das?
Wirkt ziemlich gefährlich...
Hier wird Nickel zu Gas gemacht und abgesondert.
Vereinfacht gesagt...
... ist das eine Anlage zur Verbesserung der Superlegierung...

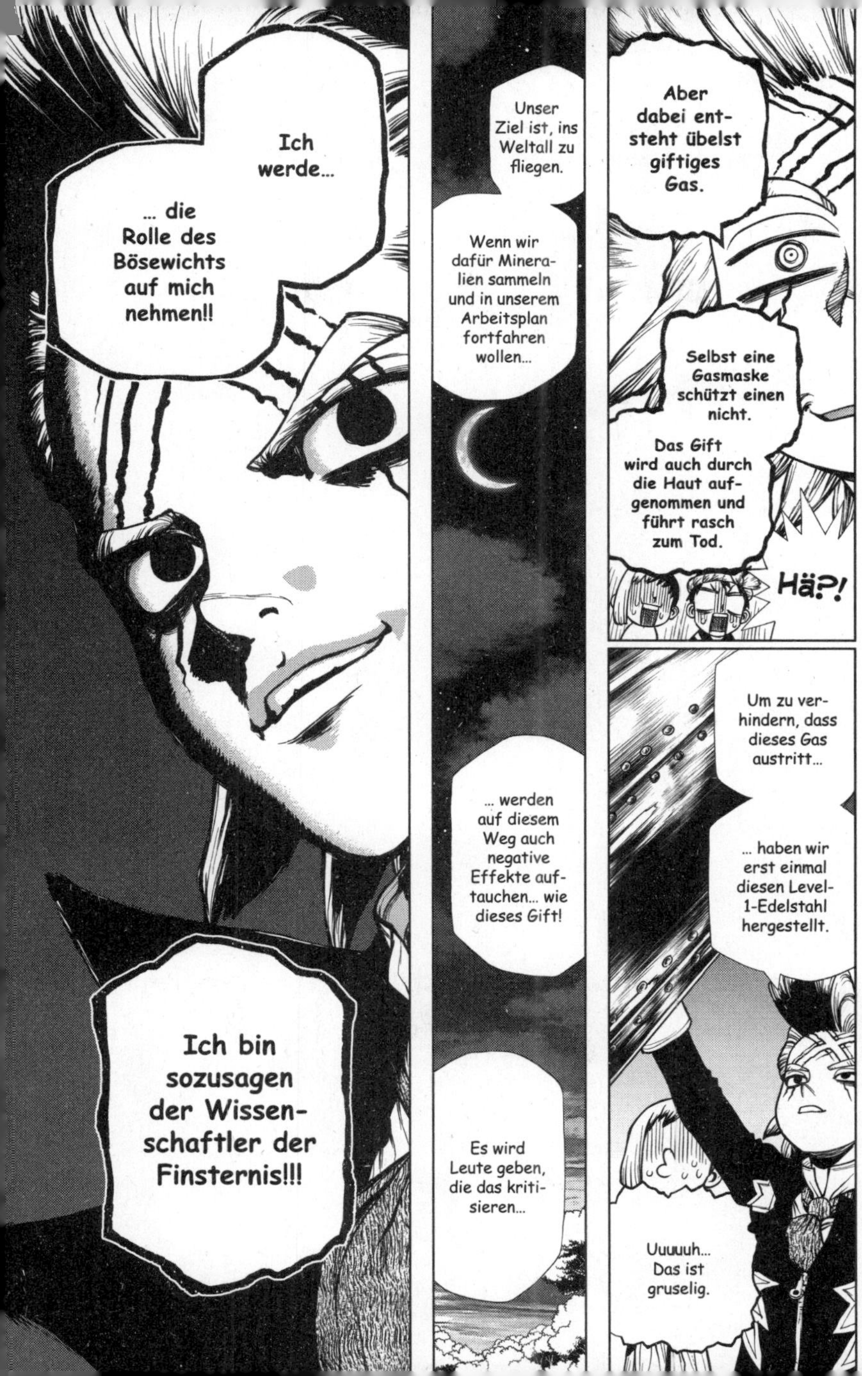
Aber dabei entsteht übelst giftiges Gas.
Selbst eine Gasmaske schützt einen nicht.
Das Gift wird auch durch die Haut aufgenommen und führt rasch zum Tod.
Hä?!
Um zu verhindern, dass dieses Gas austritt…
… haben wir erst einmal diesen Level-1-Edelstahl hergestellt.
Uuuuuh… Das ist gruselig.
Unser Ziel ist, ins Weltall zu fliegen.
Wenn wir dafür Mineralien sammeln und in unserem Arbeitsplan fortfahren wollen…
… werden auf diesem Weg auch negative Effekte auftauchen… wie dieses Gift!
Es wird Leute geben, die das kritisieren…
Ich werde…
… die Rolle des Bösewichts auf mich nehmen!!
Ich bin sozusagen der Wissenschaftler der Finsternis!!!

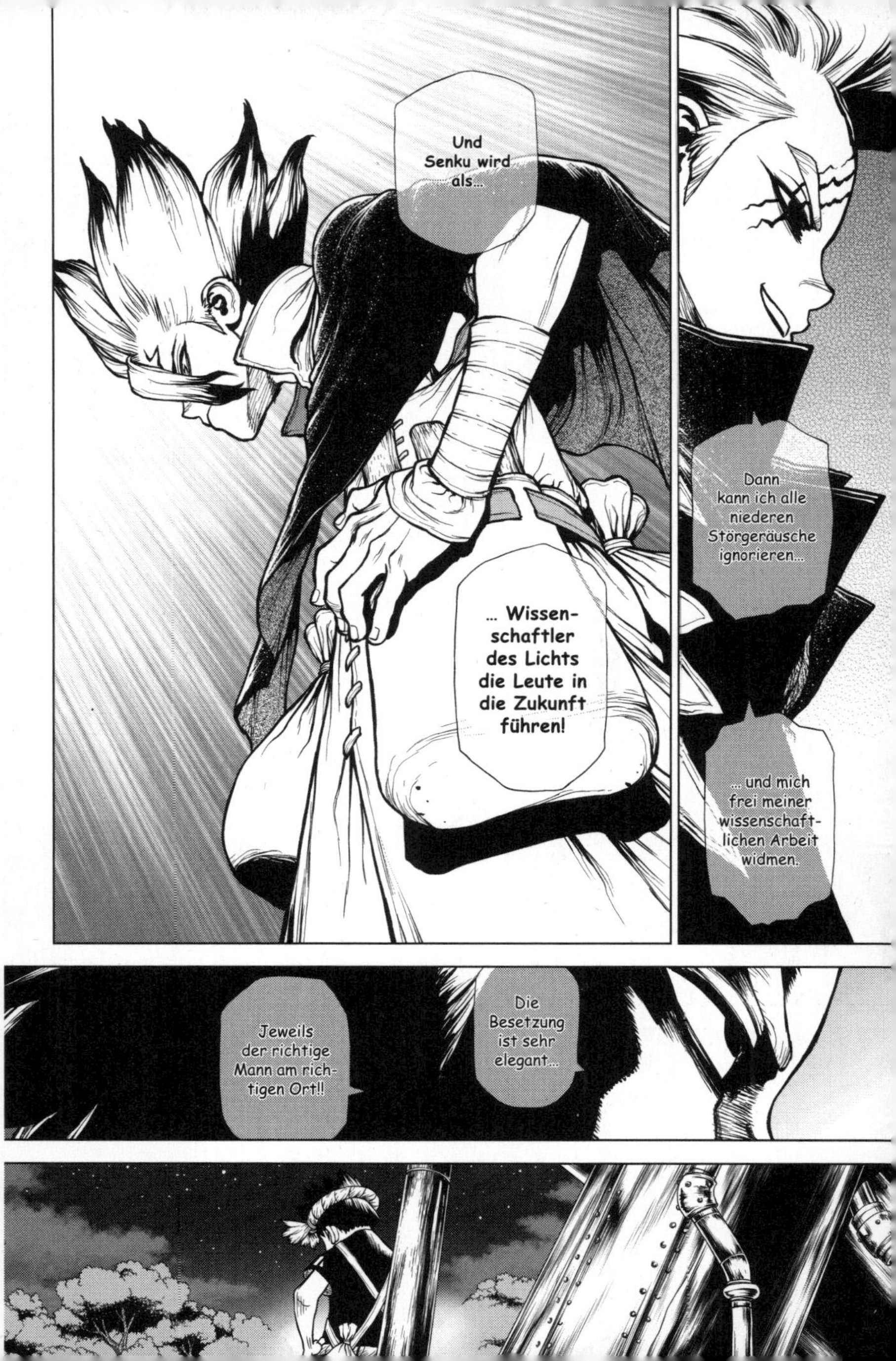

Dann kann ich alle niederen Störgeräusche ignorieren...
... und mich frei meiner wissenschaftlichen Arbeit widmen.
Und Senku wird als...
... Wissenschaftler des Lichts die Leute in die Zukunft führen!
Die Besetzung ist sehr elegant...
Jeweils der richtige Mann am richtigen Ort!!

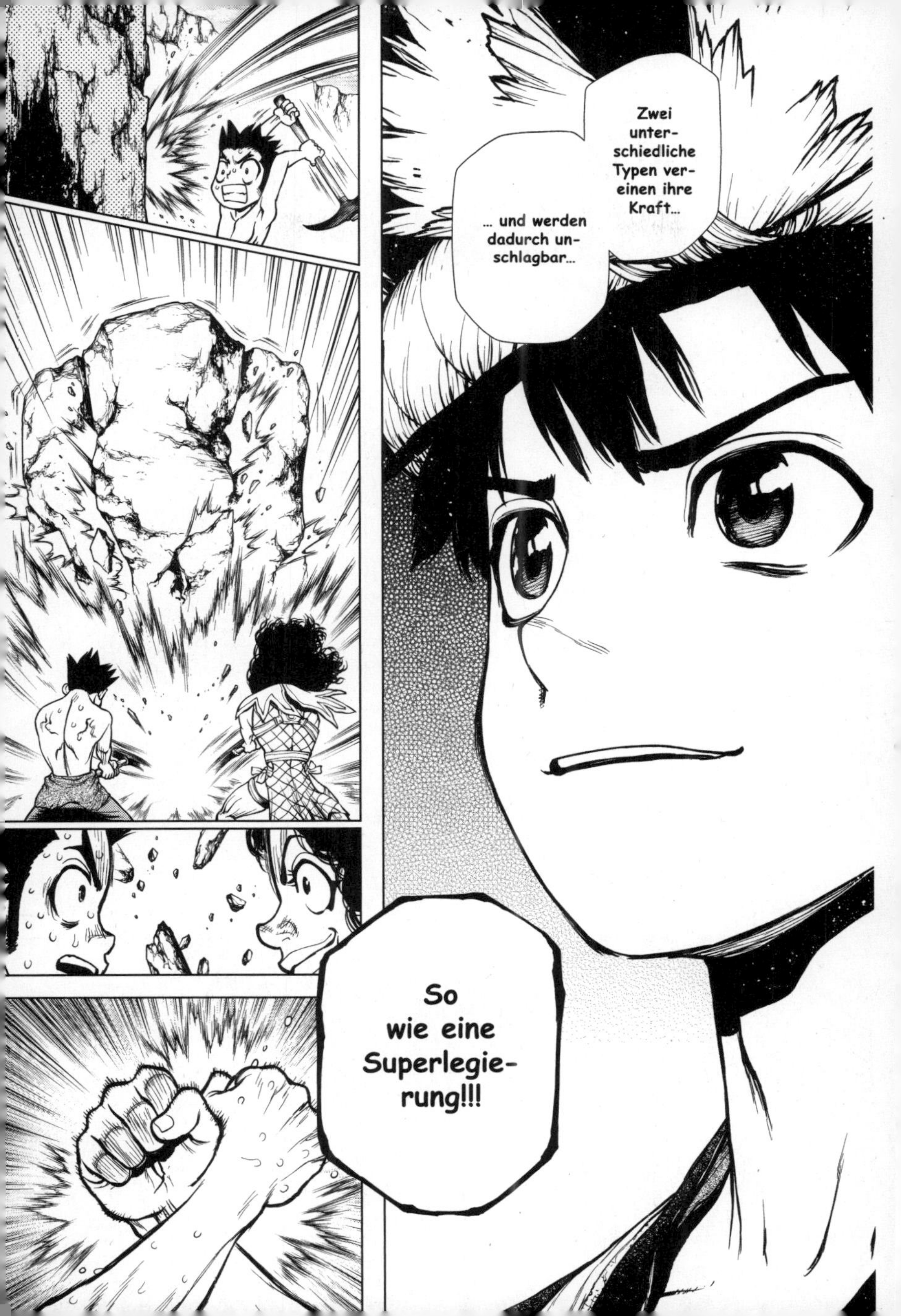
Zwei unter-schiedliche Typen ver-einen ihre Kraft...
... und werden dadurch un-schlagbar...
So wie eine Superlegie-rung!!!

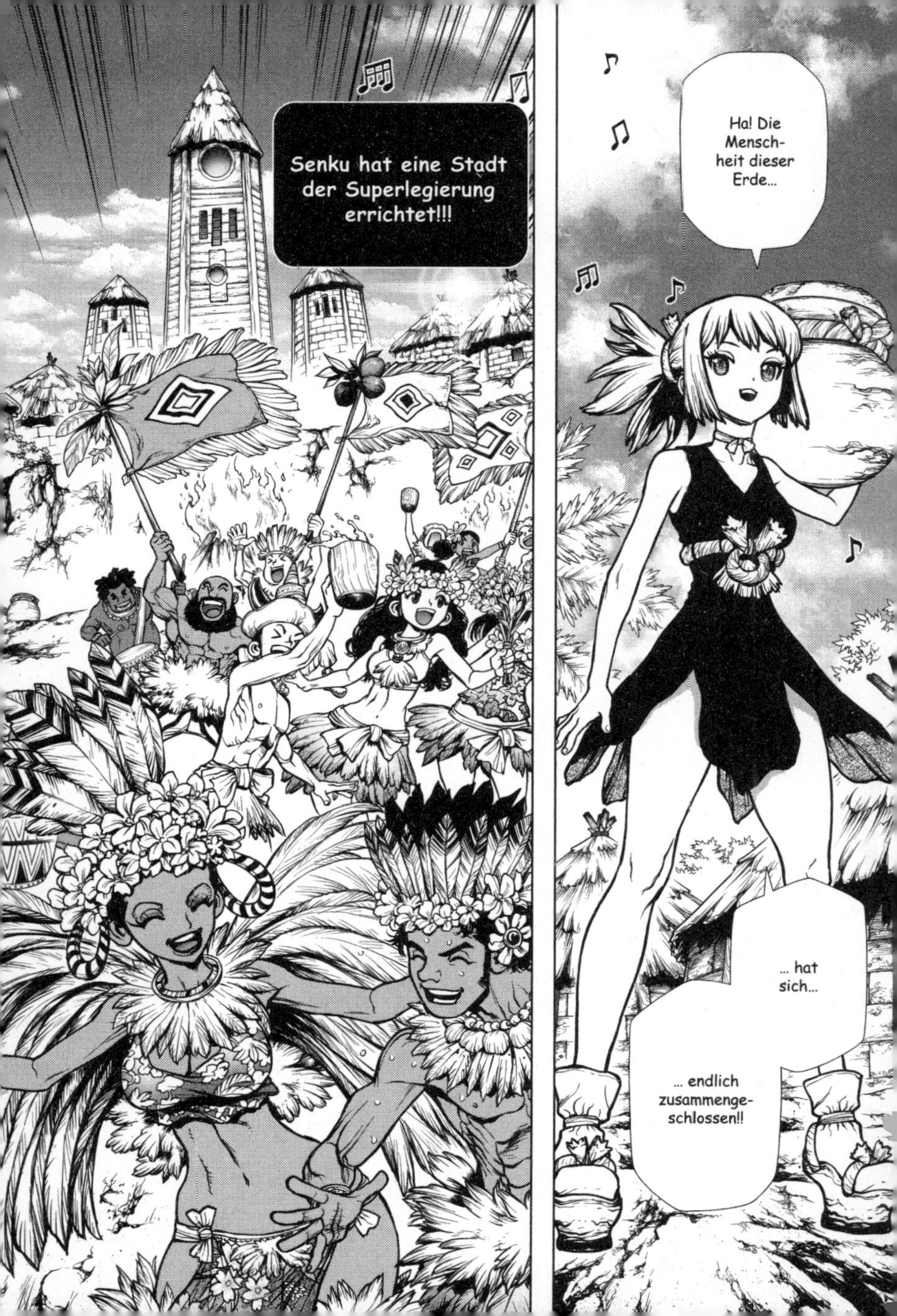
Ha! Die Mensch-heit dieser Erde...
... hat sich...
... endlich zusammenge-schlossen!!
Senku hat eine Stadt der Superlegierung errichtet!!!

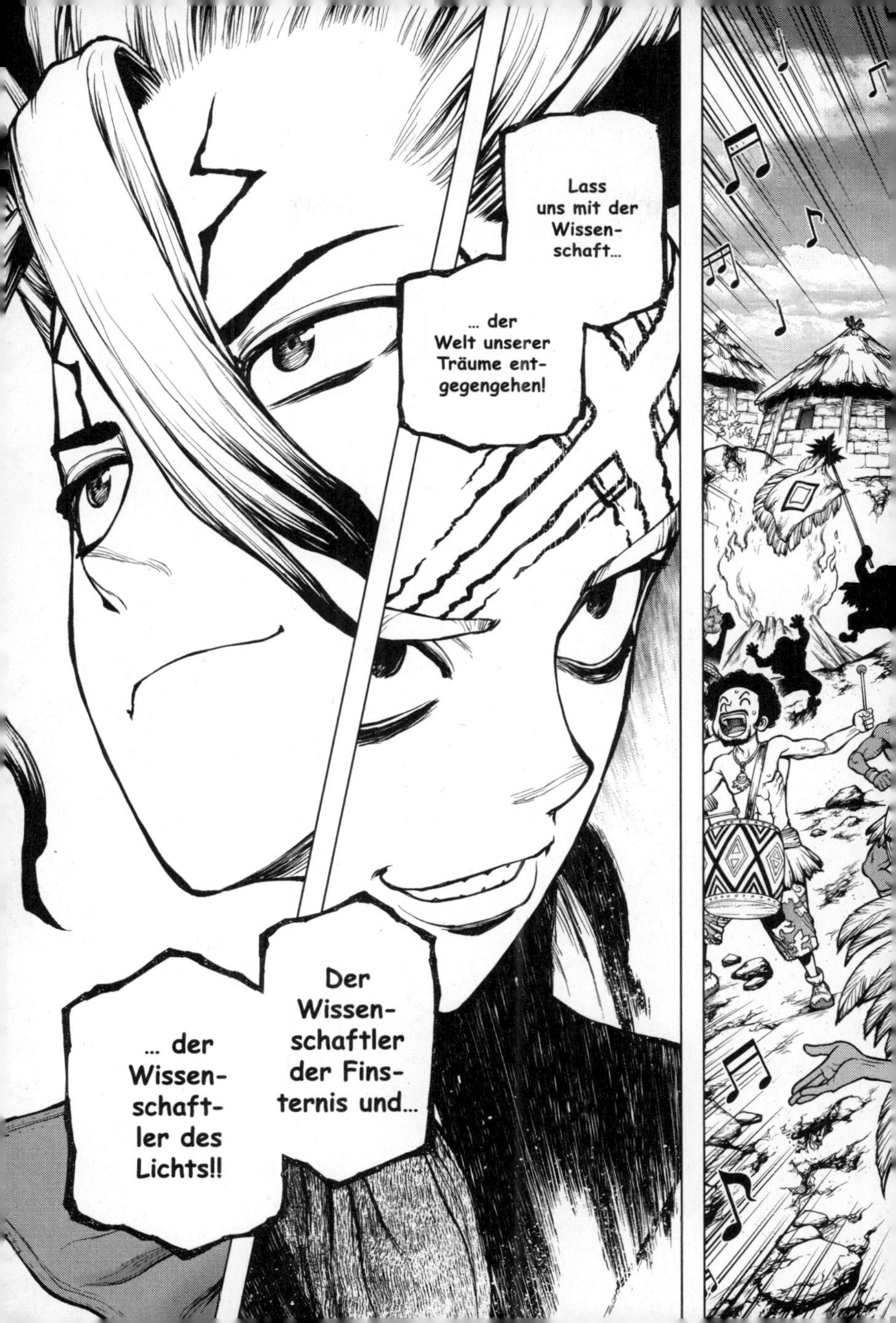
Lass uns mit der Wissen-schaft...
... der Welt unserer Träume ent-gegengehen!
Der Wissen-schaftler der Fins-ternis und...
... der Wissen-schaft-ler des Lichts!!

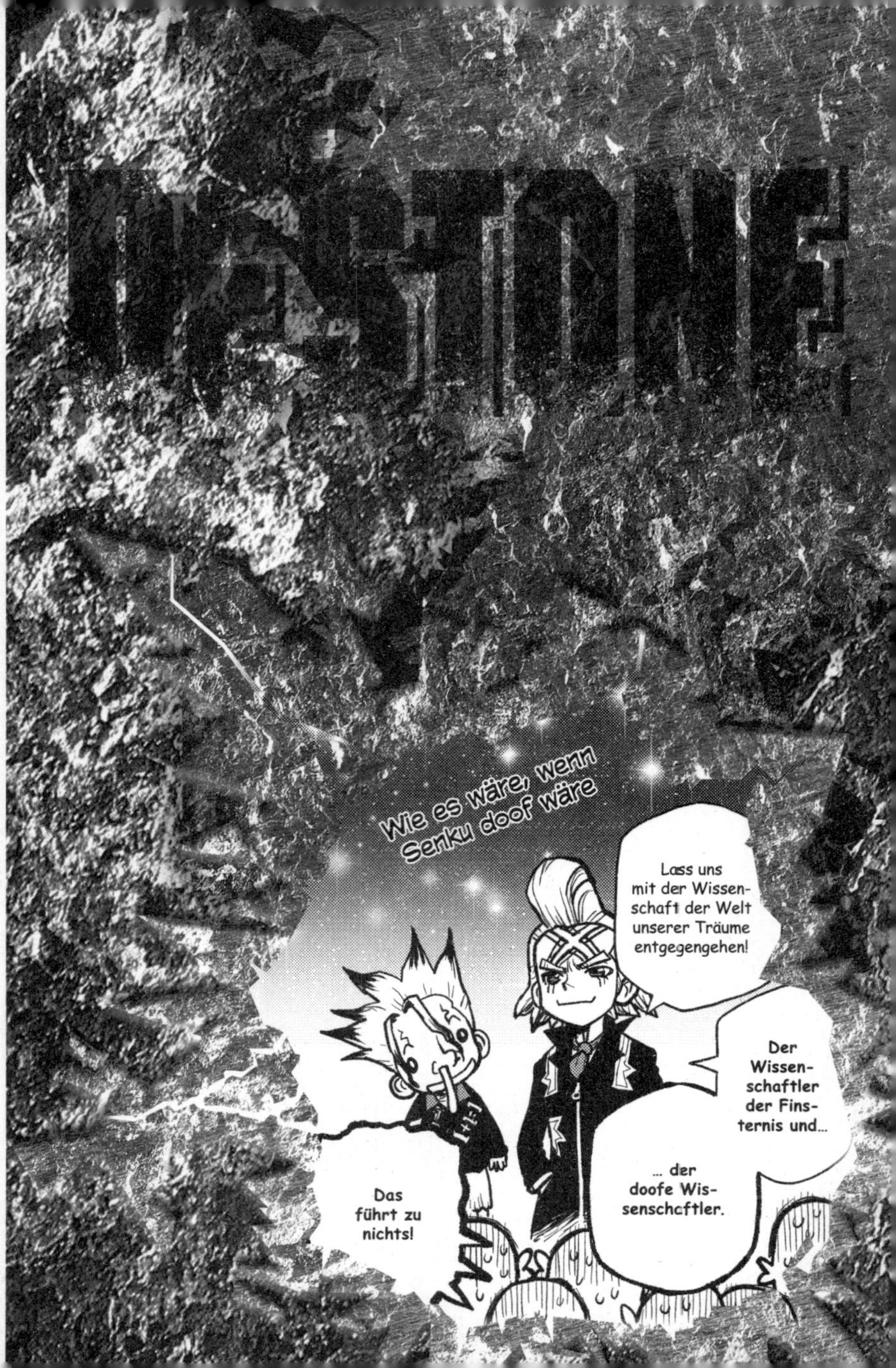
DR. STONE
Wie es wäre, wenn Senku doof wäre
Lass uns mit der Wissenschaft der Welt unserer Träume entgegengehen!
Der Wissenschaftler der Finsternis und...
... der doofe Wissenschaftler.
Das führt zu nichts!

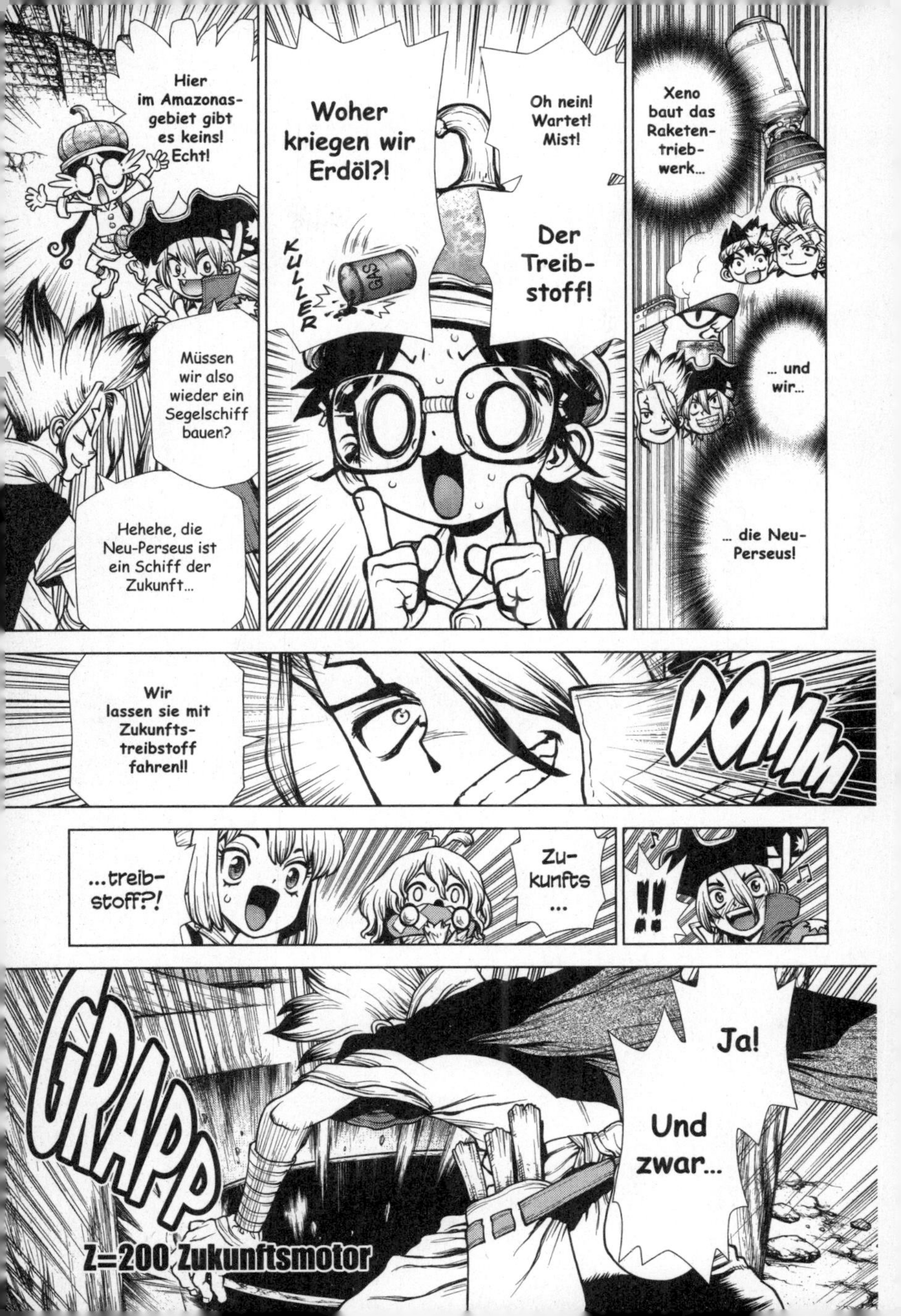
Xeno baut das Raketen-triebwerk...
... und wir...
... die Neu-Perseus!
Oh nein! Wartet! Mist!
Der Treib-stoff!
Woher kriegen wir Erdöl?!
KULLER
GAS
Hier im Amazonas-gebiet gibt es keins! Echt!
Müssen wir also wieder ein Segelschiff bauen?
Hehehe, die Neu-Perseus ist ein Schiff der Zukunft...
DOMM
Wir lassen sie mit Zukunfts-treibstoff fahren!!
!!
Zu-kunfts ...
...treib-stoff?!
Ja!
Und zwar...
GRAPP
Z=200 Zukunftsmotor

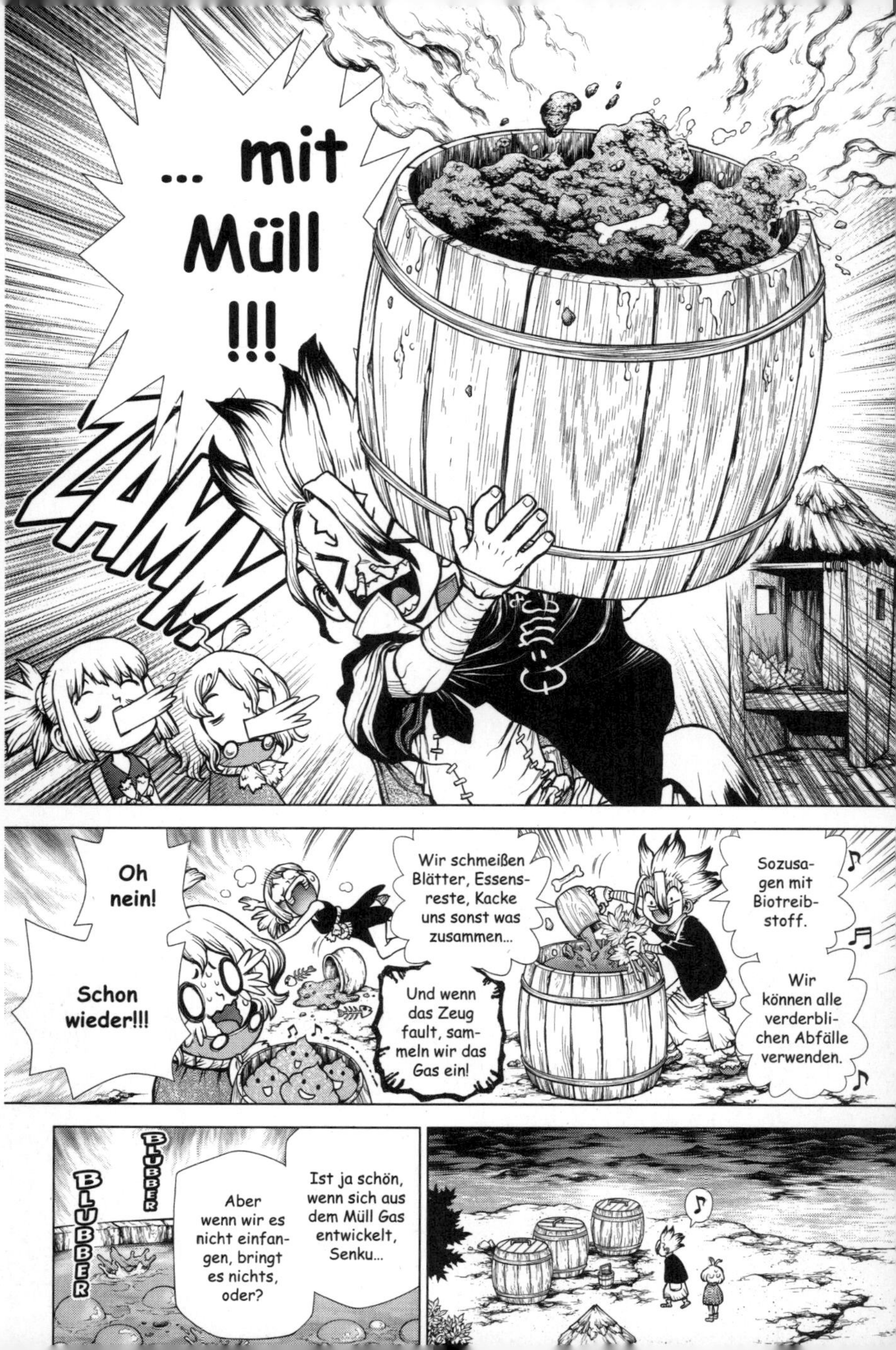
... mit Müll !!!
ZAMM
Sozusagen mit Biotreibstoff.
Wir können alle verderblichen Abfälle verwenden.
Wir schmeißen Blätter, Essensreste, Kacke uns sonst was zusammen...
Und wenn das Zeug fault, sammeln wir das Gas ein!
Oh nein!
Schon wieder!!!
Ist ja schön, wenn sich aus dem Müll Gas entwickelt, Senku...
Aber wenn wir es nicht einfangen, bringt es nichts, oder?
BLUBBER
BLUBBER

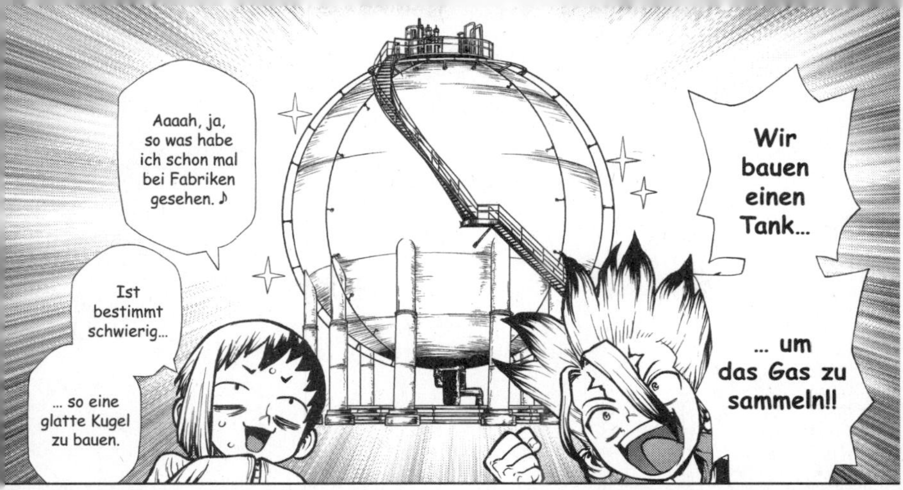
Wir bauen einen Tank...
... um das Gas zu sammeln!!
Aaaah, ja, so was habe ich schon mal bei Fabriken gesehen. ♪
Ist bestimmt schwierig...
... so eine glatte Kugel zu bauen.

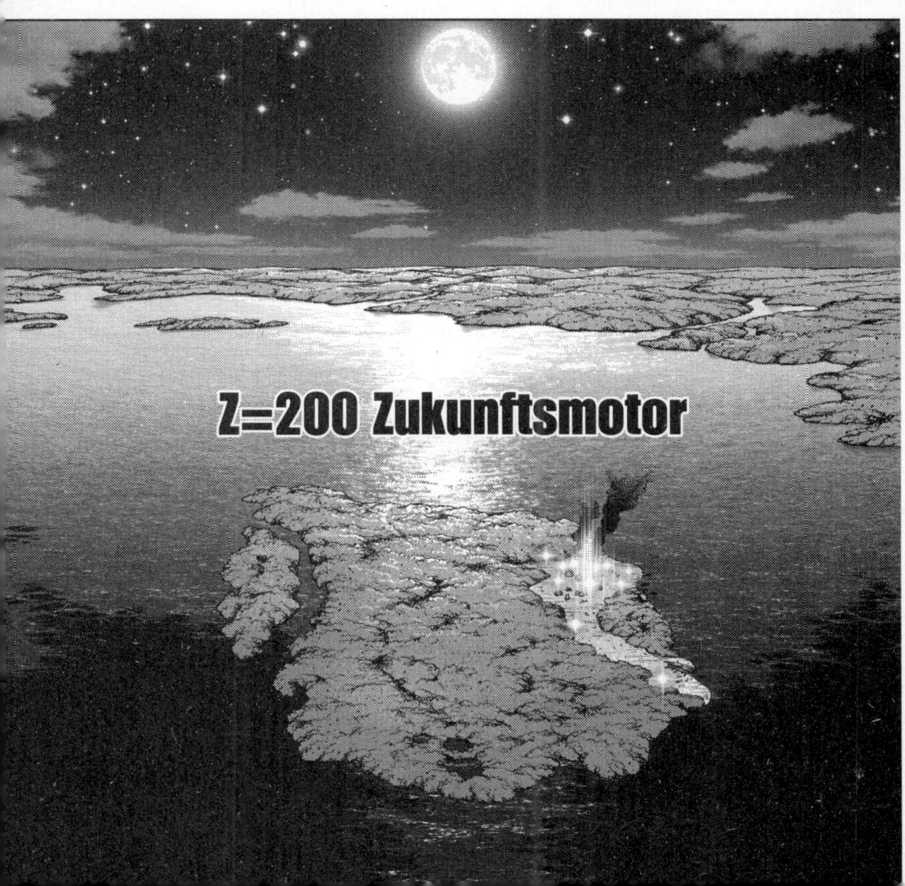
Z=200 Zukunftsmotor

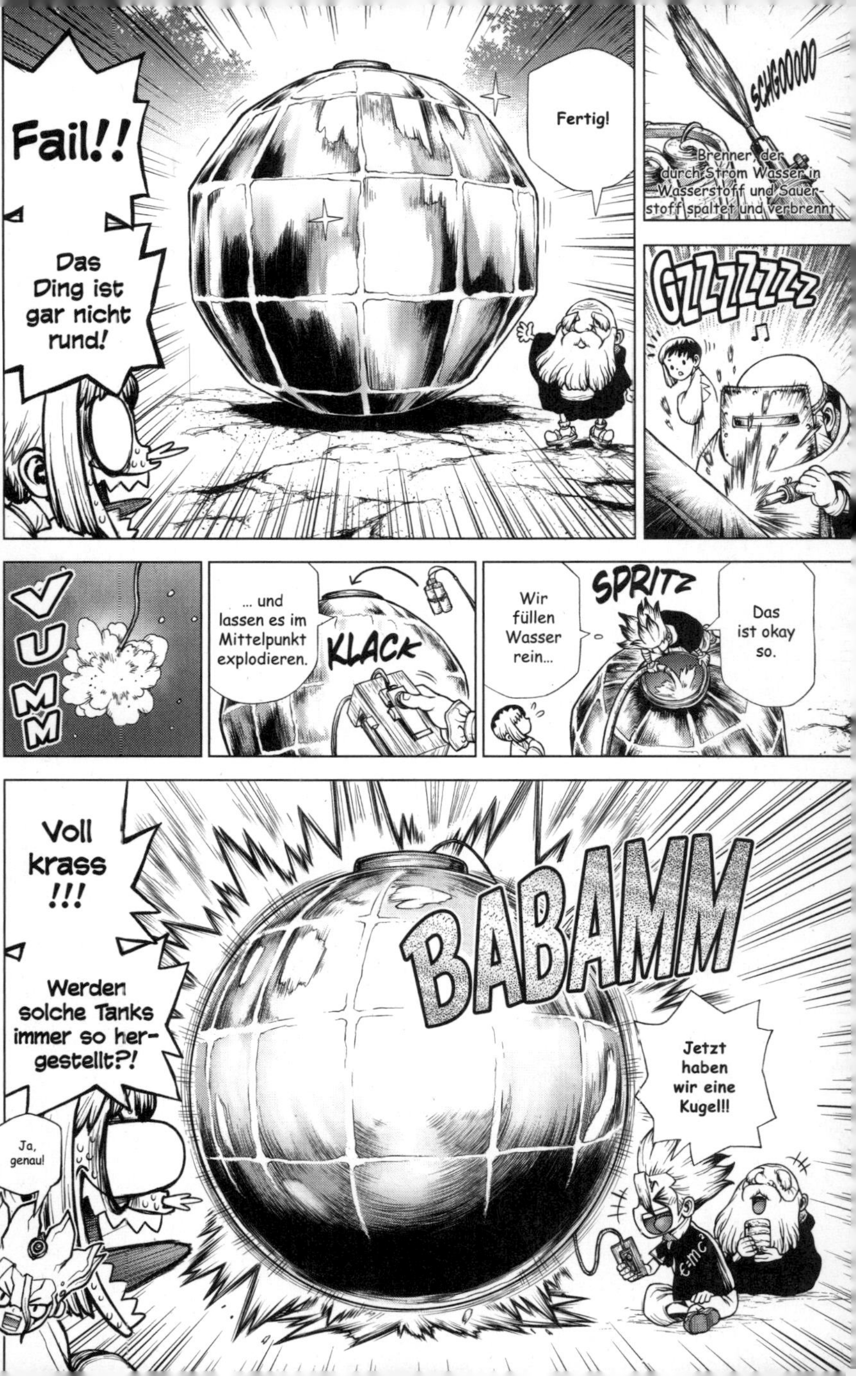
SCHGOOOOO
Brenner, der durch Strom Wasser in Wasserstoff und Sauerstoff spaltet und verbrennt
GZZZZZZZZ
Fertig!
Fail!!
Das Ding ist gar nicht rund!
Das ist okay so.
SPRITZ
Wir füllen Wasser rein...
... und lassen es im Mittelpunkt explodieren.
KLACK
VUMM
BABAMM
Jetzt haben wir eine Kugel!!
Voll krass!!!
Werden solche Tanks immer so her-gestellt?!
Ja, genau!

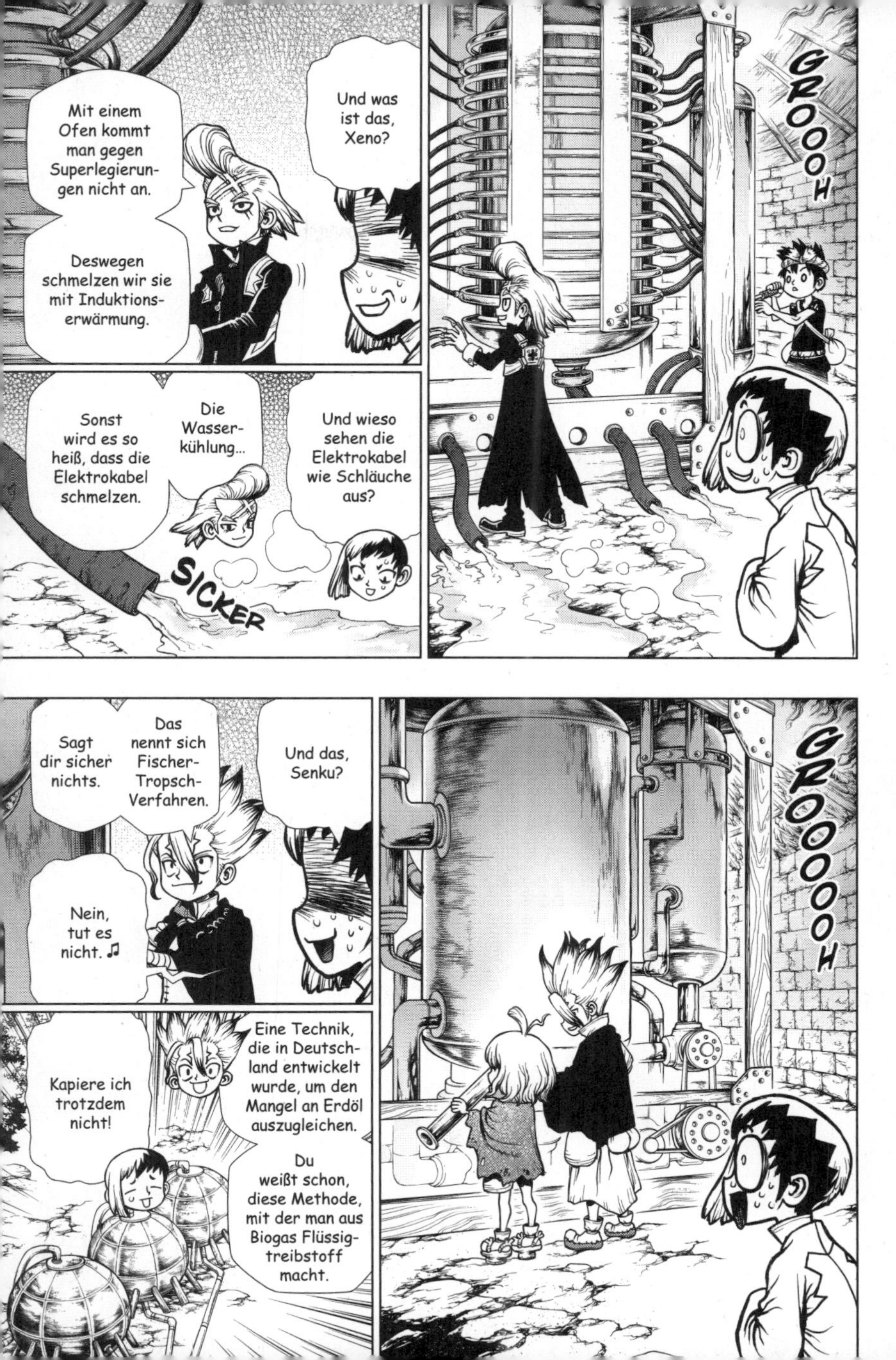
GROOOOH
Und was ist das, Xeno?
Mit einem Ofen kommt man gegen Superlegierungen nicht an.
Deswegen schmelzen wir sie mit Induktionserwärmung.
Und wieso sehen die Elektrokabel wie Schläuche aus?
Die Wasserkühlung...
Sonst wird es so heiß, dass die Elektrokabel schmelzen.
SICKER
GROOOOOOOH
Und das, Senku?
Das nennt sich Fischer-Tropsch-Verfahren.
Sagt dir sicher nichts.
Nein, tut es nicht. ♫
Eine Technik, die in Deutschland entwickelt wurde, um den Mangel an Erdöl auszugleichen.
Du weißt schon, diese Methode, mit der man aus Biogas Flüssigtreibstoff macht.
Kapiere ich trotzdem nicht!

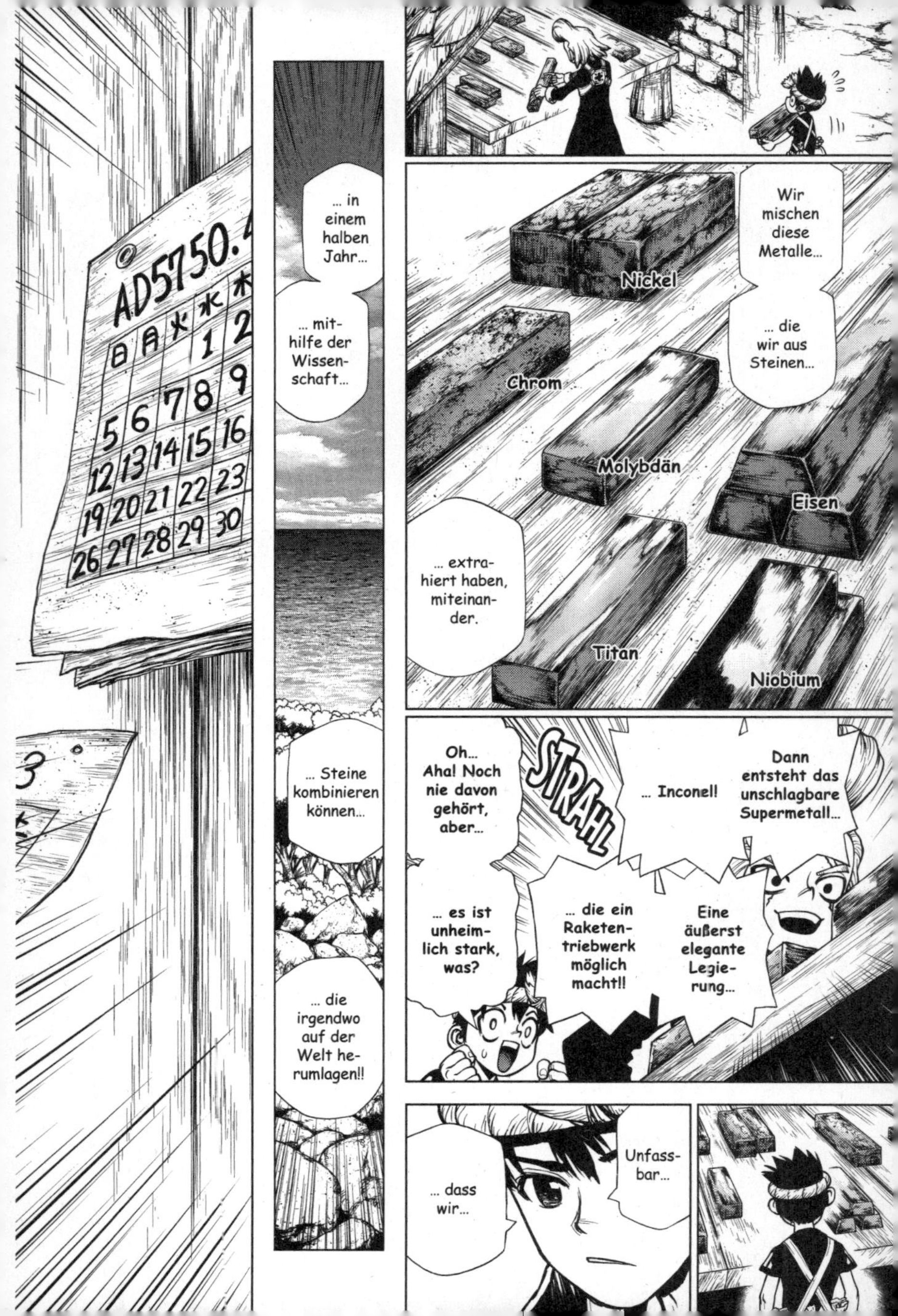

Wir mischen diese Metalle...
... die wir aus Steinen...
... extrahiert haben, miteinander.
Nickel
Chrom
Molybdän
Eisen
Titan
Niobium
Dann entsteht das unschlagbare Supermetall...
... Inconel!
STRAHL
Eine äußerst elegante Legierung...
... die ein Raketentriebwerk möglich macht!!
Oh... Aha! Noch nie davon gehört, aber...
... es ist unheimlich stark, was?
Unfassbar...
... dass wir...
... in einem halben Jahr...
... mithilfe der Wissenschaft...
... Steine kombinieren können...
... die irgendwo auf der Welt herumlagen!!
AD5750.4
日 月 火 水 木
1 2
5 6 7 8 9
12 13 14 15 16
19 20 21 22 23
26 27 28 29 30

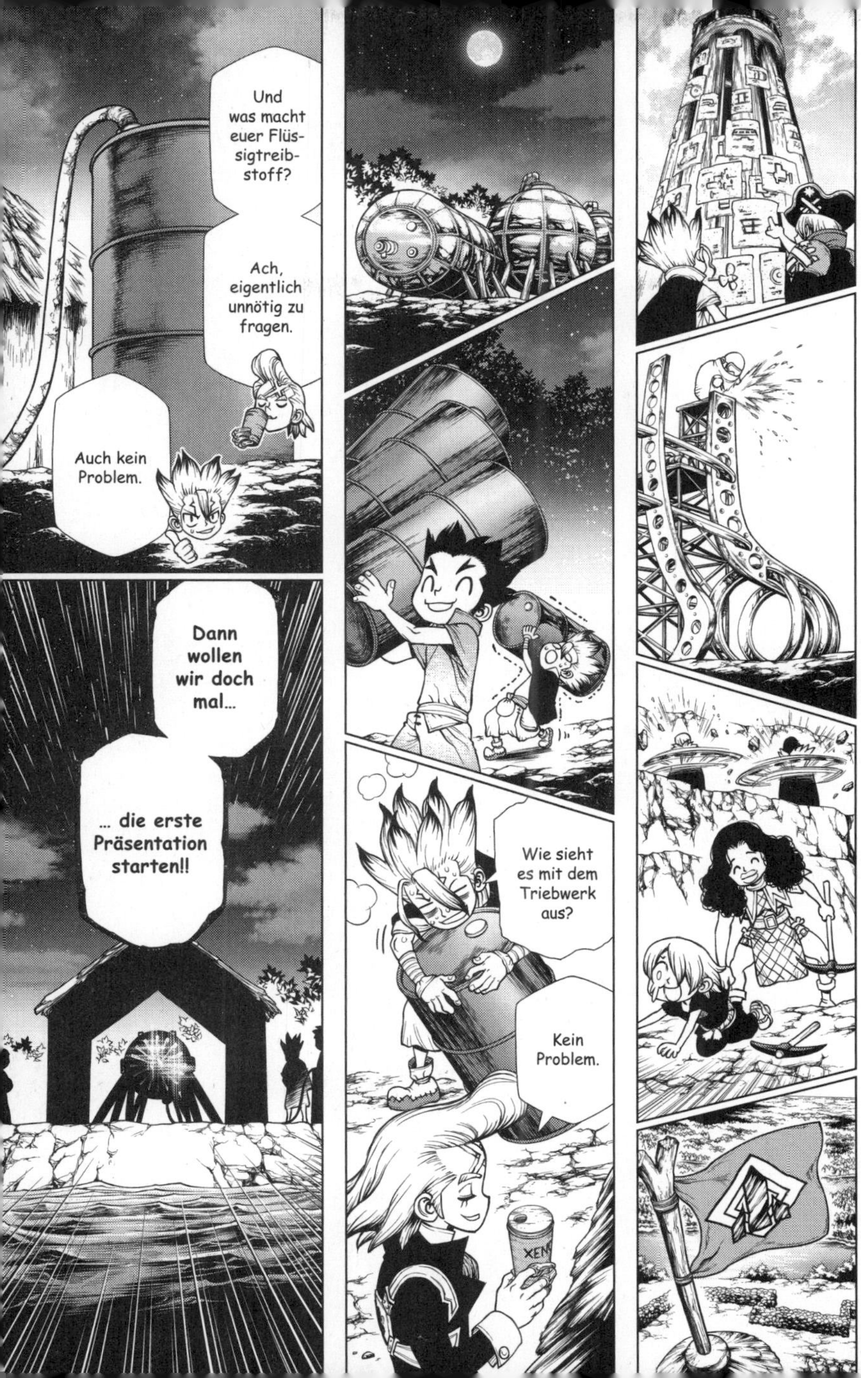
Wie sieht es mit dem Triebwerk aus?
Kein Problem.
Und was macht euer Flüs-sigtreib-stoff?
Ach, eigentlich unnötig zu fragen.
Auch kein Problem.
Dann wollen wir doch mal…
… die erste Präsentation starten!!

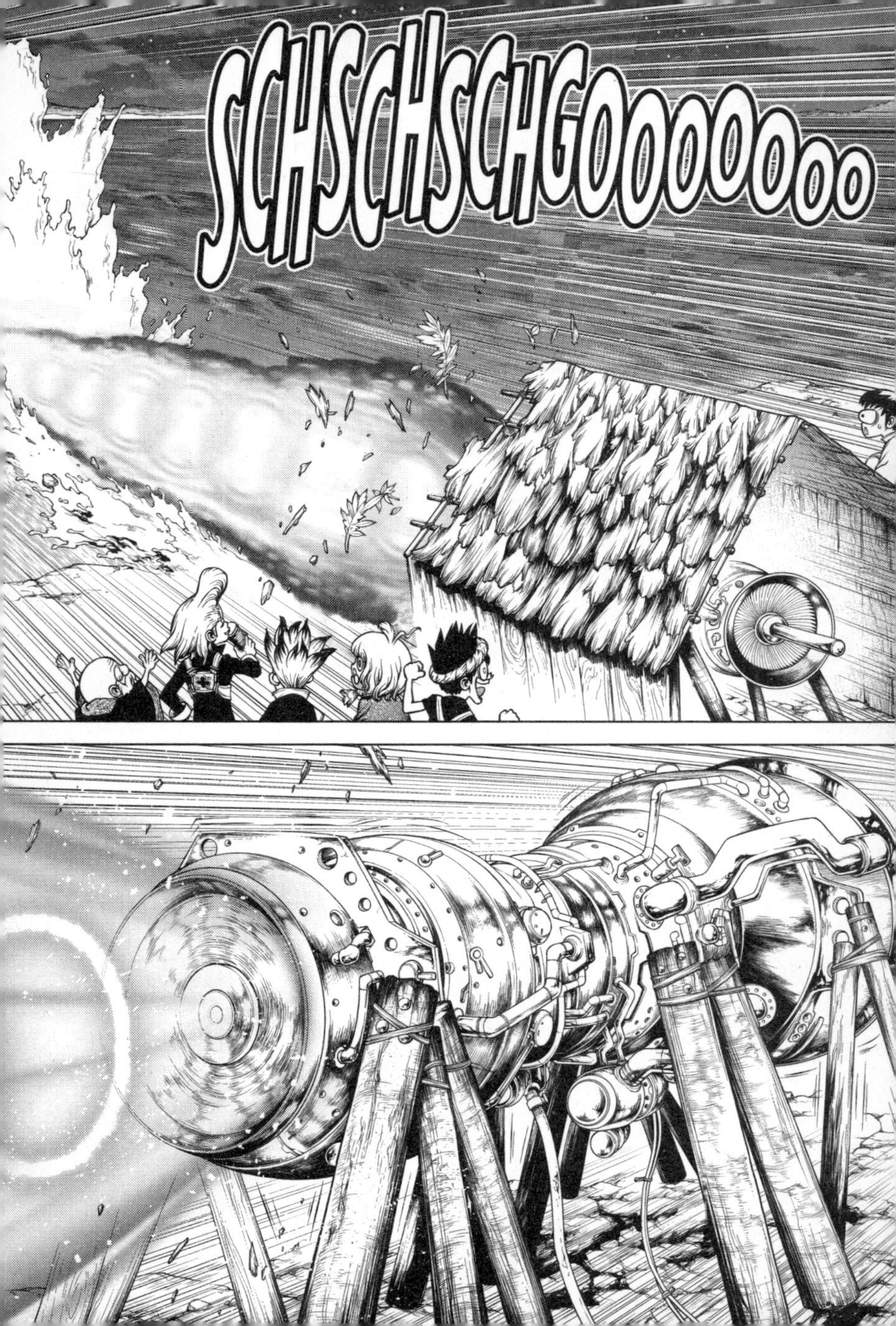
SCHSCHSCHGOOOOOOoo

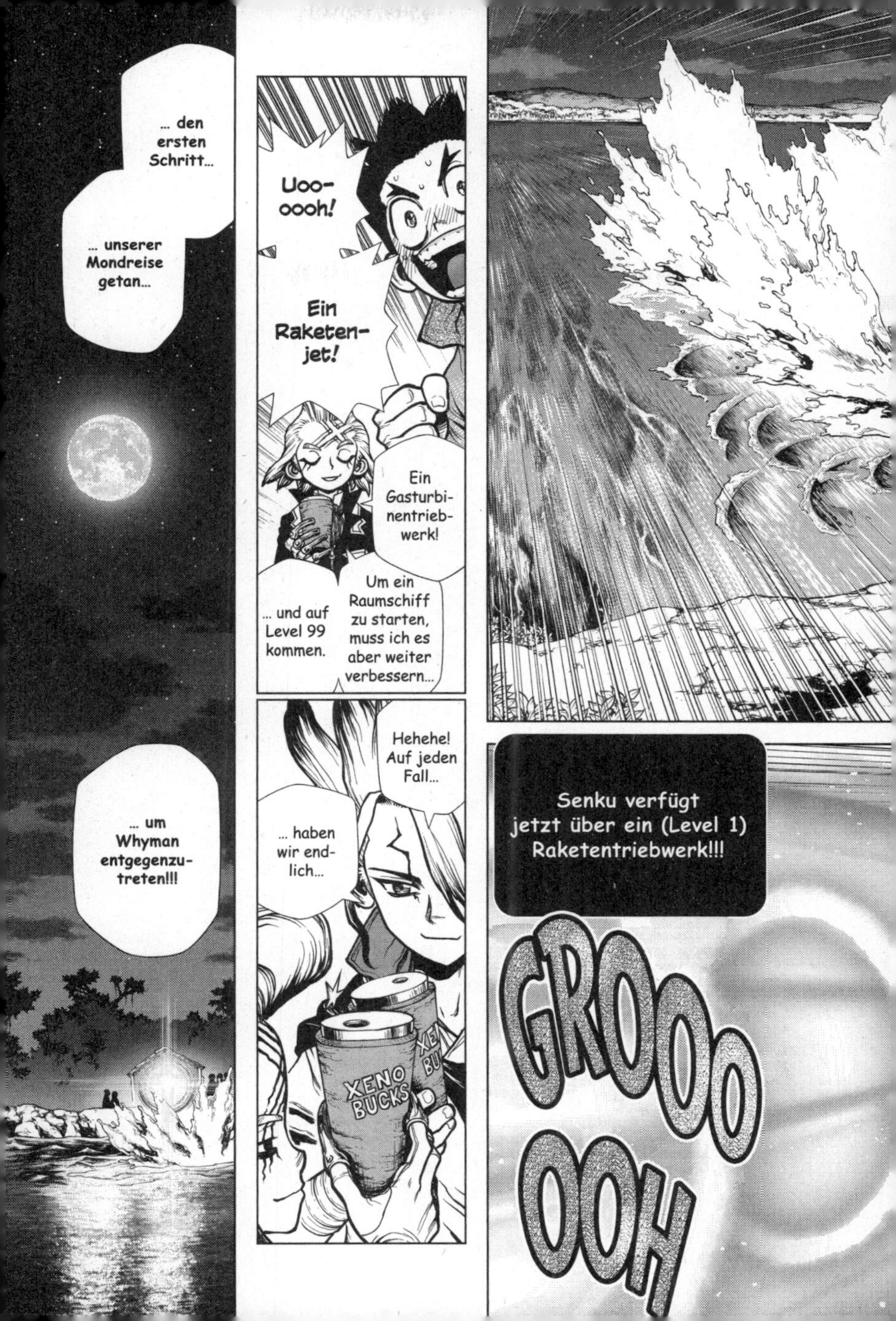

Senku verfügt jetzt über ein (Level 1) Raketentriebwerk!!!
GROOOOOOH
Uoo-oooh!
Ein Raketen-jet!
Ein Gasturbinentriebwerk!
Um ein Raumschiff zu starten, muss ich es aber weiter verbessern...
... und auf Level 99 kommen.
Hehehe! Auf jeden Fall...
... haben wir endlich...
... den ersten Schritt...
... unserer Mondreise getan...
... um Whyman entgegenzutreten!!!

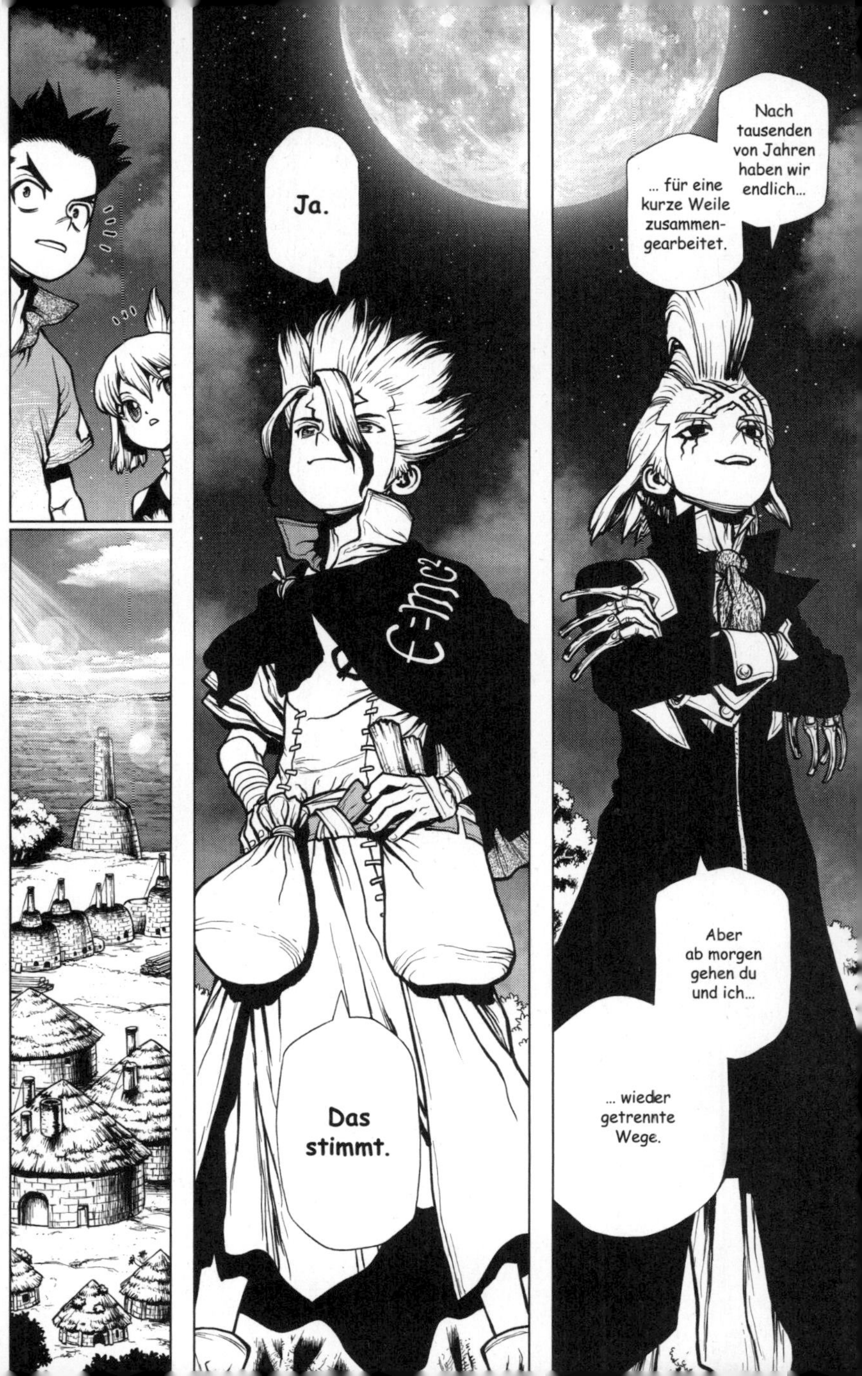
Nach tausenden von Jahren haben wir endlich...
... für eine kurze Weile zusammen-gearbeitet.
Ja.
Aber ab morgen gehen du und ich...
... wieder getrennte Wege.
Das stimmt.

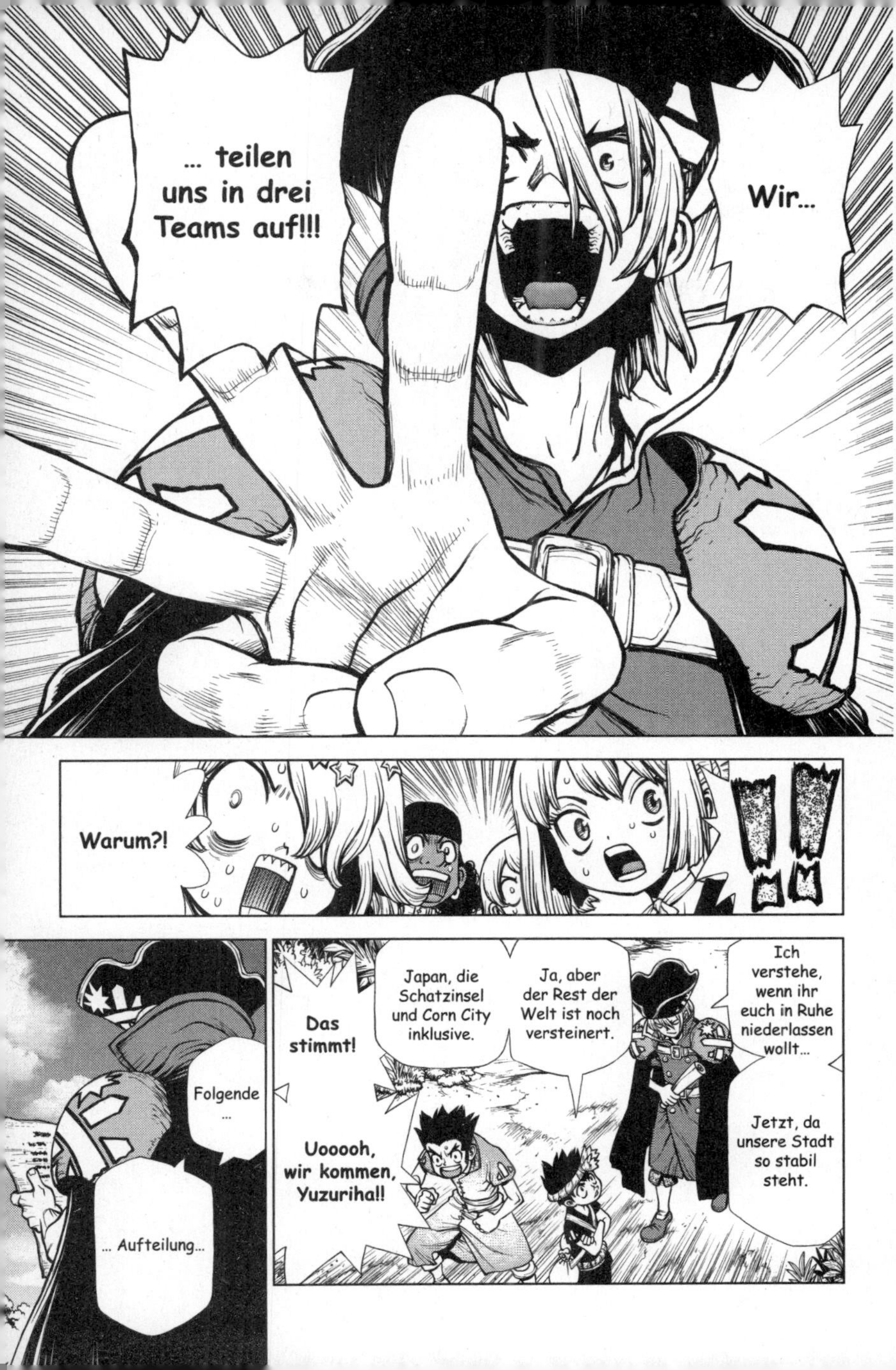

Wir...
... teilen uns in drei Teams auf!!!
Warum?!
Ich verstehe, wenn ihr euch in Ruhe niederlassen wollt...
Jetzt, da unsere Stadt so stabil steht.
Ja, aber der Rest der Welt ist noch versteinert.
Japan, die Schatzinsel und Corn City inklusive.
Das stimmt!
Uooooh, wir kommen, Yuzuriha!!
Folgende ...
... Aufteilung...

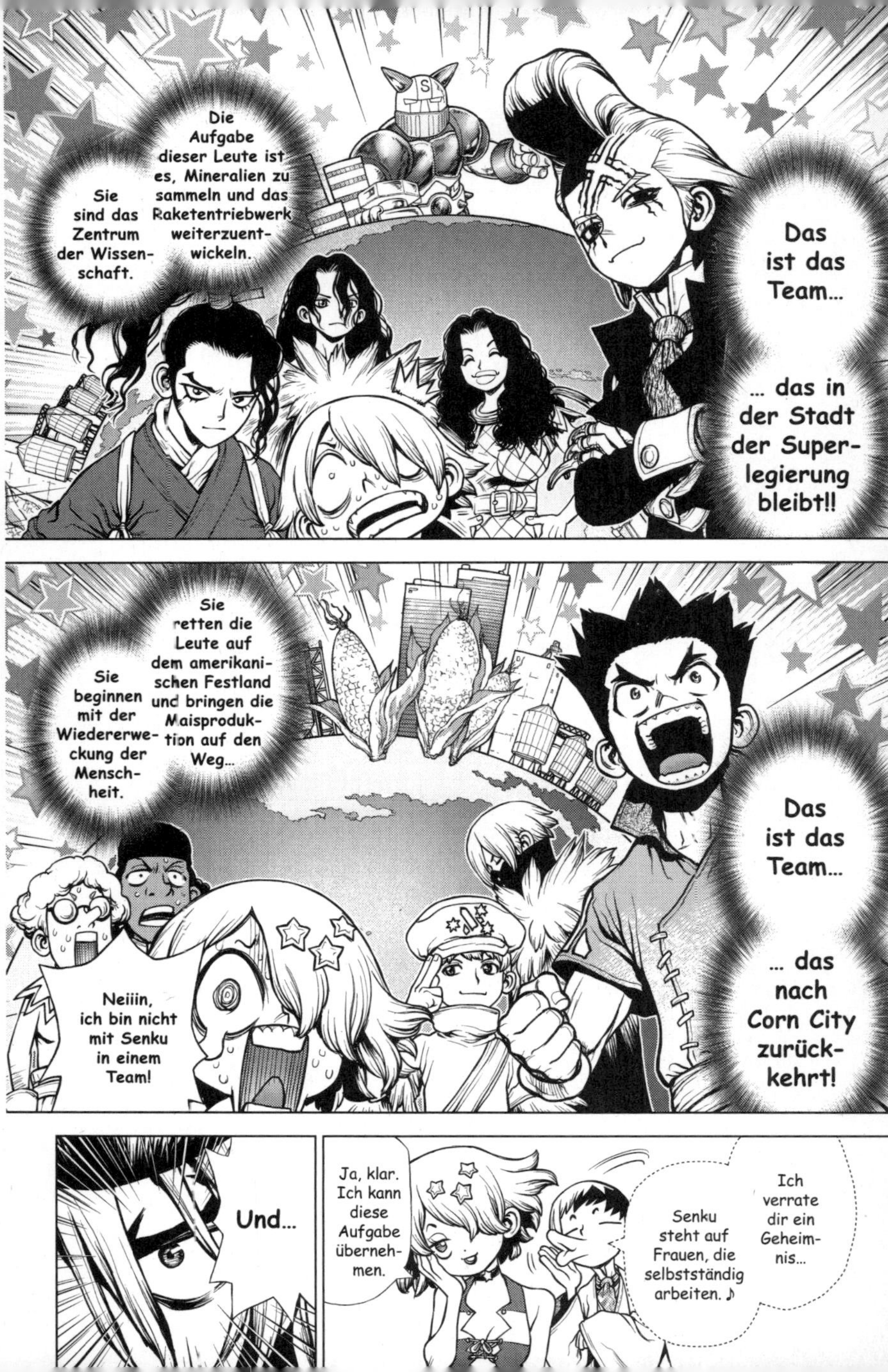
Das ist das Team...
... das in der Stadt der Superlegierung bleibt!!
Die Aufgabe dieser Leute ist es, Mineralien zu sammeln und das Raketentriebwerk weiterzuentwickeln.
Sie sind das Zentrum der Wissenschaft.
Das ist das Team...
... das nach Corn City zurückkehrt!
Sie retten die Leute auf dem amerikanischen Festland und bringen die Maisproduktion auf den Weg...
Sie beginnen mit der Wiedererweckung der Menschheit.
Neiiin, ich bin nicht mit Senku in einem Team!
Ich verrate dir ein Geheimnis...
Senku steht auf Frauen, die selbstständig arbeiten. ♪
Ja, klar. Ich kann diese Aufgabe übernehmen.
Und...

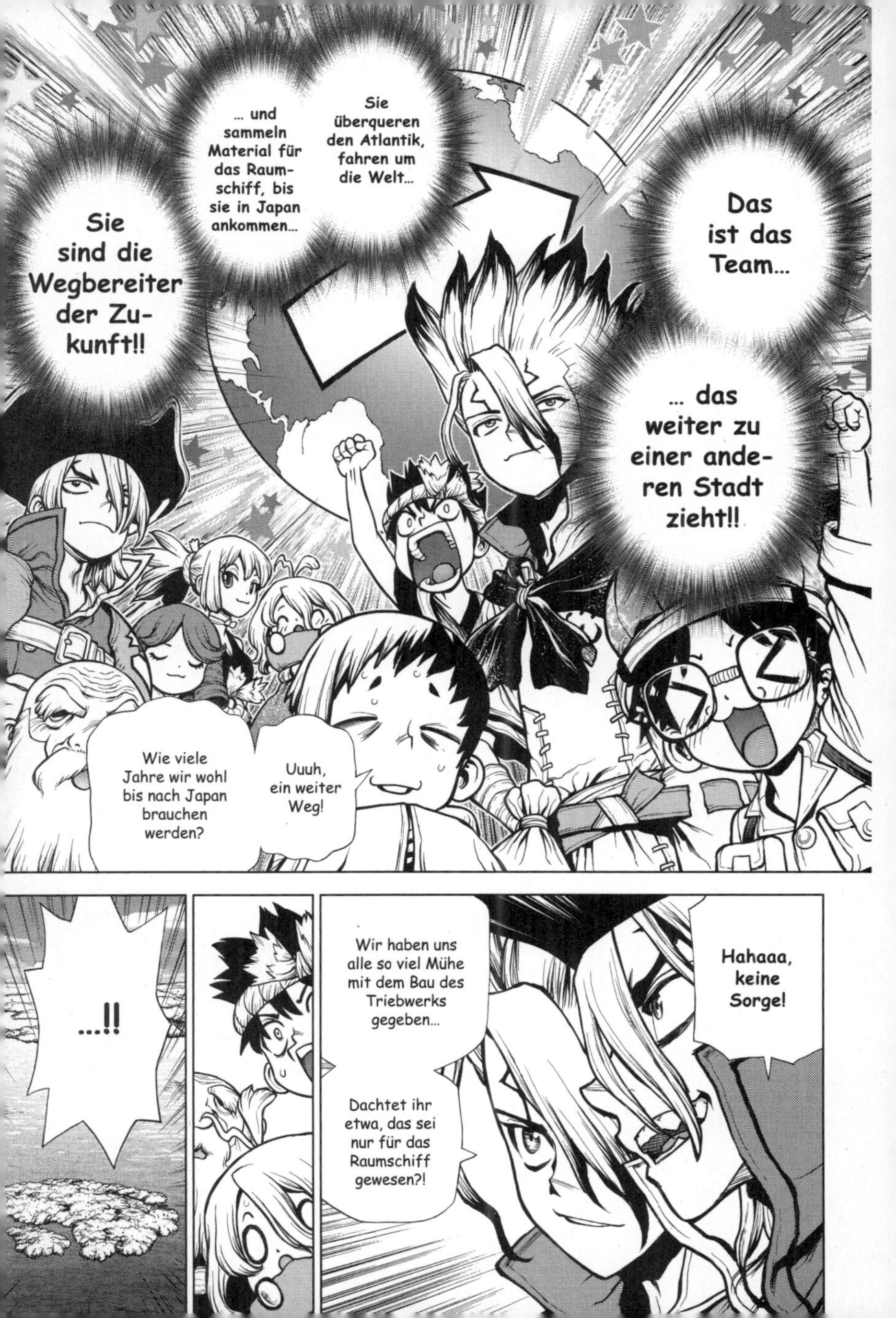
Das ist das Team…
… das weiter zu einer anderen Stadt zieht!!
Sie überqueren den Atlantik, fahren um die Welt…
… und sammeln Material für das Raumschiff, bis sie in Japan ankommen…
Sie sind die Wegbereiter der Zukunft!!
Uuuh, ein weiter Weg!
Wie viele Jahre wir wohl bis nach Japan brauchen werden?
Hahaaa, keine Sorge!
Wir haben uns alle so viel Mühe mit dem Bau des Triebwerks gegeben…
Dachtet ihr etwa, das sei nur für das Raumschiff gewesen?!
…!!

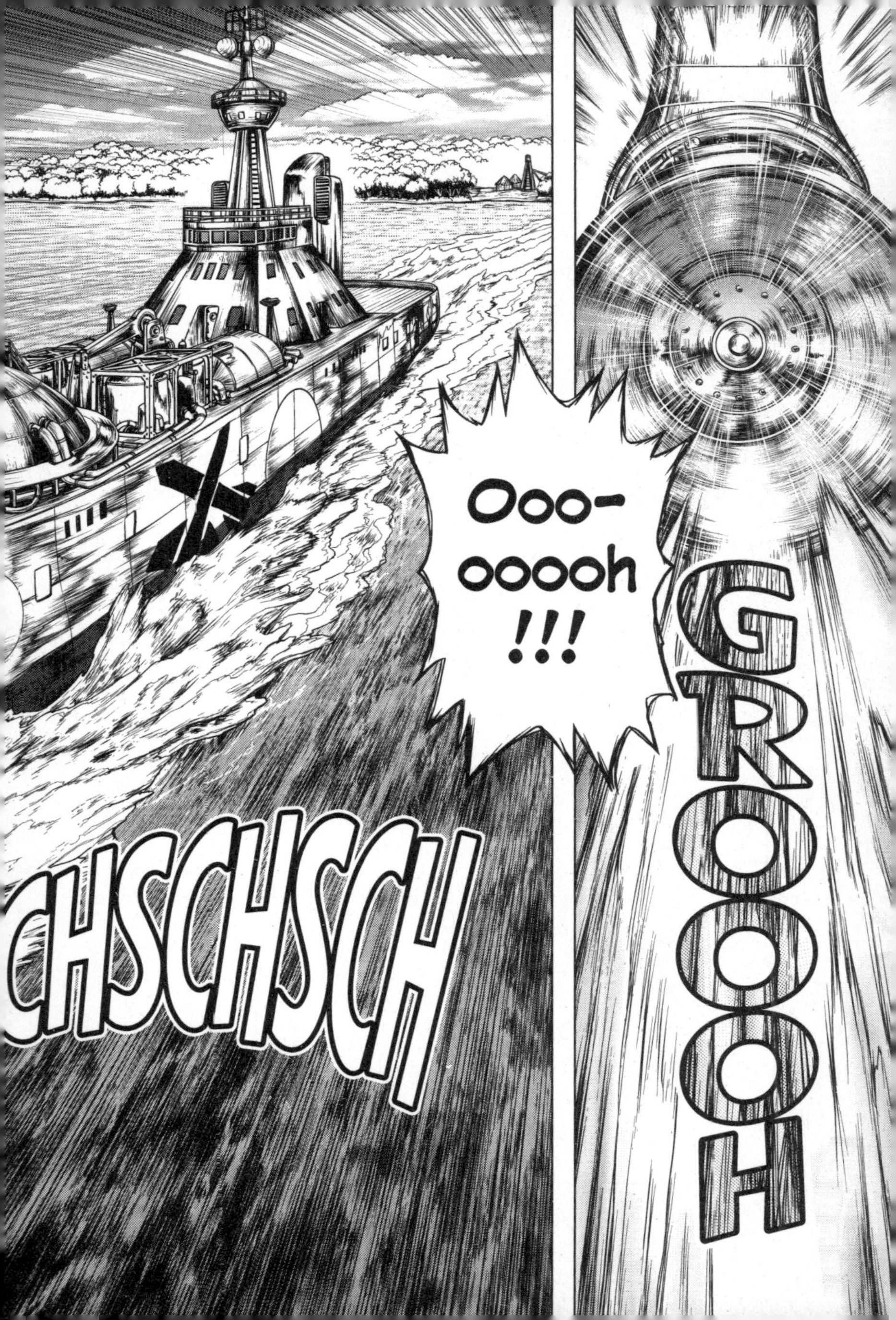
GROOOH
Ooo-
ooooh
!!!
CHSCHSCH

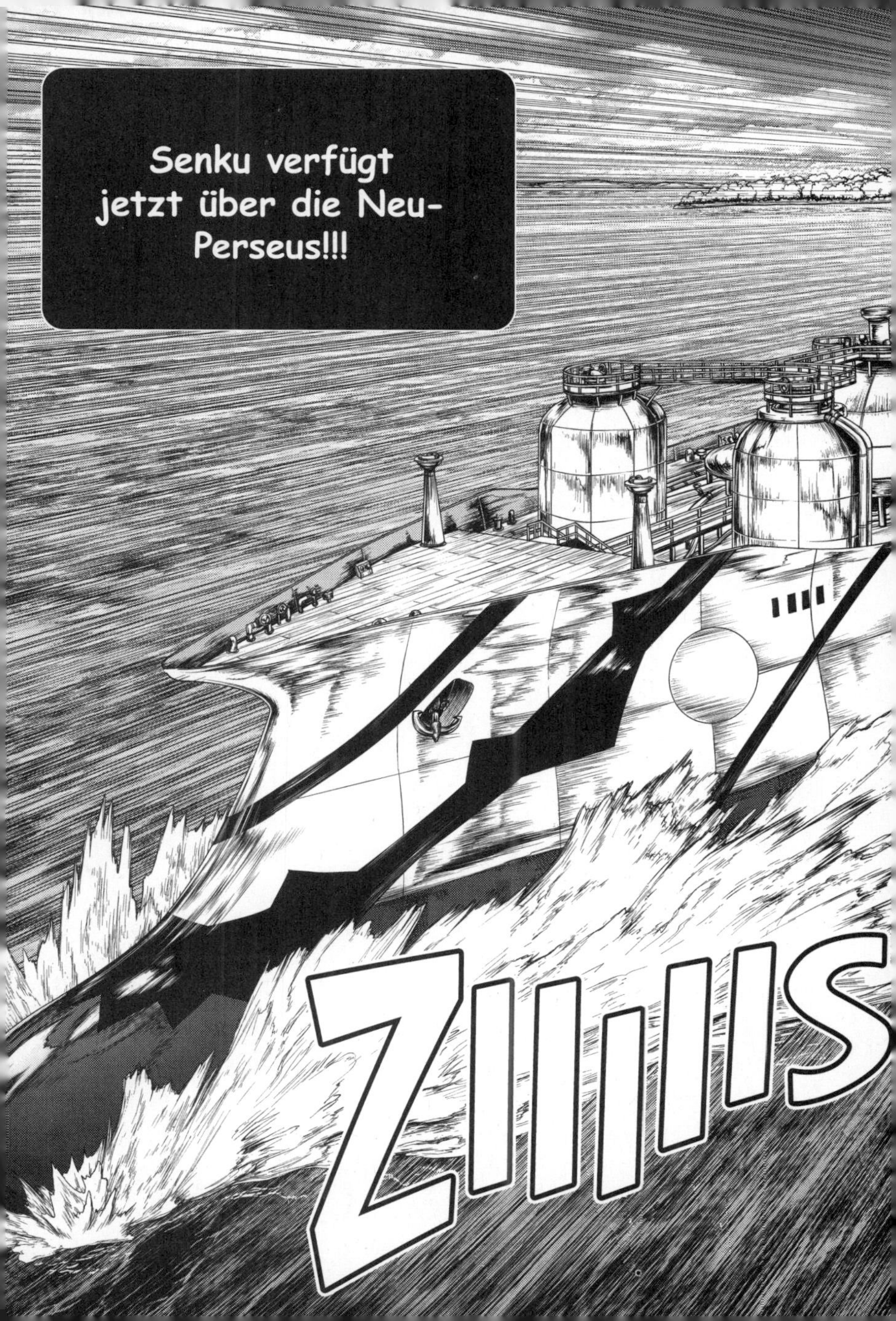
Senku verfügt jetzt über die Neu-Perseus!!!
ZIIIIS

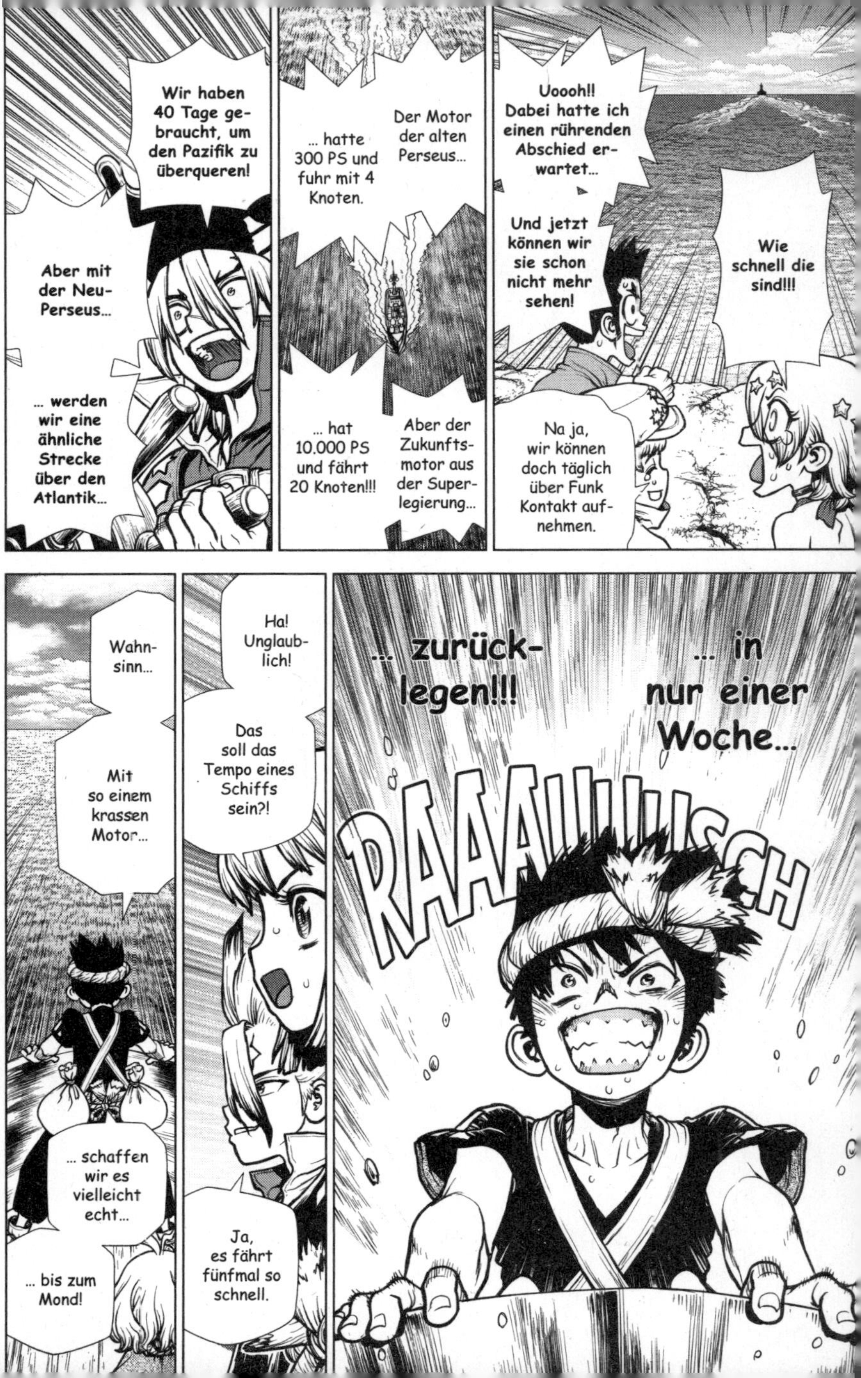
Wie schnell die sind!!!
Uoooh!! Dabei hatte ich einen rührenden Abschied erwartet...
Und jetzt können wir sie schon nicht mehr sehen!
Na ja, wir können doch täglich über Funk Kontakt aufnehmen.
Der Motor der alten Perseus...
... hatte 300 PS und fuhr mit 4 Knoten.
Aber der Zukunftsmotor aus der Superlegierung...
... hat 10.000 PS und fährt 20 Knoten!!!
Wir haben 40 Tage gebraucht, um den Pazifik zu überqueren!
Aber mit der Neu-Perseus...
... werden wir eine ähnliche Strecke über den Atlantik...
... in nur einer Woche...
... zurücklegen!!!
RAAAUUUSCH
Ha! Unglaublich!
Das soll das Tempo eines Schiffs sein?!
Ja, es fährt fünfmal so schnell.
Wahnsinn...
Mit so einem krassen Motor...
... schaffen wir es vielleicht echt...
... bis zum Mond!

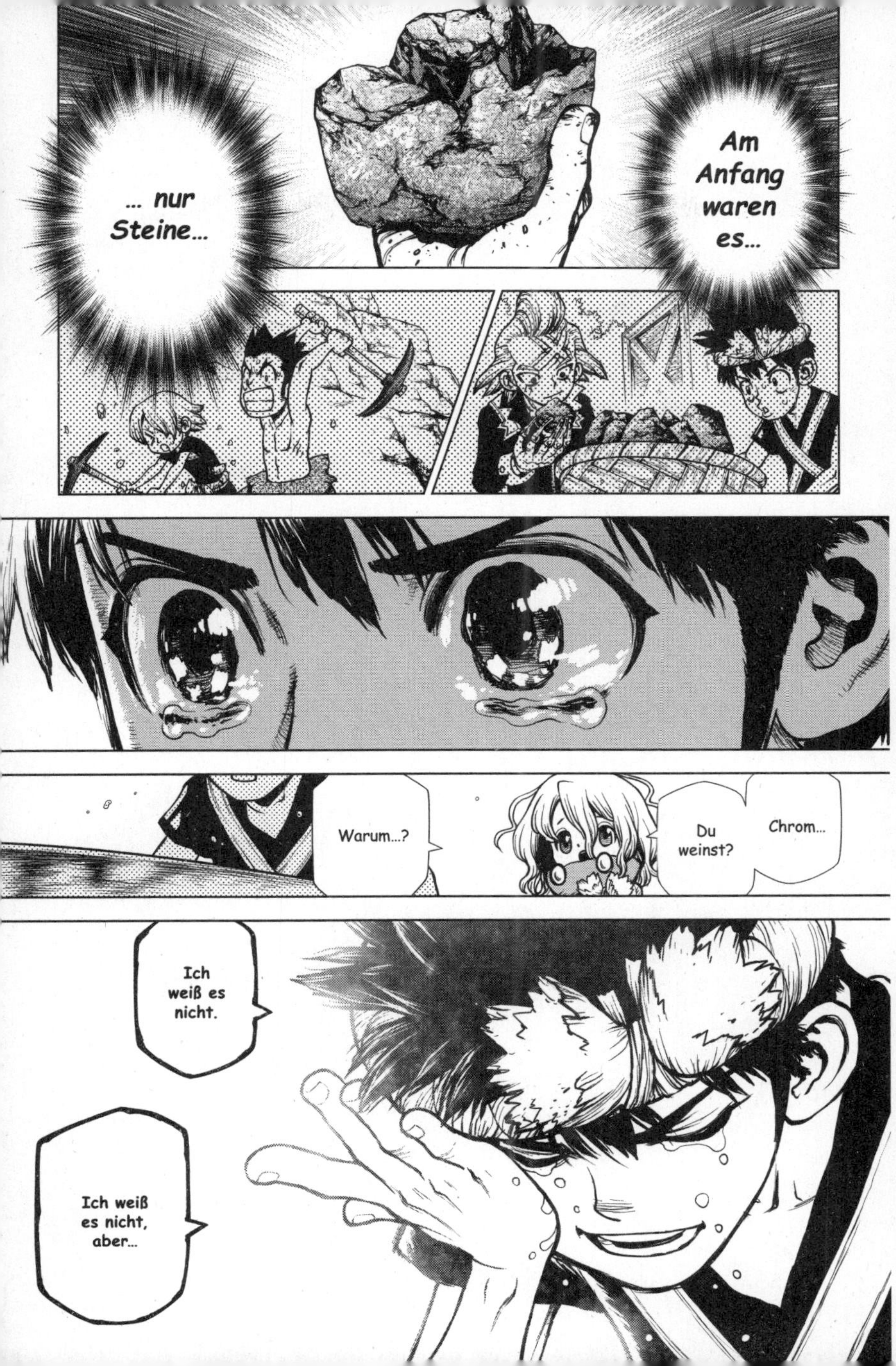

Am Anfang waren es...
... nur Steine...
Chrom...
Du weinst?
Warum...?
Ich weiß es nicht.
Ich weiß es nicht, aber...

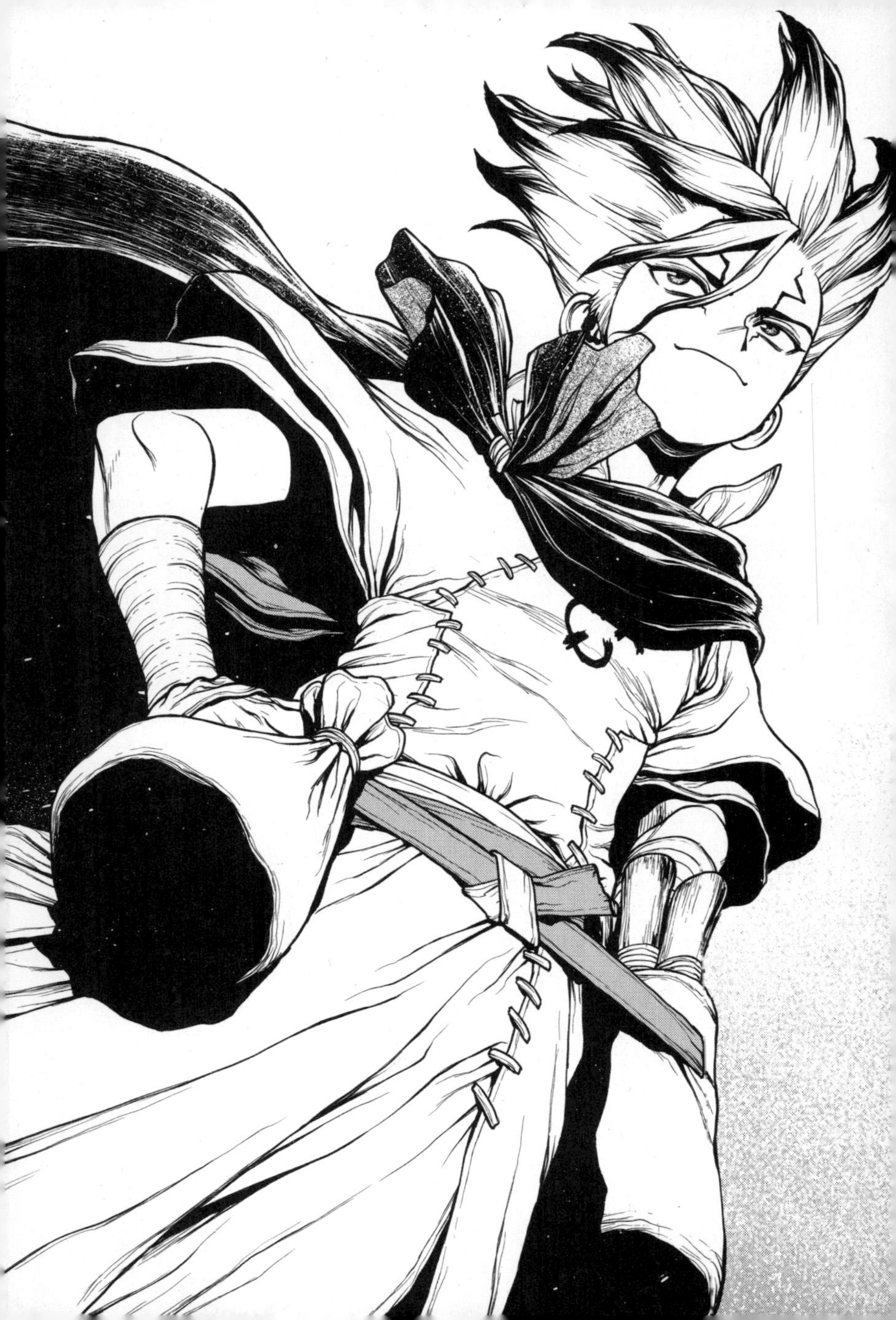

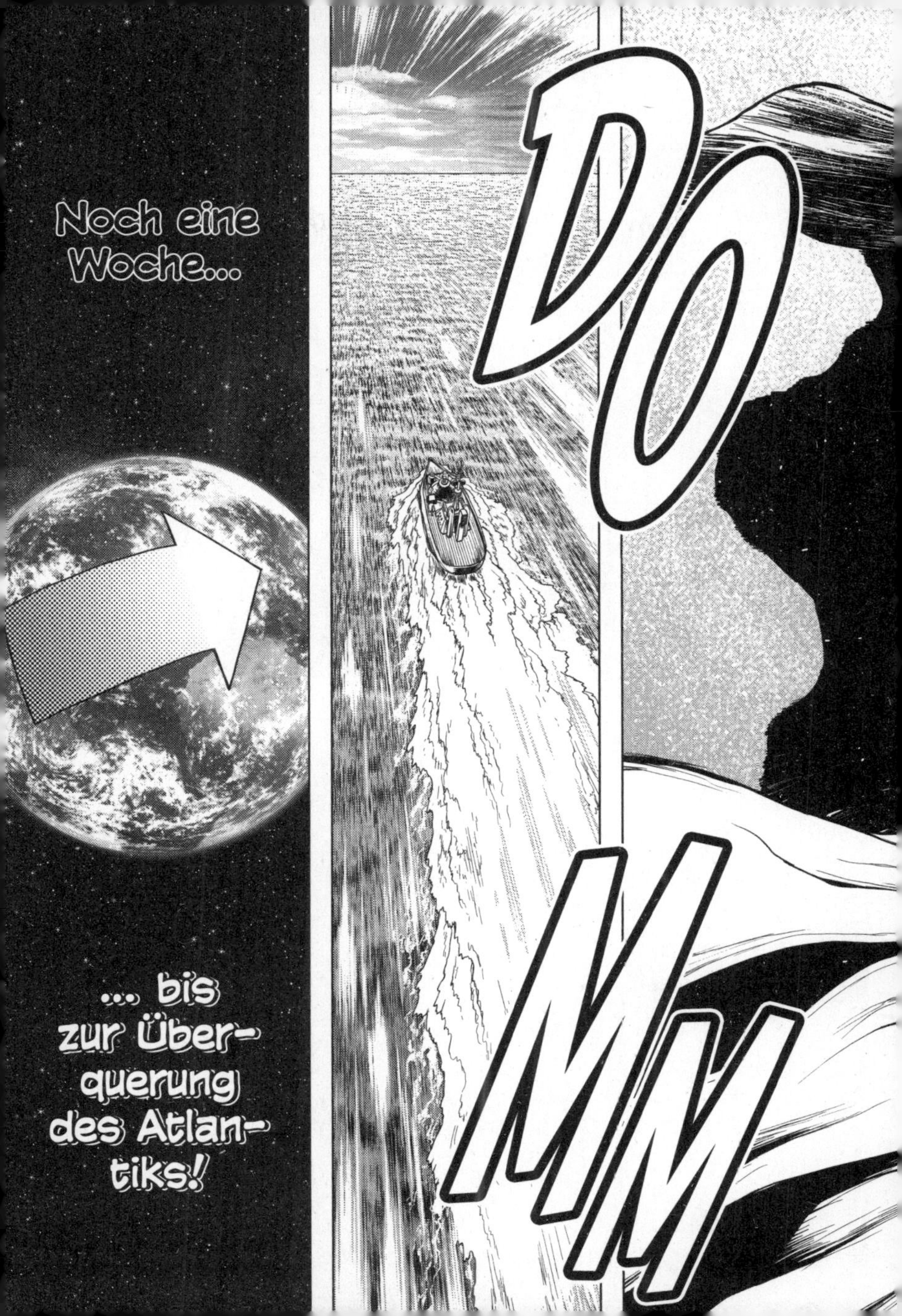

Noch eine Woche...
... bis zur Über-querung des Atlan-tiks!
DOMM

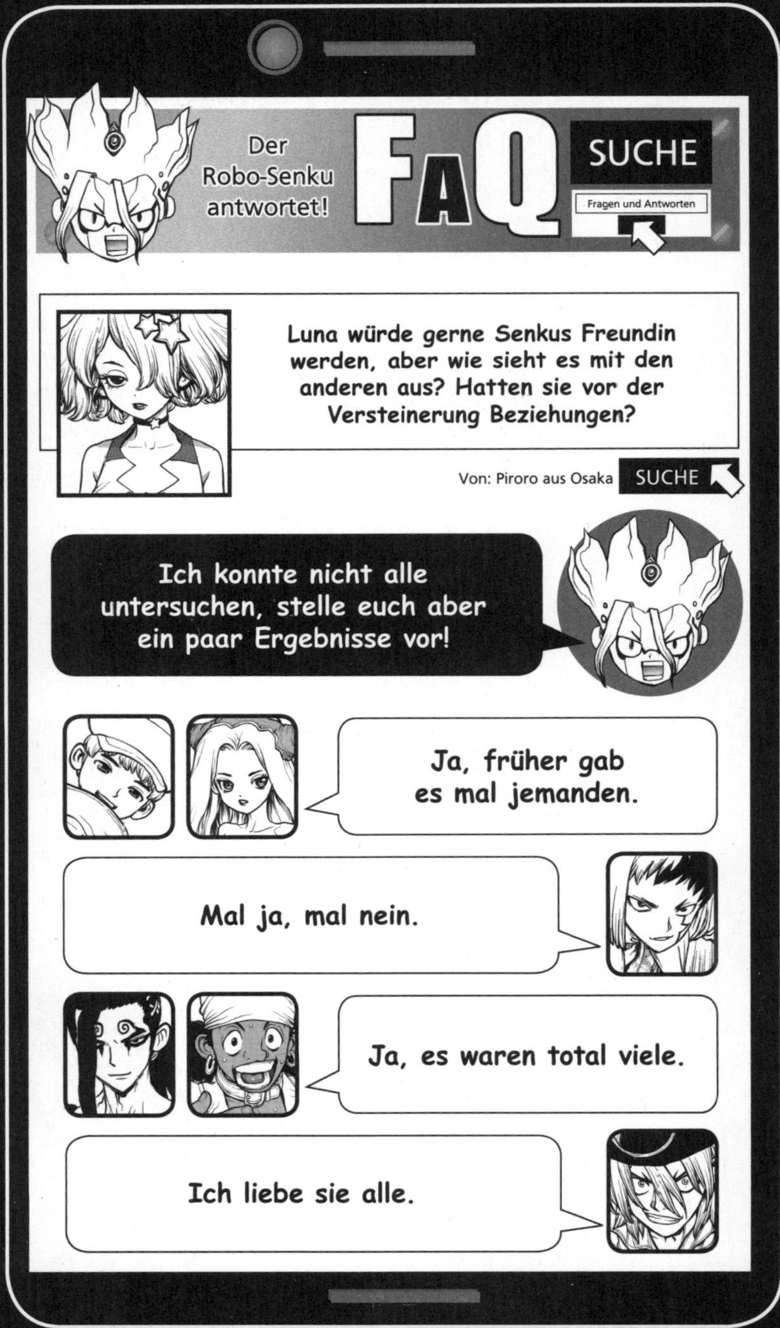
Der Robo-Senku antwortet!
FAQ
SUCHE
Fragen und Antworten
Luna würde gerne Senkus Freundin werden, aber wie sieht es mit den anderen aus? Hatten sie vor der Versteinerung Beziehungen?
Von: Piroro aus Osaka
SUCHE
Ich konnte nicht alle untersuchen, stelle euch aber ein paar Ergebnisse vor!
Ja, früher gab es mal jemanden.
Mal ja, mal nein.
Ja, es waren total viele.
Ich liebe sie alle.

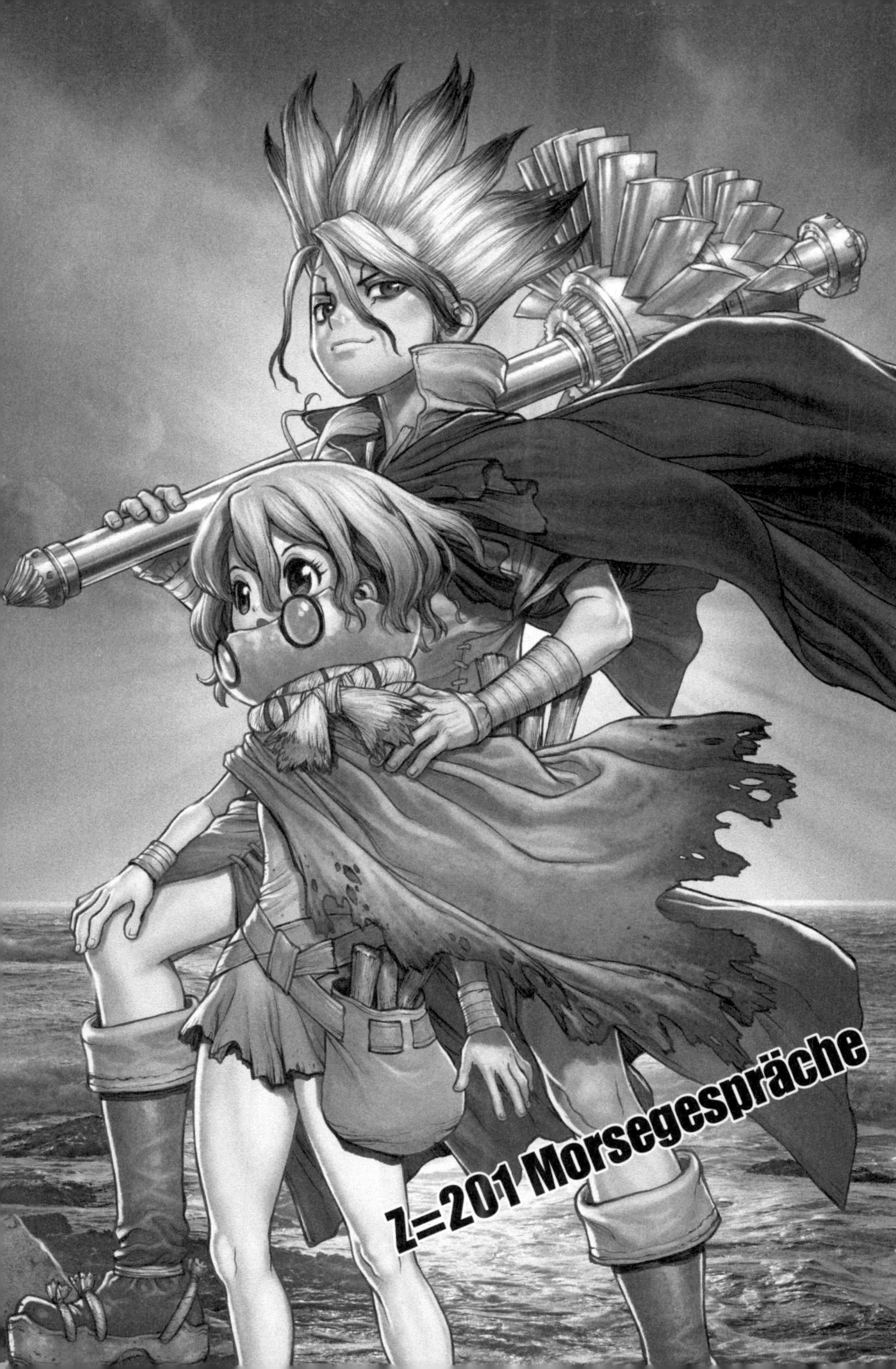
Z=201 Morsegespräche

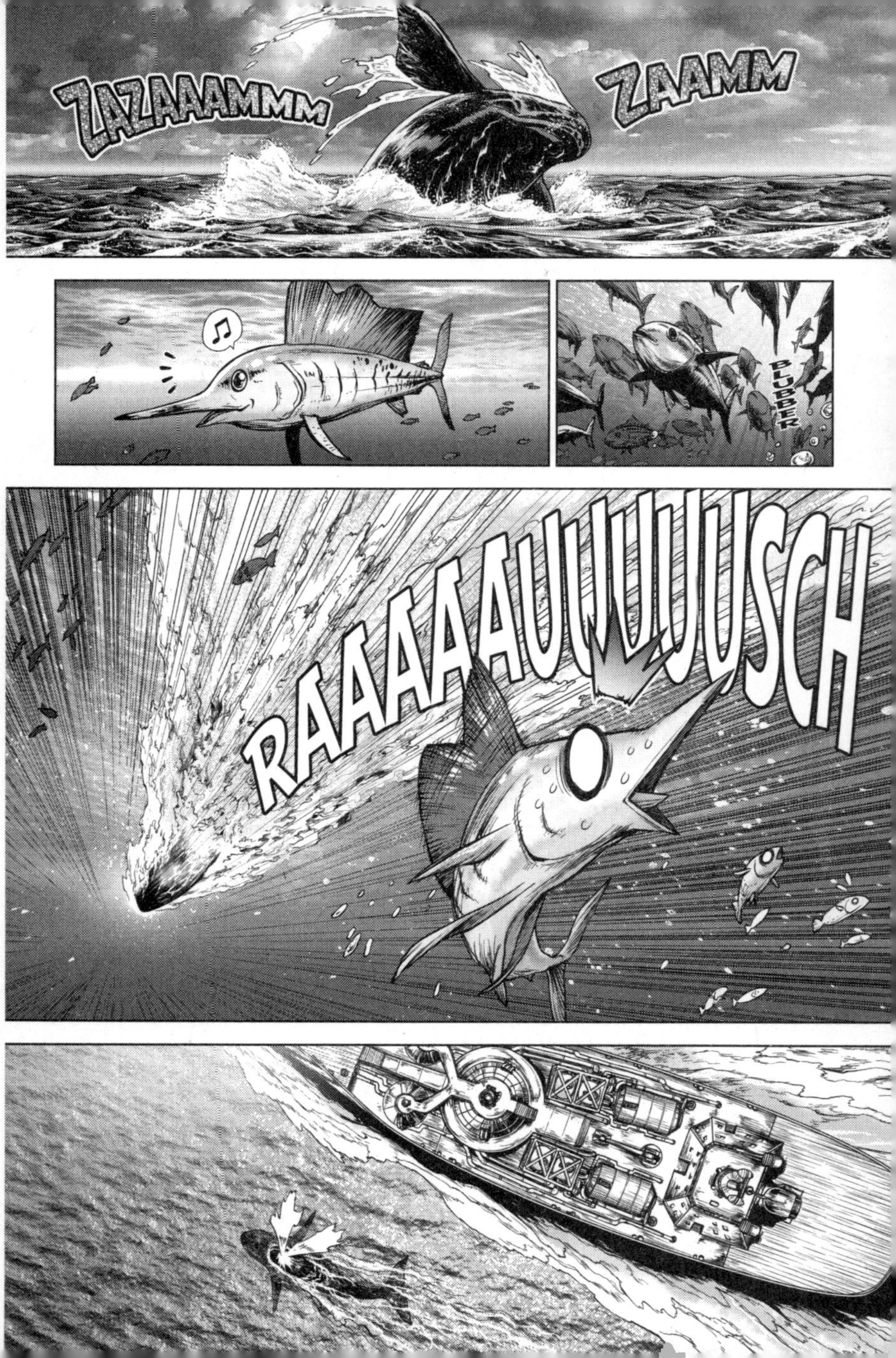
ZAZAAAMMMM
ZAAMM
♫
BLUBBER
RAAAAAUUUUUSCH

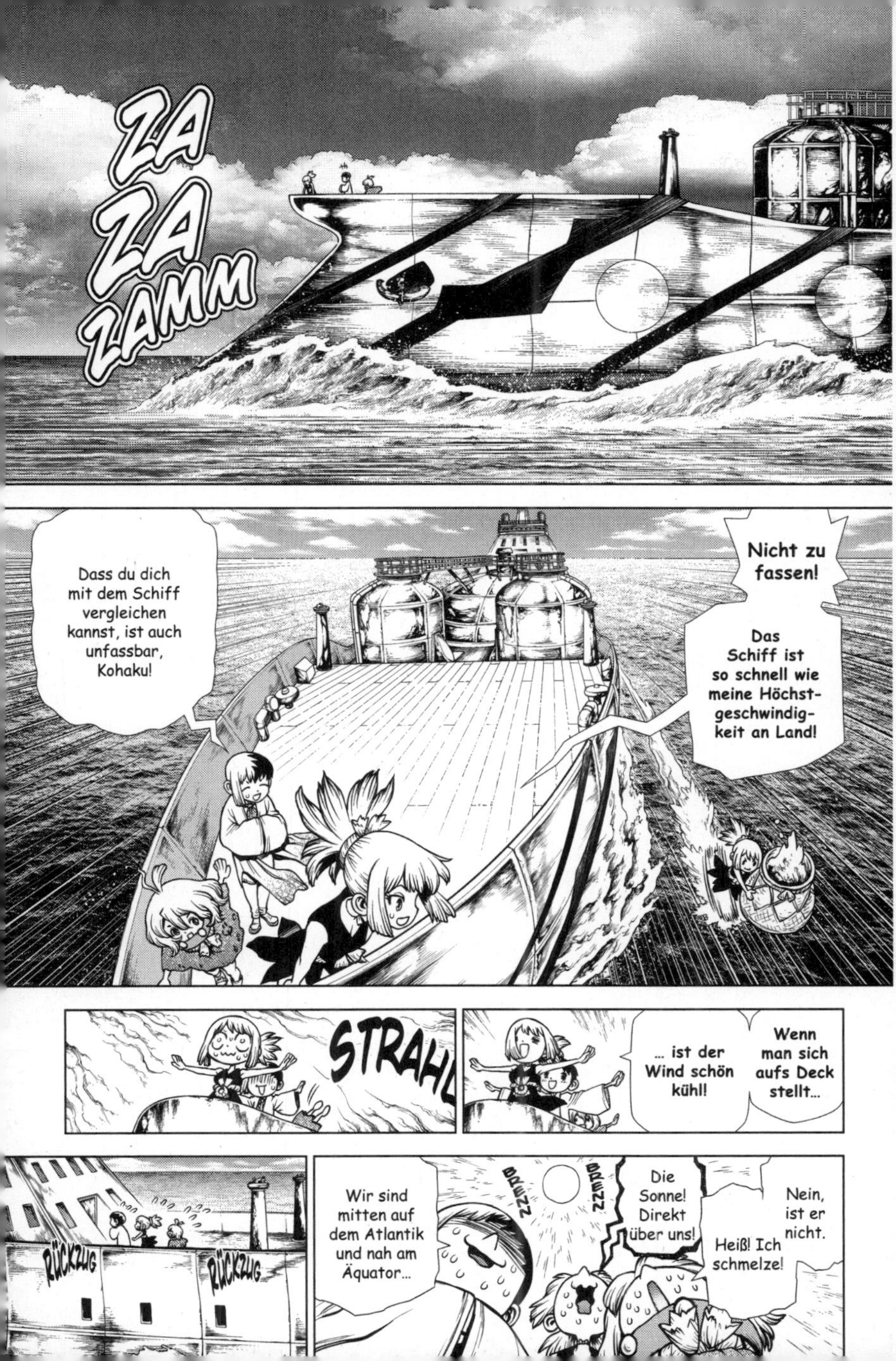

ZA ZA ZAMM
Nicht zu fassen!
Das Schiff ist so schnell wie meine Höchst-geschwindig-keit an Land!
Dass du dich mit dem Schiff vergleichen kannst, ist auch unfassbar, Kohaku!
Wenn man sich aufs Deck stellt...
... ist der Wind schön kühl!
STRAHL
Nein, ist er nicht.
Heiß! Ich schmelze!
Die Sonne! Direkt über uns!
BRENN
BRENN
Wir sind mitten auf dem Atlantik und nah am Äquator...
RÜCKZUG
RÜCKZUG

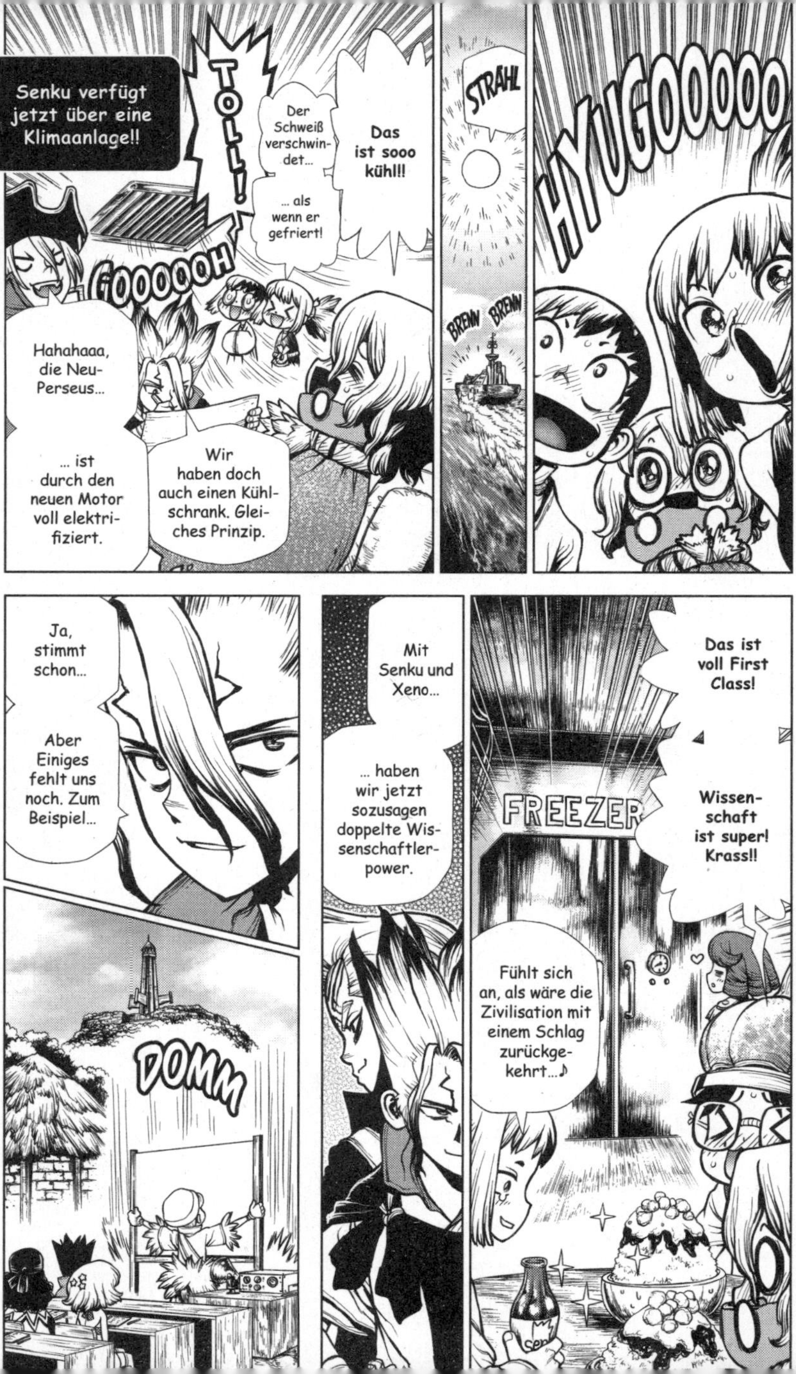
HYUGOOOOO
STRAHL
BRENN BRENN
Senku verfügt jetzt über eine Klimaanlage!!
Das ist sooo kühl!!
Der Schweiß verschwindet...
... als wenn er gefriert!
TOLL!
GOOOOOOH
Wir haben doch auch einen Kühlschrank. Gleiches Prinzip.
Hahahaaa, die Neu-Perseus...
... ist durch den neuen Motor voll elektrifiziert.
Das ist voll First Class!
Wissenschaft ist super! Krass!!
Fühlt sich an, als wäre die Zivilisation mit einem Schlag zurückgekehrt...♪
FREEZER
Mit Senku und Xeno...
... haben wir jetzt sozusagen doppelte Wissenschaftlerpower.
Ja, stimmt schon...
Aber Einiges fehlt uns noch. Zum Beispiel...
DOMM

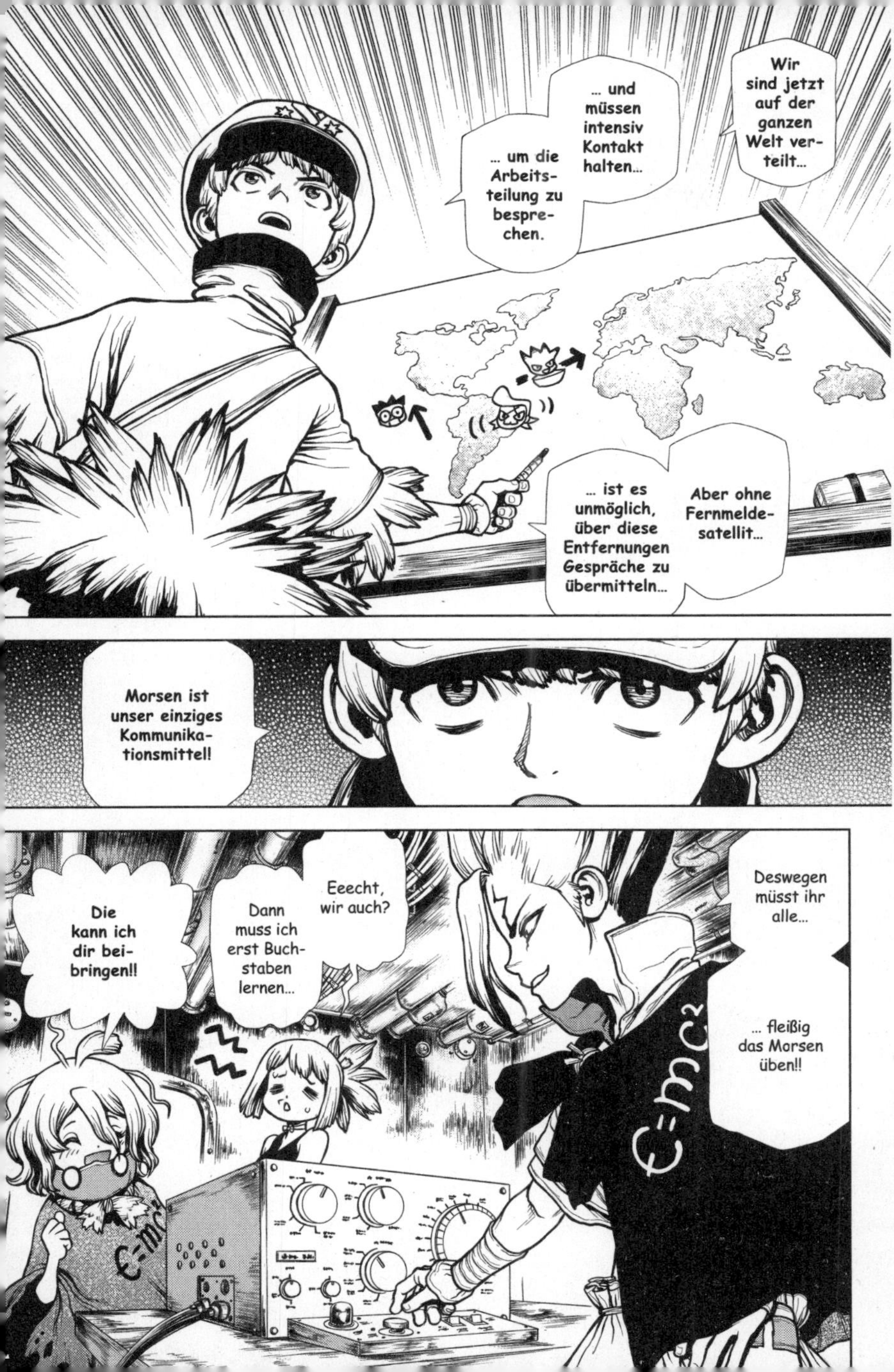

Wir sind jetzt auf der ganzen Welt verteilt...
... und müssen intensiv Kontakt halten...
... um die Arbeitsteilung zu besprechen.
Aber ohne Fernmeldesatellit...
... ist es unmöglich, über diese Entfernungen Gespräche zu übermitteln...
Morsen ist unser einziges Kommunikationsmittel!
Deswegen müsst ihr alle...
... fleißig das Morsen üben!!
Eeecht, wir auch?
Dann muss ich erst Buchstaben lernen...
Die kann ich dir beibringen!!

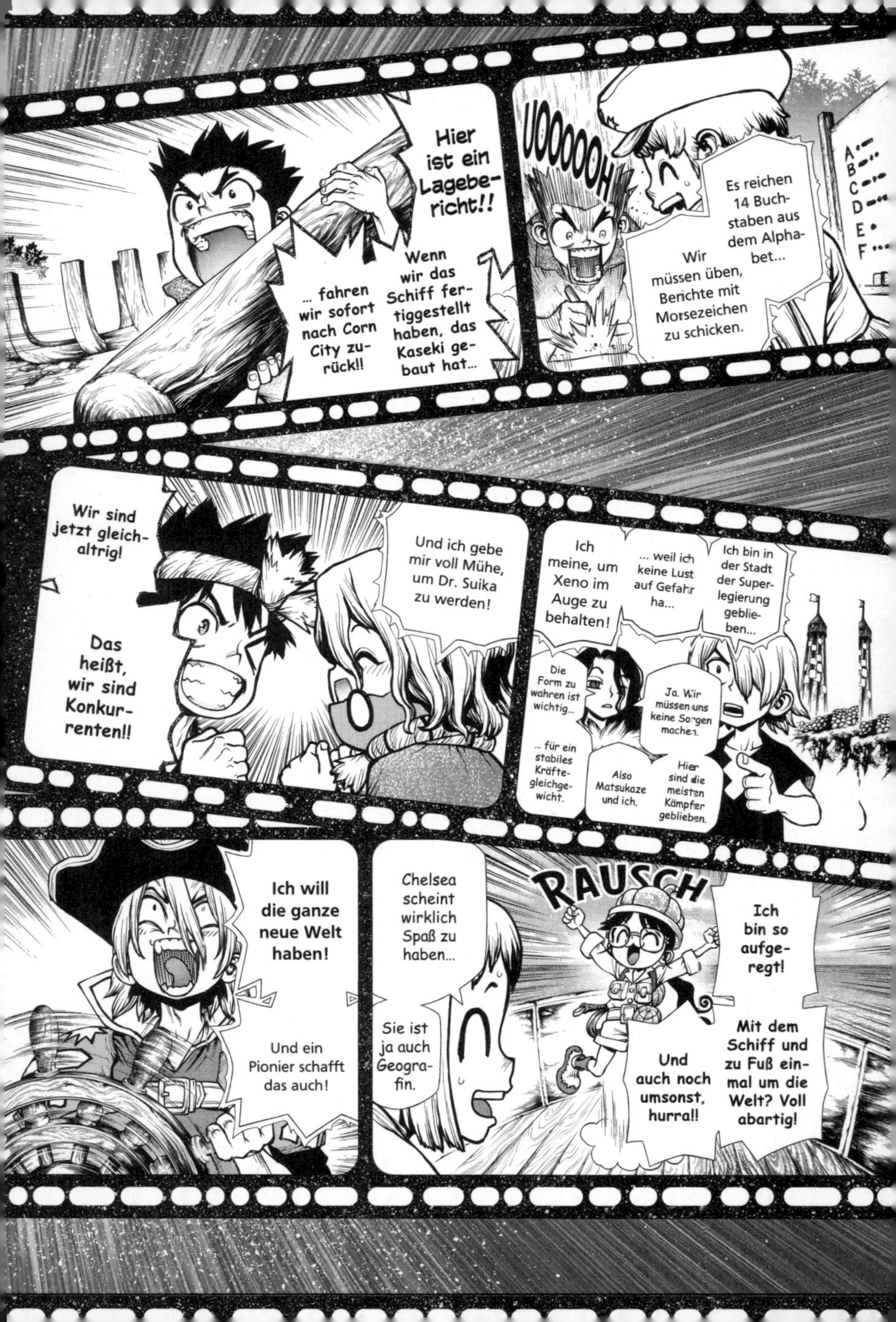

UOOOOOH
Es reichen 14 Buchstaben aus dem Alphabet...
Wir müssen üben, Berichte mit Morsezeichen zu schicken.
A B C D E F
Hier ist ein Lagebericht!!
Wenn wir das Schiff fertiggestellt haben, das Kaseki gebaut hat...
... fahren wir sofort nach Corn City zurück!!
Ich bin in der Stadt der Superlegierung geblieben...
... weil ich keine Lust auf Gefahr ha...
Ich meine, um Xeno im Auge zu behalten!
Ja. Wir müssen uns keine Sorgen machen.
Hier sind die meisten Kämpfer geblieben.
Die Form zu wahren ist wichtig...
... für ein stabiles Kräftegleichgewicht.
Also Matsukaze und ich.
Und ich gebe mir voll Mühe, um Dr. Suika zu werden!
Wir sind jetzt gleichaltrig!
Das heißt, wir sind Konkurrenten!!
RAUSCH
Ich bin so aufgeregt!
Mit dem Schiff und zu Fuß einmal um die Welt? Voll abartig!
Und auch noch umsonst, hurra!!
Chelsea scheint wirklich Spaß zu haben...
Sie ist ja auch Geografin.
Ich will die ganze neue Welt haben!
Und ein Pionier schafft das auch!

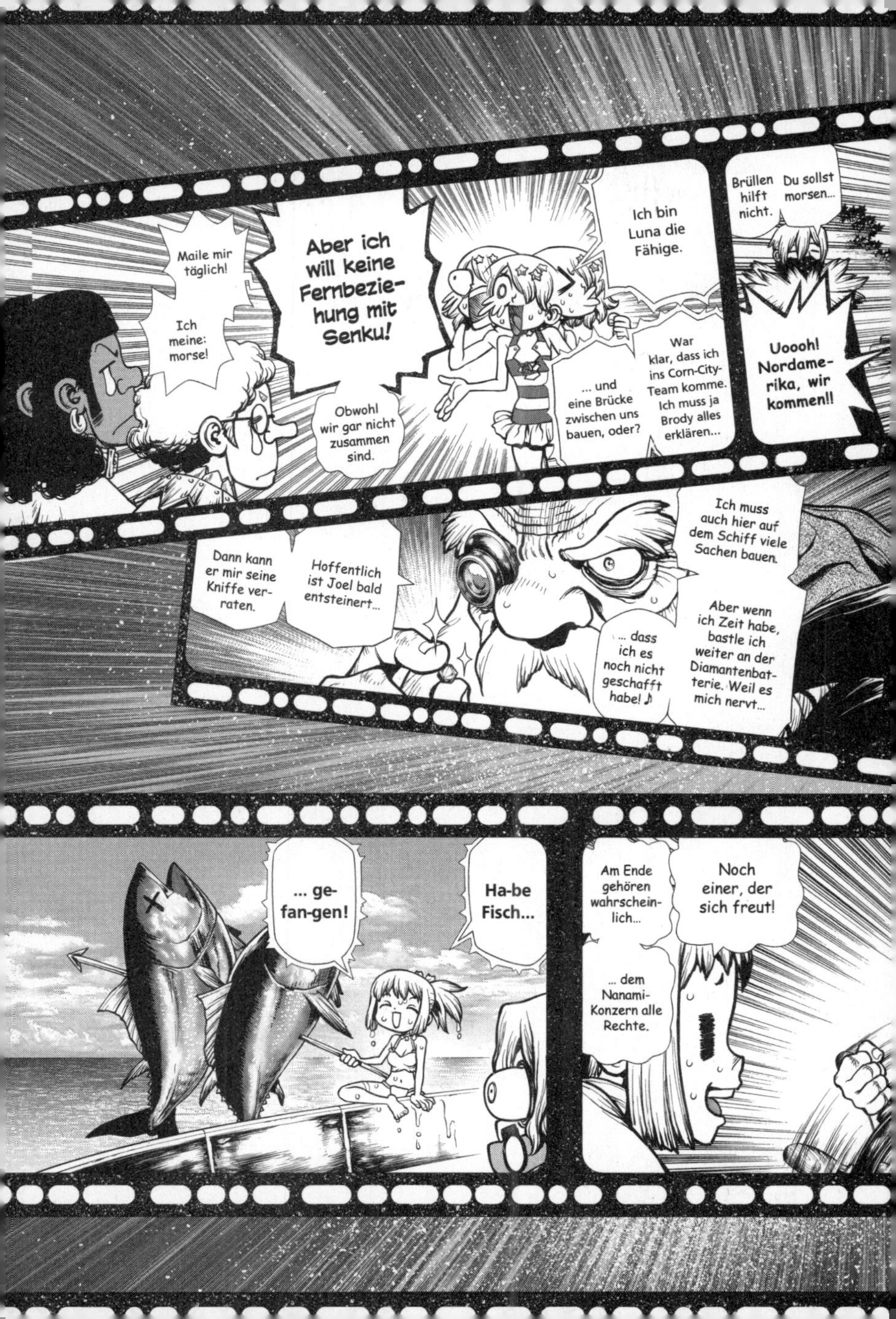
Uoooh! Nordamerika, wir kommen!!
Du sollst morsen...
Brüllen hilft nicht.
Ich bin Luna die Fähige.
War klar, dass ich ins Corn-City-Team komme. Ich muss ja Brody alles erklären...
... und eine Brücke zwischen uns bauen, oder?
Aber ich will keine Fernbeziehung mit Senku!
Obwohl wir gar nicht zusammen sind.
Maile mir täglich!
Ich meine: morse!
Ich muss auch hier auf dem Schiff viele Sachen bauen.
Aber wenn ich Zeit habe, bastle ich weiter an der Diamantenbatterie. Weil es mich nervt...
... dass ich es noch nicht geschafft habe! ♪
Hoffentlich ist Joel bald entsteinert...
Dann kann er mir seine Kniffe verraten.
Noch einer, der sich freut!
Am Ende gehören wahrscheinlich...
... dem Nanami-Konzern alle Rechte.
Ha-be Fisch...
... ge-fan-gen!

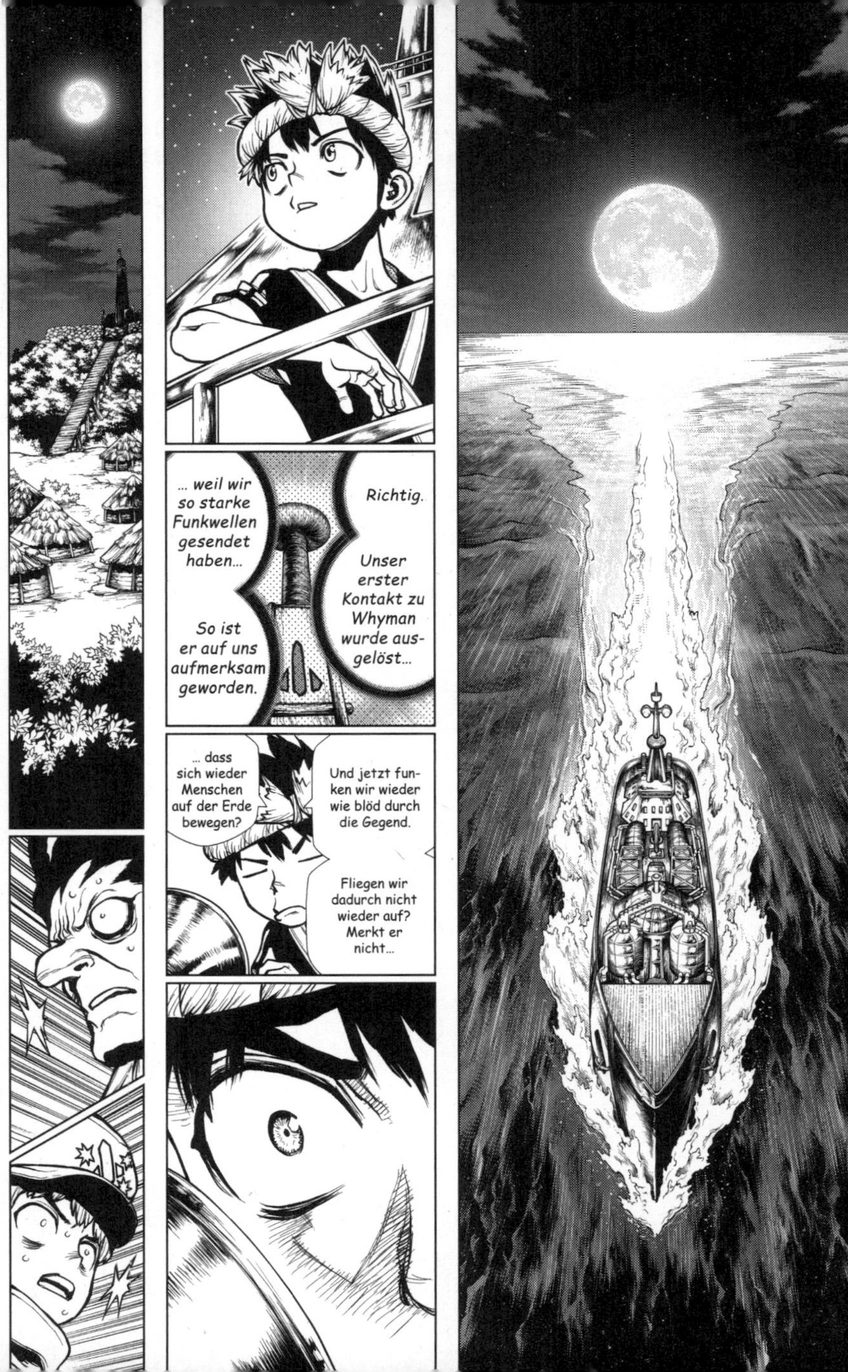
Richtig.
Unser erster Kontakt zu Whyman wurde ausgelöst...
... weil wir so starke Funkwellen gesendet haben...
So ist er auf uns aufmerksam geworden.
Und jetzt funken wir wieder wie blöd durch die Gegend.
Fliegen wir dadurch nicht wieder auf? Merkt er nicht...
... dass sich wieder Menschen auf der Erde bewegen?

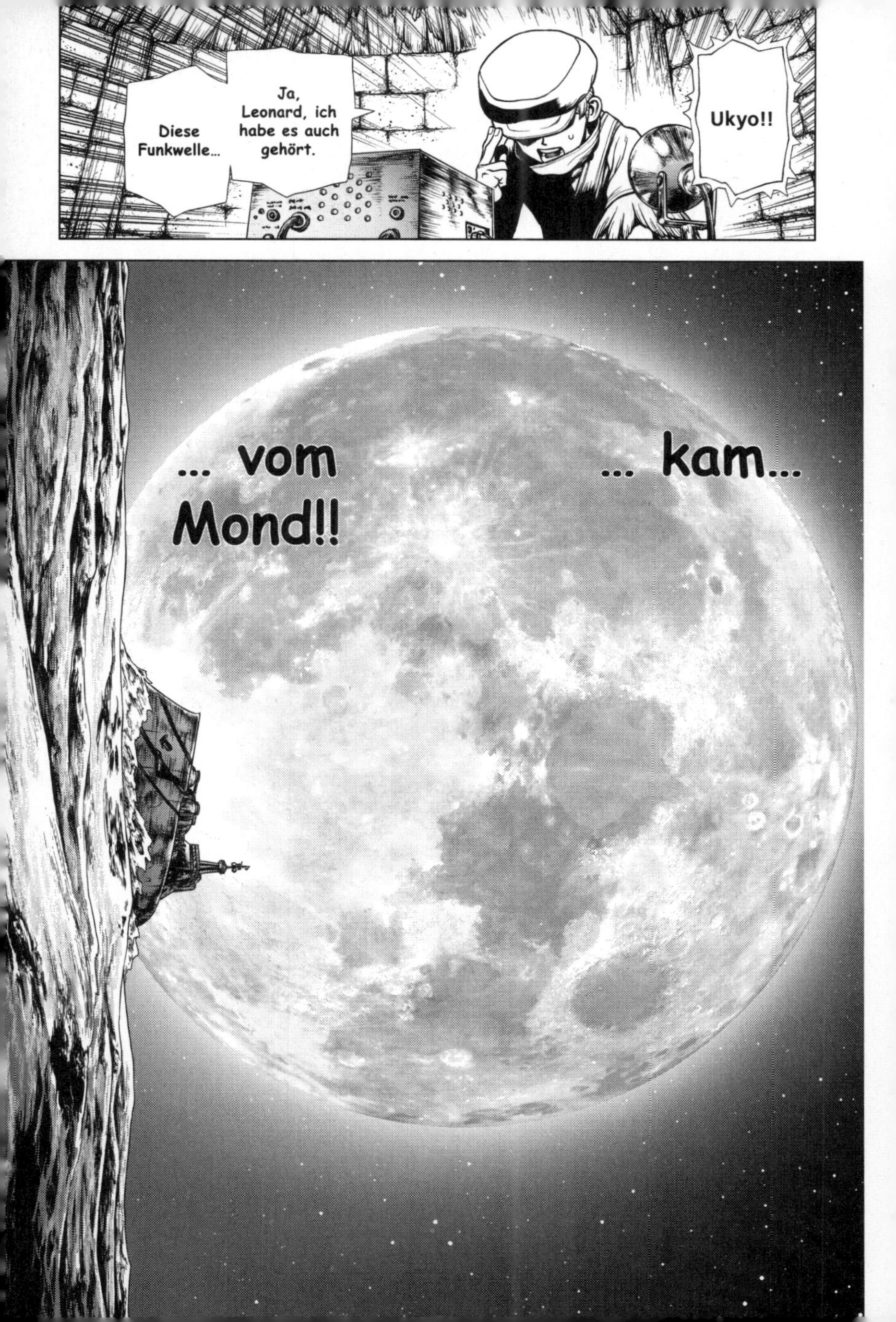
Ukyo!!
Ja, Leonard, ich habe es auch gehört.
Diese Funkwelle…
… kam…
… vom Mond!!

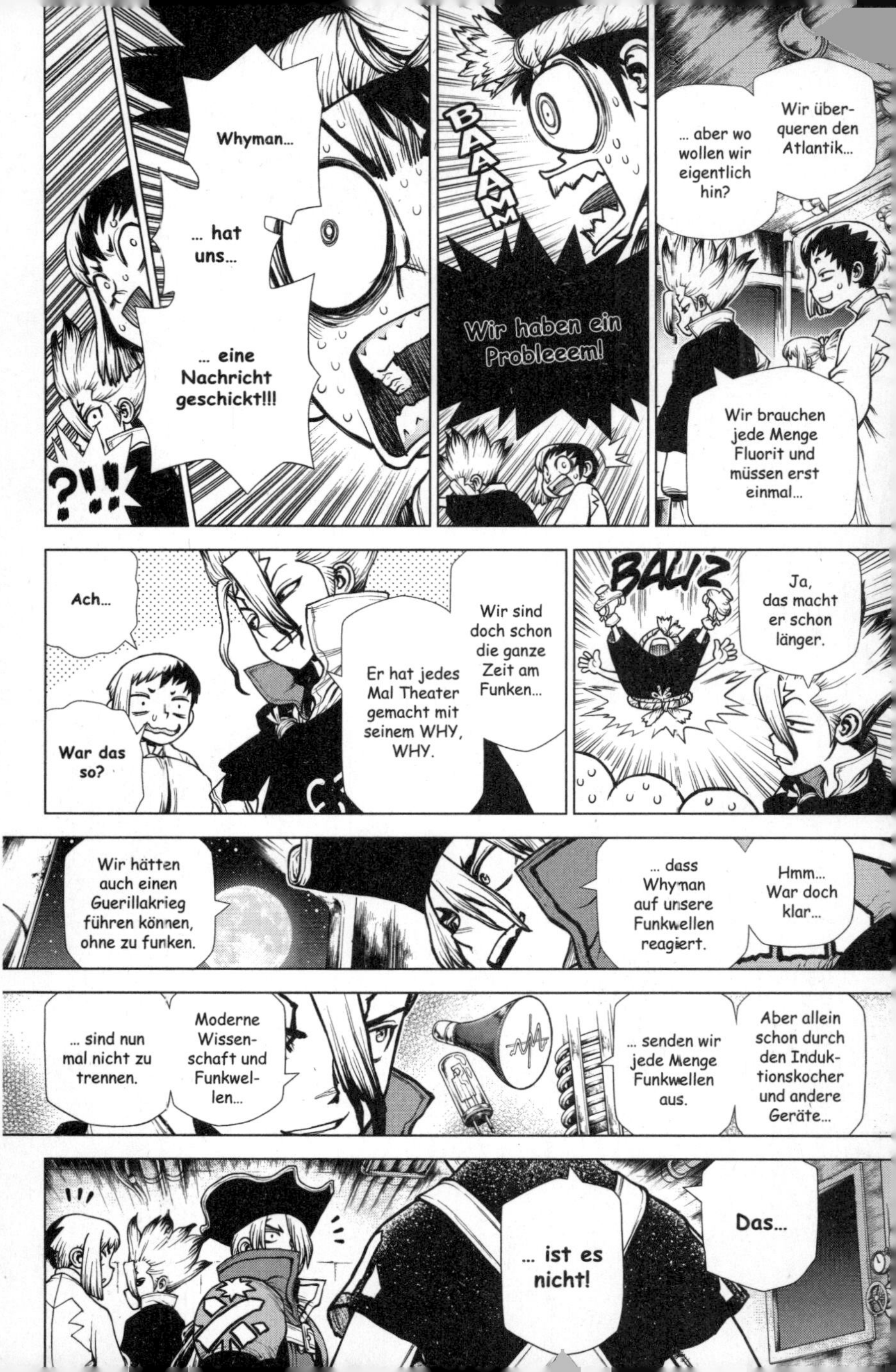

Wir über-queren den Atlantik...
... aber wo wollen wir eigentlich hin?
Wir brauchen jede Menge Fluorit und müssen erst einmal...
BAAAMM
Wir haben ein Probleeem!
Whyman...
... hat uns...
... eine Nachricht geschickt!!!
?!!
BAUZ
Ja, das macht er schon länger.
Wir sind doch schon die ganze Zeit am Funken...
Er hat jedes Mal Theater gemacht mit seinem WHY, WHY.
Ach...
War das so?
Hmm... War doch klar...
... dass Whyman auf unsere Funkwellen reagiert.
Wir hätten auch einen Guerillakrieg führen können, ohne zu funken.
Aber allein schon durch den Induk-tionskocher und andere Geräte...
... senden wir jede Menge Funkwellen aus.
Moderne Wissen-schaft und Funkwel-len...
... sind nun mal nicht zu trennen.
Das...
... ist es nicht!

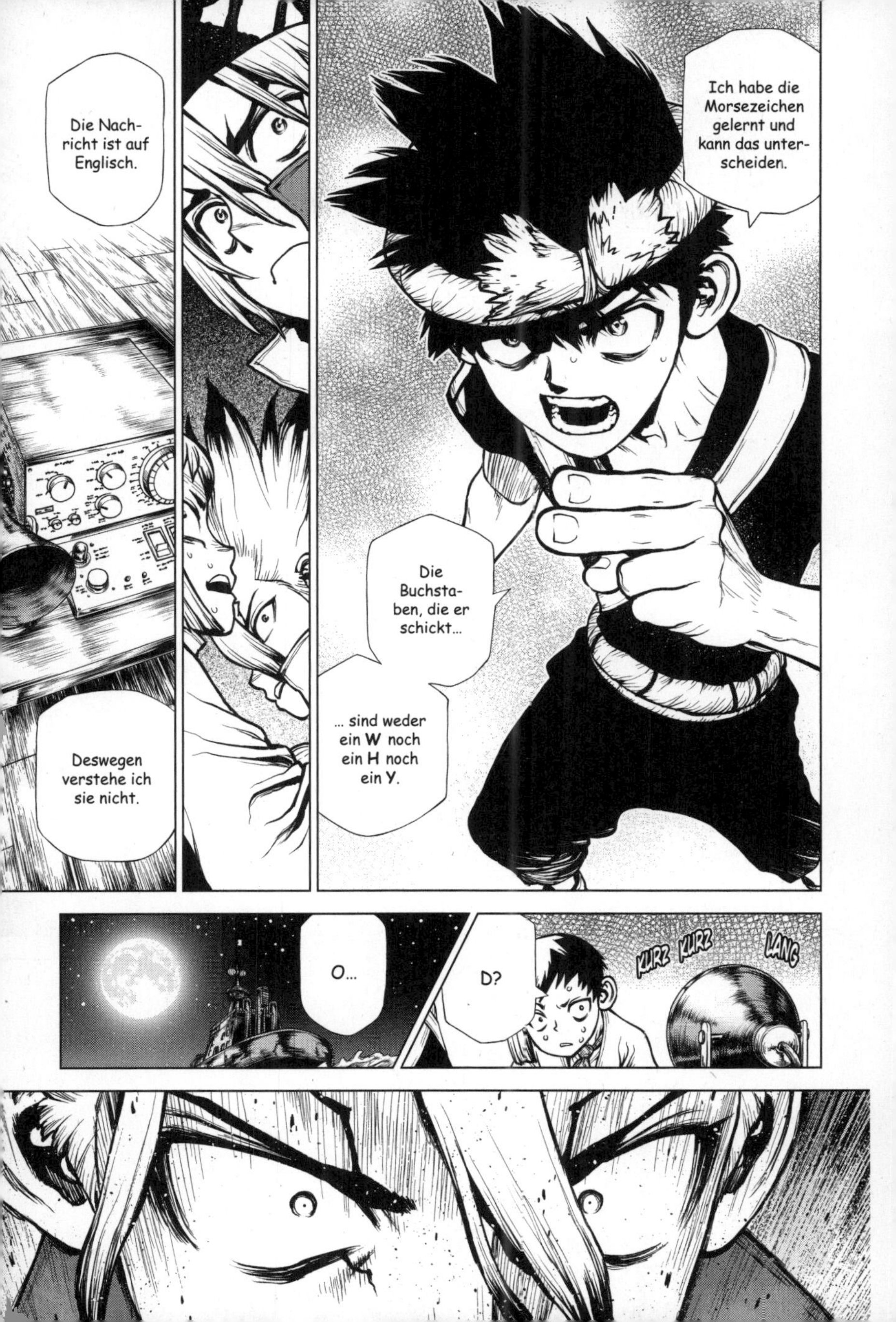
Ich habe die Morsezeichen gelernt und kann das unterscheiden.
Die Buchstaben, die er schickt...
... sind weder ein W noch ein H noch ein Y.
Die Nachricht ist auf Englisch.
Deswegen verstehe ich sie nicht.
KURZ KURZ
LANG
D?
O...

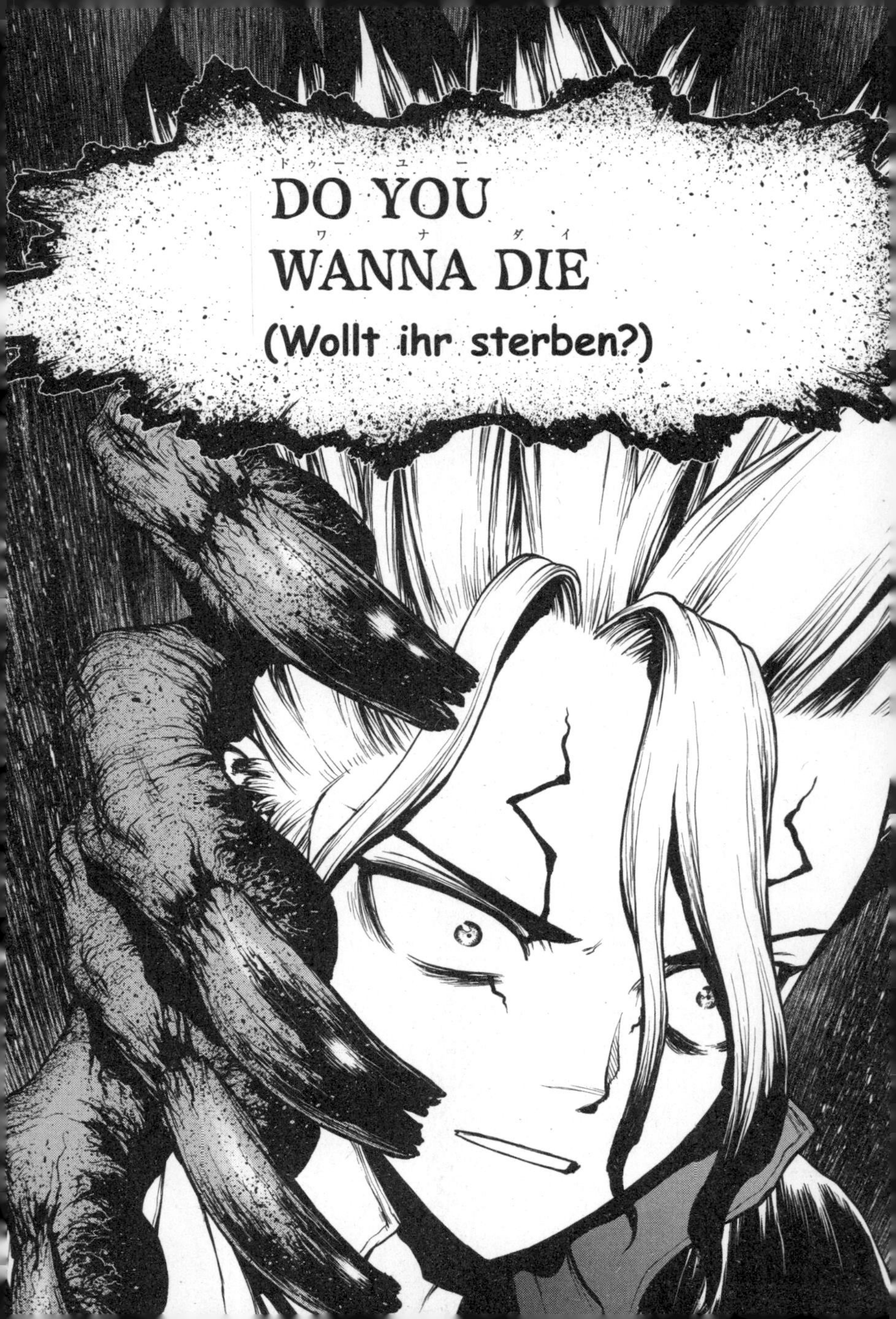
DO YOU WANNA DIE
(Wollt ihr sterben?)

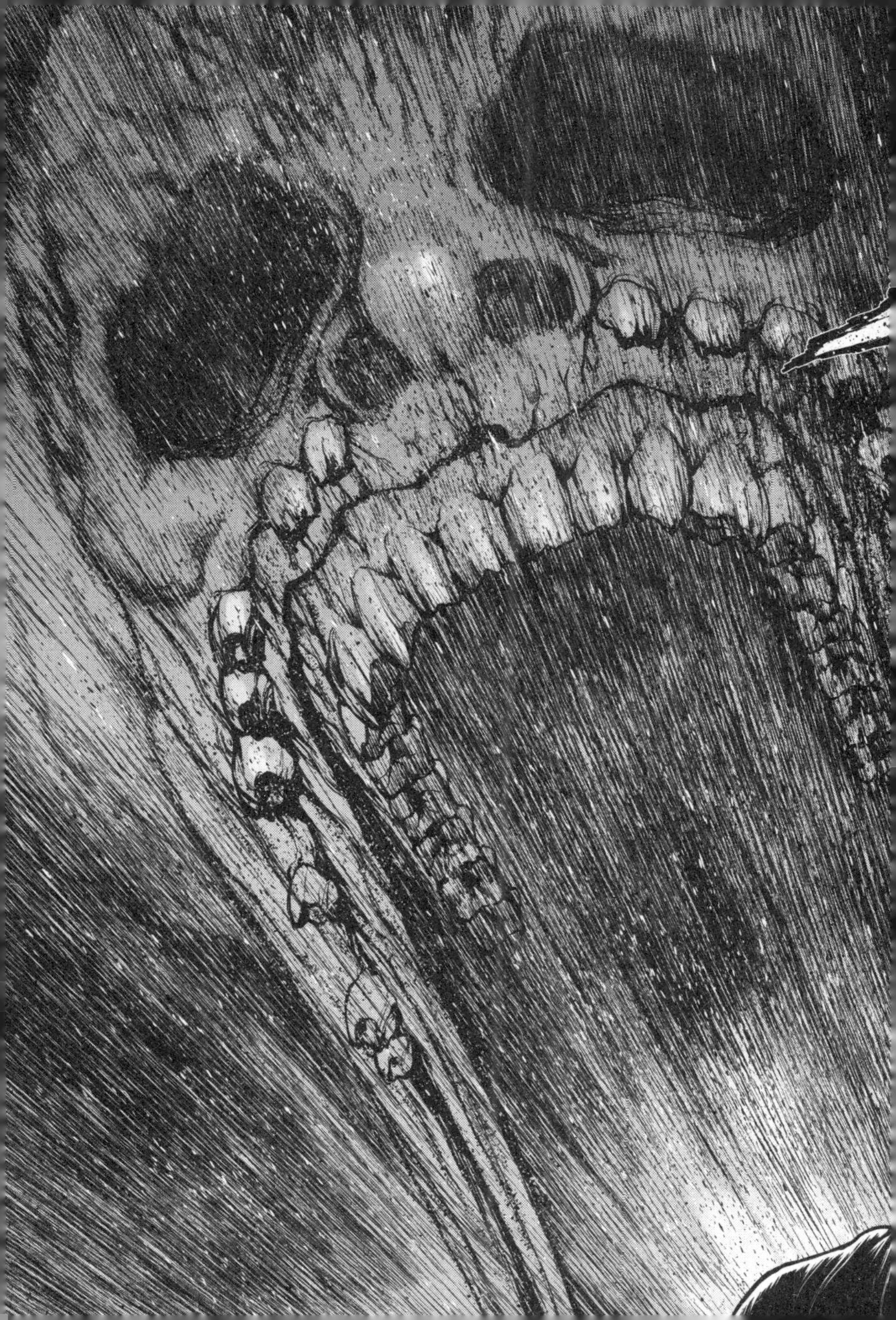

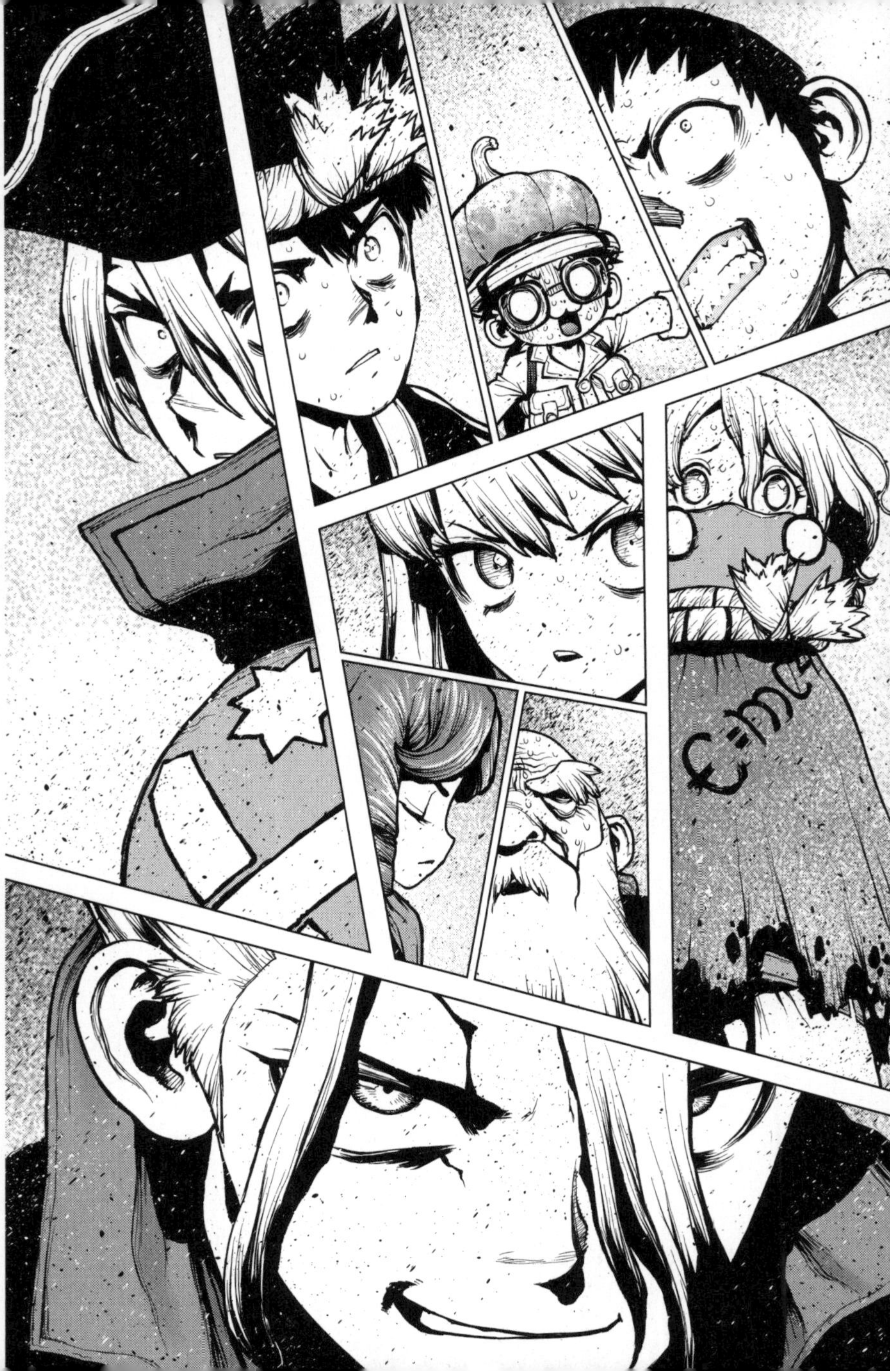

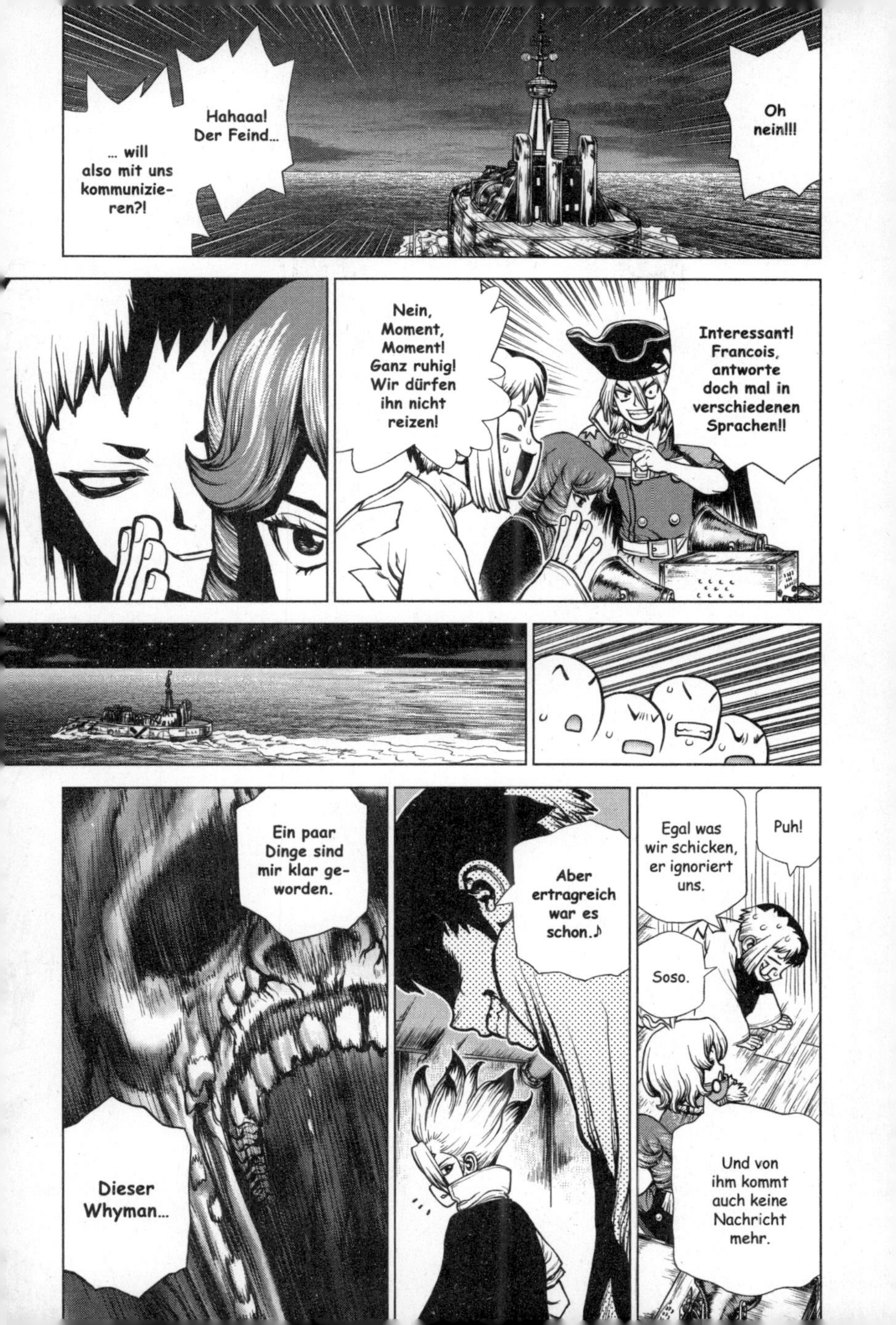
Oh nein!!!
Hahaaa! Der Feind...
... will also mit uns kommunizieren?!
Interessant! Francois, antworte doch mal in verschiedenen Sprachen!!
Nein, Moment, Moment! Ganz ruhig! Wir dürfen ihn nicht reizen!
Puh!
Egal was wir schicken, er ignoriert uns.
Soso.
Und von ihm kommt auch keine Nachricht mehr.
Aber ertragreich war es schon.♪
Ein paar Dinge sind mir klar geworden.
Dieser Whyman...

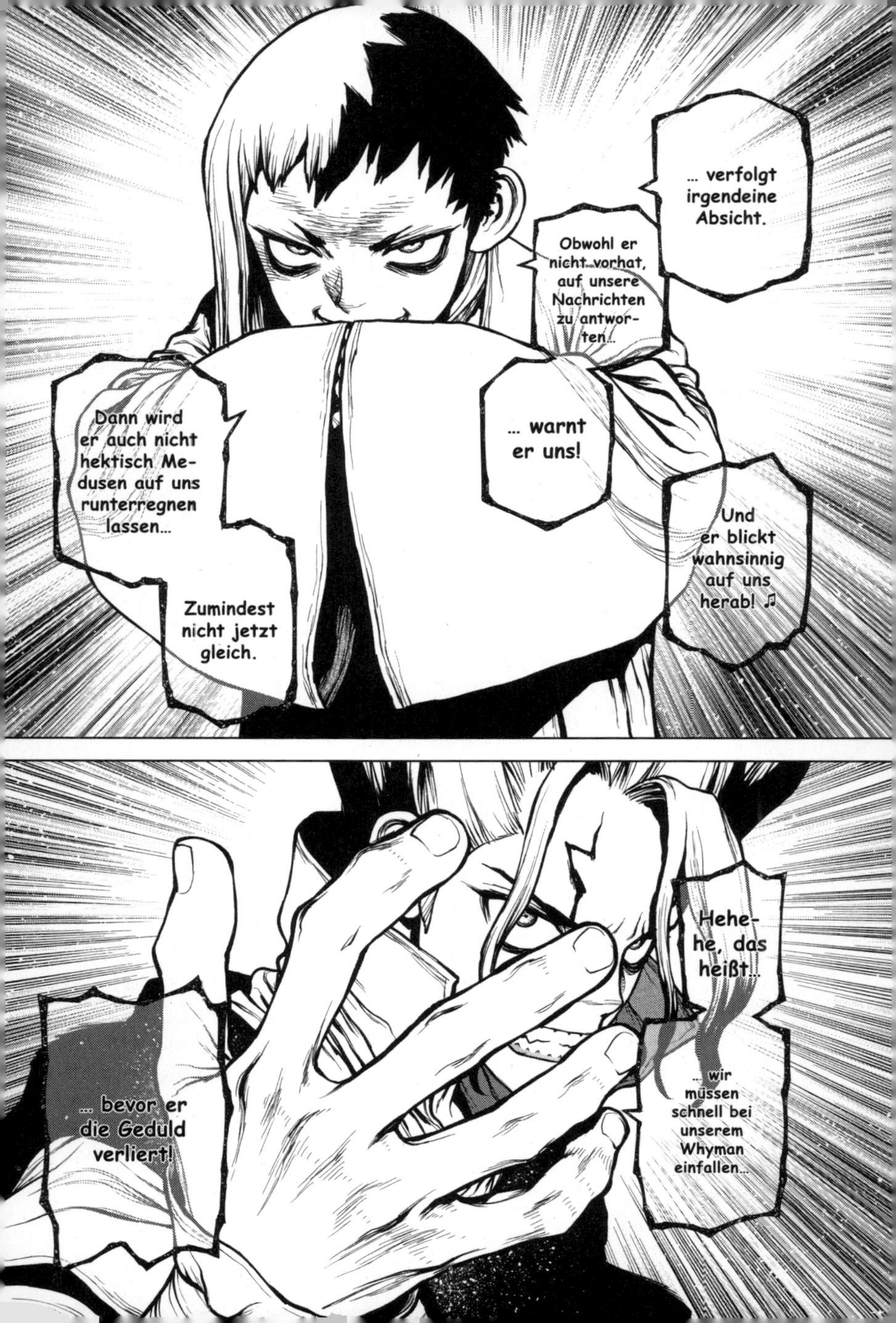

... verfolgt irgendeine Absicht.
Obwohl er nicht vorhat, auf unsere Nachrichten zu antworten...
... warnt er uns!
Und er blickt wahnsinnig auf uns herab! ♫
Dann wird er auch nicht hektisch Medusen auf uns runterregnen lassen...
Zumindest nicht jetzt gleich.
Hehehe, das heißt...
... wir müssen schnell bei unserem Whyman einfallen...
... bevor er die Geduld verliert!

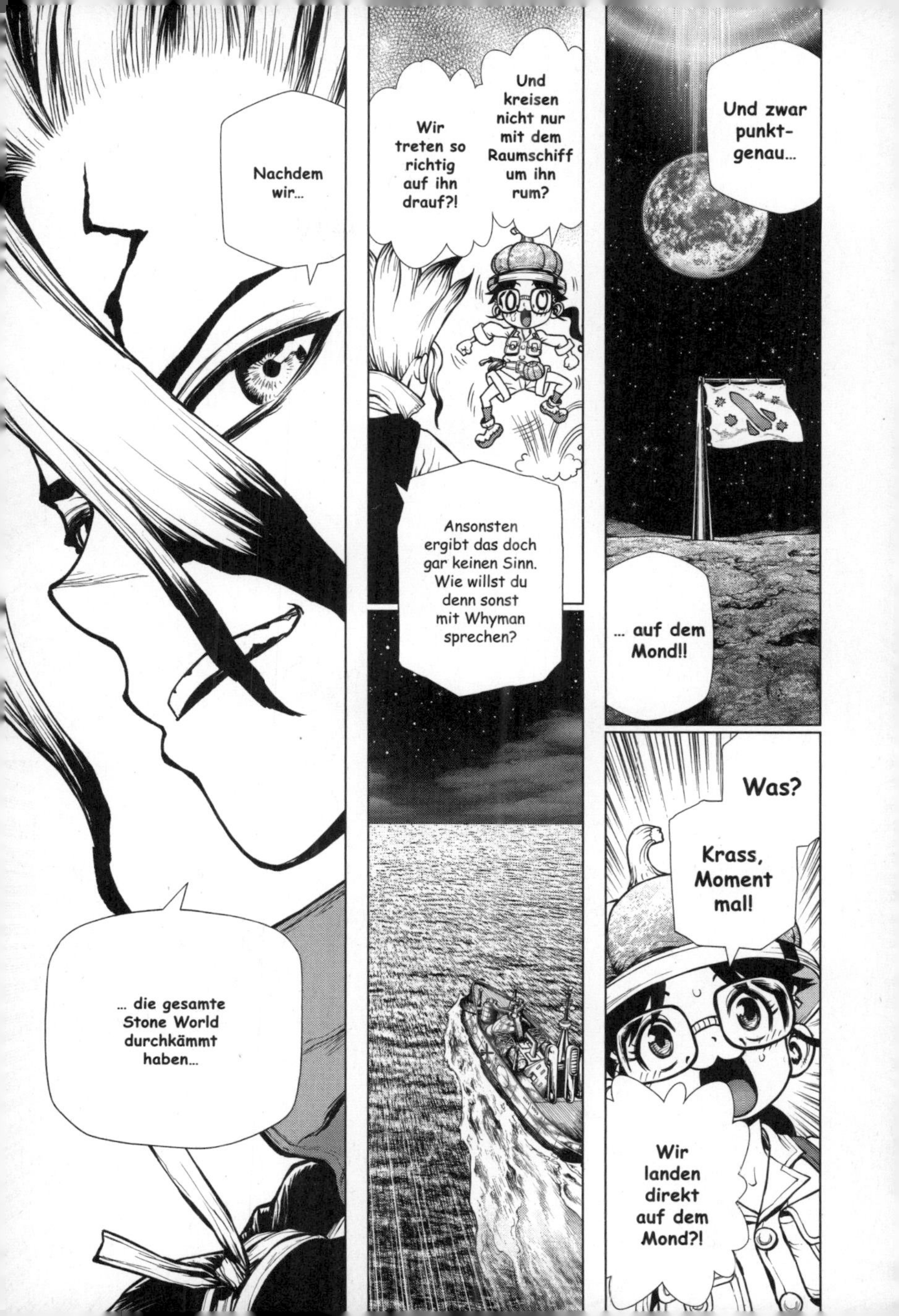
Und zwar punktgenau...
... auf dem Mond!!
Was?
Krass, Moment mal!
Wir landen direkt auf dem Mond?!
Und kreisen nicht nur mit dem Raumschiff um ihn rum?
Wir treten so richtig auf ihn drauf?!
Ansonsten ergibt das doch gar keinen Sinn. Wie willst du denn sonst mit Whyman sprechen?
Nachdem wir...
... die gesamte Stone World durchkämmt haben...

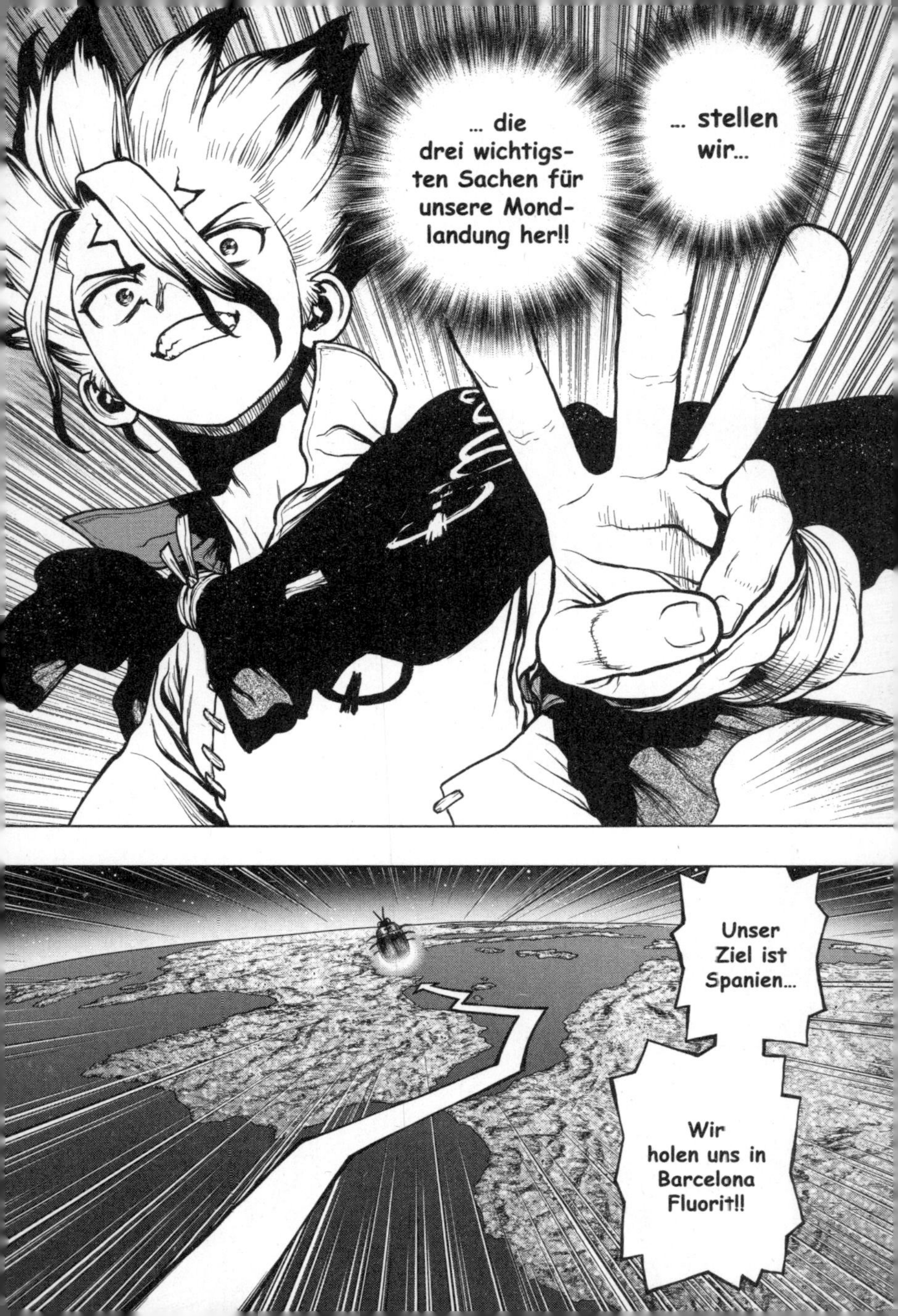
… stellen wir…
… die drei wichtigsten Sachen für unsere Mondlandung her!!
Unser Ziel ist Spanien…
Wir holen uns in Barcelona Fluorit!!

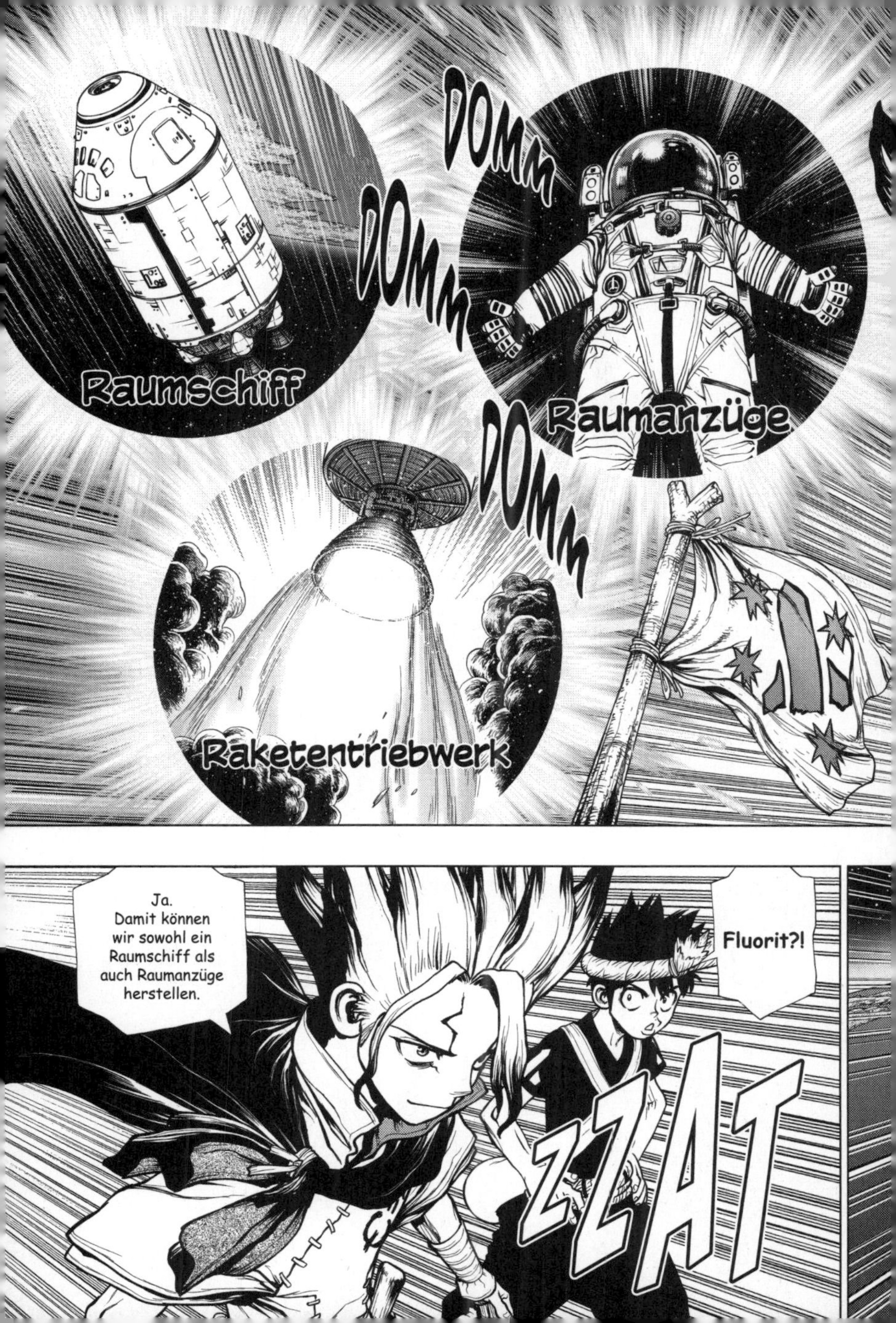
DOMM
DOMM
Raumanzüge
Raumschiff
DOMM
Raketentriebwerk
Fluorit?!
Ja.
Damit können wir sowohl ein Raumschiff als auch Raumanzüge herstellen.
ZZAT

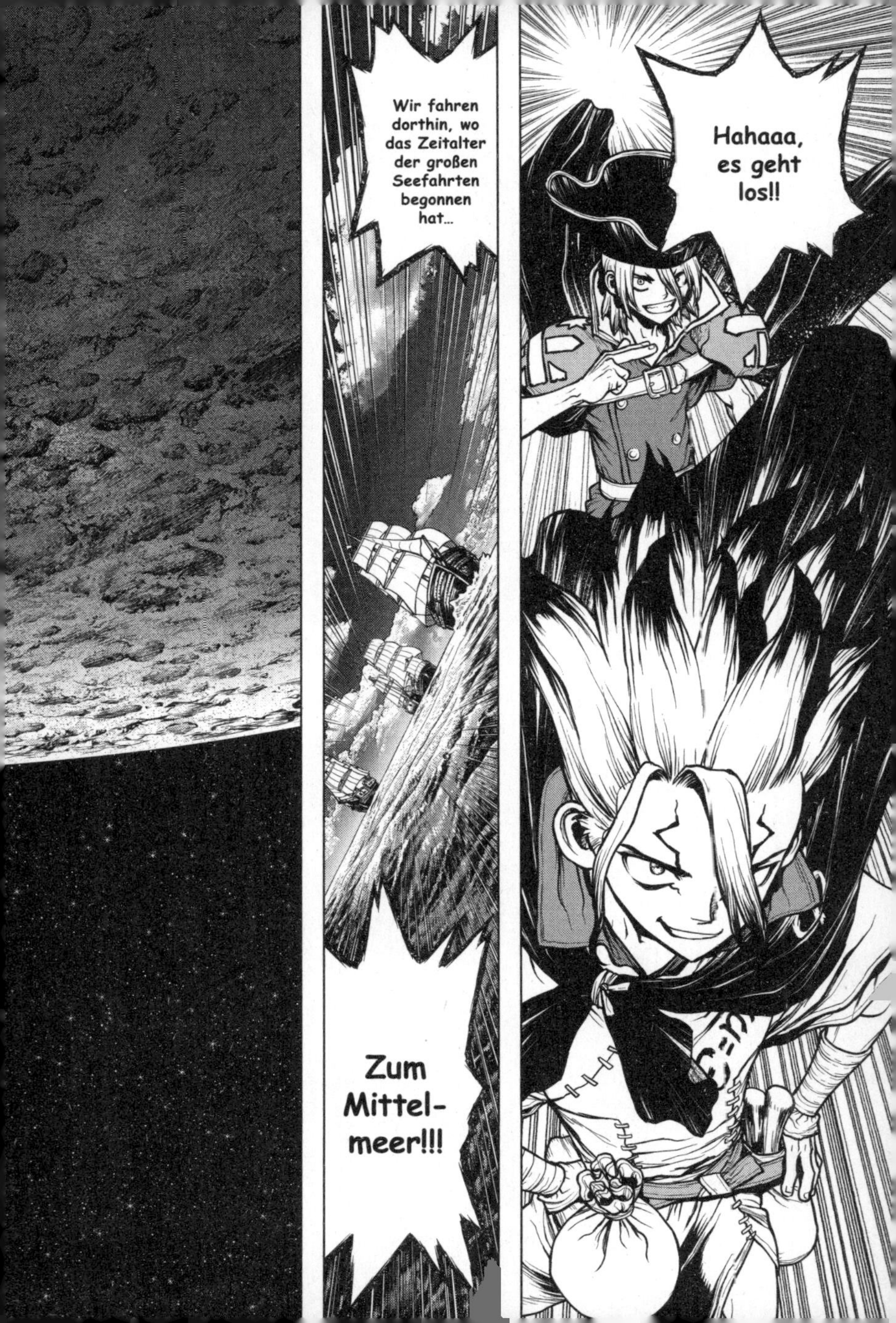

Hahaaa, es geht los!!
Wir fahren dorthin, wo das Zeitalter der großen Seefahrten begonnen hat...
Zum Mittel-meer!!!

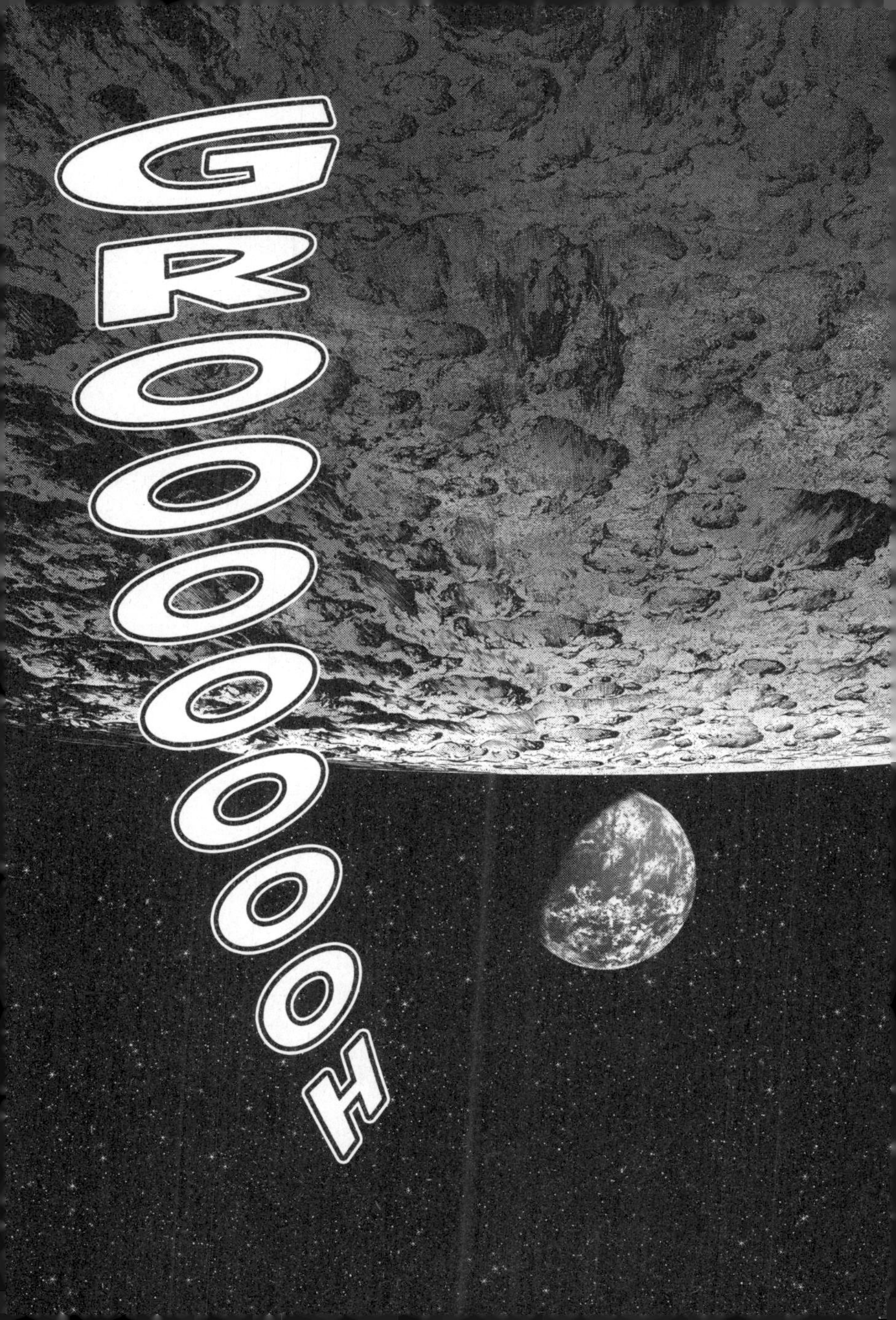
GROOOOOOOH

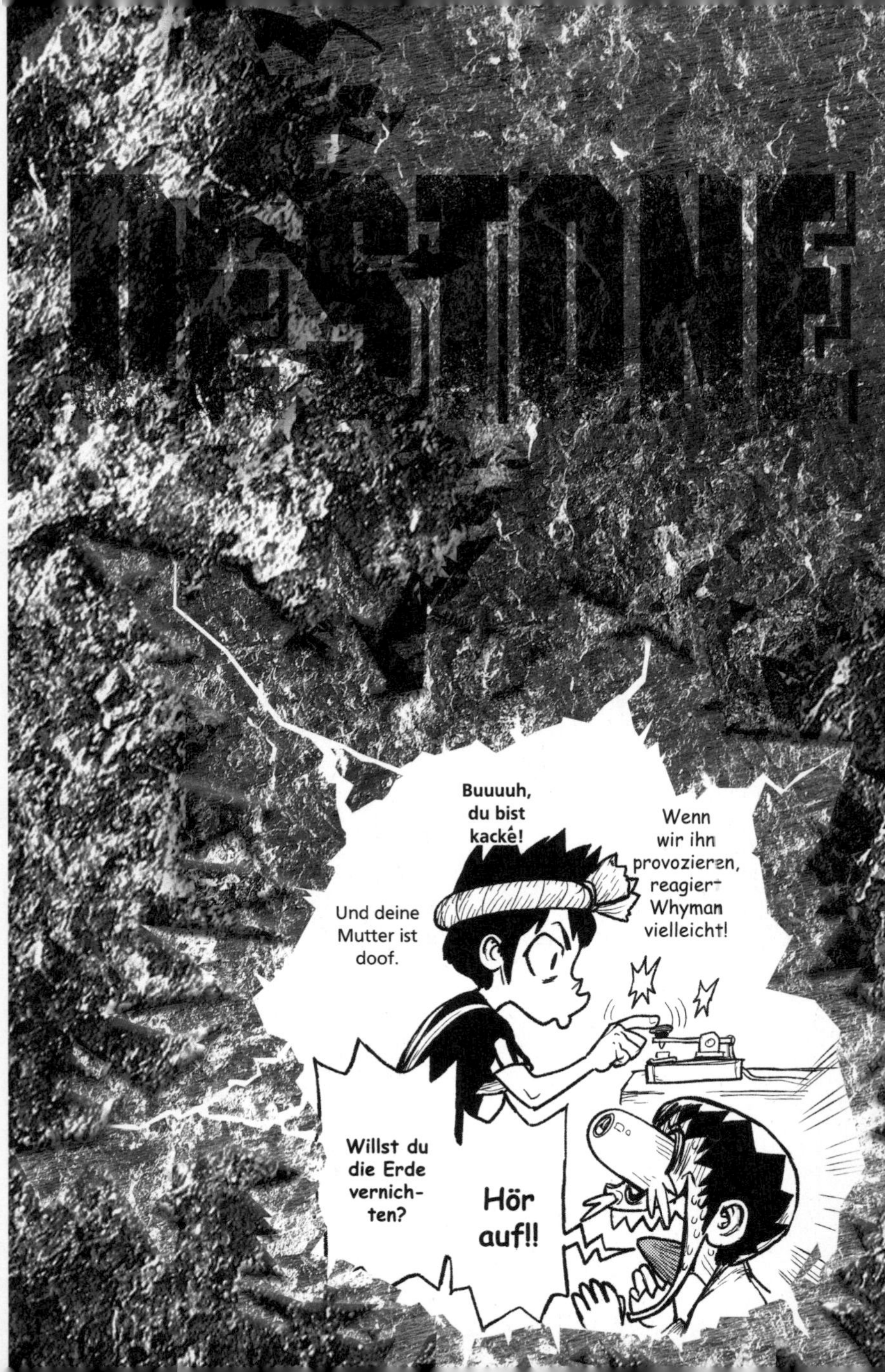
DR.STONE
Wenn wir ihn provozieren, reagiert Whyman vielleicht!
Buuuuh, du bist kacke!
Und deine Mutter ist doof.
Hör auf!!
Willst du die Erde vernichten?

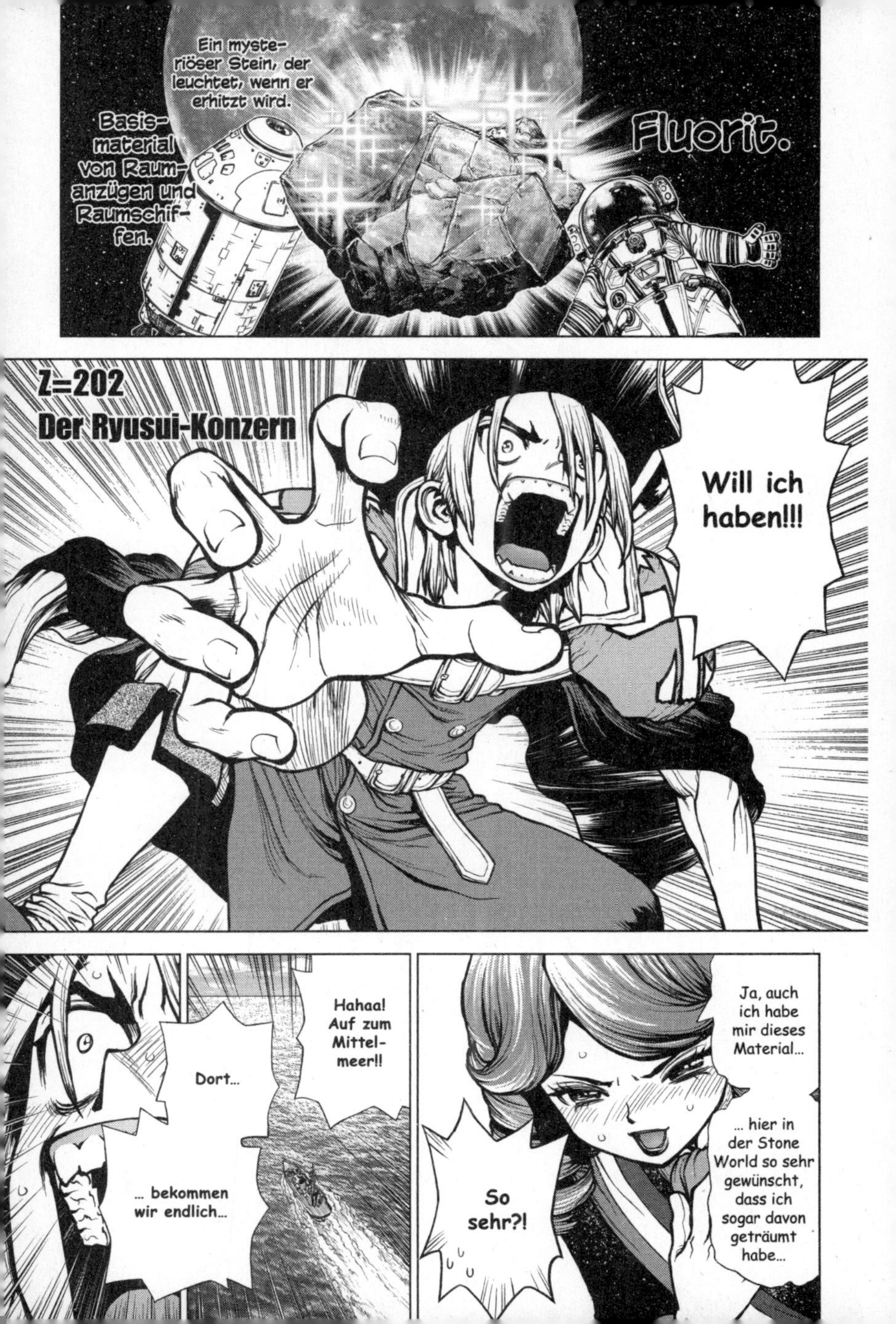
Fluorit.
Ein mysteriöser Stein, der leuchtet, wenn er erhitzt wird.
Basismaterial von Raumanzügen und Raumschiffen.
Z=202
Der Ryusui-Konzern
Will ich haben!!!
Ja, auch ich habe mir dieses Material...
... hier in der Stone World so sehr gewünscht, dass ich sogar davon geträumt habe...
So sehr?!
Hahaa! Auf zum Mittelmeer!!
Dort...
... bekommen wir endlich...

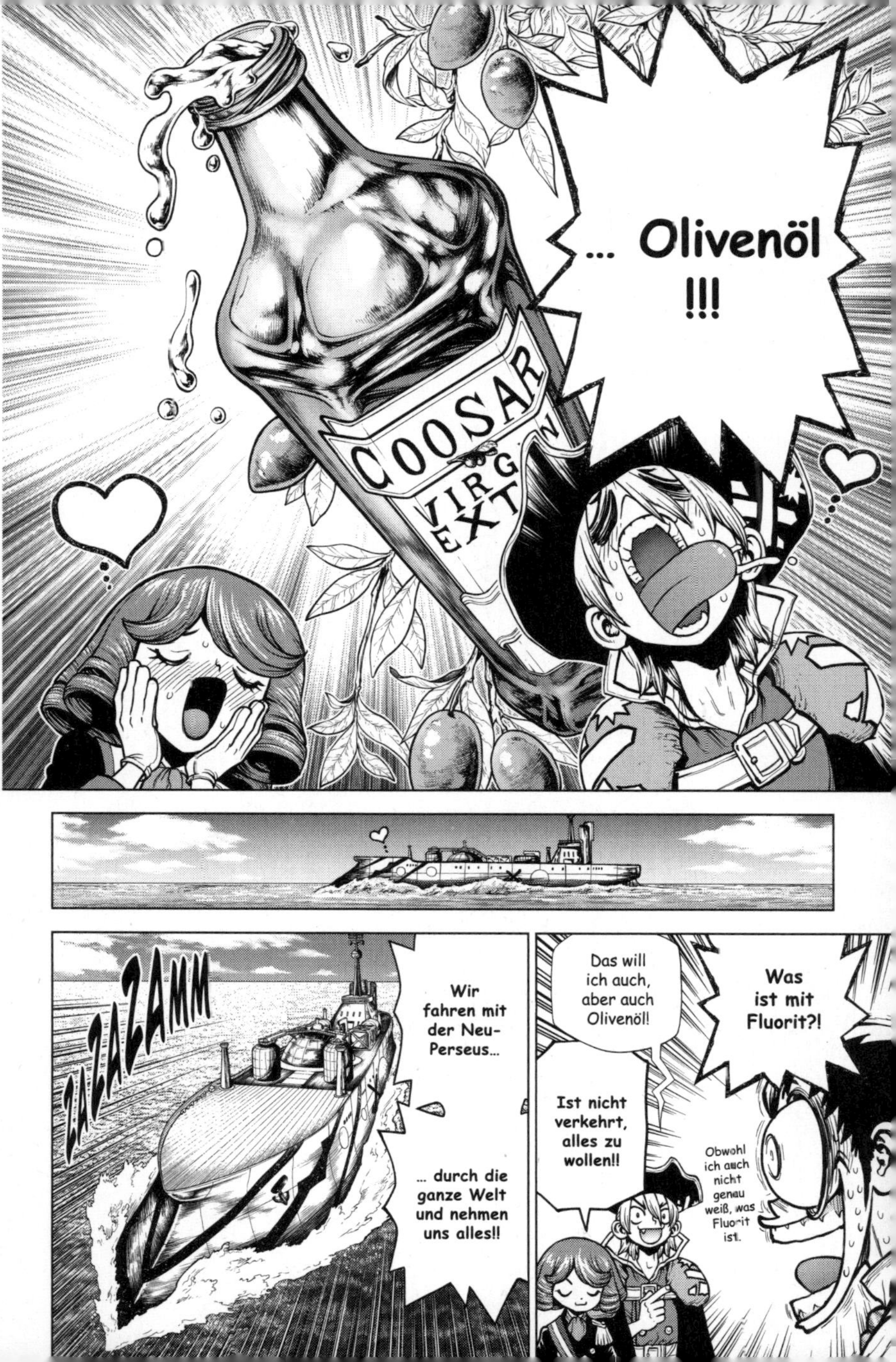

... Olivenöl
!!!
COOSAR
VIRG
EXT
Was ist mit Fluorit?!
Das will ich auch, aber auch Olivenöl!
Ist nicht verkehrt, alles zu wollen!!
Obwohl ich auch nicht genau weiß, was Fluorit ist.
Wir fahren mit der Neu-Perseus...
... durch die ganze Welt und nehmen uns alles!!
ZAZAZAMM

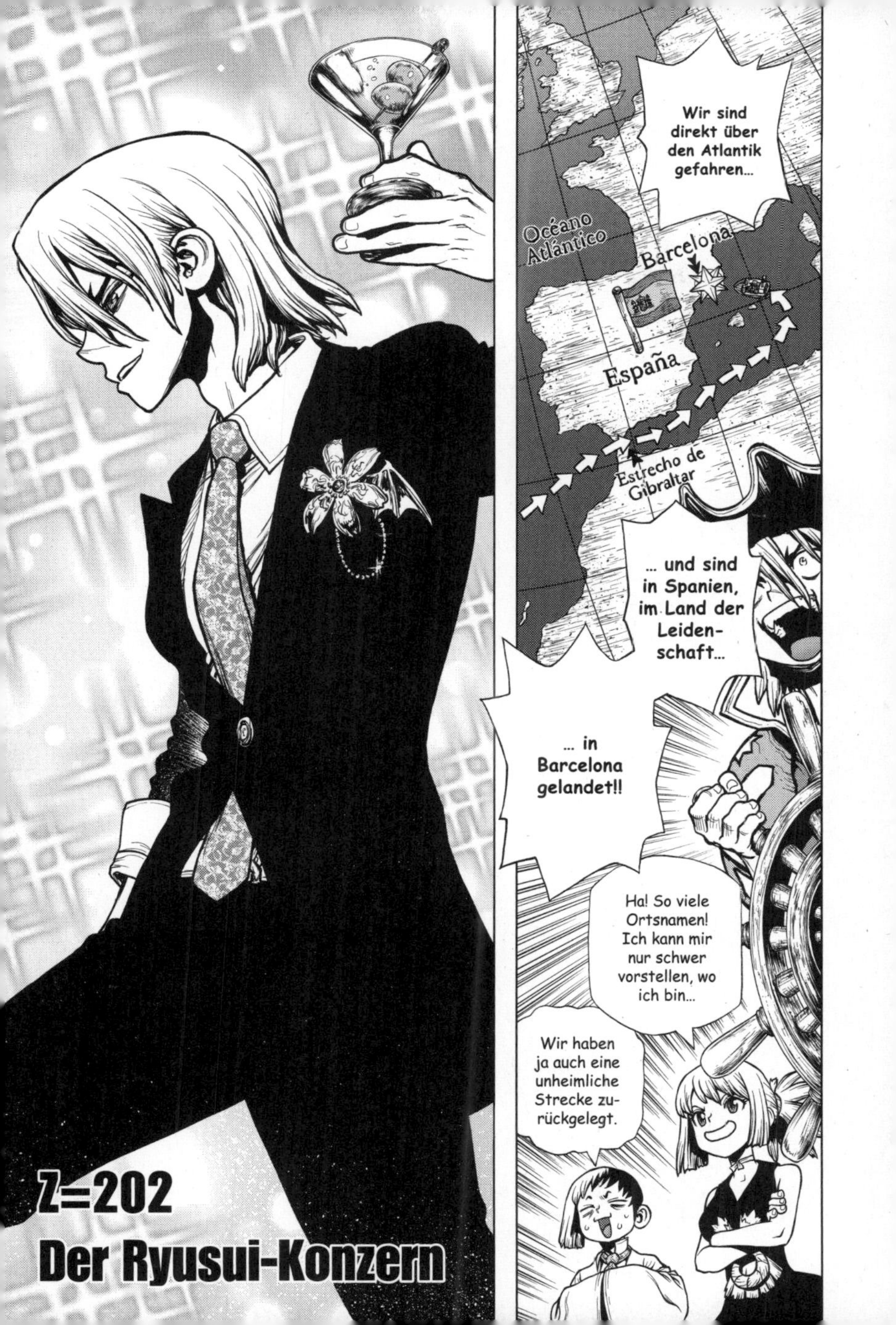
Wir sind direkt über den Atlantik gefahren...
Océano Atlántico
Barcelona
España
Estrecho de Gibraltar
... und sind in Spanien, im Land der Leiden-schaft...
... in Barcelona gelandet!!
Ha! So viele Ortsnamen! Ich kann mir nur schwer vorstellen, wo ich bin...
Wir haben ja auch eine unheimliche Strecke zu-rückgelegt.
Z=202
Der Ryusui-Konzern

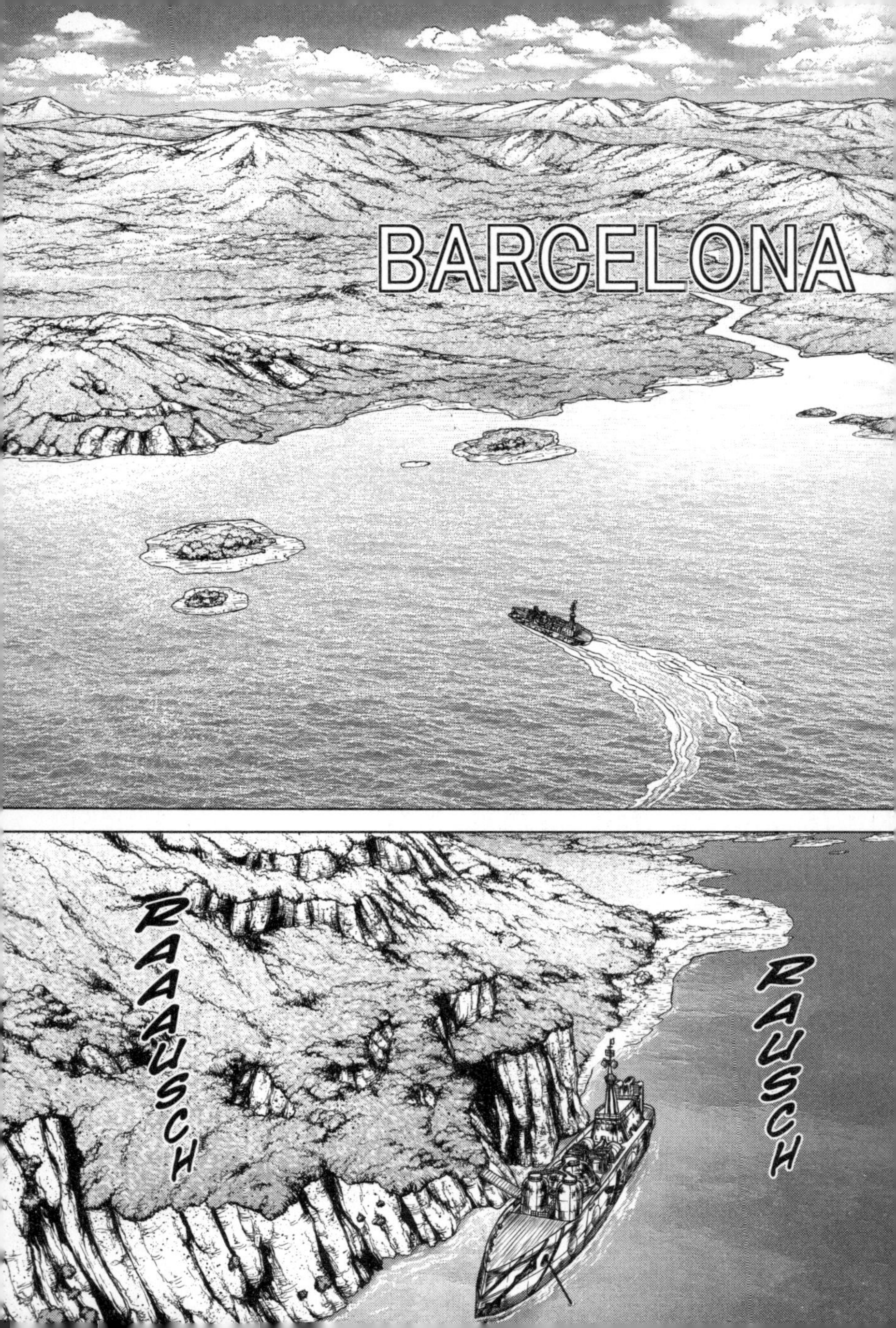
BARCELONA
RAUSCH
RAAAUSCH

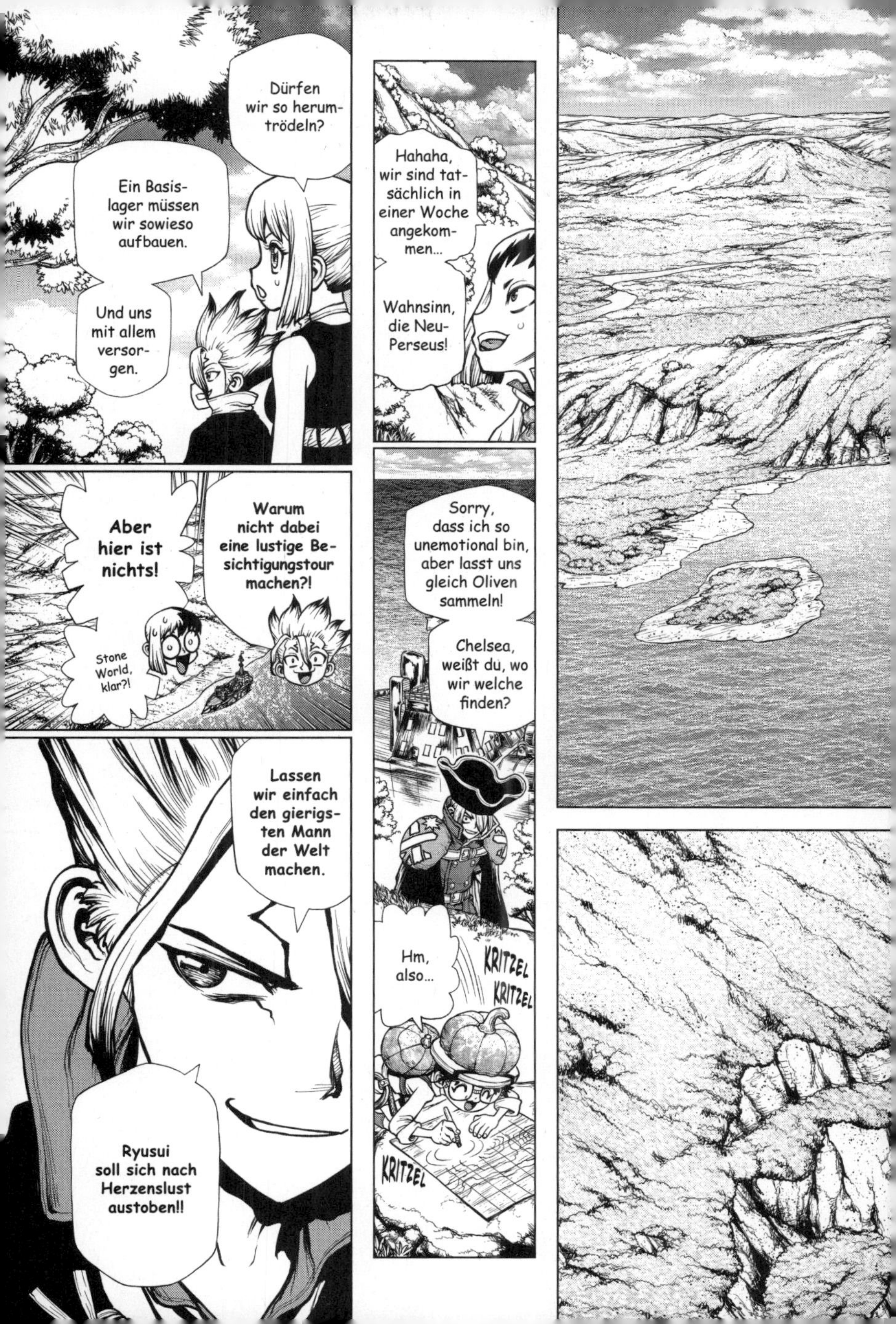

Hahaha, wir sind tatsächlich in einer Woche angekommen...
Wahnsinn, die Neu-Perseus!
Dürfen wir so herumtrödeln?
Ein Basislager müssen wir sowieso aufbauen.
Und uns mit allem versorgen.
Sorry, dass ich so unemotional bin, aber lasst uns gleich Oliven sammeln!
Chelsea, weißt du, wo wir welche finden?
Hm, also...
KRITZEL KRITZEL
KRITZEL
Warum nicht dabei eine lustige Besichtigungstour machen?!
Aber hier ist nichts!
Stone World, klar?!
Lassen wir einfach den gierigsten Mann der Welt machen.
Ryusui soll sich nach Herzenslust austoben!!

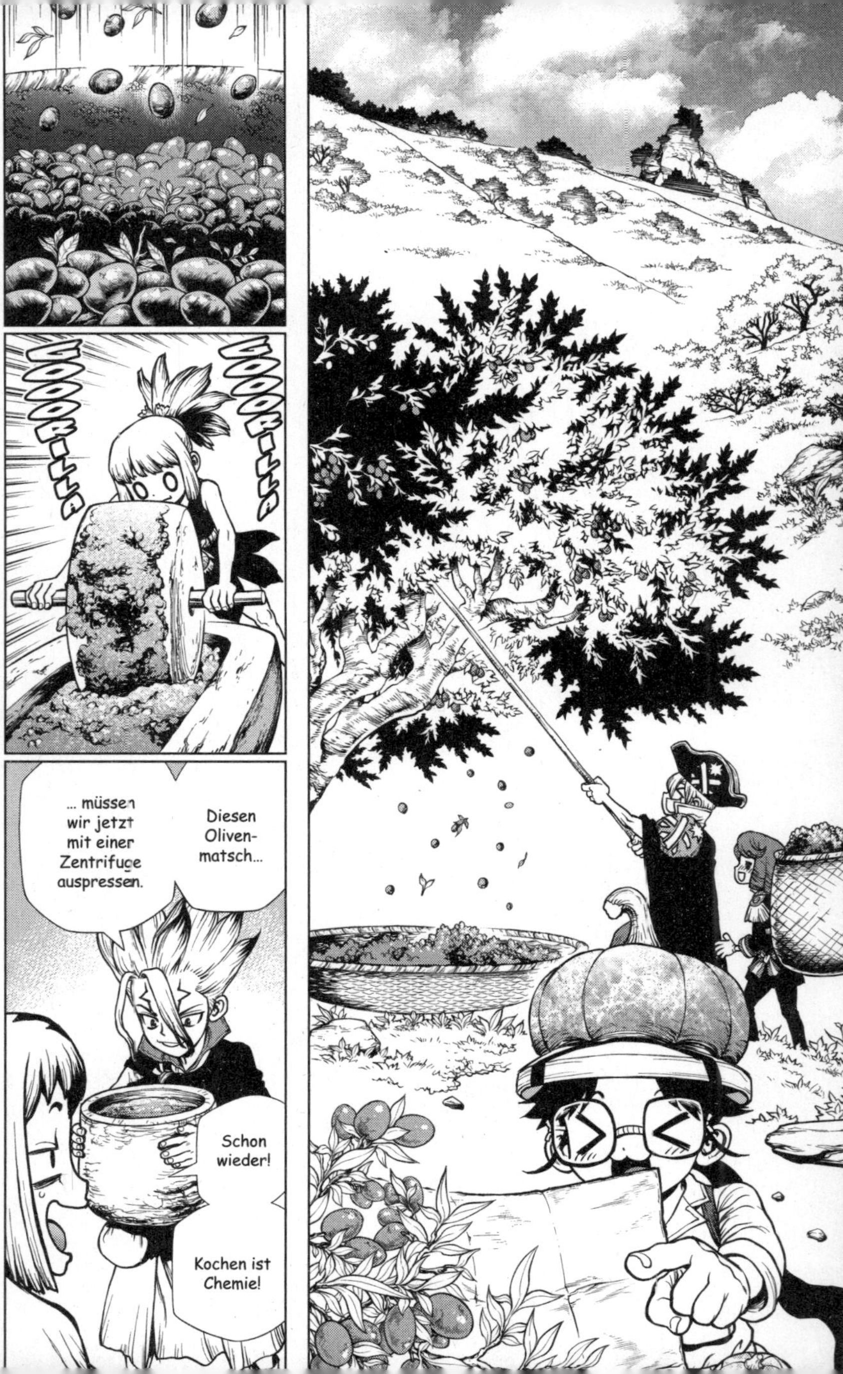
GOOOR-ILLA
GOOOR-ILLA
Diesen Olivenmatsch...
... müssen wir jetzt mit einer Zentrifuge auspressen.
Schon wieder!
Kochen ist Chemie!

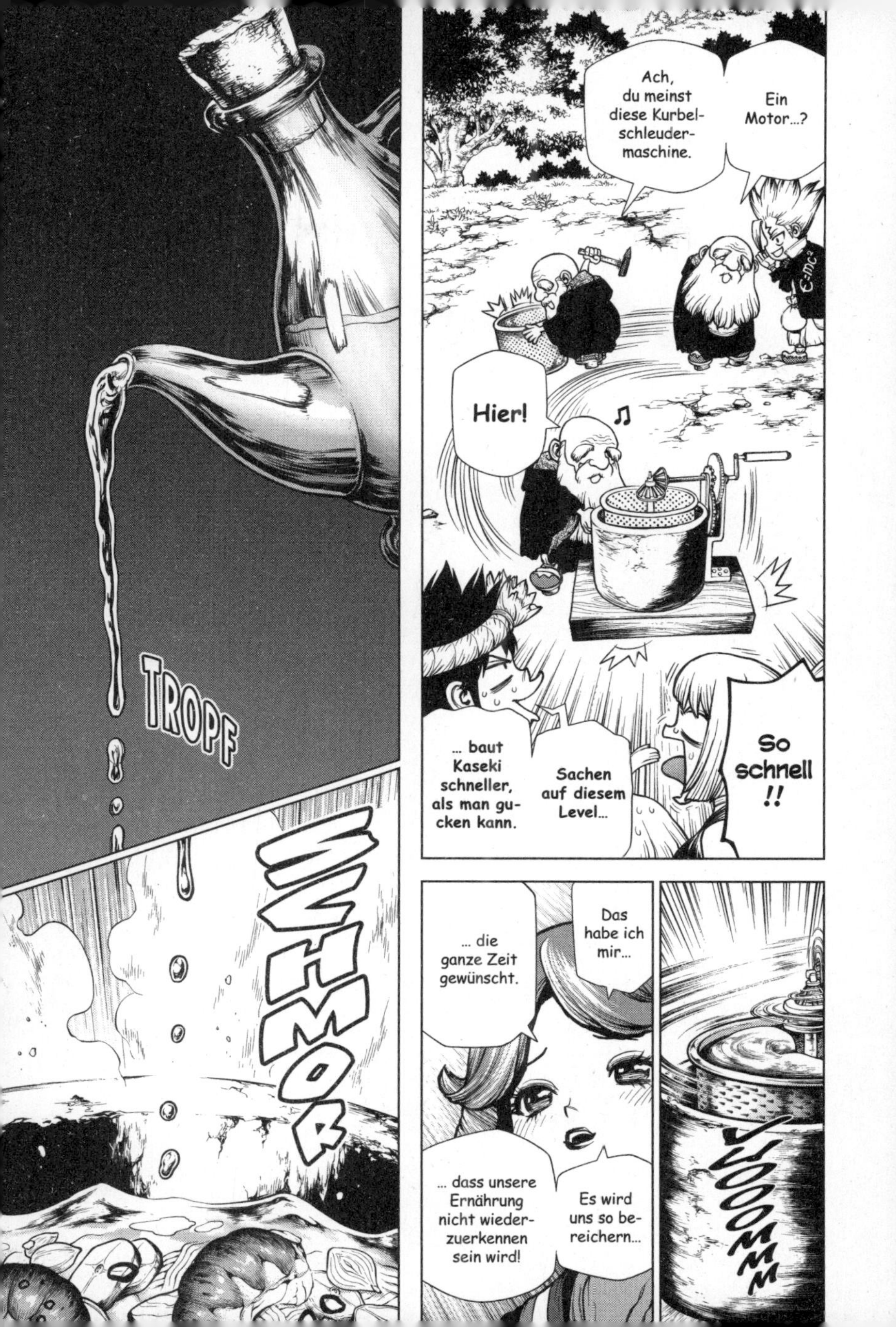
Ein Motor...?
Ach, du meinst diese Kurbelschleudermaschine.
Hier!
So schnell!!
Sachen auf diesem Level...
... baut Kaseki schneller, als man gucken kann.
Das habe ich mir...
... die ganze Zeit gewünscht.
Es wird uns so bereichern...
... dass unsere Ernährung nicht wiederzuerkennen sein wird!
WUOOOMMM
TROPF
SCHMOR

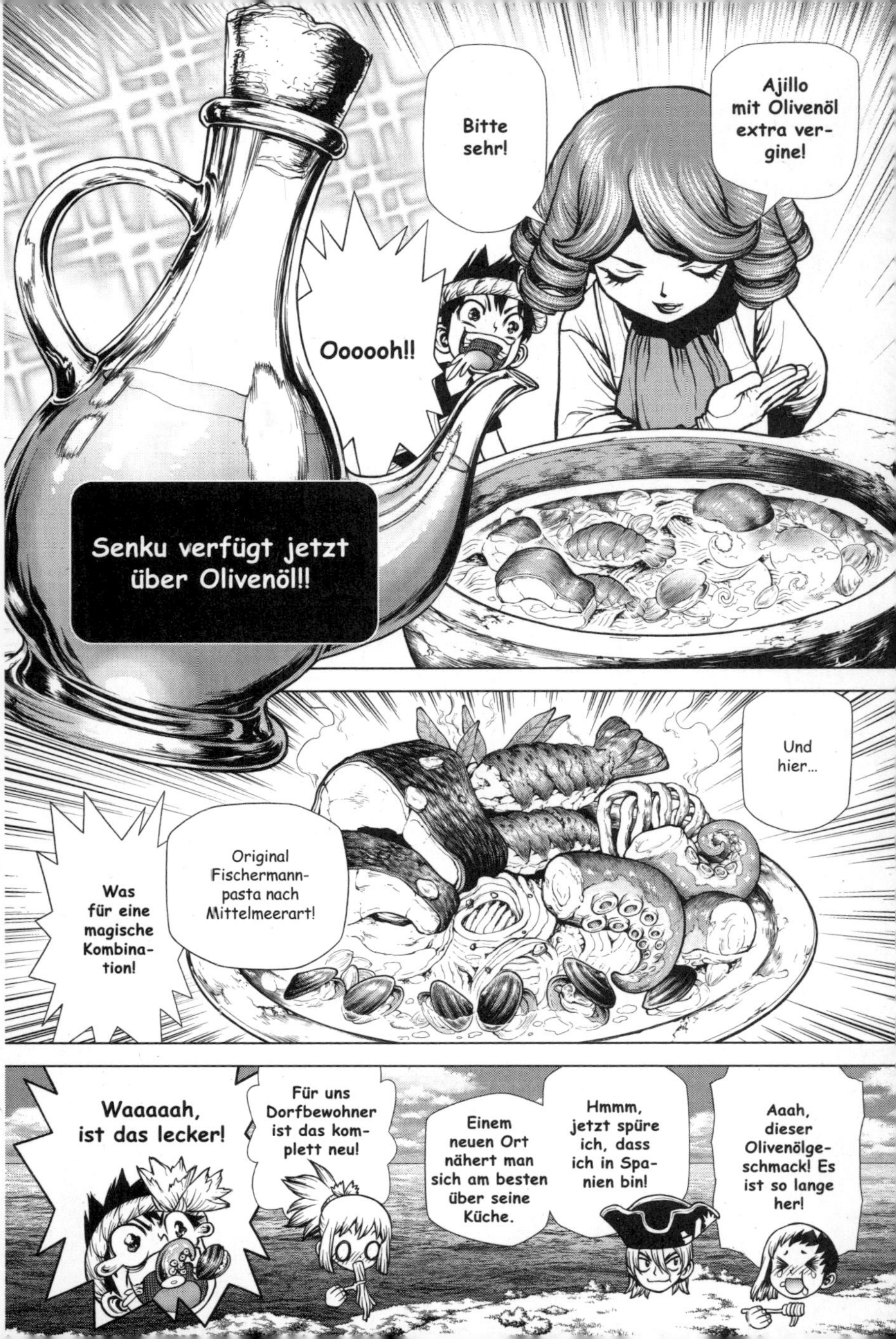
Ajillo mit Olivenöl extra vergine!
Bitte sehr!
Oooooh!!
Senku verfügt jetzt über Olivenöl!!
Und hier...
Original Fischermann-pasta nach Mittelmeerart!
Was für eine magische Kombination!
Aaah, dieser Olivenölgeschmack! Es ist so lange her!
Hmmm, jetzt spüre ich, dass ich in Spanien bin!
Einem neuen Ort nähert man sich am besten über seine Küche.
Für uns Dorfbewohner ist das komplett neu!
Waaaaah, ist das lecker!

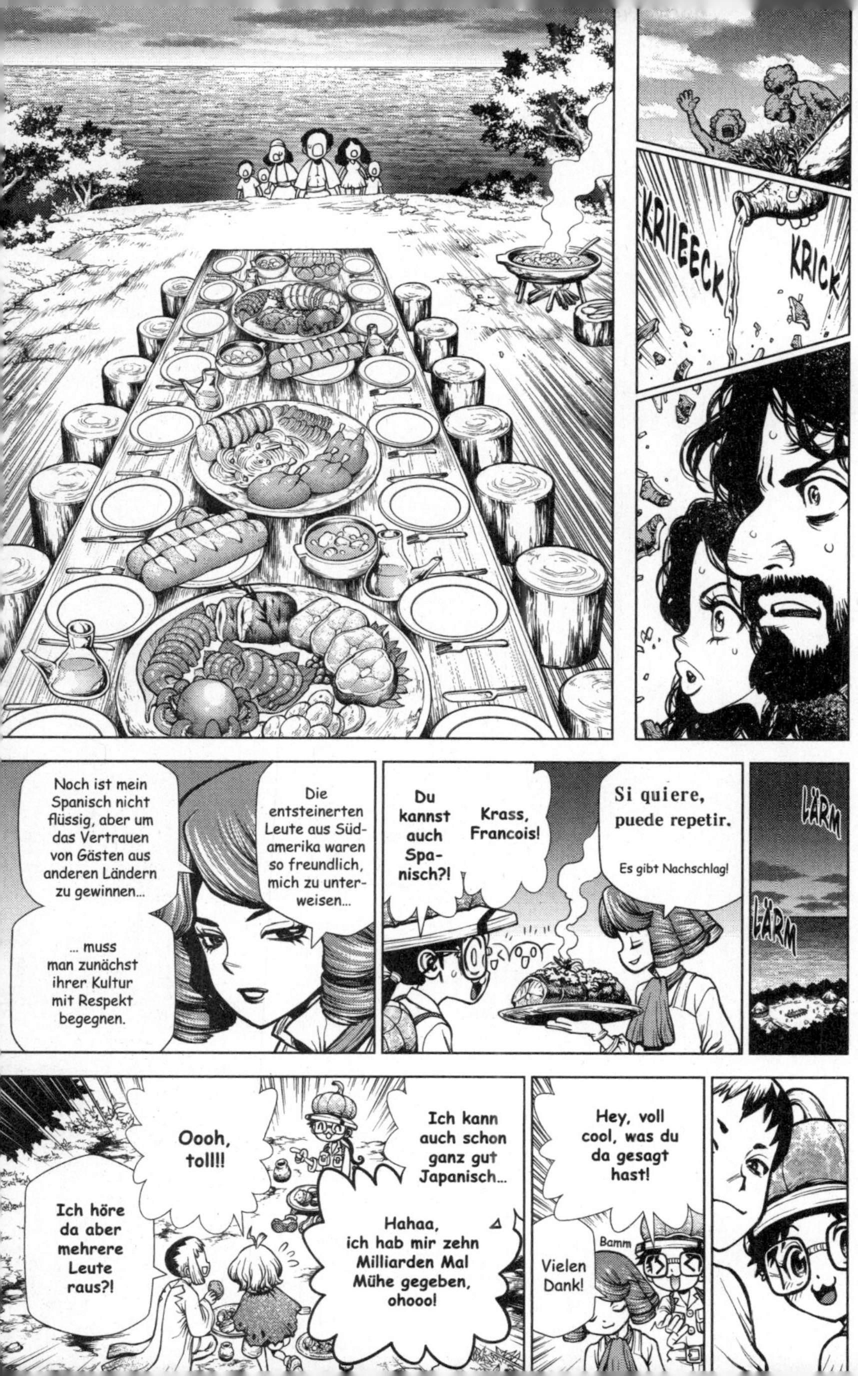
KRIIEECK
KRICK
LÄRM
LÄRM
Si quiere, puede repetir.
Es gibt Nachschlag!
Krass, Francois!
Du kannst auch Spanisch?!
Die entsteinerten Leute aus Südamerika waren so freundlich, mich zu unterweisen...
Noch ist mein Spanisch nicht flüssig, aber um das Vertrauen von Gästen aus anderen Ländern zu gewinnen...
... muss man zunächst ihrer Kultur mit Respekt begegnen.
Hey, voll cool, was du da gesagt hast!
Vielen Dank!
Bamm
Ich kann auch schon ganz gut Japanisch...
Hahaa, ich hab mir zehn Milliarden Mal Mühe gegeben, ohooo!
Oooh, toll!!
Ich höre da aber mehrere Leute raus?!

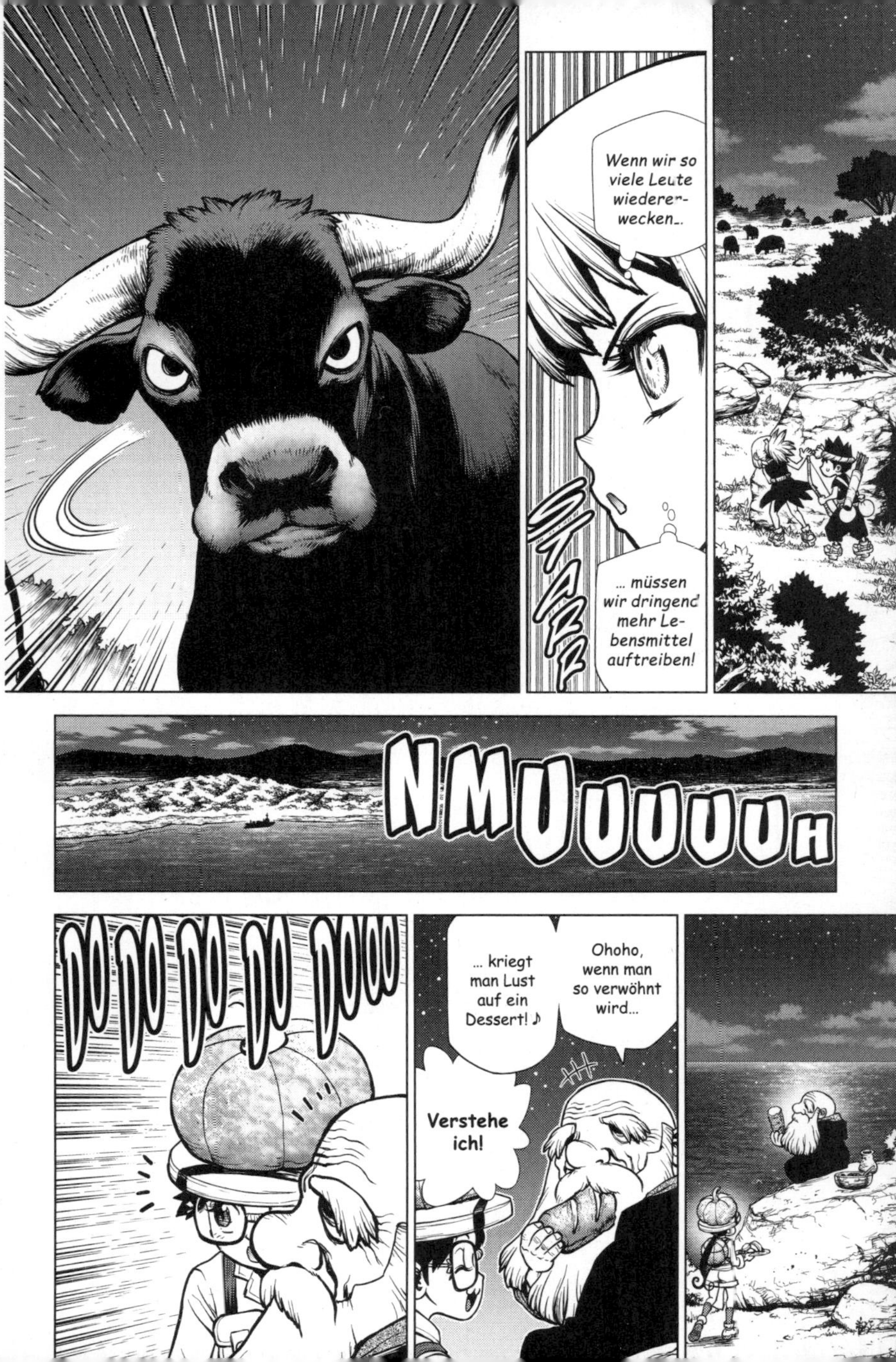
Wenn wir so viele Leute wiedererwecken...
... müssen wir dringend mehr Lebensmittel auftreiben!
NMUUUUUUH
Ohoho, wenn man so verwöhnt wird...
... kriegt man Lust auf ein Dessert! ♪
Verstehe ich!
DO DO DO DO DOOO

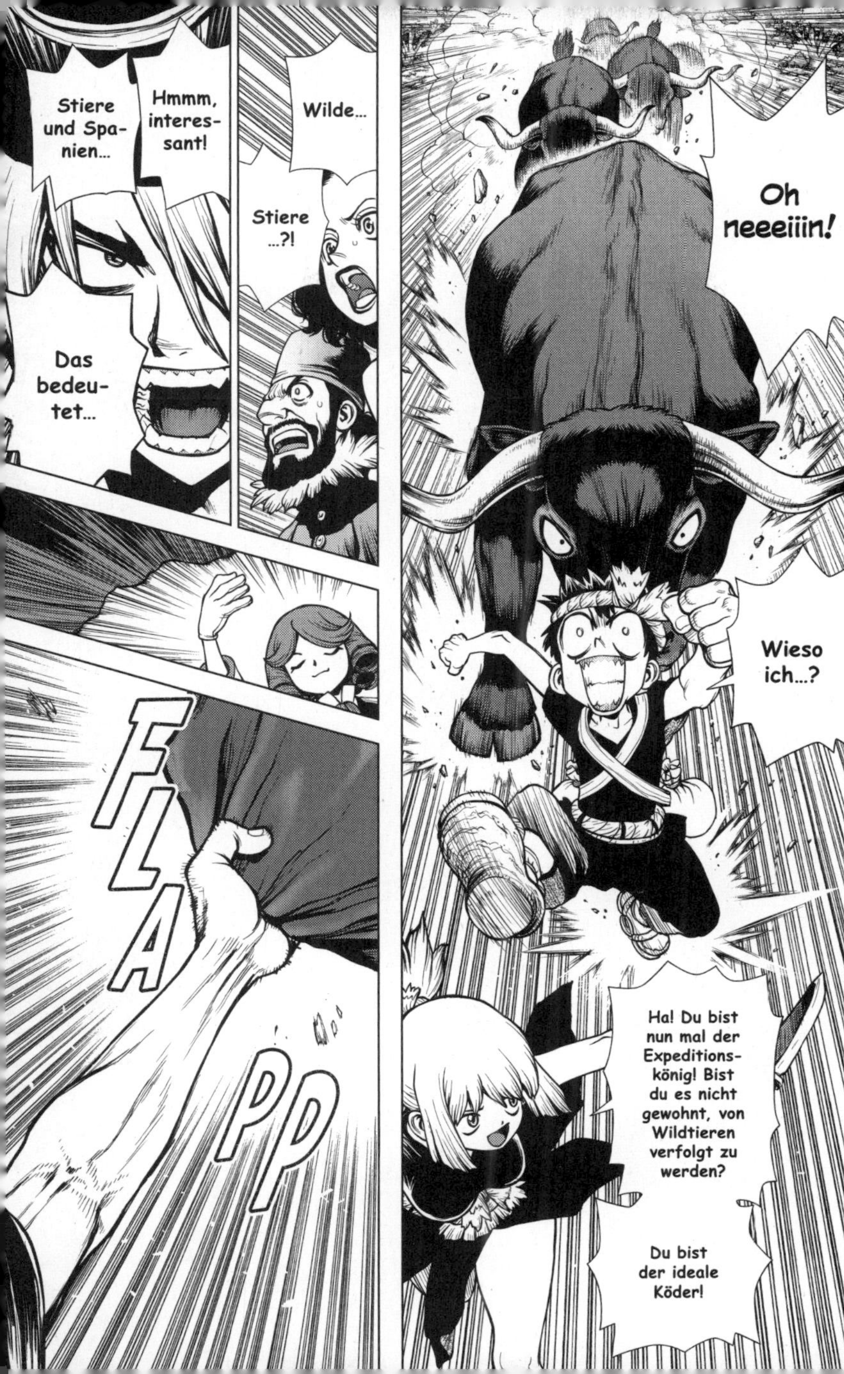
Oh neeeiiin!
Wieso ich...?
Ha! Du bist nun mal der Expeditions-könig! Bist du es nicht gewohnt, von Wildtieren verfolgt zu werden?
Du bist der ideale Köder!
Wilde...
Stiere ...?!
Hmmm, interes-sant!
Stiere und Spa-nien...
Das bedeu-tet...
FLAPP

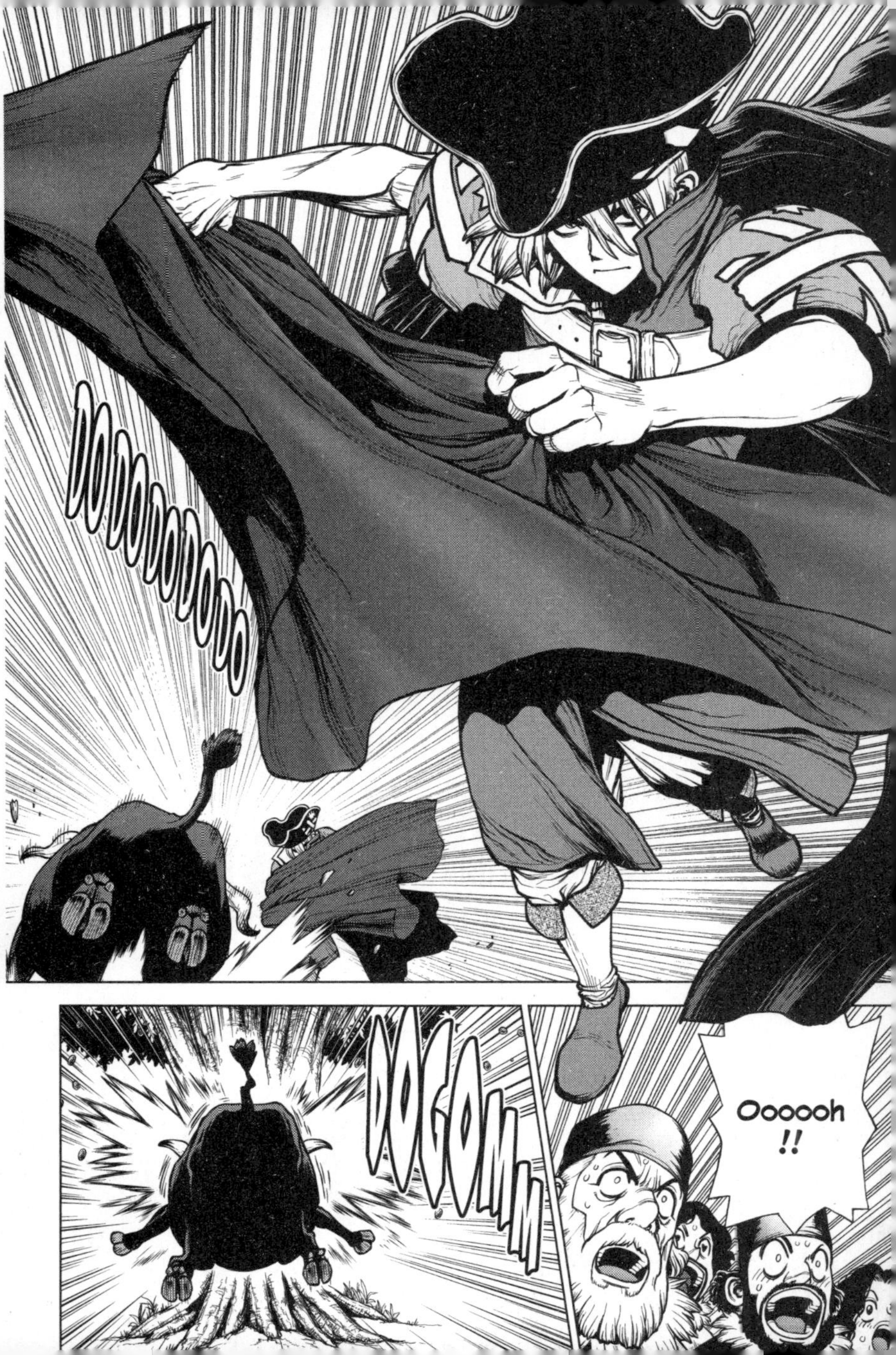
DODODODODO
DOGOMM
Oooooh !!

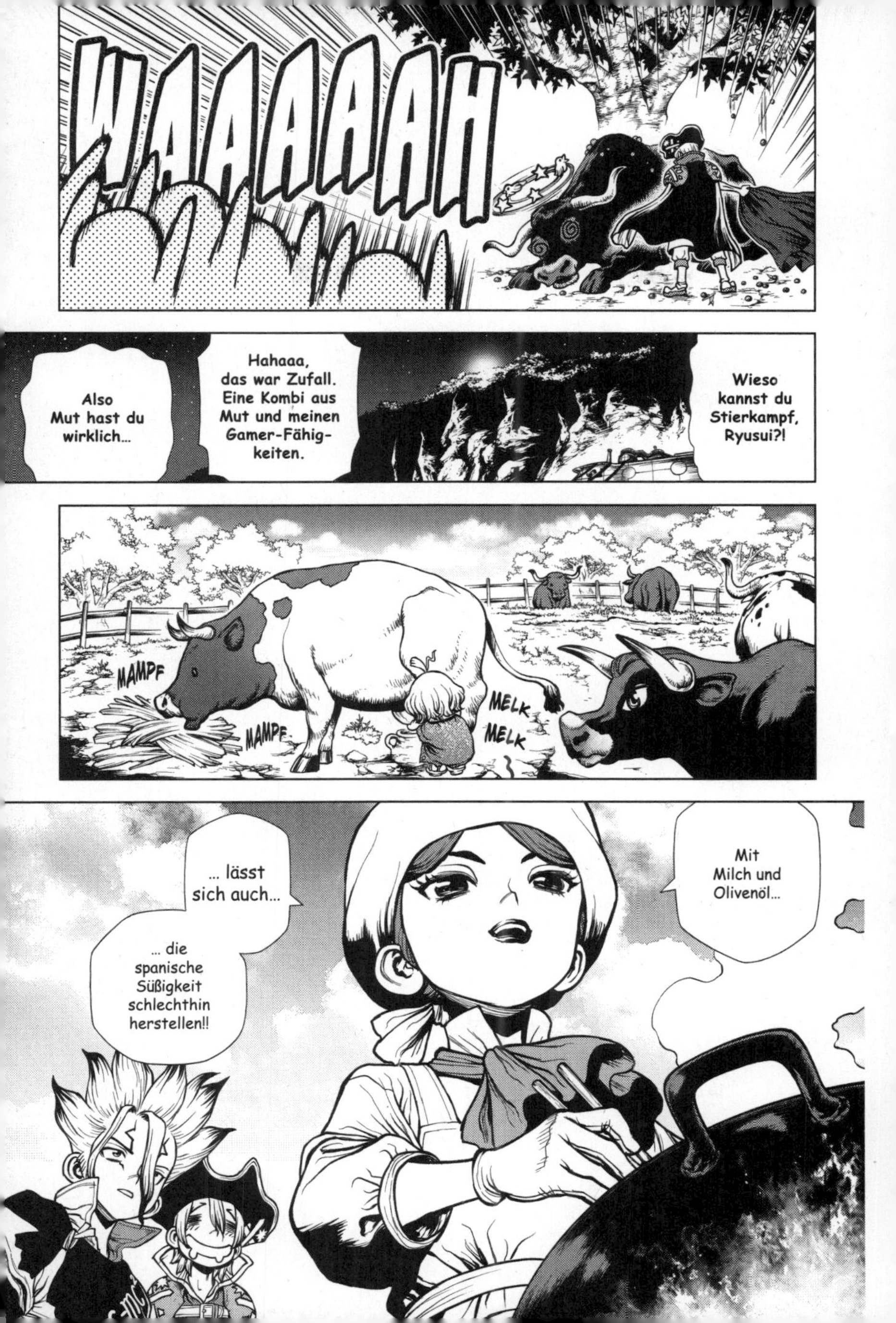
WAAAAAAH
Wieso kannst du Stierkampf, Ryusui?!
Hahaaa, das war Zufall. Eine Kombi aus Mut und meinen Gamer-Fähigkeiten.
Also Mut hast du wirklich...
MELK
MELK
MAMPF
MAMPF
Mit Milch und Olivenöl...
... lässt sich auch...
... die spanische Süßigkeit schlechthin herstellen!!

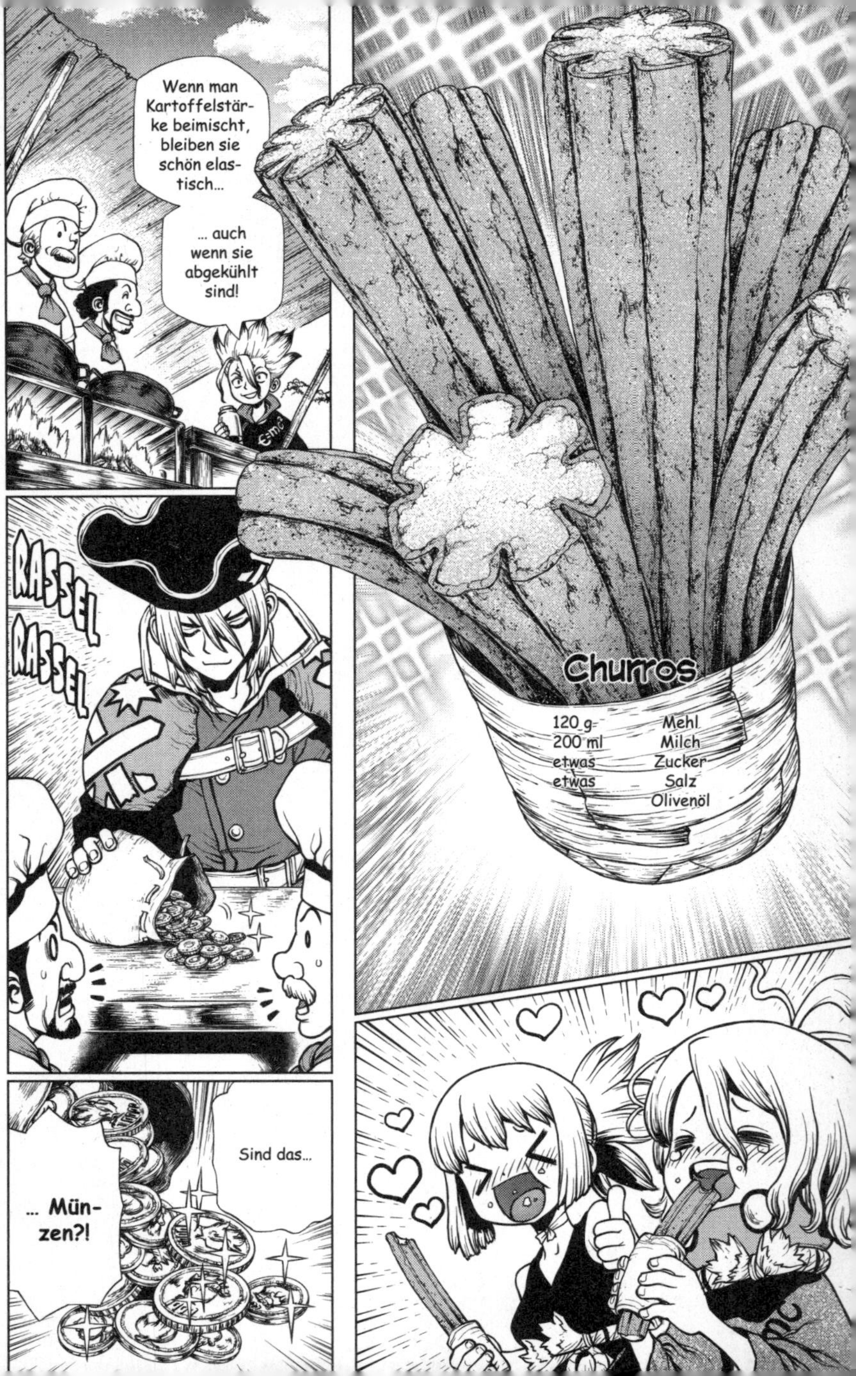
Churros
120 g Mehl
200 ml Milch
etwas Zucker
etwas Salz
Olivenöl
Wenn man Kartoffelstärke beimischt, bleiben sie schön elastisch...
... auch wenn sie abgekühlt sind!
RASSEL RASSEL
Sind das...
... Münzen?!

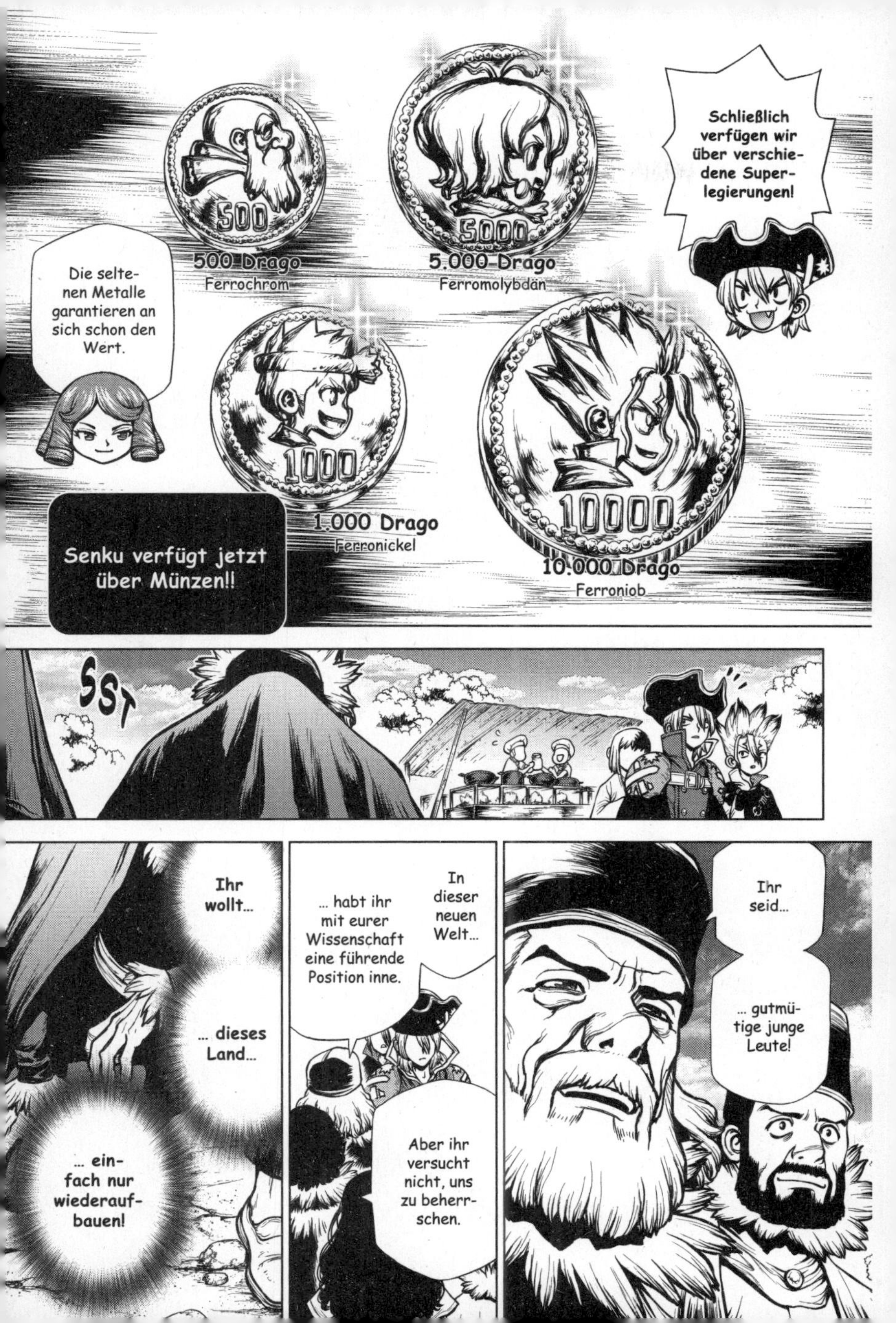
Schließlich verfügen wir über verschiedene Superlegierungen!
500 Drago
Ferrochrom
5.000 Drago
Ferromolybdän
Die seltenen Metalle garantieren an sich schon den Wert.
1.000 Drago
Ferronickel
10.000 Drago
Ferroniob
Senku verfügt jetzt über Münzen!!
SST
Ihr seid...
... gutmütige junge Leute!
In dieser neuen Welt...
... habt ihr mit eurer Wissenschaft eine führende Position inne.
Aber ihr versucht nicht, uns zu beherrschen.
Ihr wollt...
... dieses Land...
... einfach nur wiederaufbauen!

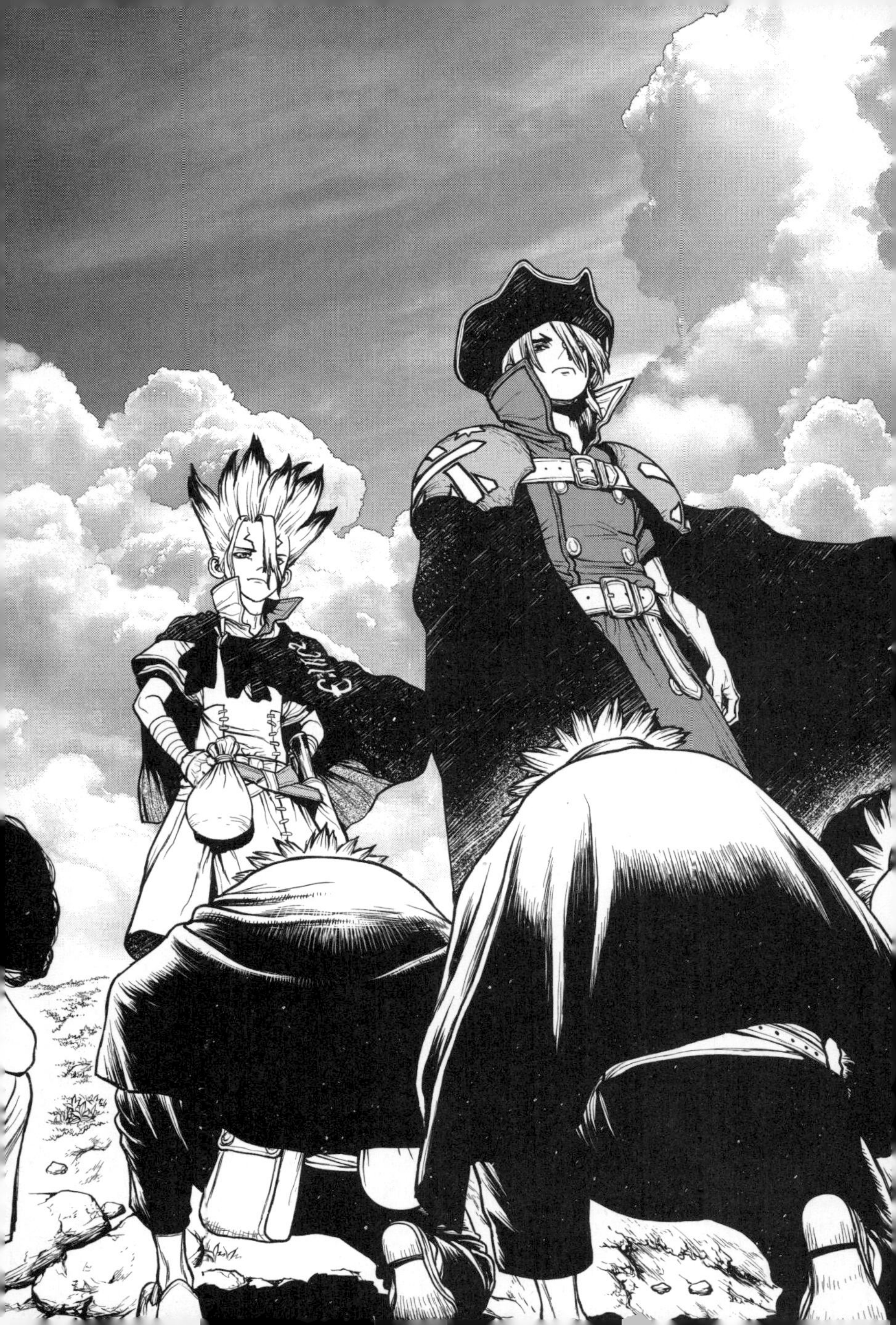

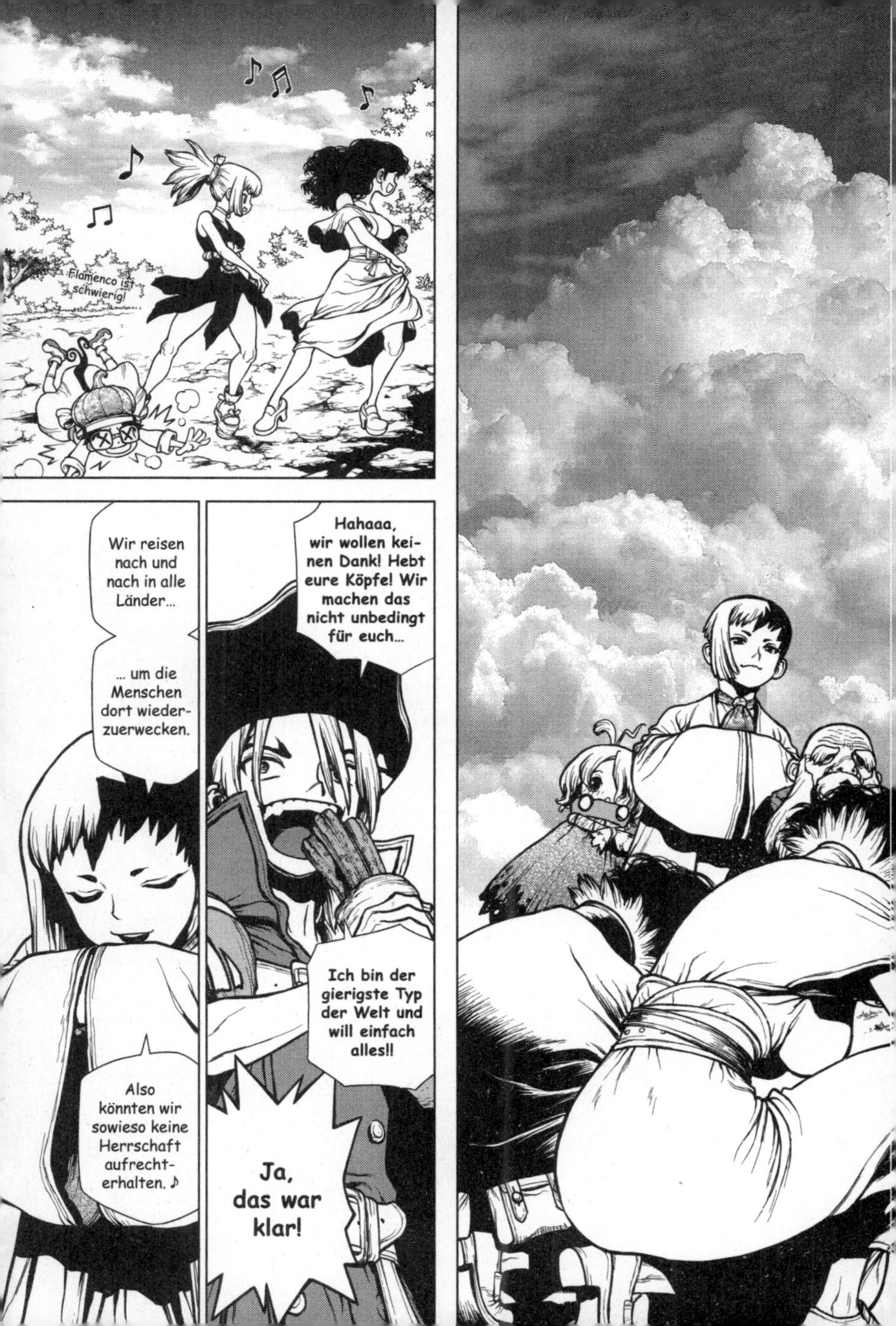
Flamenco ist schwierig!
Hahaaa, wir wollen keinen Dank! Hebt eure Köpfe! Wir machen das nicht unbedingt für euch…
Ich bin der gierigste Typ der Welt und will einfach alles!!
Ja, das war klar!
Wir reisen nach und nach in alle Länder…
… um die Menschen dort wiederzuerwecken.
Also könnten wir sowieso keine Herrschaft aufrechterhalten. ♪

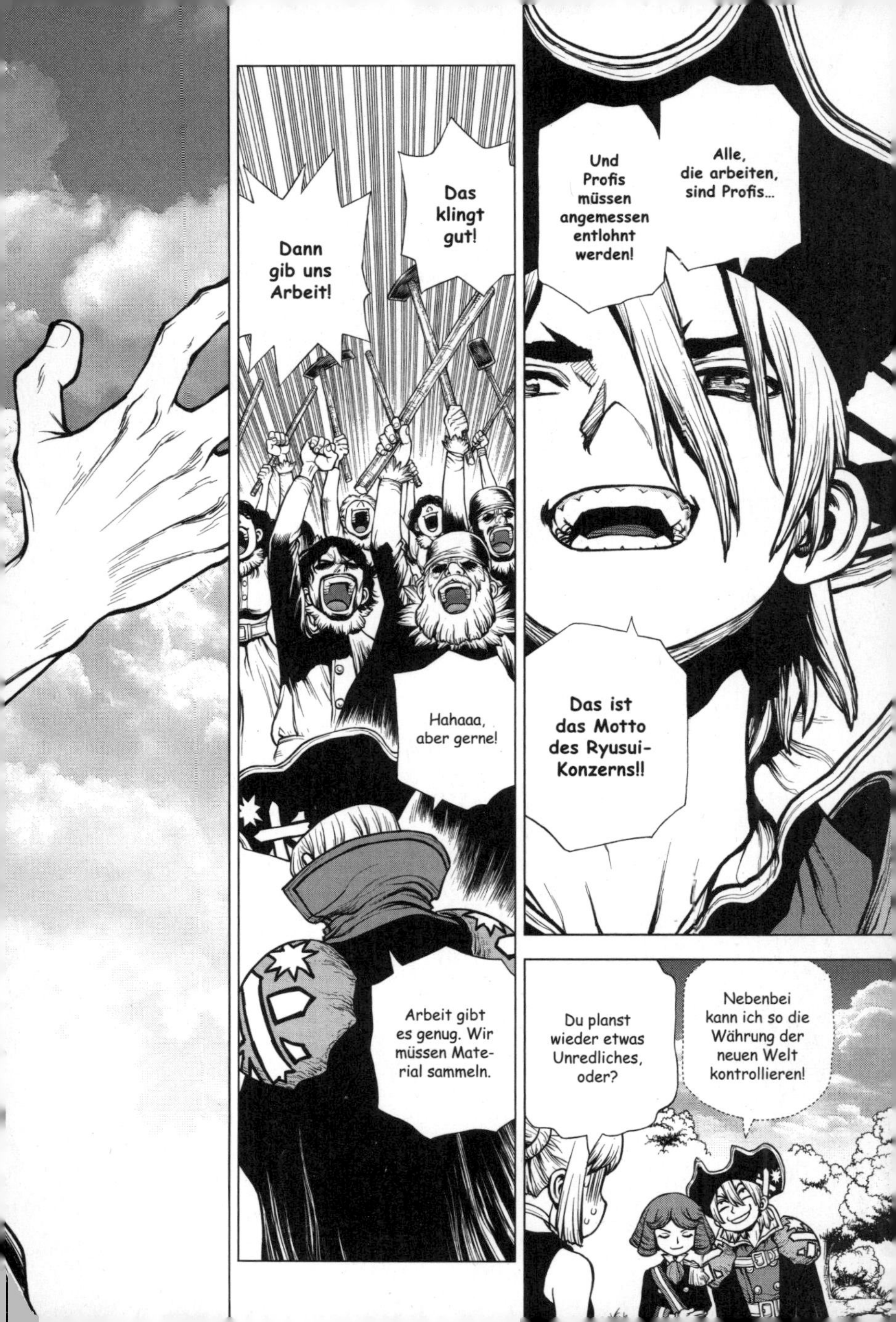

Alle, die arbeiten, sind Profis...
Und Profis müssen angemessen entlohnt werden!
Das ist das Motto des Ryusui-Konzerns!!
Das klingt gut!
Dann gib uns Arbeit!
Hahaaa, aber gerne!
Arbeit gibt es genug. Wir müssen Material sammeln.
Nebenbei kann ich so die Währung der neuen Welt kontrollieren!
Du planst wieder etwas Unredliches, oder?

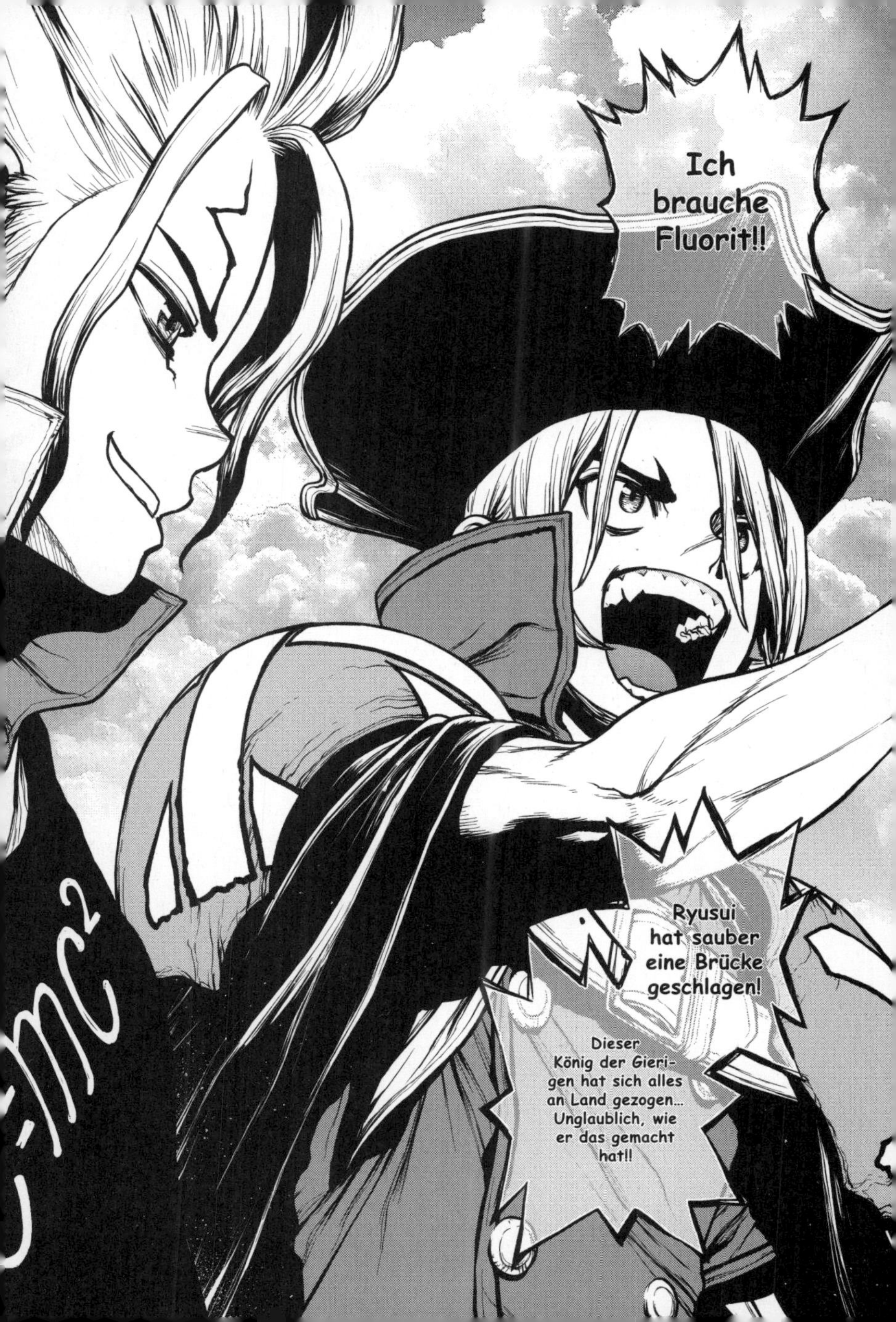
Ich brauche Fluorit!!
Ryusui hat sauber eine Brücke geschlagen!
Dieser König der Gierigen hat sich alles an Land gezogen... Unglaublich, wie er das gemacht hat!!

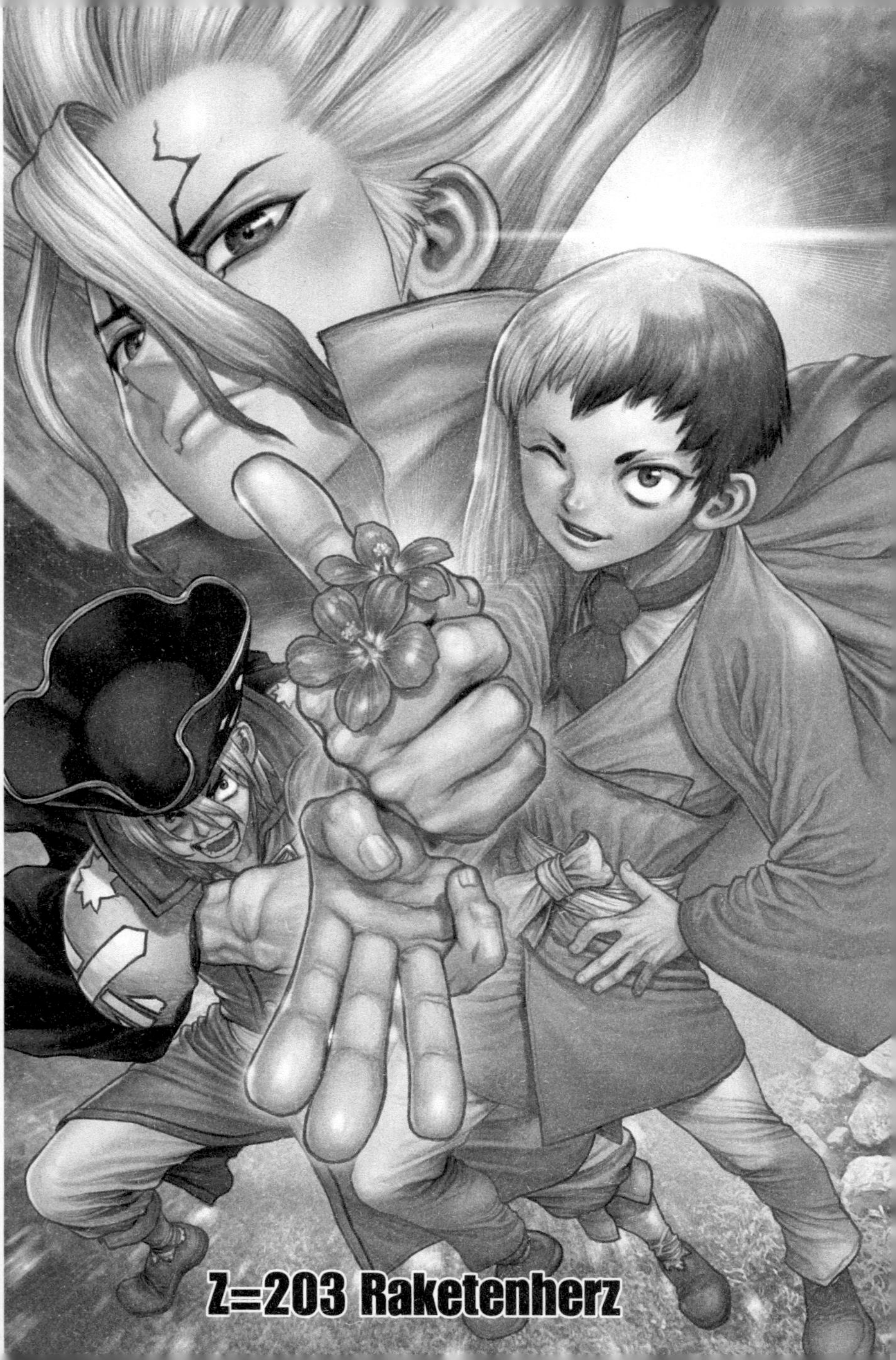
Z=203 Raketenherz

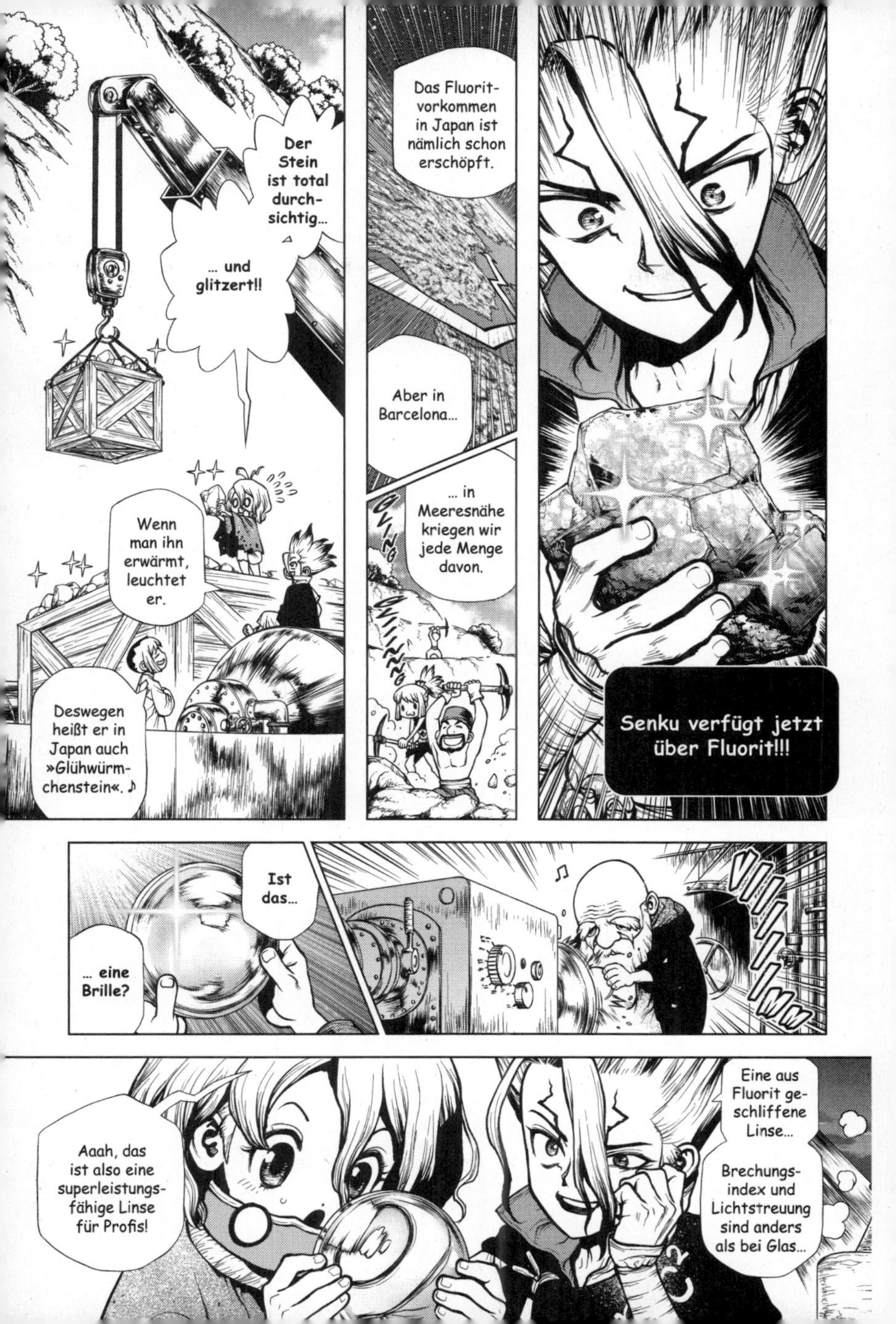

Der Stein ist total durchsichtig...
... und glitzert!!
Wenn man ihn erwärmt, leuchtet er.
Deswegen heißt er in Japan auch »Glühwürmchenstein«. ♪
Das Fluoritvorkommen in Japan ist nämlich schon erschöpft.
Aber in Barcelona...
... in Meeresnähe kriegen wir jede Menge davon.
Senku verfügt jetzt über Fluorit!!!
Ist das...
... eine Brille?
Eine aus Fluorit geschliffene Linse...
Brechungsindex und Lichtstreuung sind anders als bei Glas...
Aaah, das ist also eine superleistungsfähige Linse für Profis!

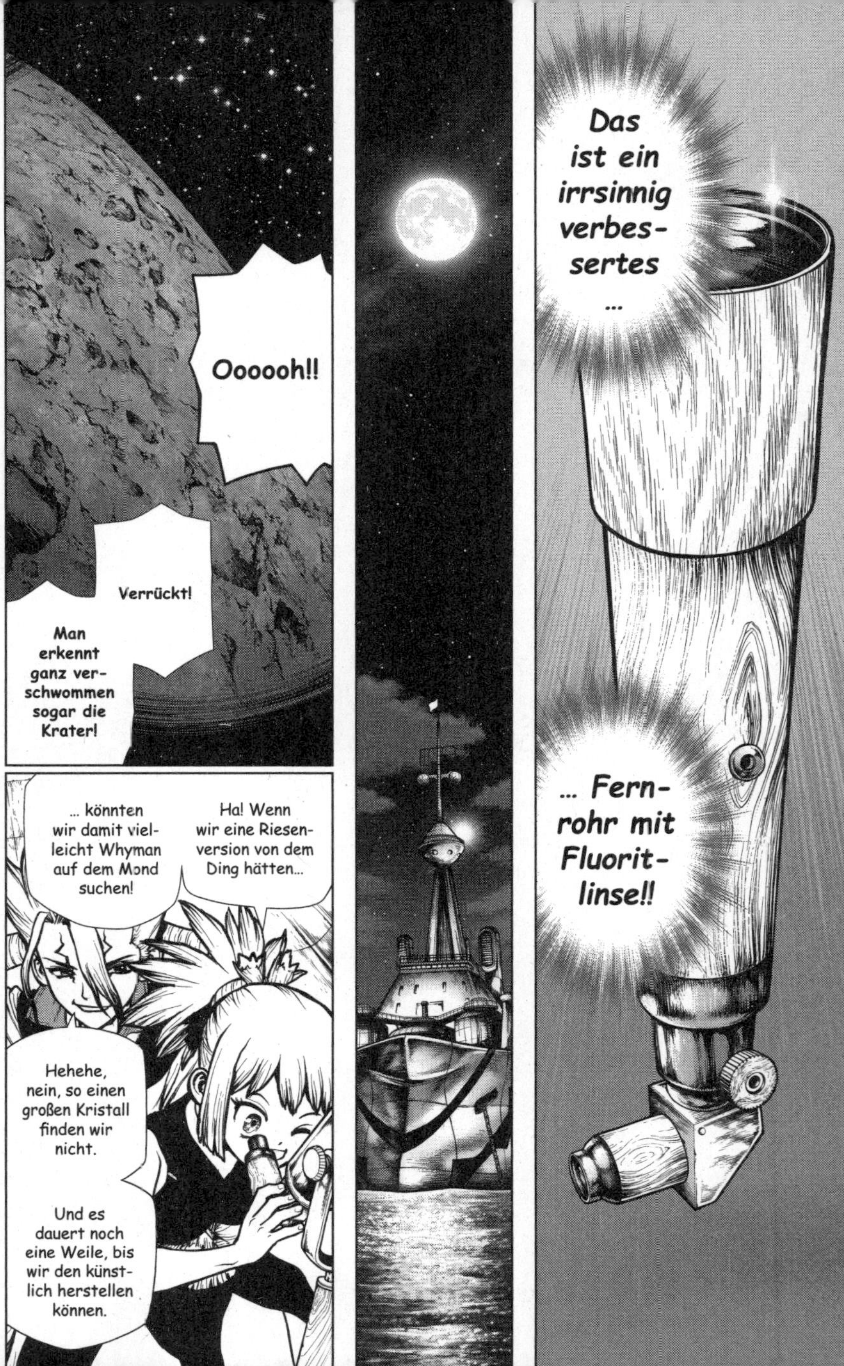
Das ist ein irrsinnig verbes-sertes ...
... Fern-rohr mit Fluorit-linse!!
Oooooh!!
Verrückt!
Man erkennt ganz ver-schwommen sogar die Krater!
Ha! Wenn wir eine Riesen-version von dem Ding hätten...
... könnten wir damit viel-leicht Whyman auf dem Mond suchen!
Hehehe, nein, so einen großen Kristall finden wir nicht.
Und es dauert noch eine Weile, bis wir den künst-lich herstellen können.

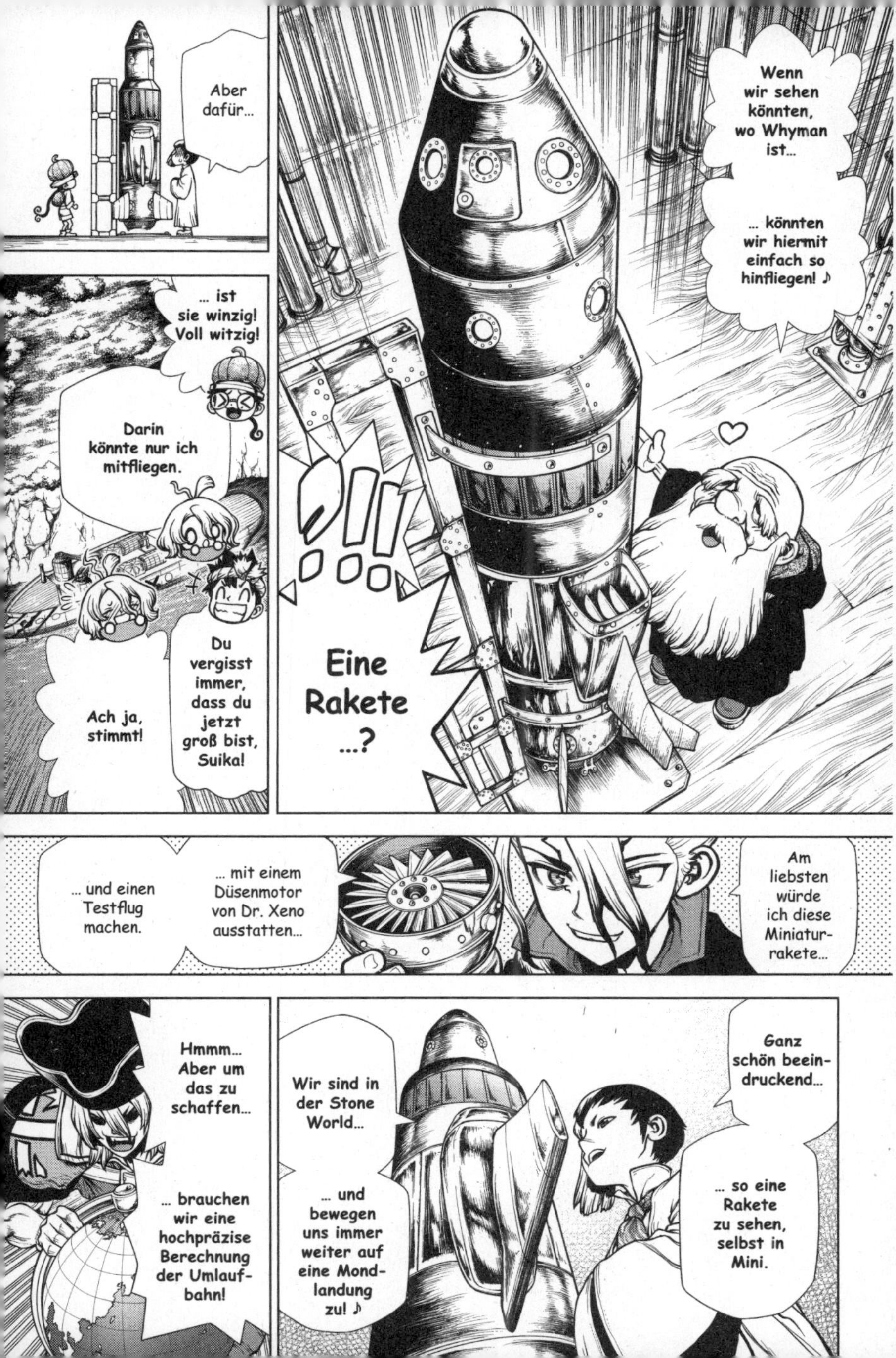
Wenn wir sehen könnten, wo Whyman ist...
... könnten wir hiermit einfach so hinfliegen! ♪
Eine Rakete ...?
Aber dafür...
... ist sie winzig! Voll witzig!
Darin könnte nur ich mitfliegen.
Du vergisst immer, dass du jetzt groß bist, Suika!
Ach ja, stimmt!
Am liebsten würde ich diese Miniaturrakete...
... mit einem Düsenmotor von Dr. Xeno ausstatten...
... und einen Testflug machen.
Ganz schön beeindruckend...
... so eine Rakete zu sehen, selbst in Mini.
Wir sind in der Stone World...
... und bewegen uns immer weiter auf eine Mondlandung zu! ♪
Hmmm... Aber um das zu schaffen...
... brauchen wir eine hochpräzise Berechnung der Umlaufbahn!

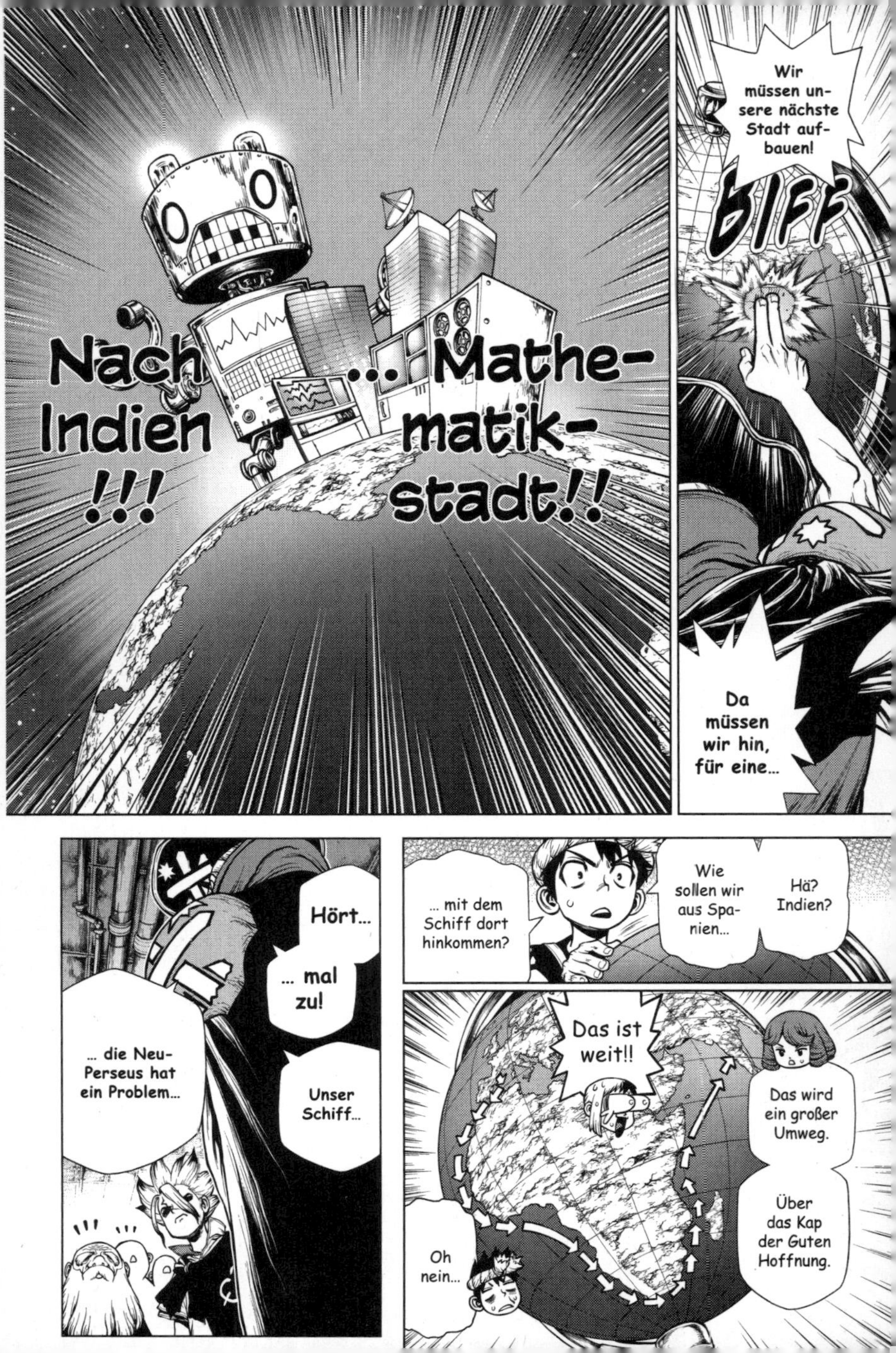
Wir müssen unsere nächste Stadt aufbauen!
BIFF
Da müssen wir hin, für eine...
... Mathematikstadt!!
Nach Indien!!!
Hä? Indien?
Wie sollen wir aus Spanien...
... mit dem Schiff dort hinkommen?
Das ist weit!!
Das wird ein großer Umweg.
Über das Kap der Guten Hoffnung.
Oh nein...
Hört...
... mal zu!
Unser Schiff...
... die Neu-Perseus hat ein Problem...

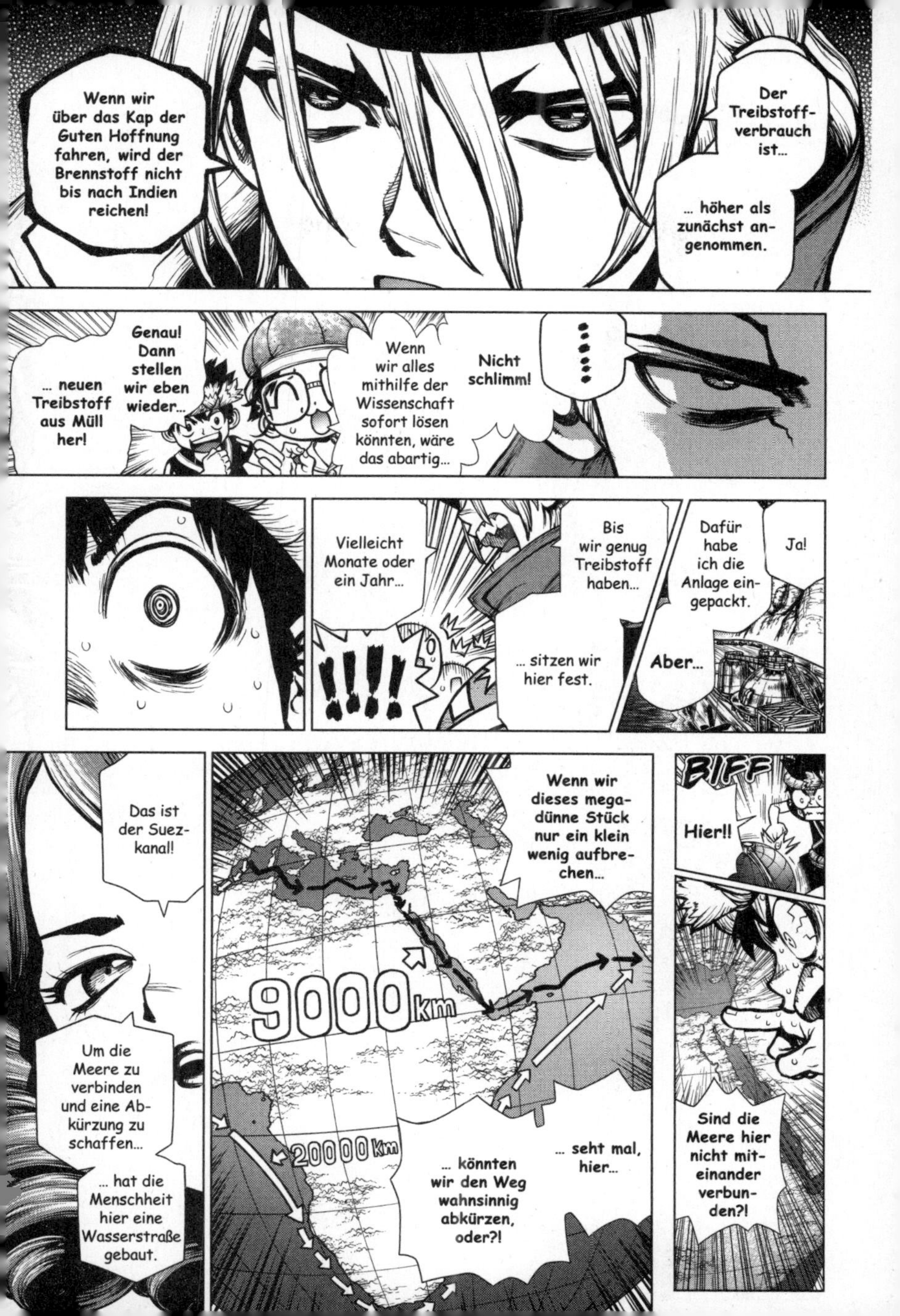

Der Treibstoffverbrauch ist...
... höher als zunächst angenommen.
Wenn wir über das Kap der Guten Hoffnung fahren, wird der Brennstoff nicht bis nach Indien reichen!
......
Nicht schlimm!
Wenn wir alles mithilfe der Wissenschaft sofort lösen könnten, wäre das abartig...
Genau! Dann stellen wir eben wieder...
... neuen Treibstoff aus Müll her!
Ja!
Dafür habe ich die Anlage eingepackt.
Aber...
Bis wir genug Treibstoff haben...
... sitzen wir hier fest.
Vielleicht Monate oder ein Jahr...
!!!!
BIFF
Hier!!
Sind die Meere hier nicht miteinander verbunden?!
Wenn wir dieses megadünne Stück nur ein klein wenig aufbrechen...
9000km
... seht mal, hier...
... könnten wir den Weg wahnsinnig abkürzen, oder?!
20000km
Das ist der Suezkanal!
Um die Meere zu verbinden und eine Abkürzung zu schaffen...
... hat die Menschheit hier eine Wasserstraße gebaut.

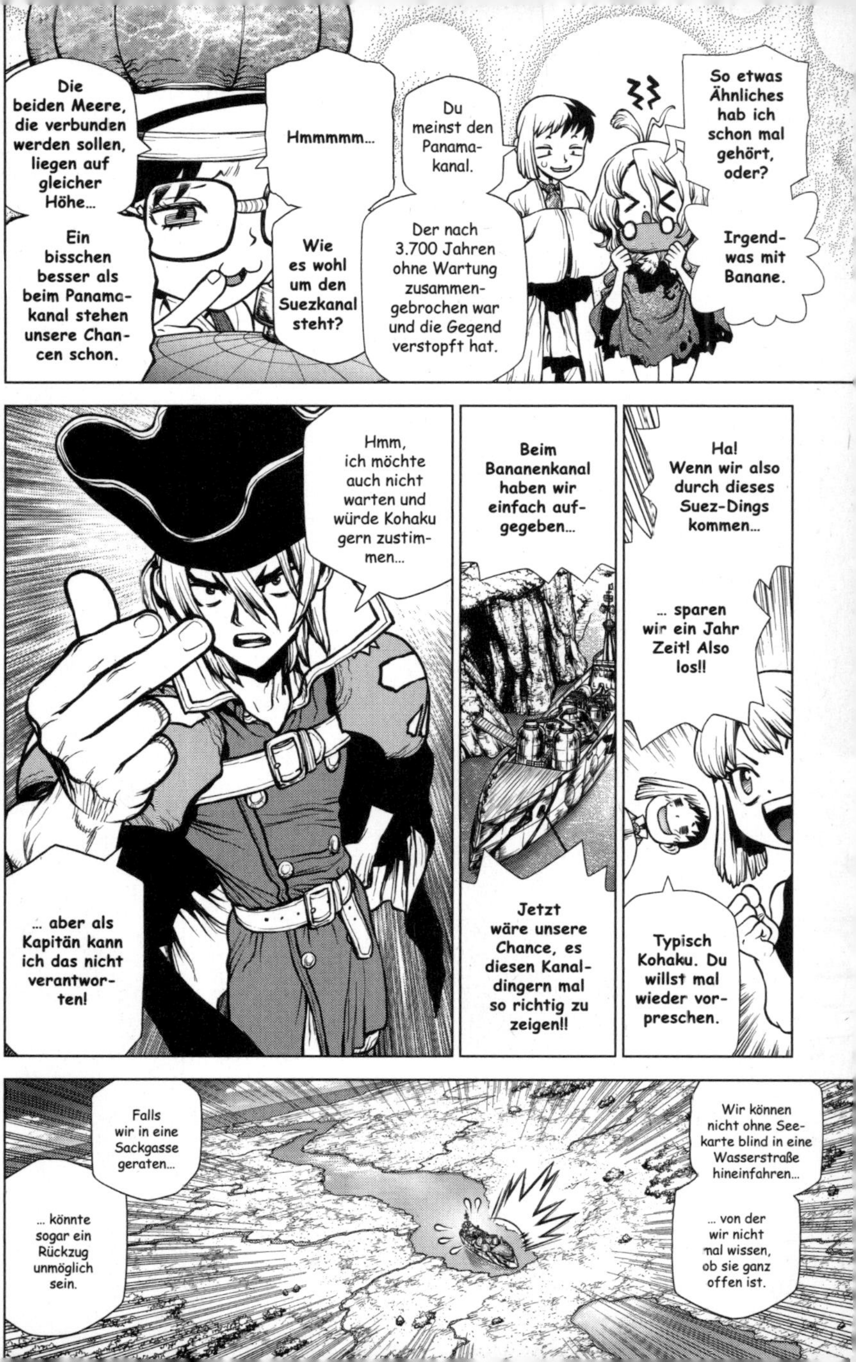

So etwas Ähnliches hab ich schon mal gehört, oder?
Irgendwas mit Banane.
Du meinst den Panamakanal.
Der nach 3.700 Jahren ohne Wartung zusammengebrochen war und die Gegend verstopft hat.
Hmmmmm...
Wie es wohl um den Suezkanal steht?
Die beiden Meere, die verbunden werden sollen, liegen auf gleicher Höhe...
Ein bisschen besser als beim Panamakanal stehen unsere Chancen schon.
Ha! Wenn wir also durch dieses Suez-Dings kommen...
... sparen wir ein Jahr Zeit! Also los!!
Typisch Kohaku. Du willst mal wieder vorpreschen.
Beim Bananenkanal haben wir einfach aufgegeben...
Jetzt wäre unsere Chance, es diesen Kanaldingern mal so richtig zu zeigen!!
Hmm, ich möchte auch nicht warten und würde Kohaku gern zustimmen...
... aber als Kapitän kann ich das nicht verantworten!
Wir können nicht ohne Seekarte blind in eine Wasserstraße hineinfahren...
... von der wir nicht mal wissen, ob sie ganz offen ist.
Falls wir in eine Sackgasse geraten...
... könnte sogar ein Rückzug unmöglich sein.

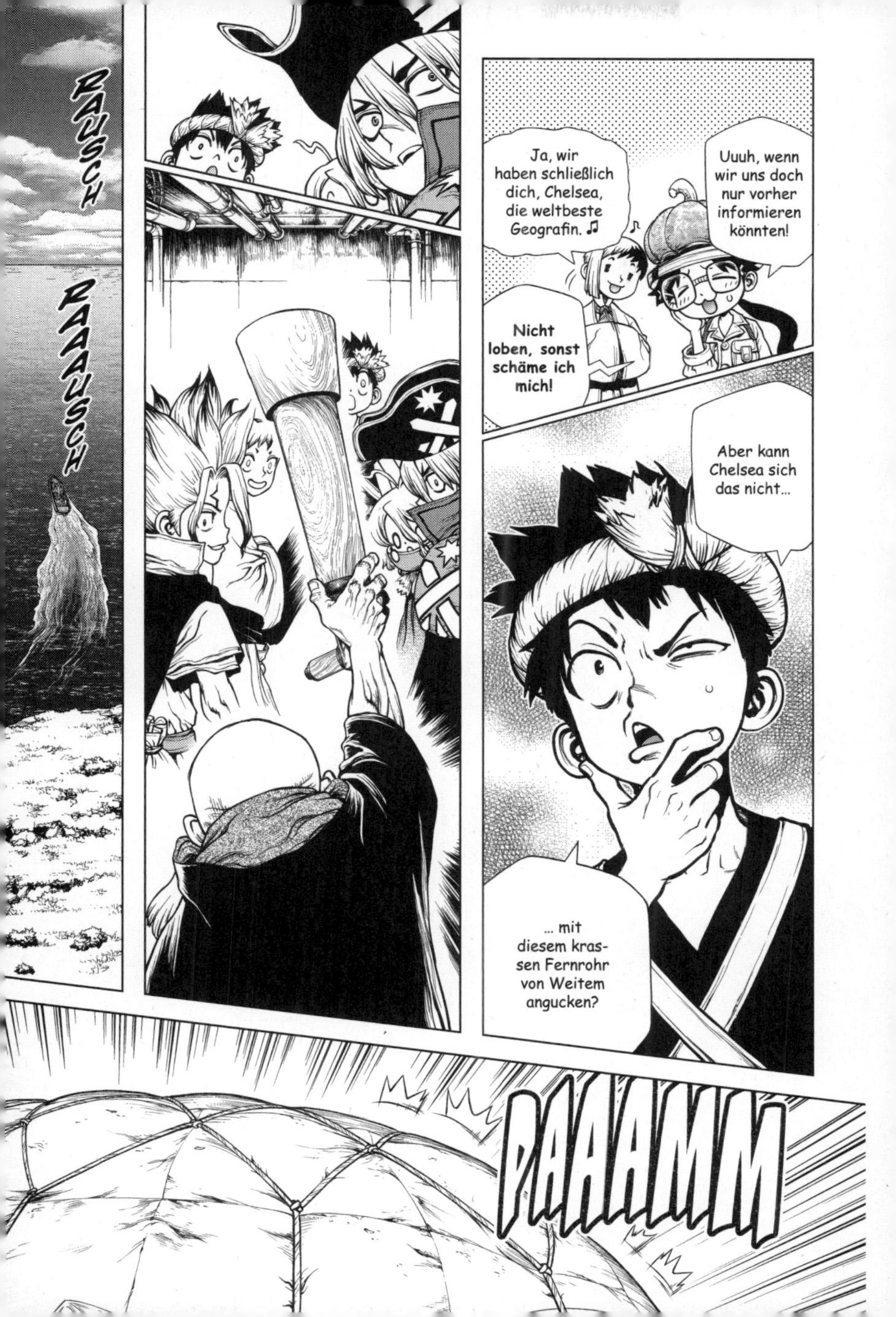
Uuuh, wenn wir uns doch nur vorher informieren könnten!
Ja, wir haben schließlich dich, Chelsea, die weltbeste Geografin. ♫
Nicht loben, sonst schäme ich mich!
RAUSCH
RAAAAUSCH
Aber kann Chelsea sich das nicht...
... mit diesem kras-sen Fernrohr von Weitem angucken?
PAAAMM

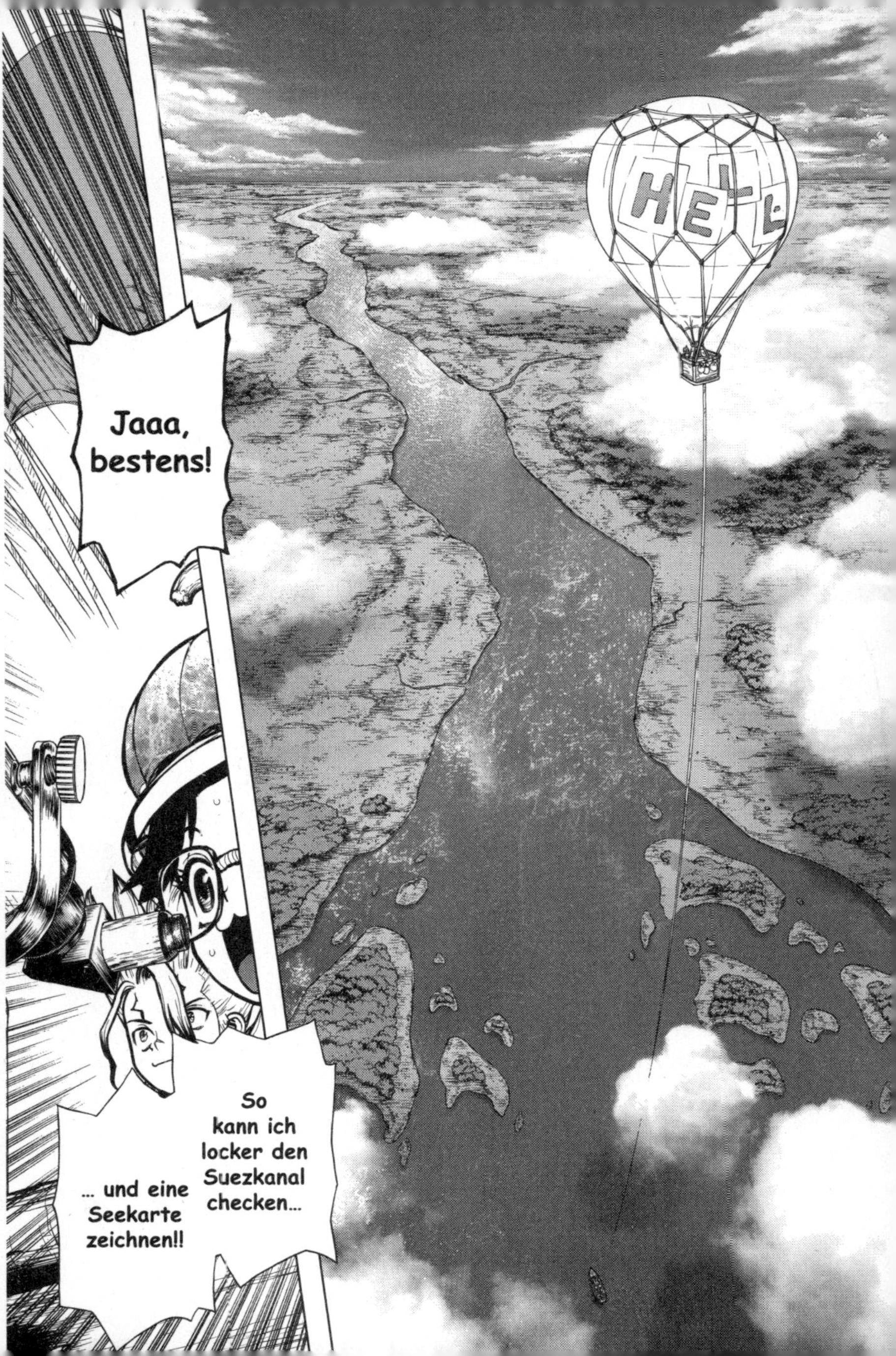
Jaaa, bestens!
So kann ich locker den Suezkanal checken...
... und eine Seekarte zeichnen!!
HEL

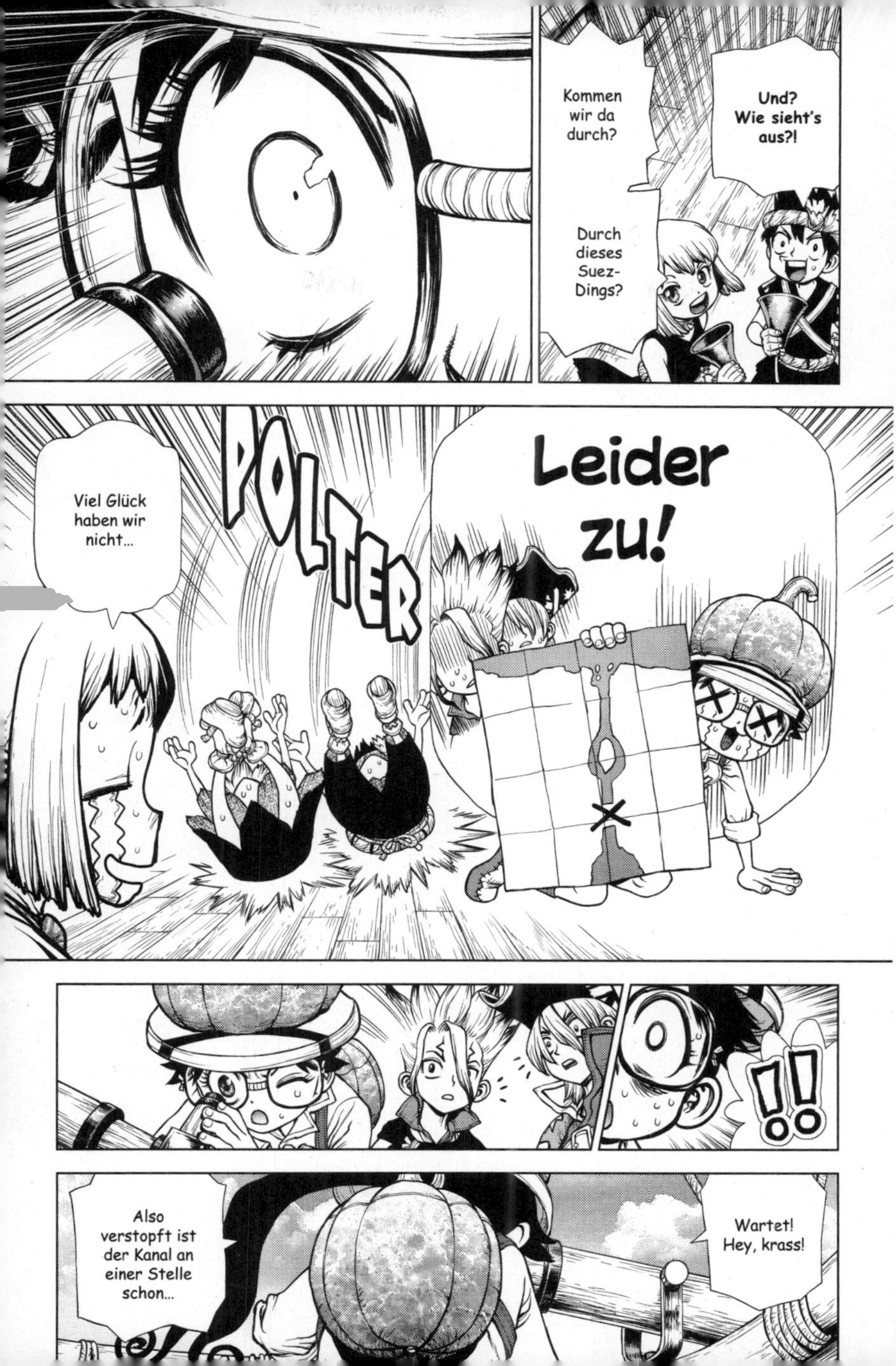

Und? Wie sieht's aus?!
Kommen wir da durch?
Durch dieses Suez-Dings?
Leider zu!
POLTER
Viel Glück haben wir nicht...
!!
Wartet! Hey, krass!
Also verstopft ist der Kanal an einer Stelle schon...

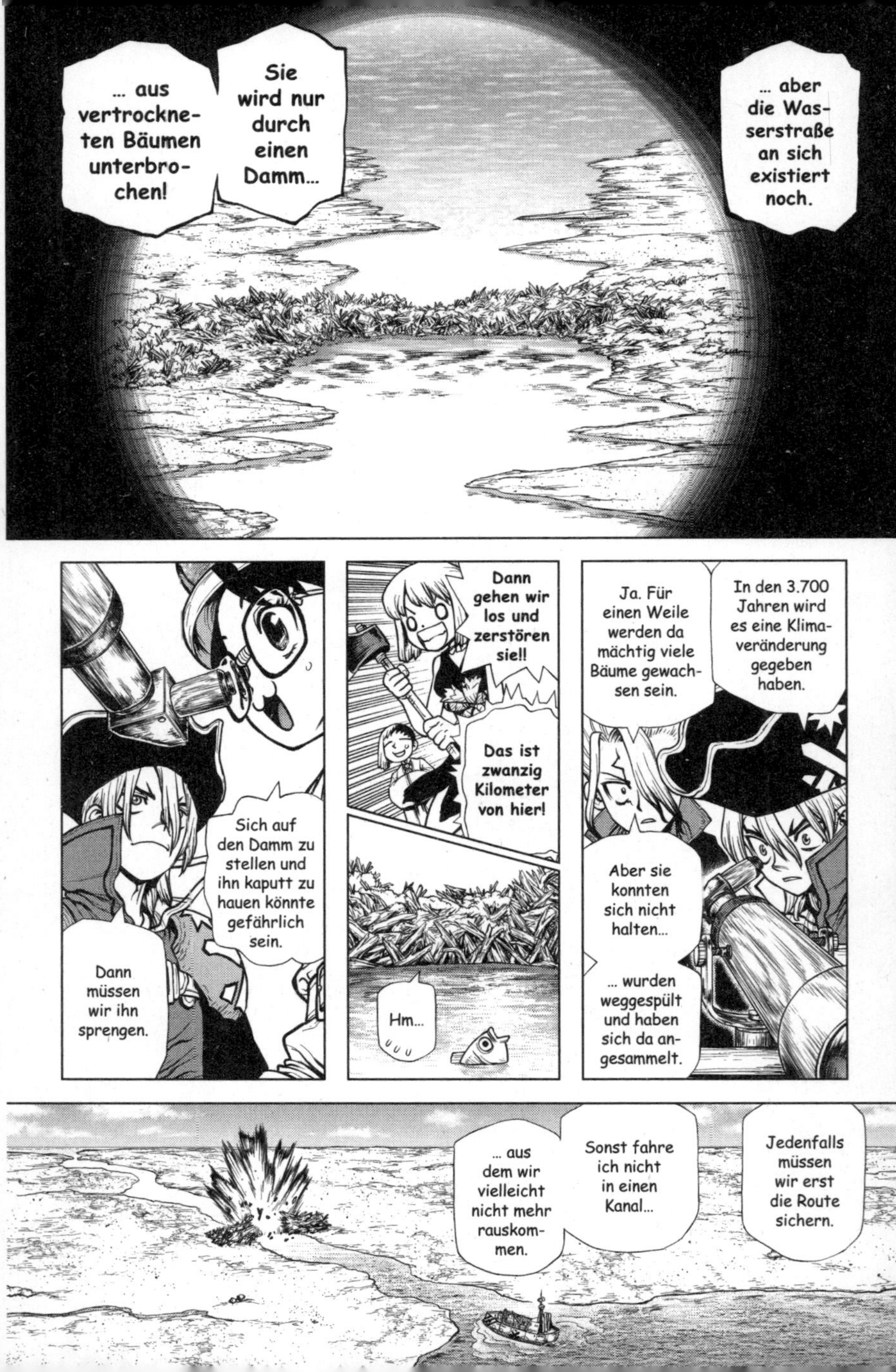
... aber die Wasserstraße an sich existiert noch.
Sie wird nur durch einen Damm...
... aus vertrockneten Bäumen unterbrochen!
In den 3.700 Jahren wird es eine Klimaveränderung gegeben haben.
Ja. Für einen Weile werden da mächtig viele Bäume gewachsen sein.
Aber sie konnten sich nicht halten...
... wurden weggespült und haben sich da angesammelt.
Dann gehen wir los und zerstören sie!!
Das ist zwanzig Kilometer von hier!
Hm...
Sich auf den Damm zu stellen und ihn kaputt zu hauen könnte gefährlich sein.
Dann müssen wir ihn sprengen.
Jedenfalls müssen wir erst die Route sichern.
Sonst fahre ich nicht in einen Kanal...
... aus dem wir vielleicht nicht mehr rauskommen.

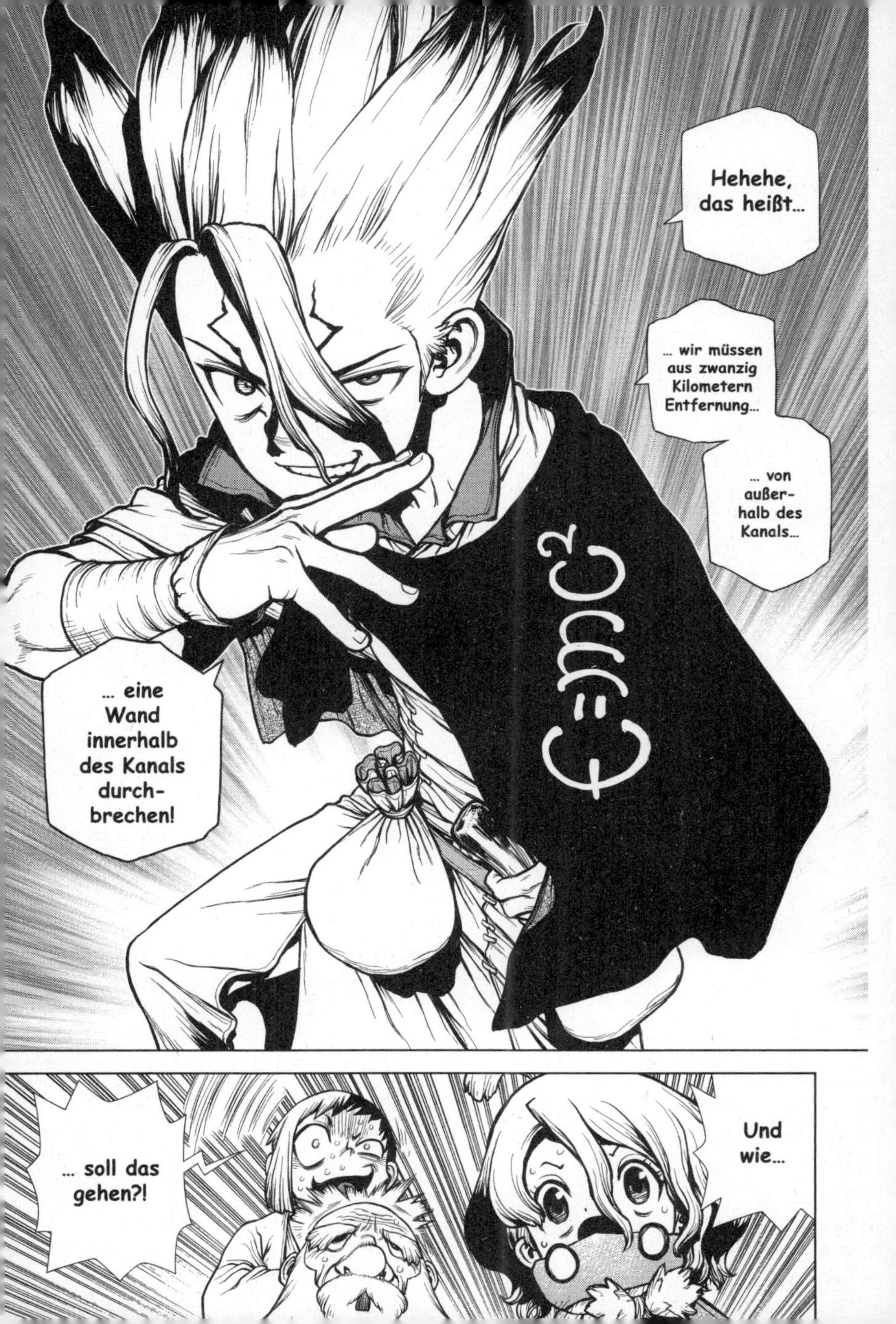

Hehehe, das heißt…
… wir müssen aus zwanzig Kilometern Entfernung…
… von außerhalb des Kanals…
E=mc²
… eine Wand innerhalb des Kanals durchbrechen!
Und wie…
… soll das gehen?!

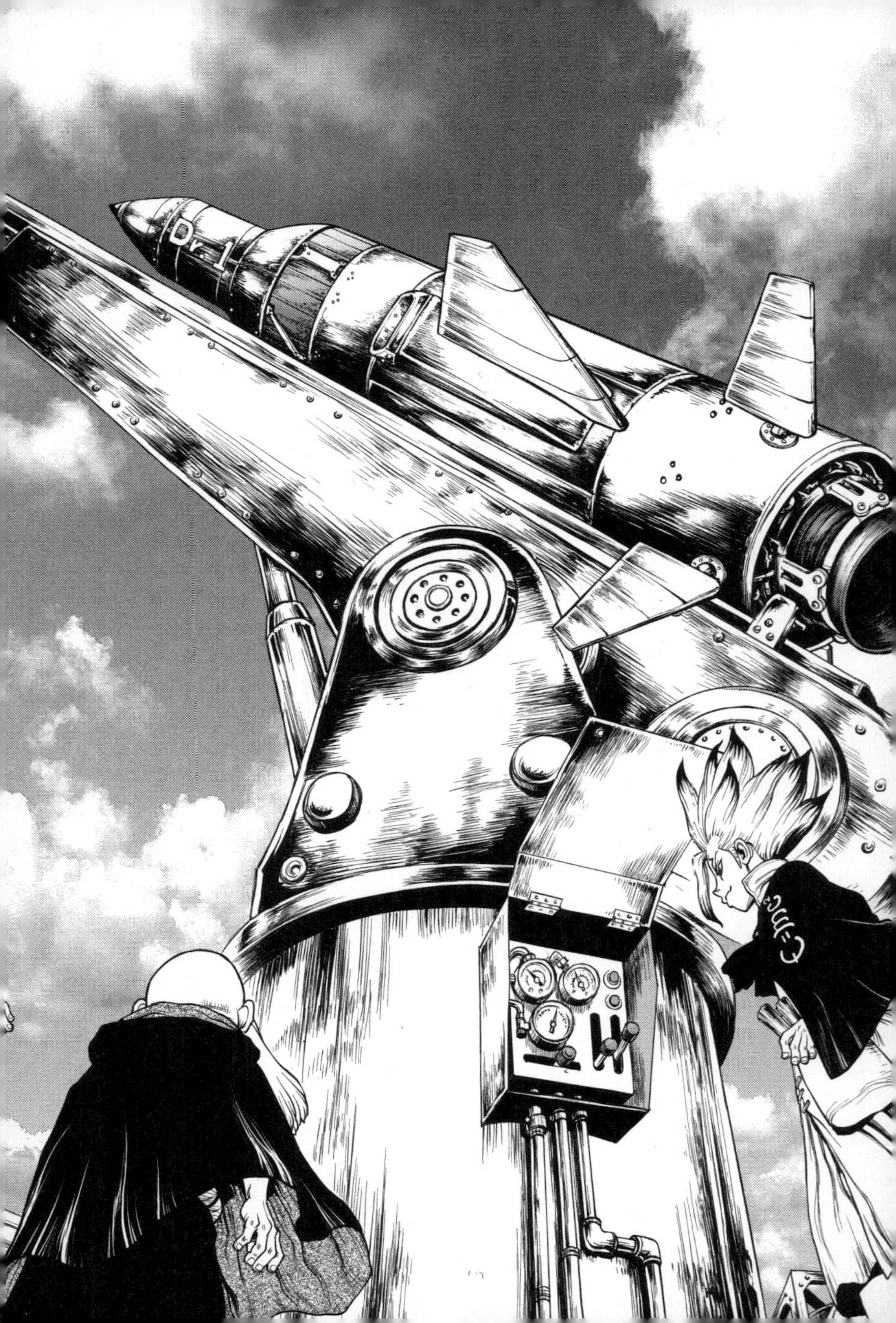
Dr.1

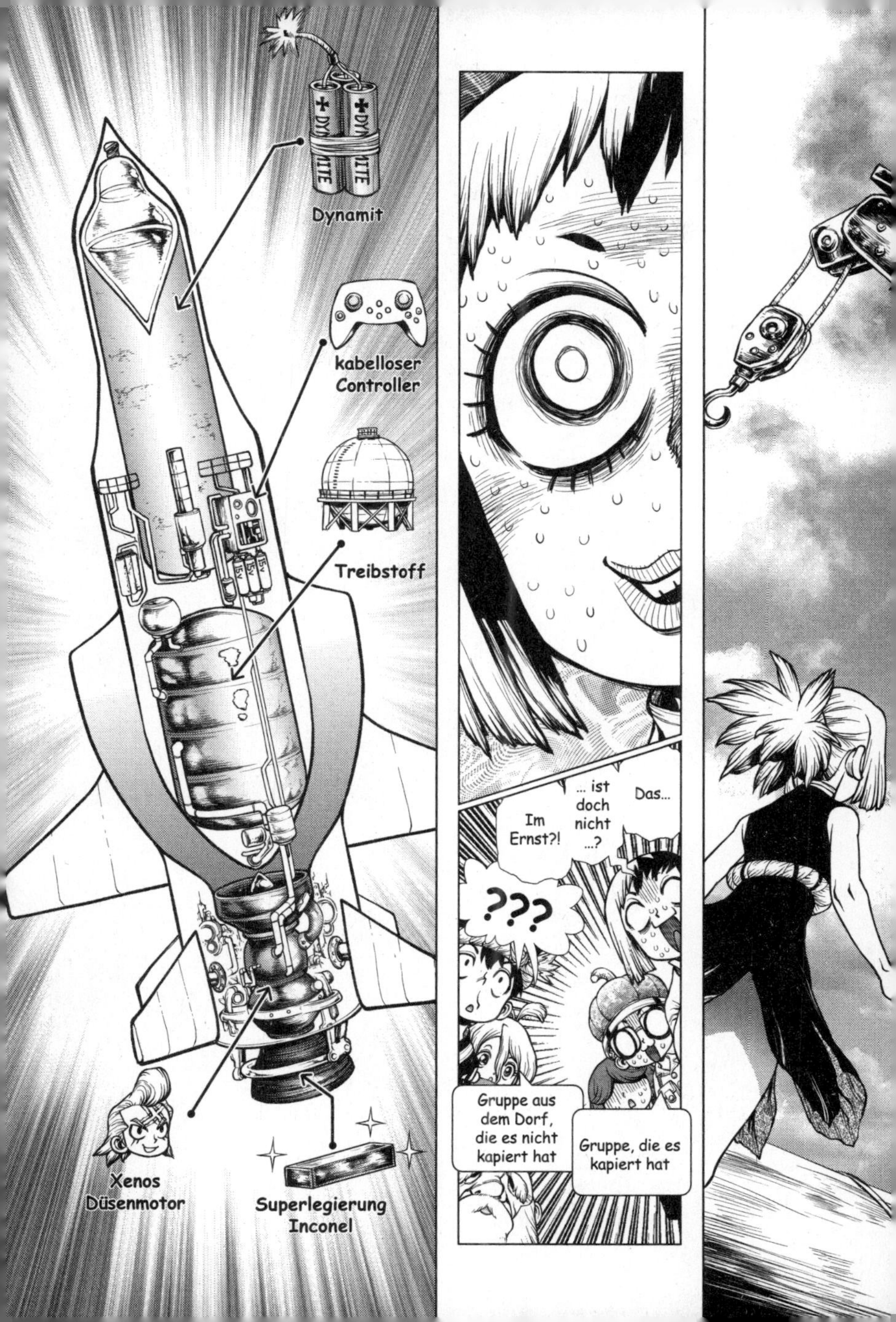

Das...
... ist doch nicht ...?
Im Ernst?!
???
Gruppe, die es kapiert hat
Gruppe aus dem Dorf, die es nicht kapiert hat
Dynamit
kabelloser Controller
Treibstoff
Xenos Düsenmotor
Superlegierung Inconel

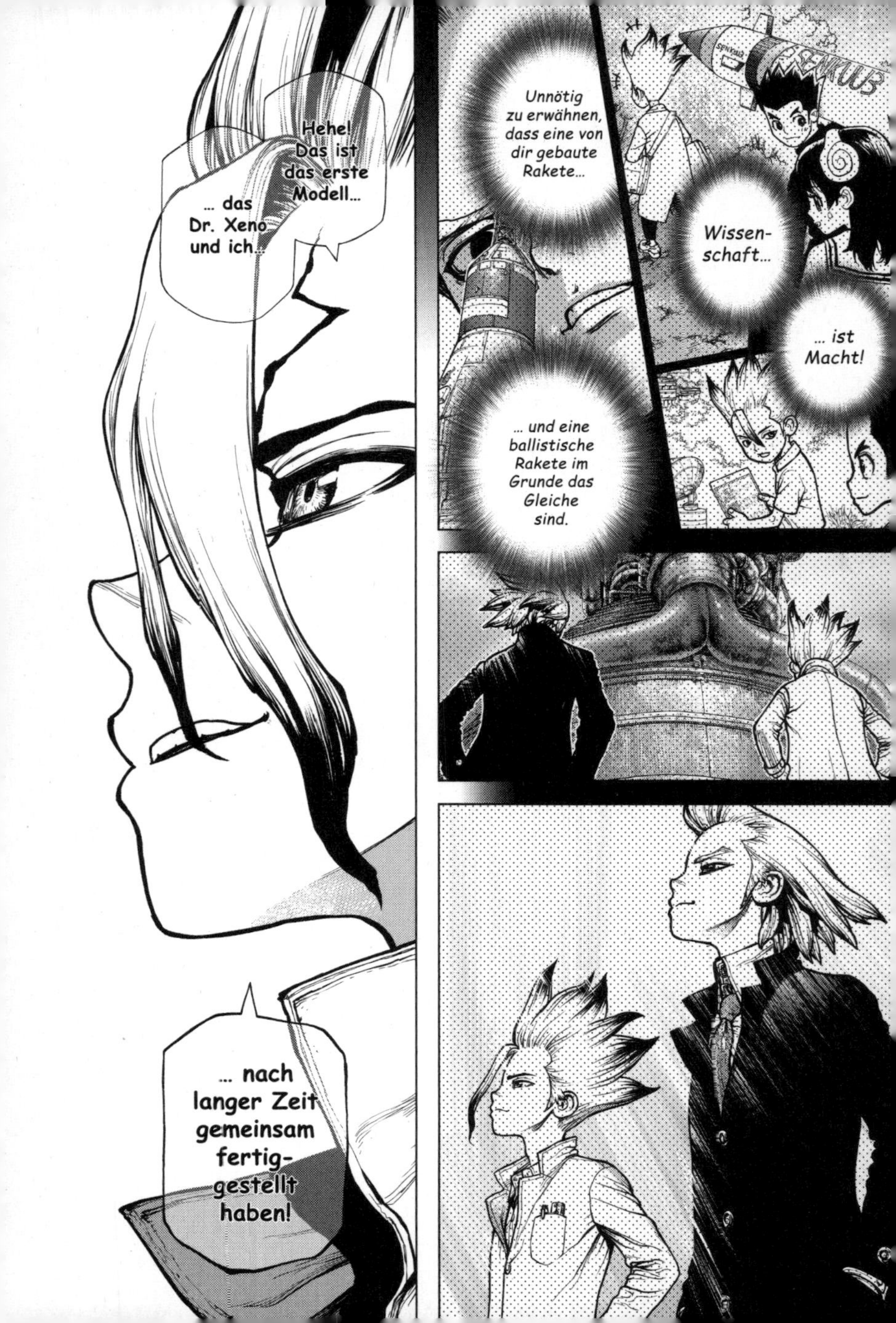

Unnötig zu erwähnen, dass eine von dir gebaute Rakete...
... und eine ballistische Rakete im Grunde das Gleiche sind.
Wissen-schaft...
... ist Macht!
Hehe! Das ist das erste Modell...
... das Dr. Xeno und ich...
... nach langer Zeit gemeinsam fertig-gestellt haben!

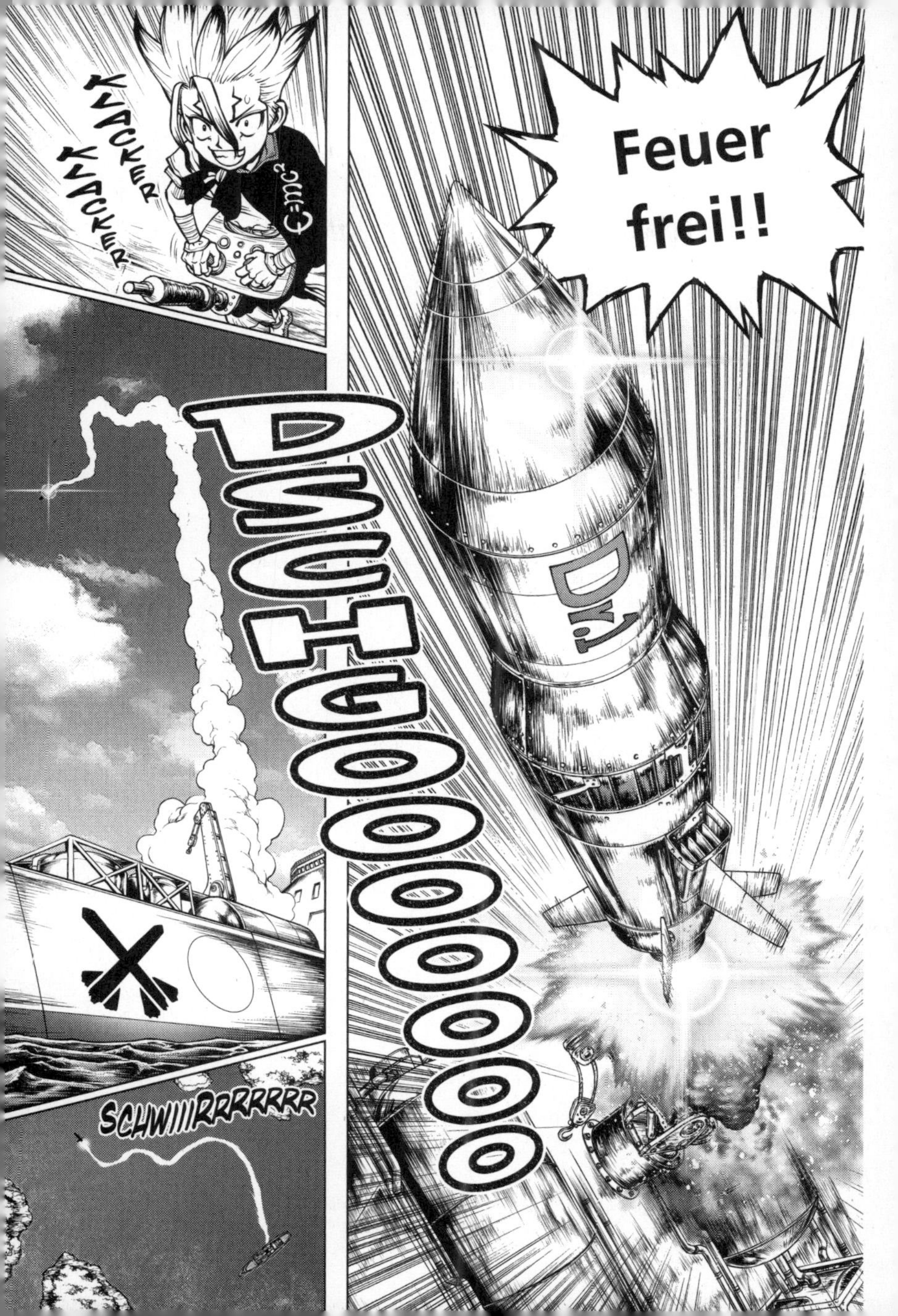
Feuer frei!!
KLACKER KLACKER
DSCHGOOOOOOOOOO
SCHWIIIIRRRRRRR

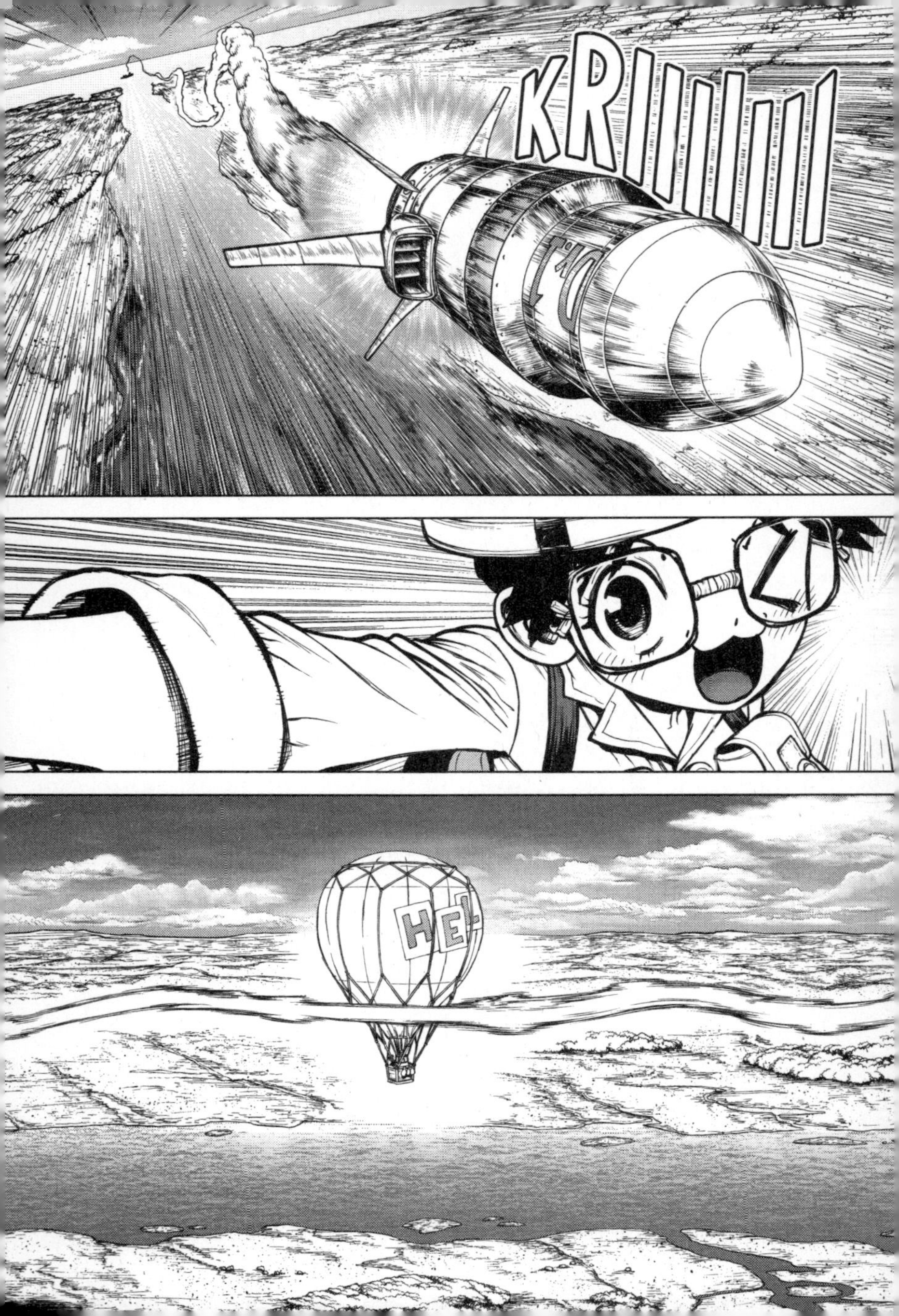
KRIIIIIII
HEL

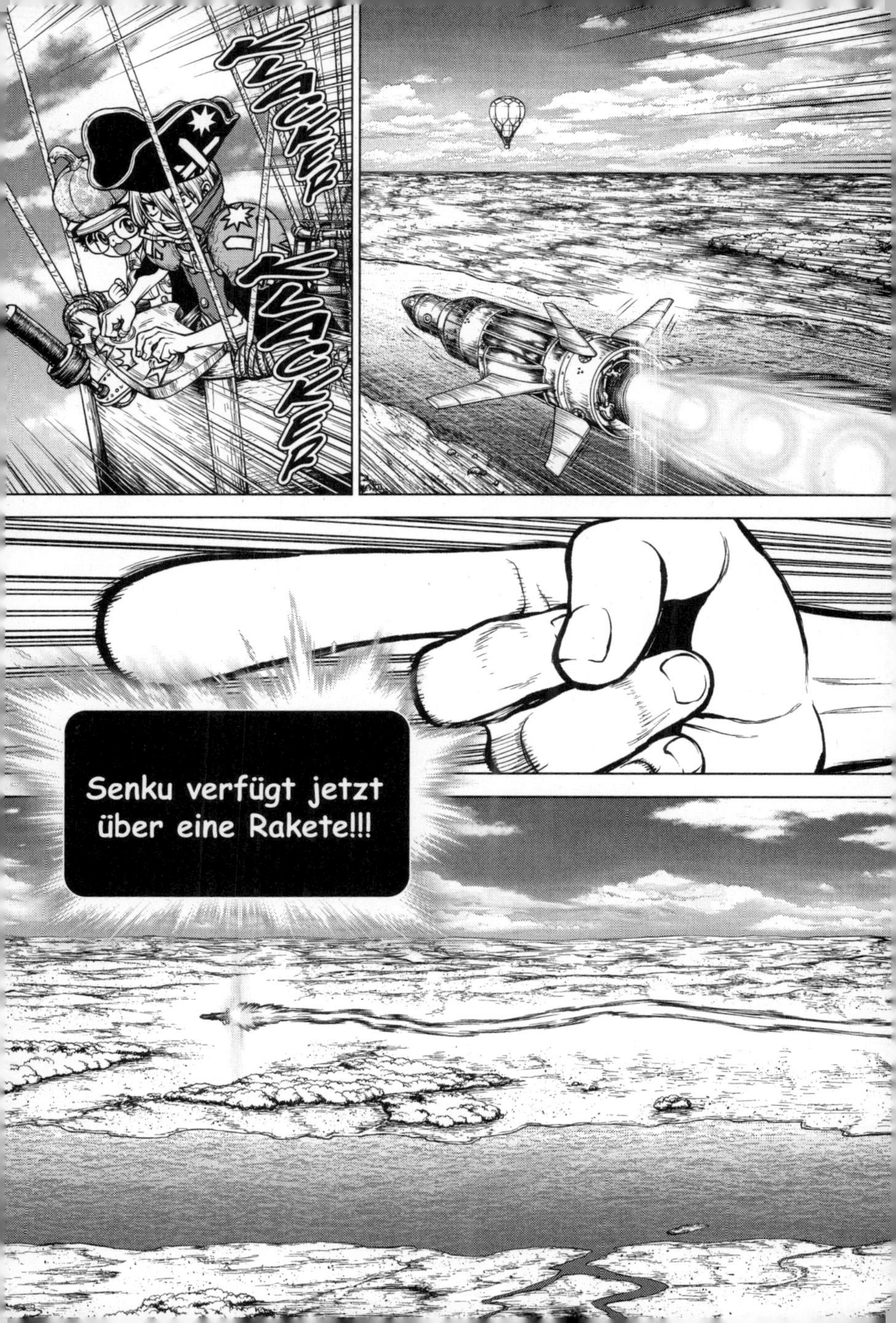
Senku verfügt jetzt über eine Rakete!!!

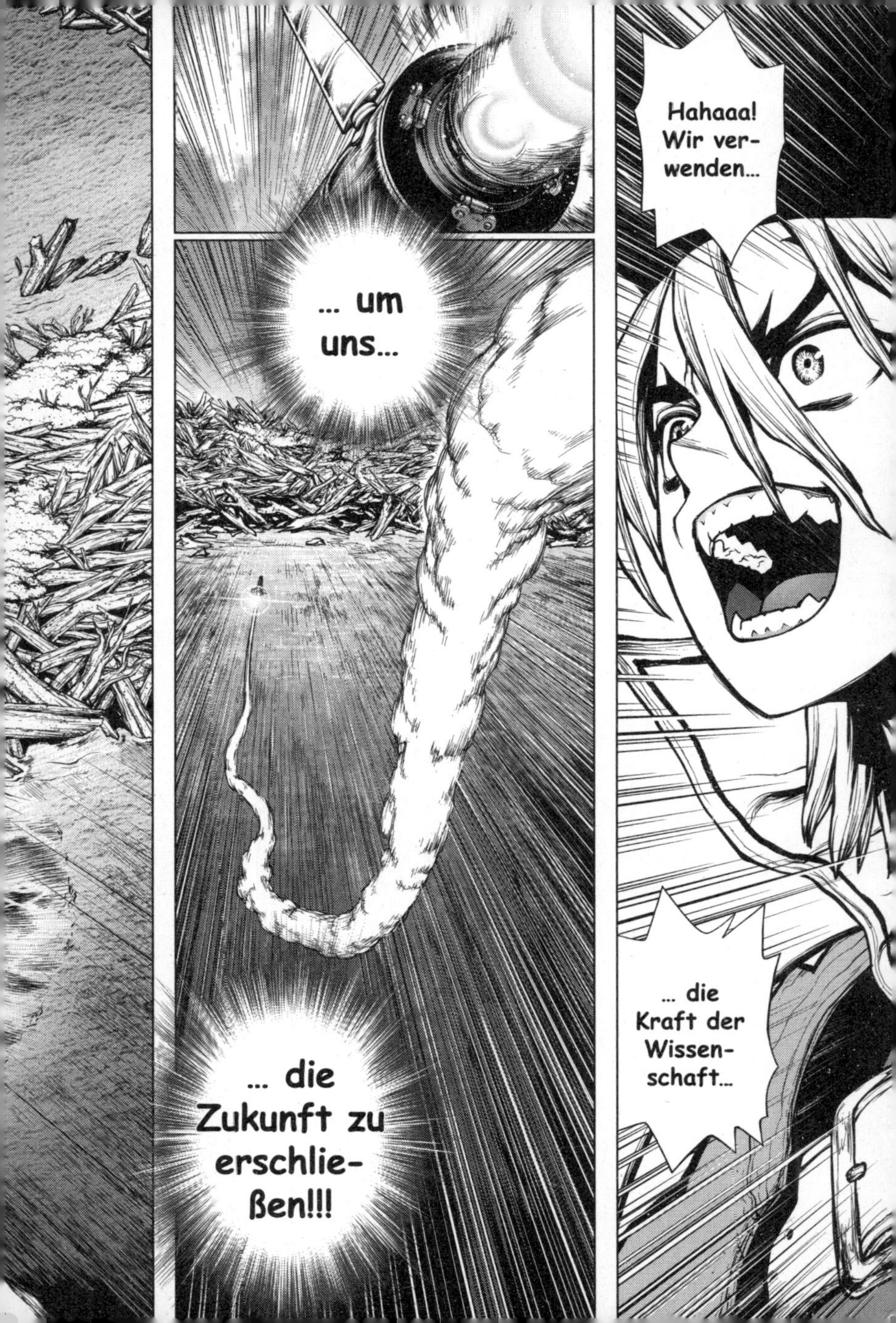
Hahaaa! Wir verwenden...
... die Kraft der Wissenschaft...
... um uns...
... die Zukunft zu erschließen!!!

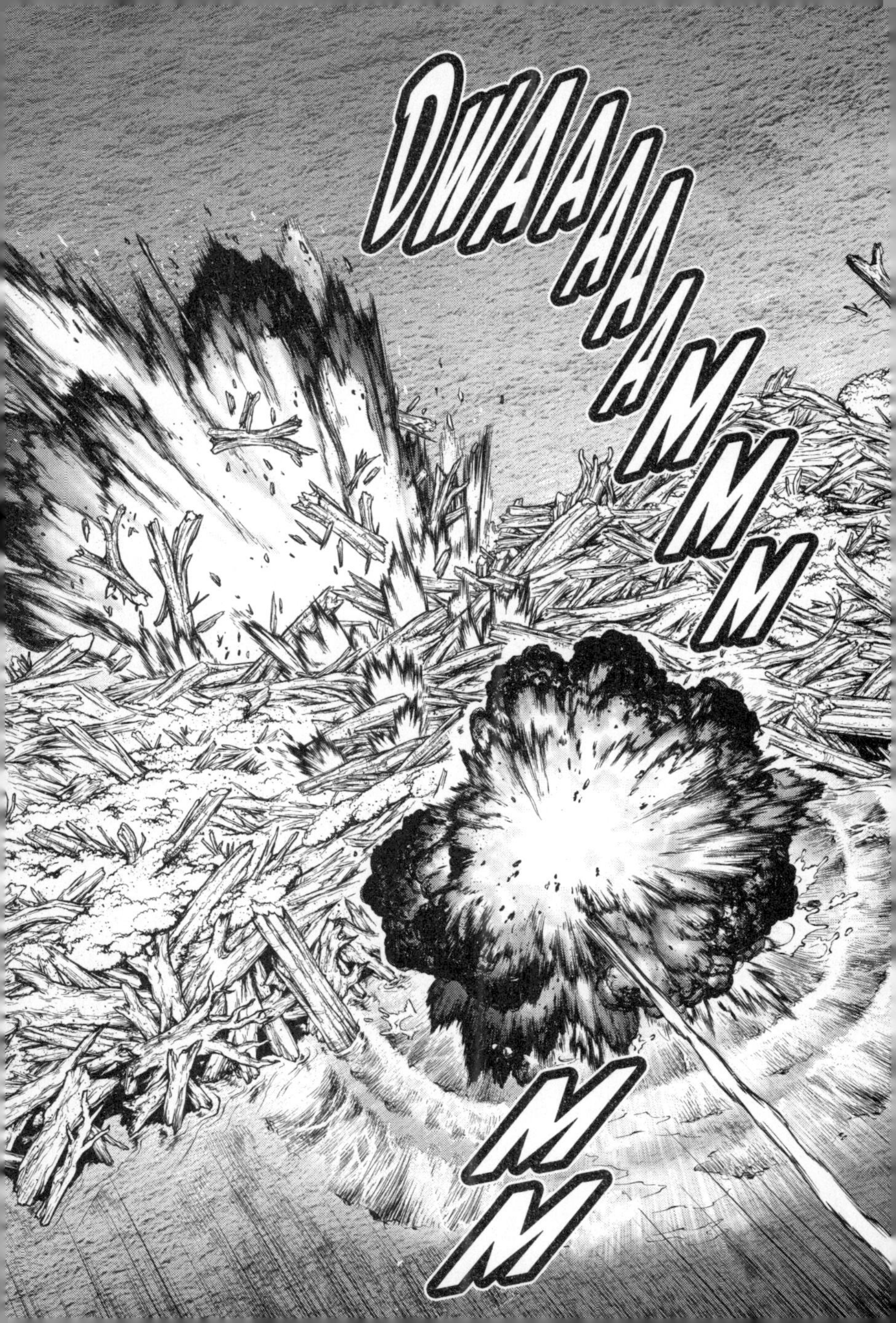
DWAAAAAMMMM
MM

Extra-Episode: Wassermelonenjagd

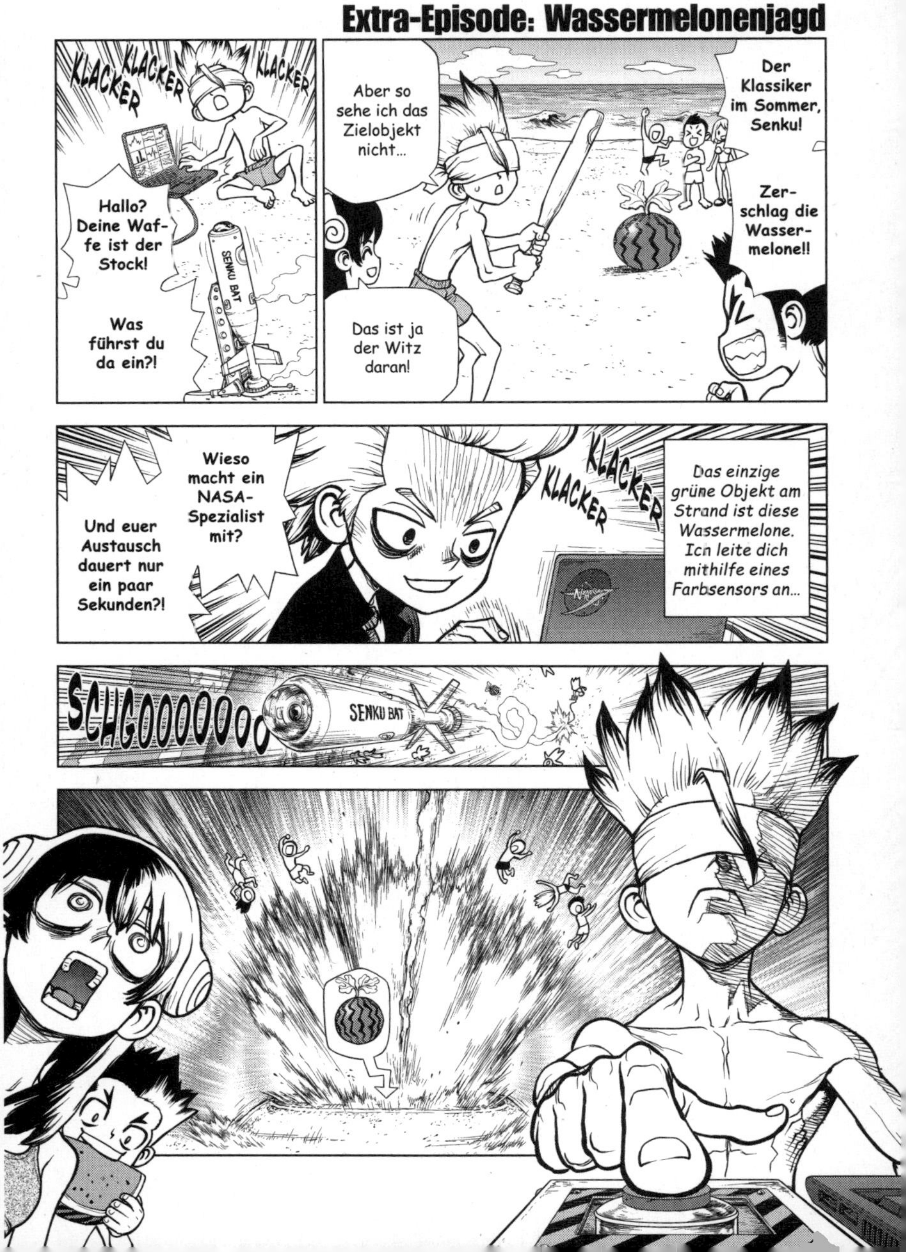

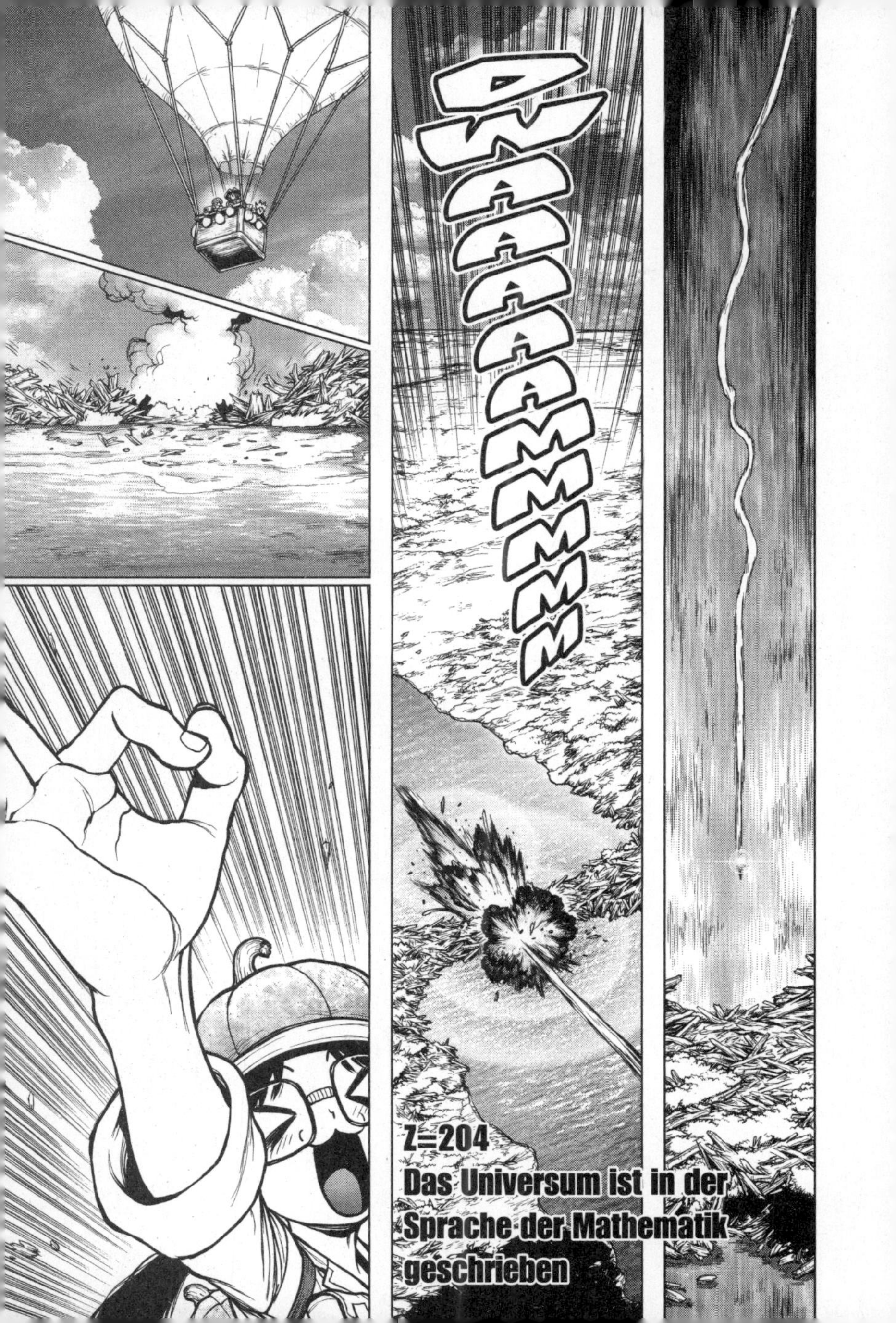

Z=204
Das Universum ist in der Sprache der Mathematik geschrieben

Z=204
Das Universum ist in der Sprache der Mathematik geschrieben

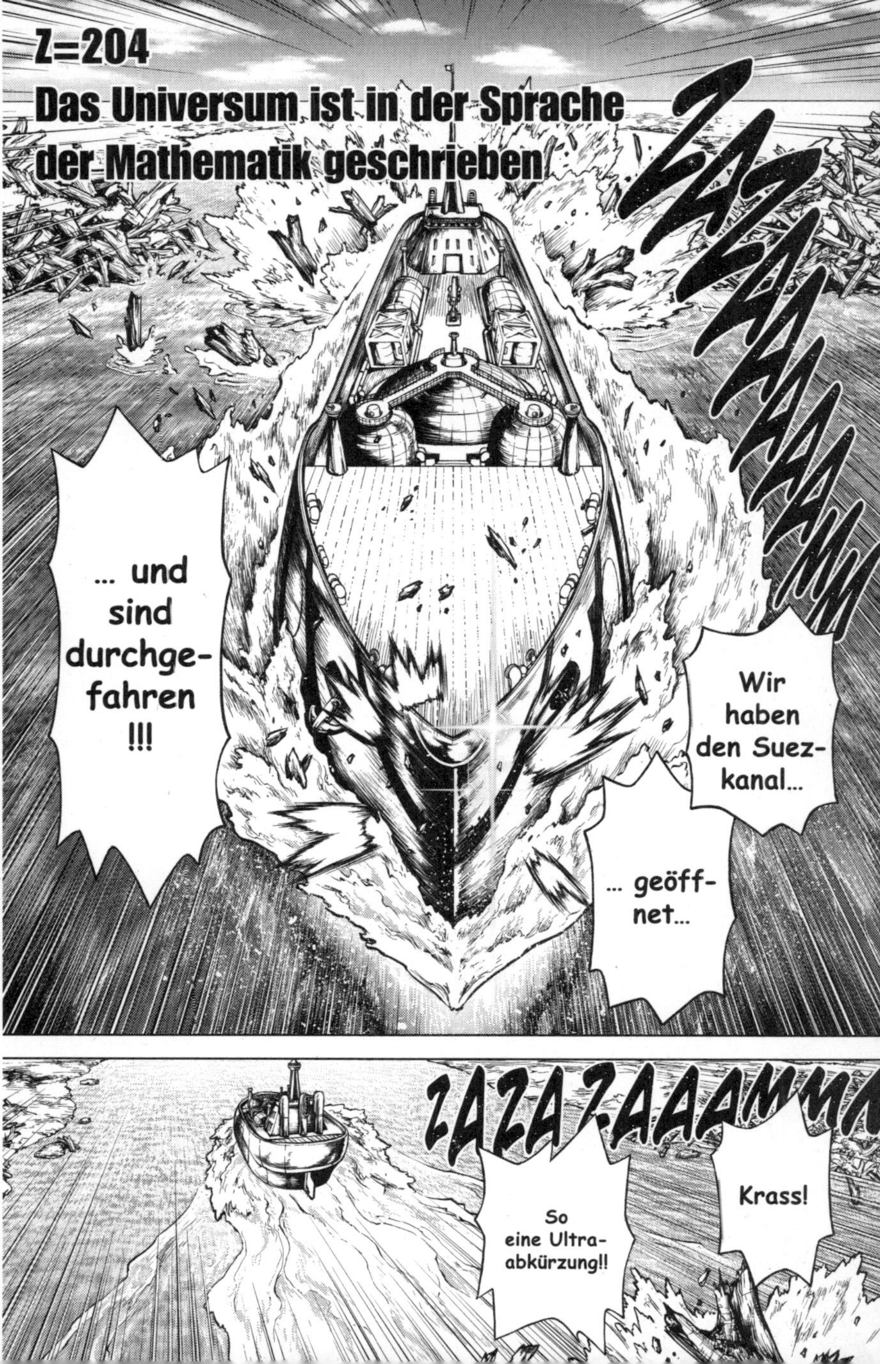

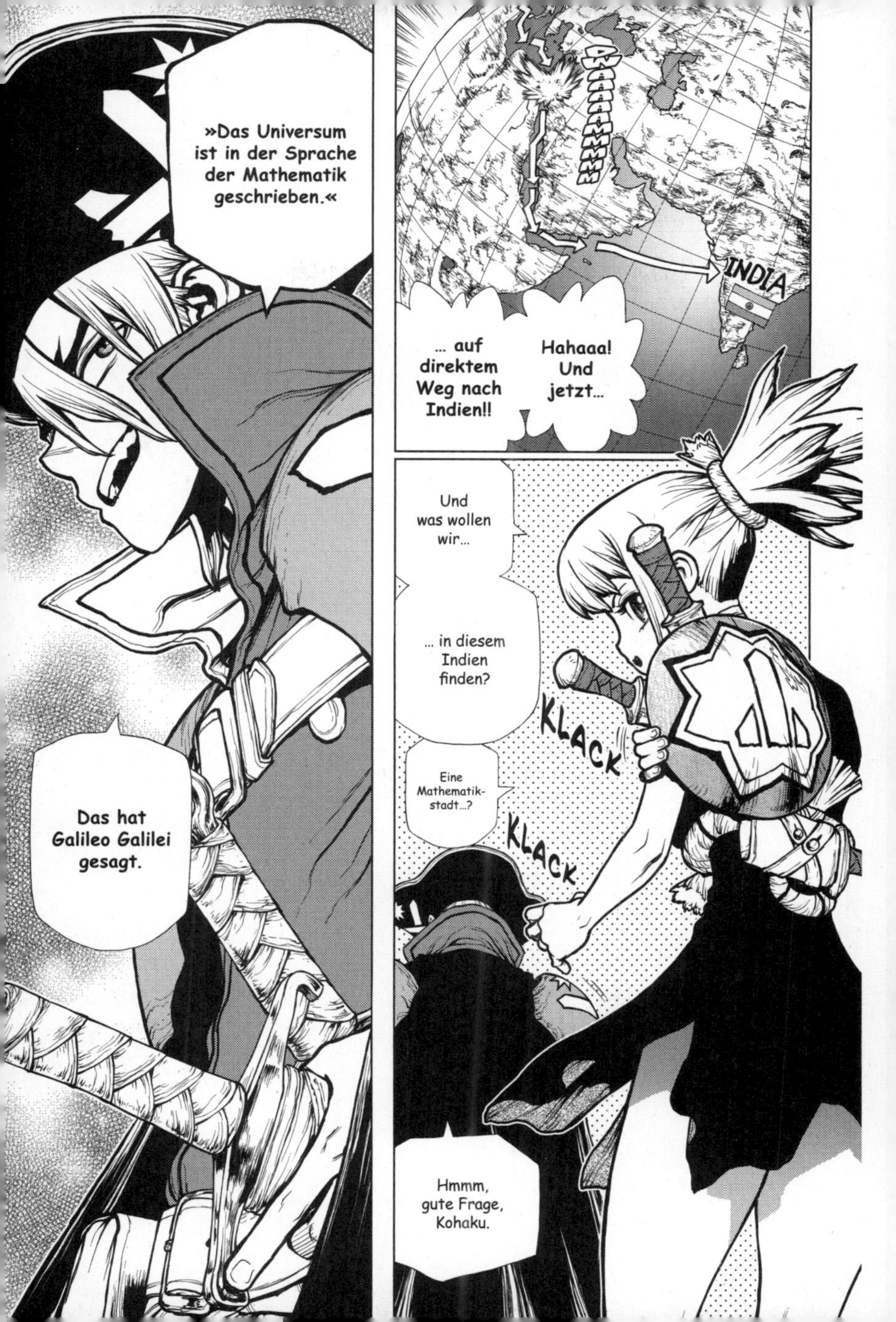
INDIA
Hahaaa! Und jetzt...
... auf direktem Weg nach Indien!!
Und was wollen wir...
... in diesem Indien finden?
KLACK
Eine Mathematik-stadt...?
KLACK
Hmmm, gute Frage, Kohaku.
»Das Universum ist in der Sprache der Mathematik geschrieben.«
Das hat Galileo Galilei gesagt.

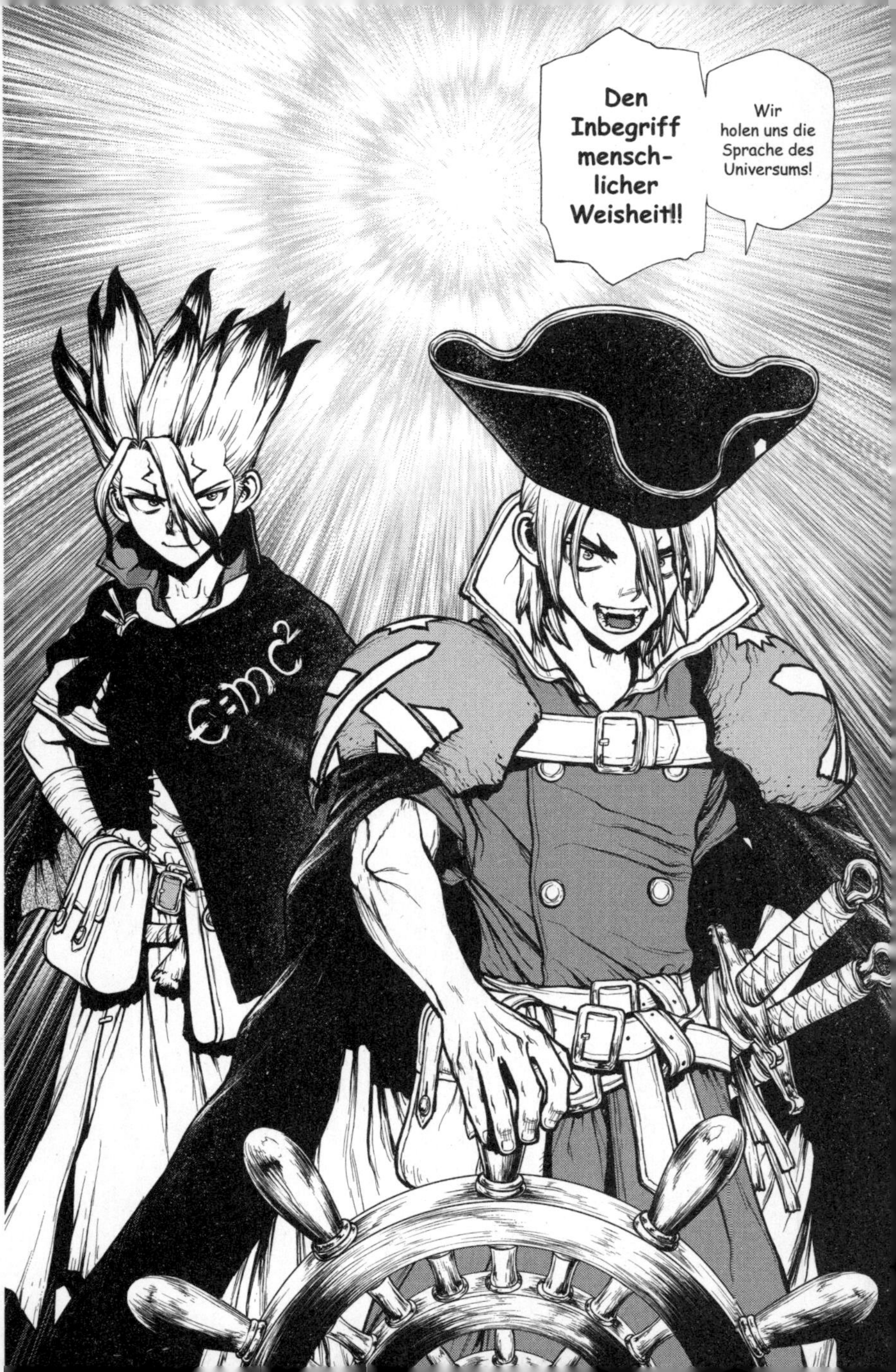
Wir holen uns die Sprache des Universums!
Den Inbegriff mensch-licher Weisheit!!
E=mc²

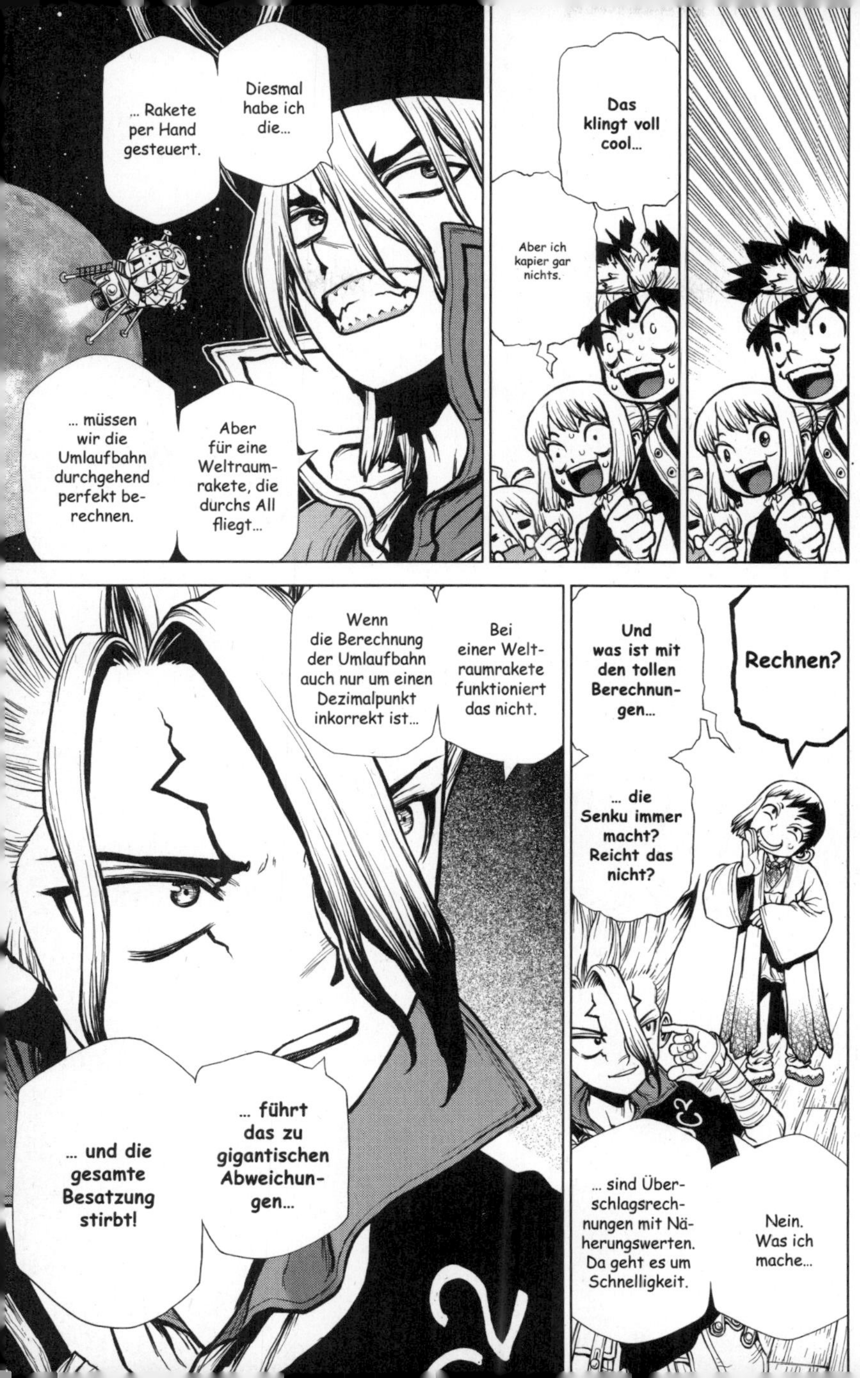
Das klingt voll cool...
Aber ich kapier gar nichts.
Diesmal habe ich die...
... Rakete per Hand gesteuert.
Aber für eine Weltraumrakete, die durchs All fliegt...
... müssen wir die Umlaufbahn durchgehend perfekt berechnen.
Rechnen?
Und was ist mit den tollen Berechnungen...
... die Senku immer macht? Reicht das nicht?
Nein. Was ich mache...
... sind Überschlagsrechnungen mit Näherungswerten. Da geht es um Schnelligkeit.
Bei einer Weltraumrakete funktioniert das nicht.
Wenn die Berechnung der Umlaufbahn auch nur um einen Dezimalpunkt inkorrekt ist...
... führt das zu gigantischen Abweichungen...
... und die gesamte Besatzung stirbt!

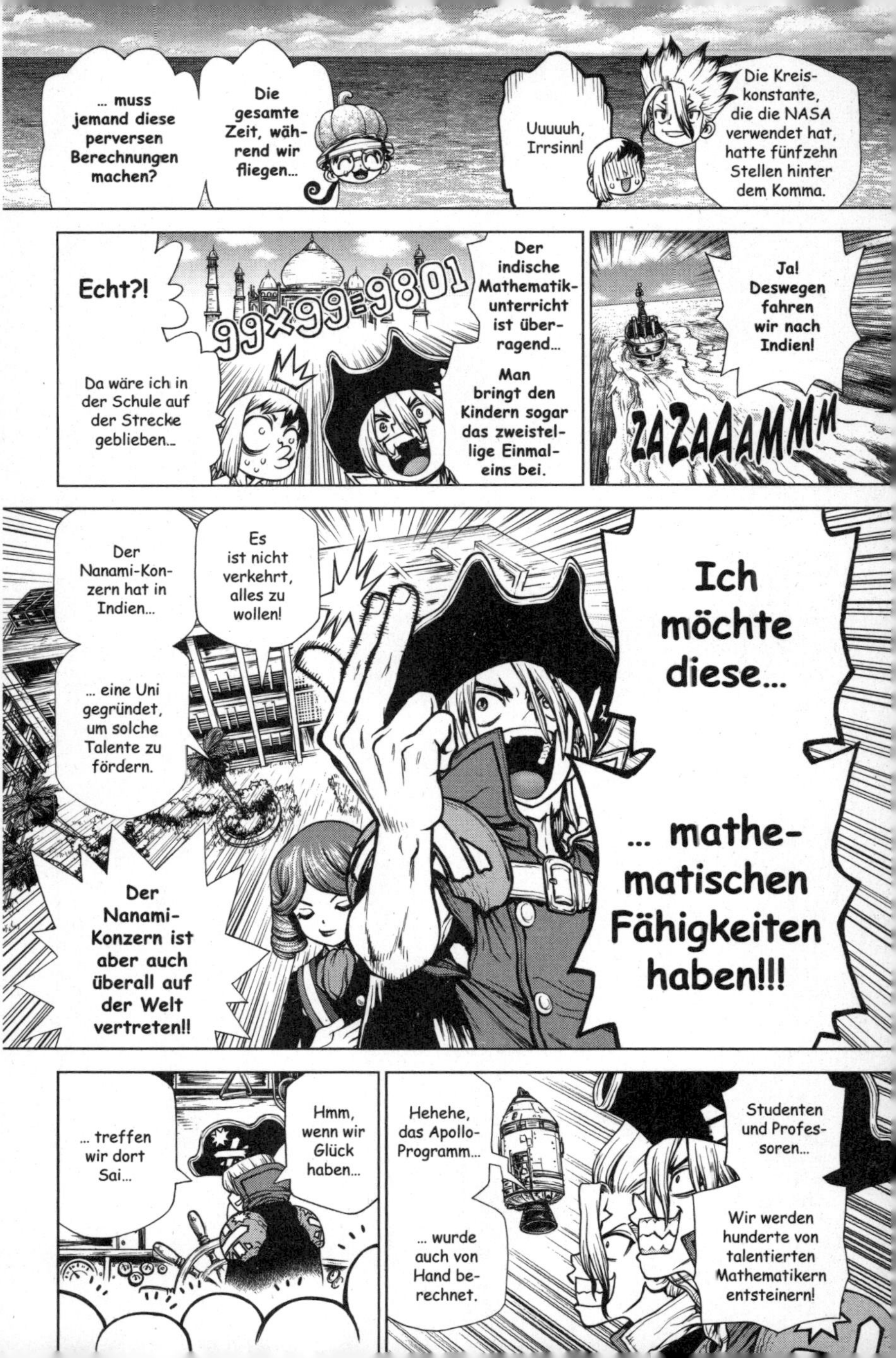

Die Kreiskonstante, die die NASA verwendet hat, hatte fünfzehn Stellen hinter dem Komma.
Uuuuuh, Irrsinn!
Die gesamte Zeit, während wir fliegen...
... muss jemand diese perversen Berechnungen machen?
Ja! Deswegen fahren wir nach Indien!
ZAZAAAMMM
Der indische Mathematikunterricht ist überragend...
Man bringt den Kindern sogar das zweistellige Einmaleins bei.
99×99=9801
Echt?!
Da wäre ich in der Schule auf der Strecke geblieben...
Ich möchte diese...
... mathematischen Fähigkeiten haben!!!
Es ist nicht verkehrt, alles zu wollen!
Der Nanami-Konzern hat in Indien...
... eine Uni gegründet, um solche Talente zu fördern.
Der Nanami-Konzern ist aber auch überall auf der Welt vertreten!!
Studenten und Professoren...
Wir werden hunderte von talentierten Mathematikern entsteinern!
Hehehe, das Apollo-Programm...
... wurde auch von Hand berechnet.
Hmm, wenn wir Glück haben...
... treffen wir dort Sai...

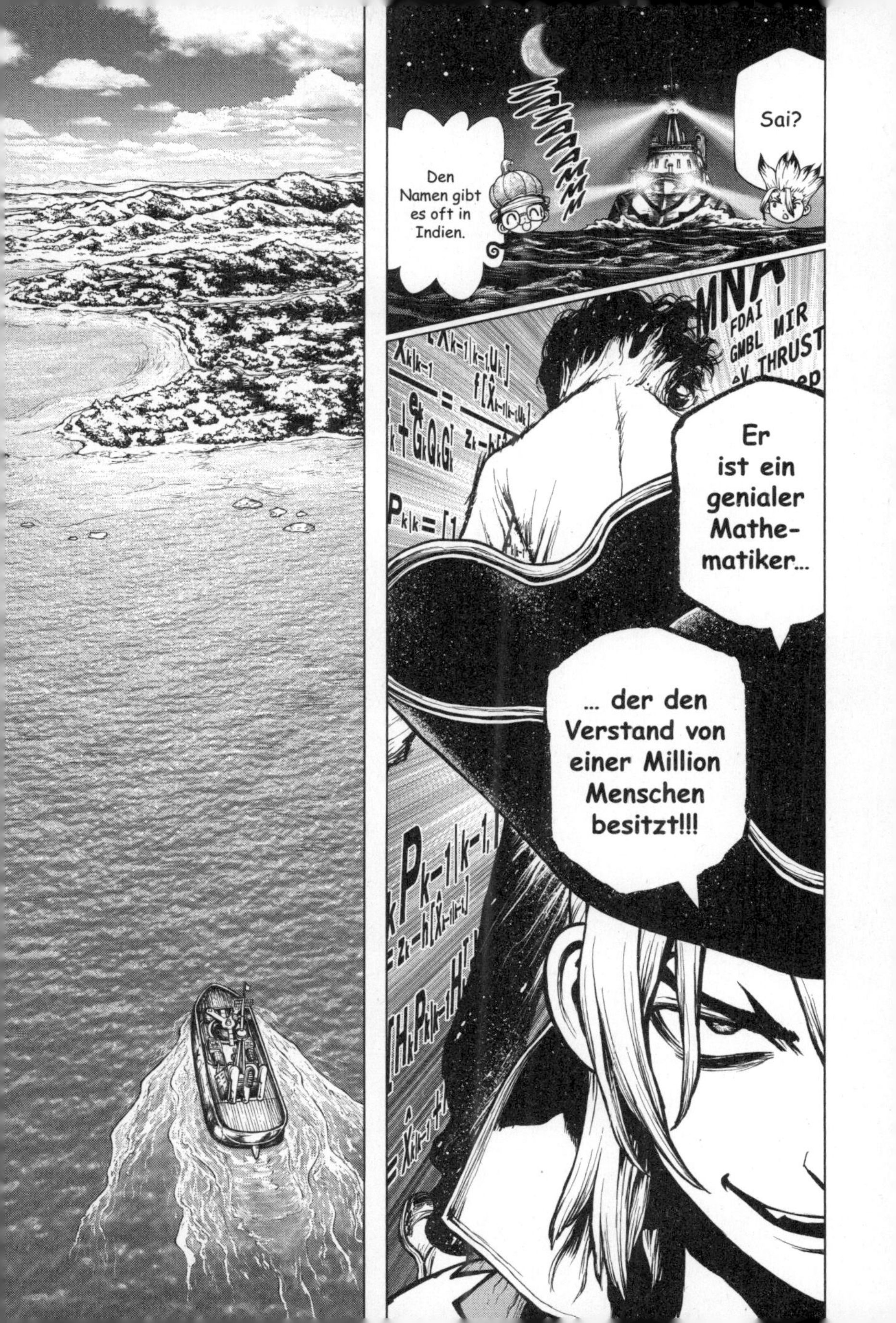
Sai?
Den Namen gibt es oft in Indien.
Er ist ein genialer Mathe-matiker...
... der den Verstand von einer Million Menschen besitzt!!!

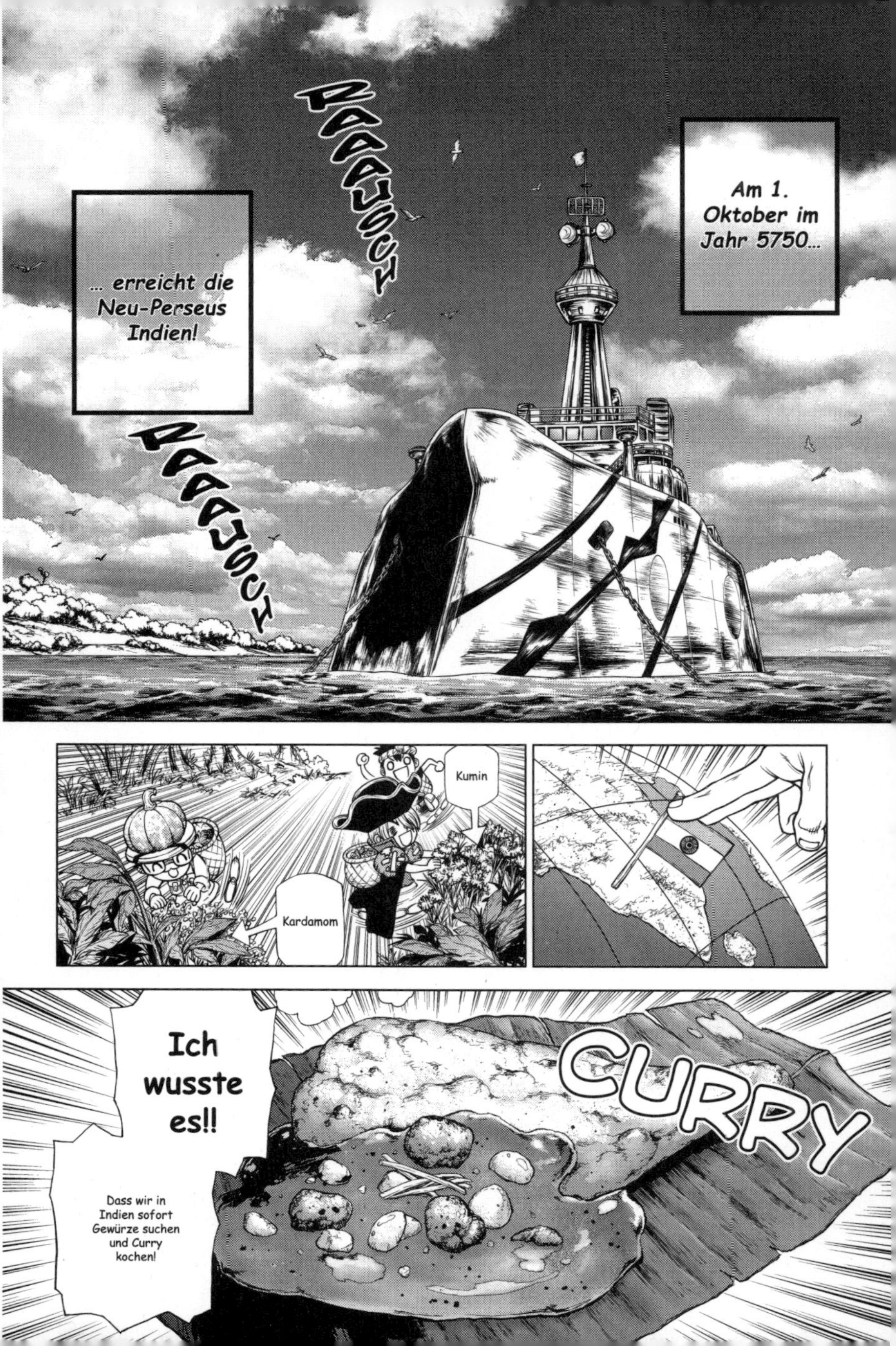

Am 1. Oktober im Jahr 5750...
... erreicht die Neu-Perseus Indien!
RAAAUSCH
RAAAUSCH
Kumin
Kardamom
Ich wusste es!!
Dass wir in Indien sofort Gewürze suchen und Curry kochen!
CURRY

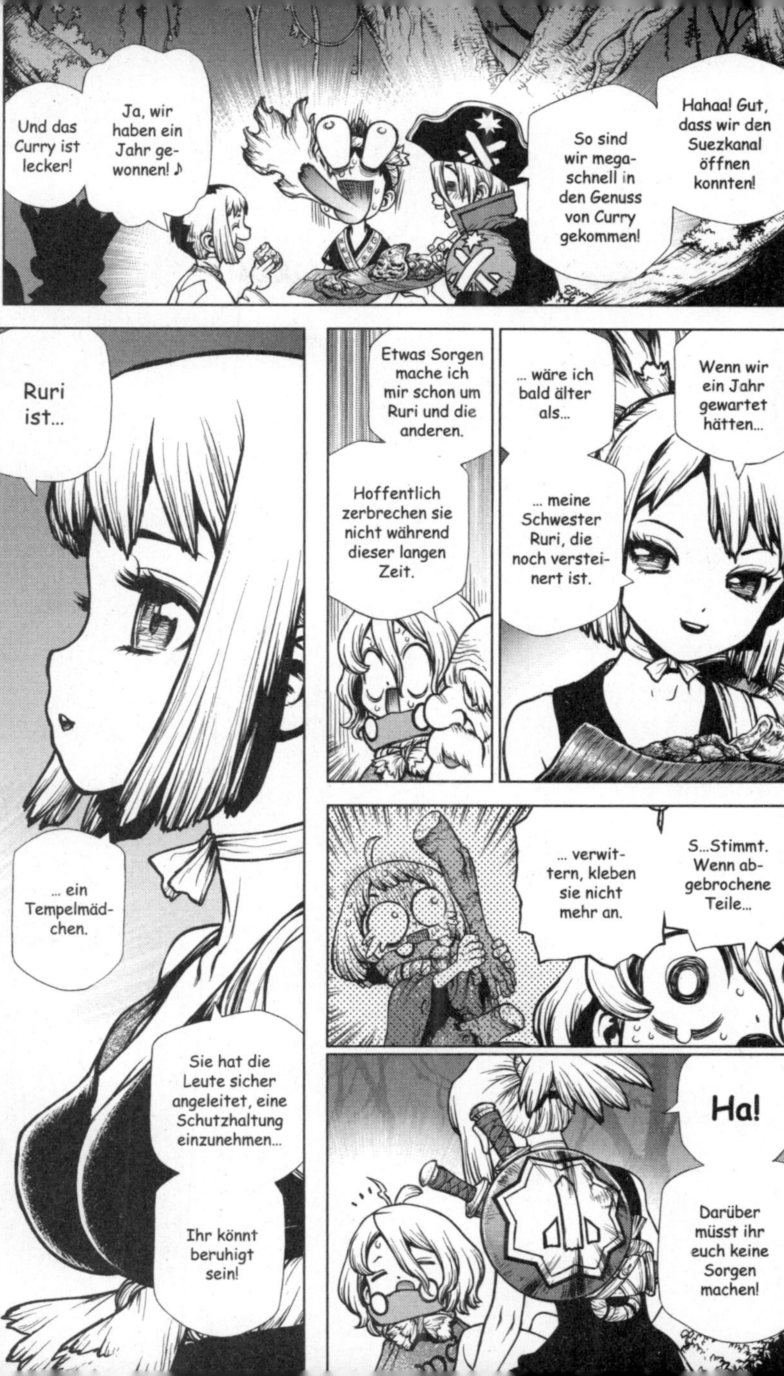
Hahaa! Gut, dass wir den Suezkanal öffnen konnten!
So sind wir megaschnell in den Genuss von Curry gekommen!
Ja, wir haben ein Jahr gewonnen! ♪
Und das Curry ist lecker!
Wenn wir ein Jahr gewartet hätten...
... wäre ich bald älter als...
... meine Schwester Ruri, die noch versteinert ist.
Etwas Sorgen mache ich mir schon um Ruri und die anderen.
Hoffentlich zerbrechen sie nicht während dieser langen Zeit.
S...Stimmt. Wenn abgebrochene Teile...
... verwittern, kleben sie nicht mehr an.
Ha!
Darüber müsst ihr euch keine Sorgen machen!
Ruri ist...
... ein Tempelmädchen.
Sie hat die Leute sicher angeleitet, eine Schutzhaltung einzunehmen...
Ihr könnt beruhigt sein!

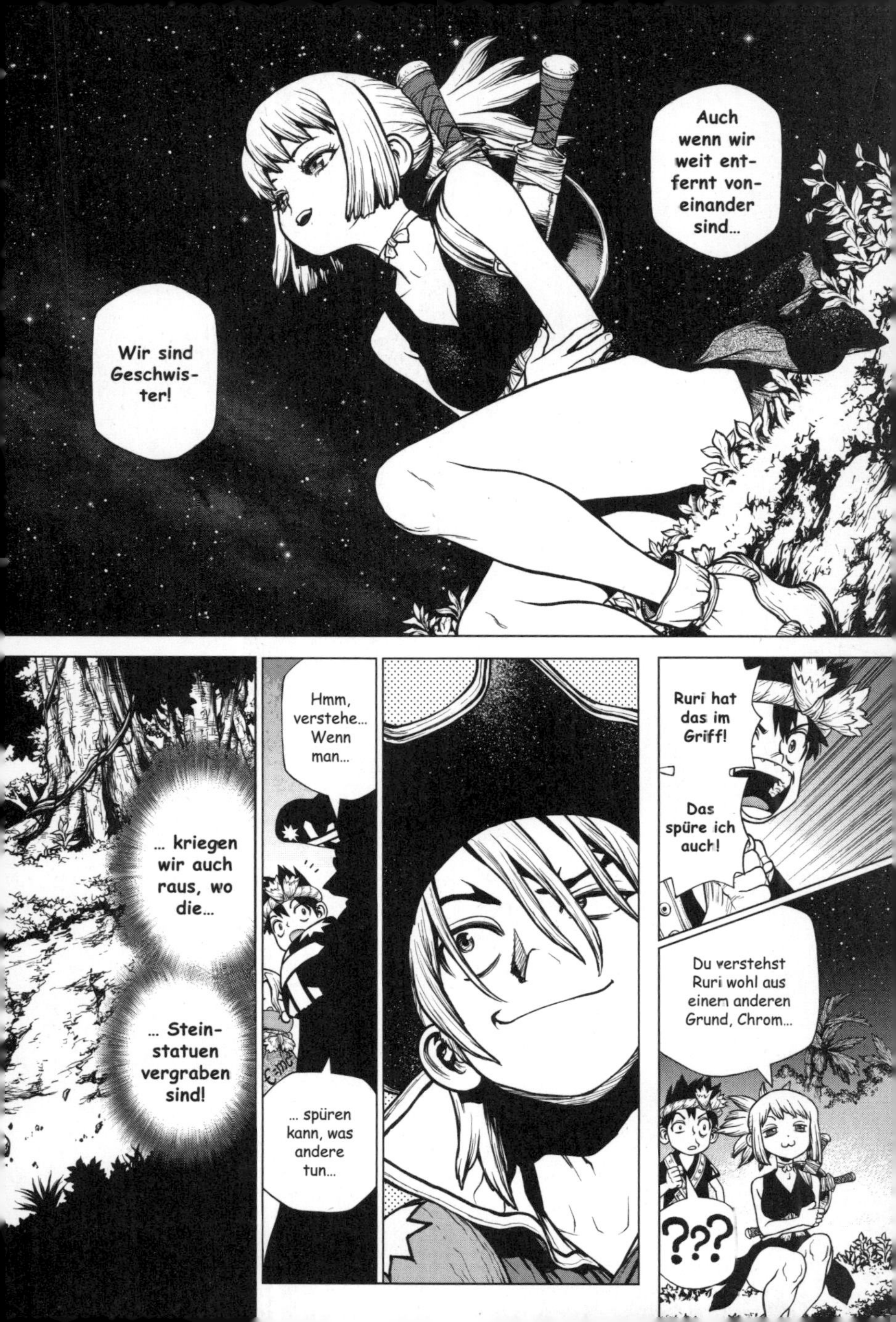
Auch wenn wir weit entfernt voneinander sind...
Wir sind Geschwister!
Ruri hat das im Griff!
Das spüre ich auch!
Du verstehst Ruri wohl aus einem anderen Grund, Chrom...
???
Hmm, verstehe... Wenn man...
... spüren kann, was andere tun...
... kriegen wir auch raus, wo die...
... Steinstatuen vergraben sind!

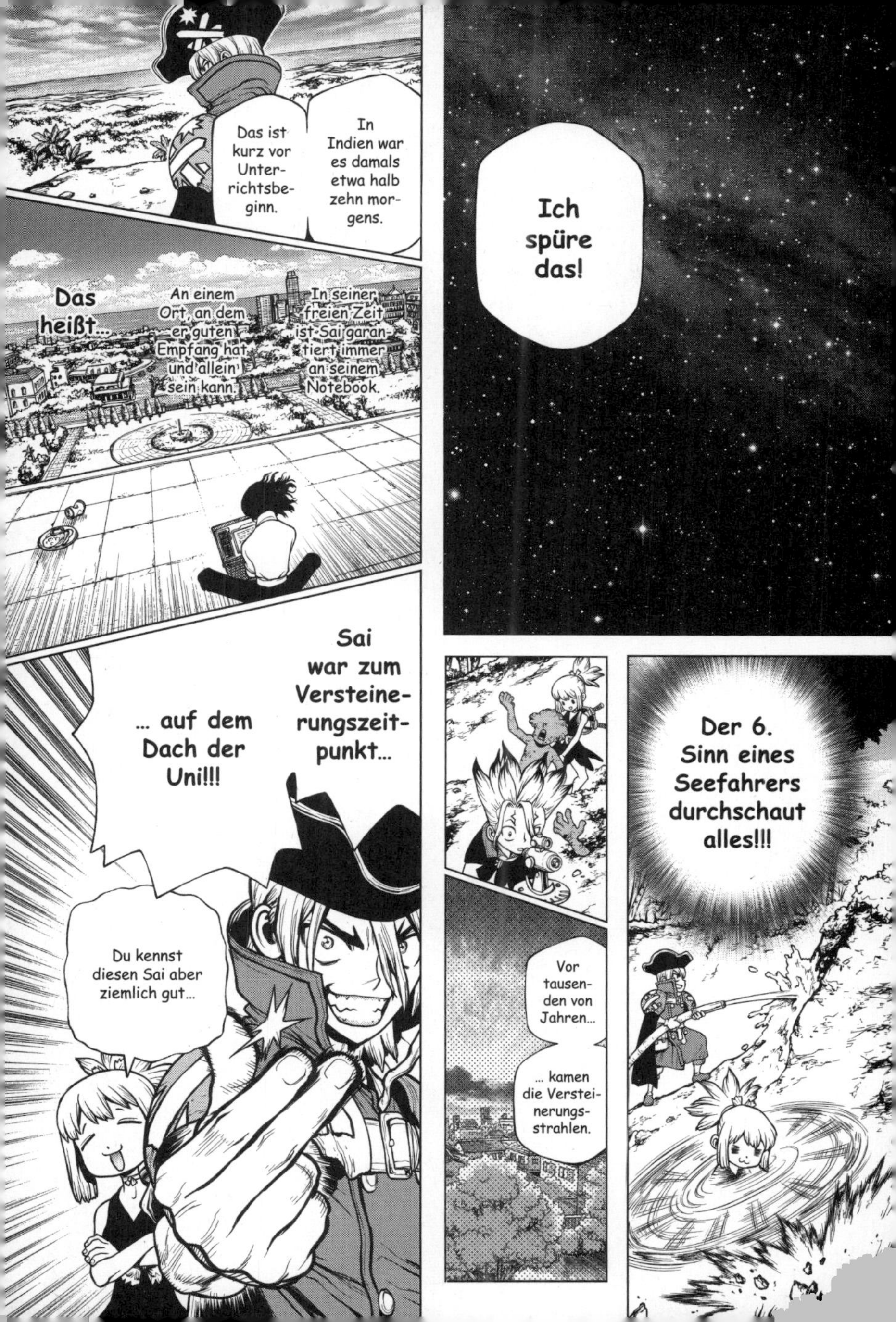

Ich spüre das!
In Indien war es damals etwa halb zehn morgens.
Das ist kurz vor Unterrichtsbeginn.
In seiner freien Zeit ist Sai garantiert immer an seinem Notebook.
An einem Ort, an dem er guten Empfang hat und allein sein kann.
Das heißt...
Der 6. Sinn eines Seefahrers durchschaut alles!!!
Vor tausenden von Jahren...
... kamen die Versteinerungsstrahlen.
Sai war zum Versteinerungszeitpunkt...
... auf dem Dach der Uni!!!
Du kennst diesen Sai aber ziemlich gut...

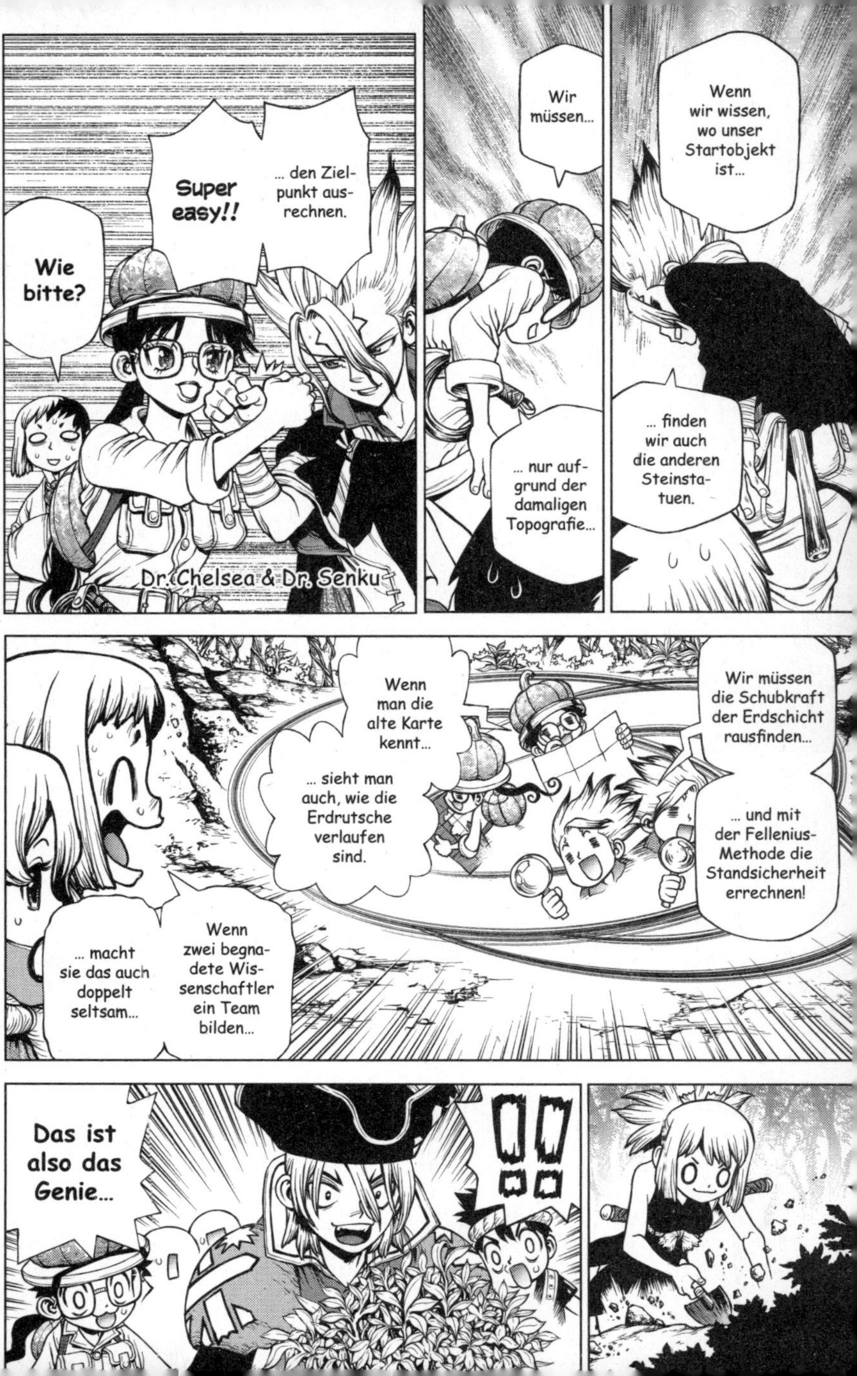
Wenn wir wissen, wo unser Startobjekt ist...
... finden wir auch die anderen Steinstatuen.
Wir müssen...
... nur aufgrund der damaligen Topografie...
... den Zielpunkt ausrechnen.
Super easy!!
Wie bitte?
Dr. Chelsea & Dr. Senku
Wir müssen die Schubkraft der Erdschicht rausfinden...
... und mit der Fellenius-Methode die Standsicherheit errechnen!
Wenn man die alte Karte kennt...
... sieht man auch, wie die Erdrutsche verlaufen sind.
Wenn zwei begnadete Wissenschaftler ein Team bilden...
... macht sie das auch doppelt seltsam...
Das ist also das Genie...

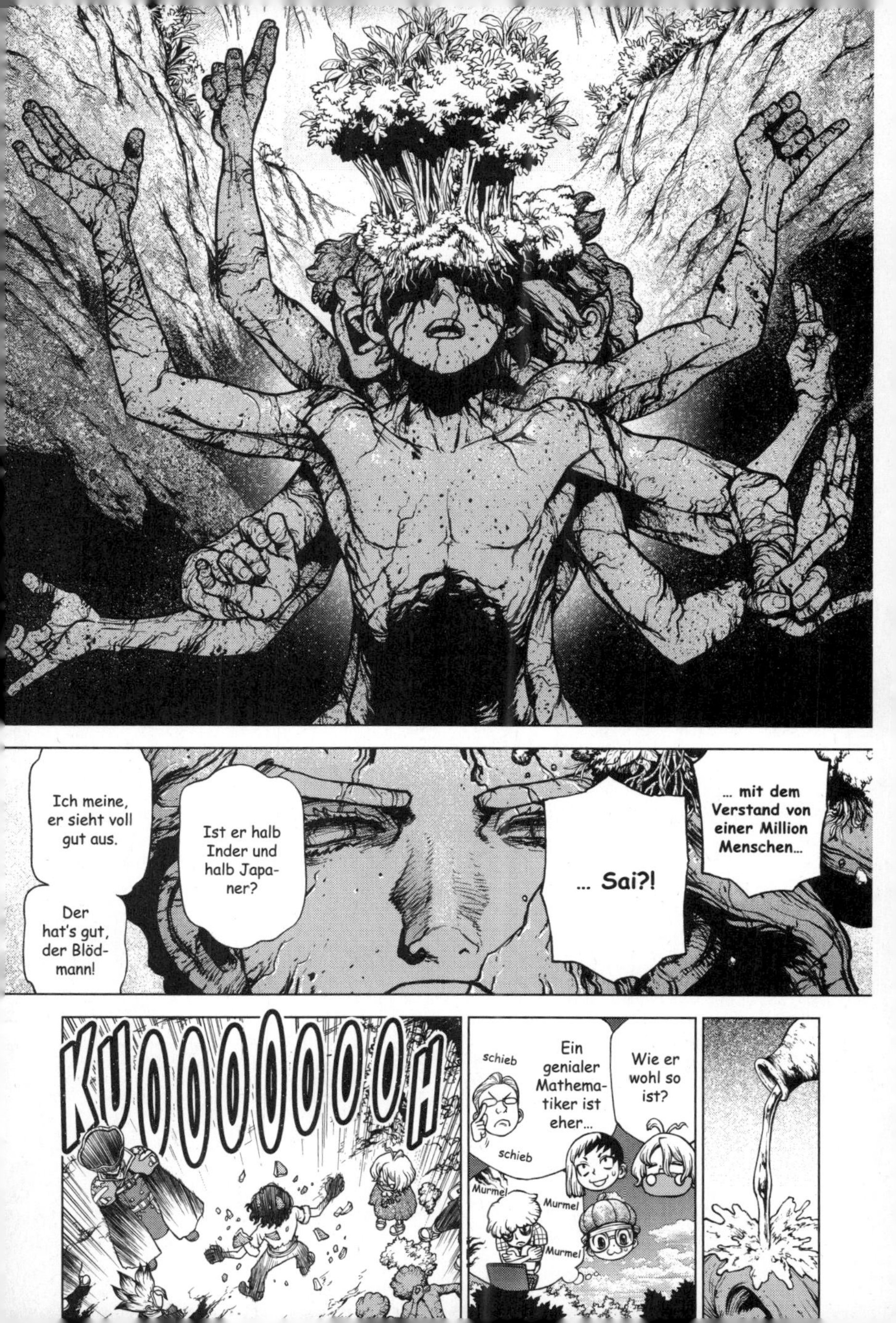
... mit dem Verstand von einer Million Menschen...
... Sai?!
Ist er halb Inder und halb Japaner?
Ich meine, er sieht voll gut aus.
Der hat's gut, der Blödmann!
Wie er wohl so ist?
Ein genialer Mathematiker ist eher...
schieb
schieb
Murmel
Murmel
Murmel
KUOOOOOOOH

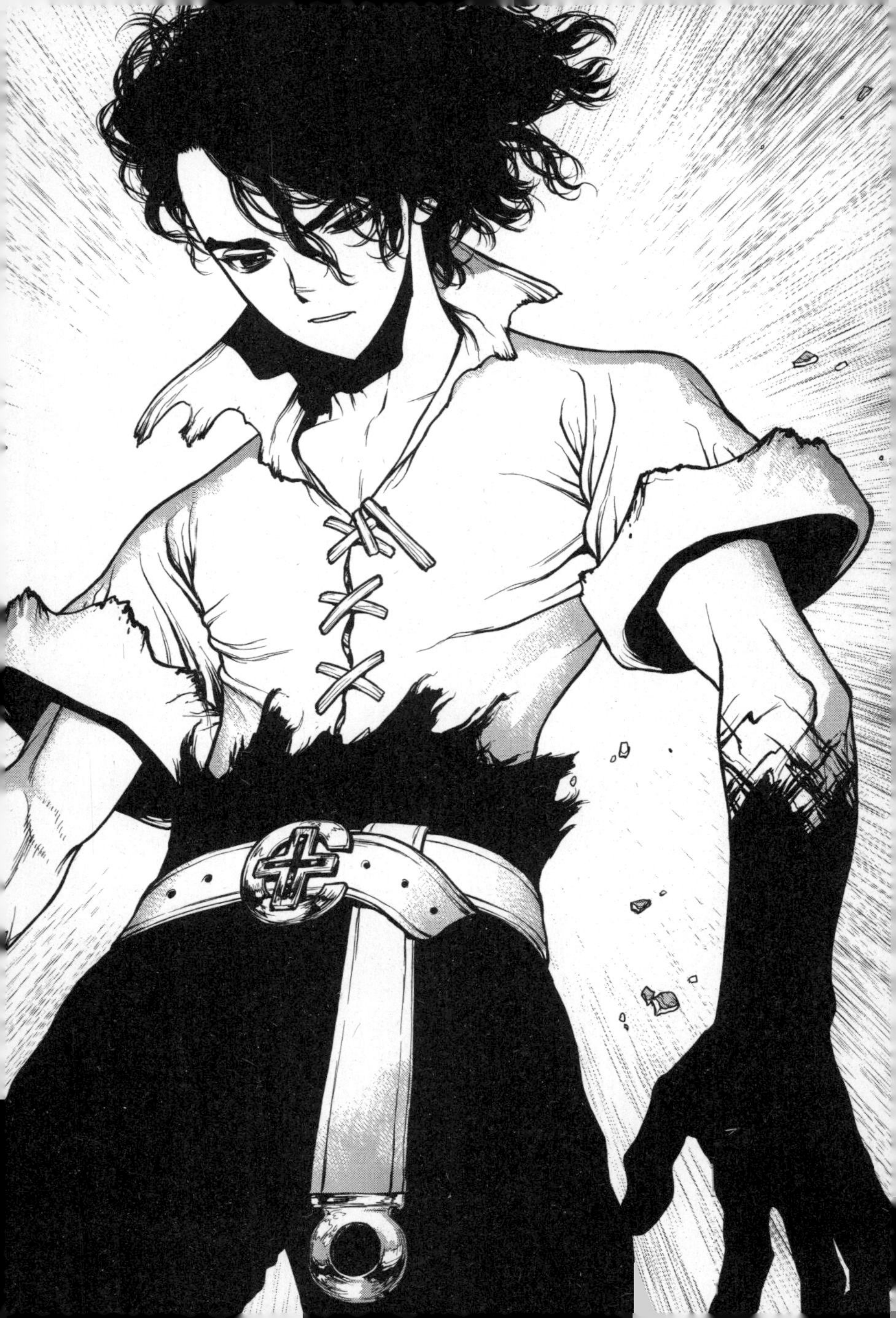

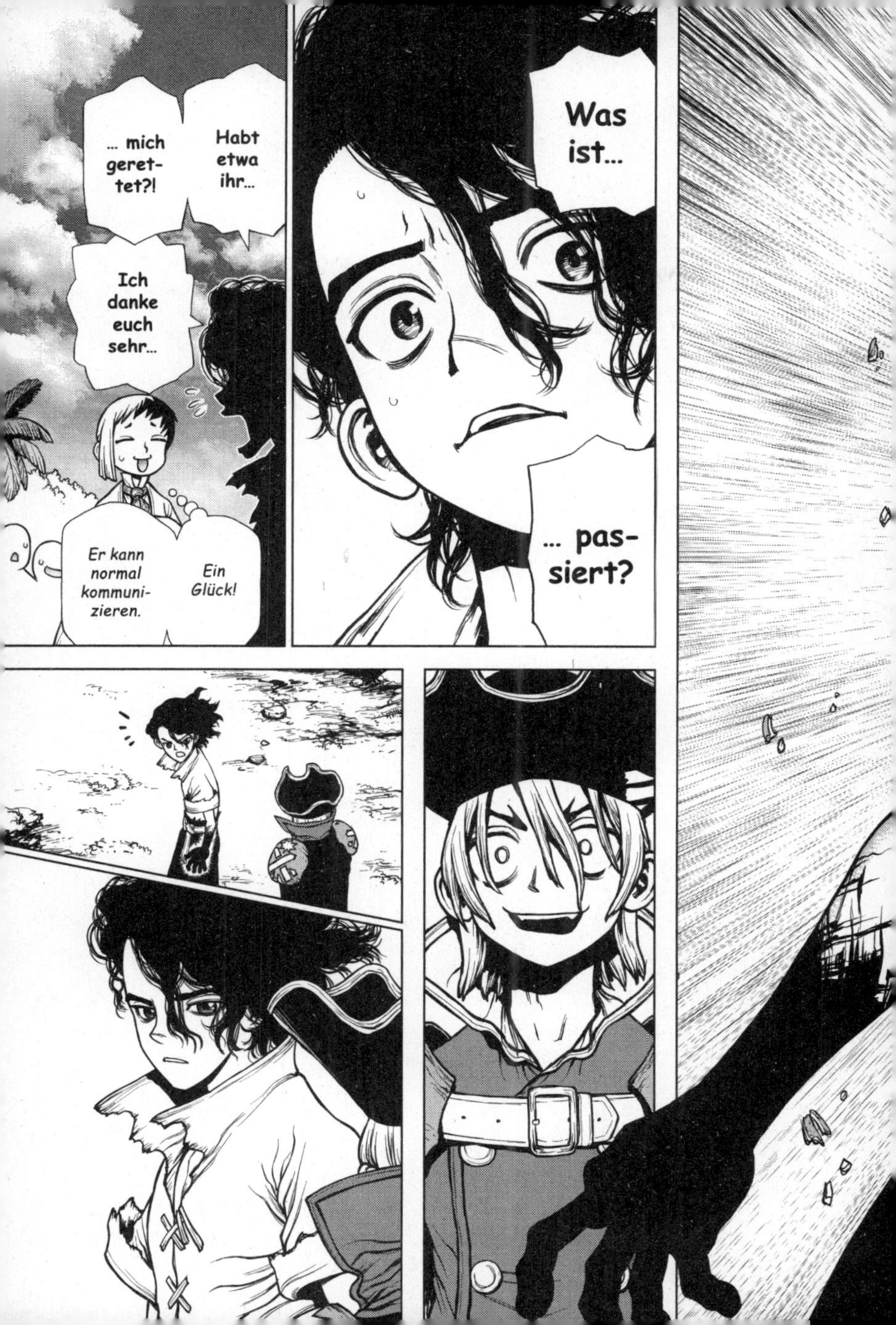
Was ist...
... pas-siert?
Habt etwa ihr...
... mich geret-tet?!
Ich danke euch sehr...
Ein Glück!
Er kann normal kommuni-zieren.

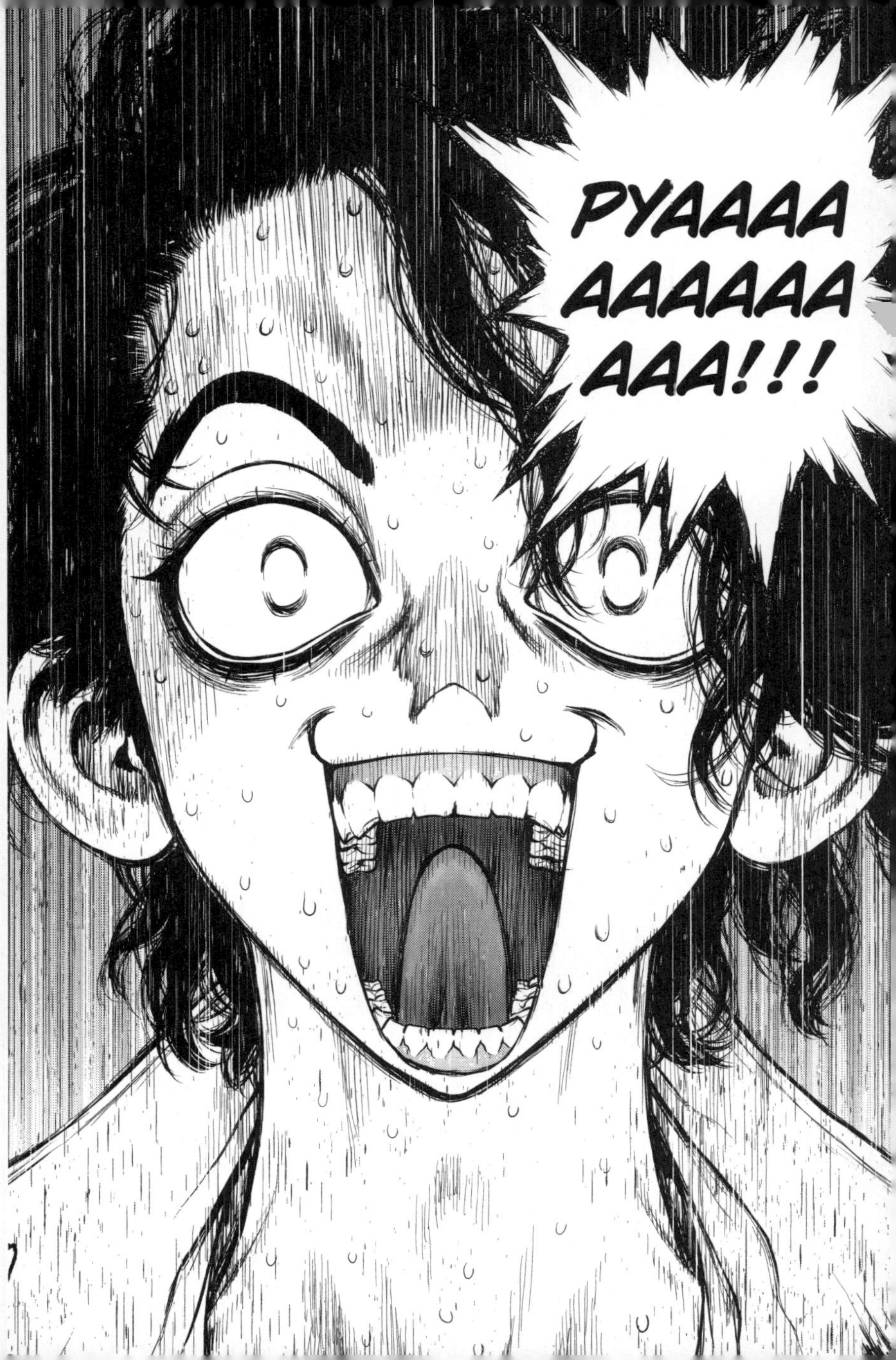
PYAAAA AAAAAA AAA!!!

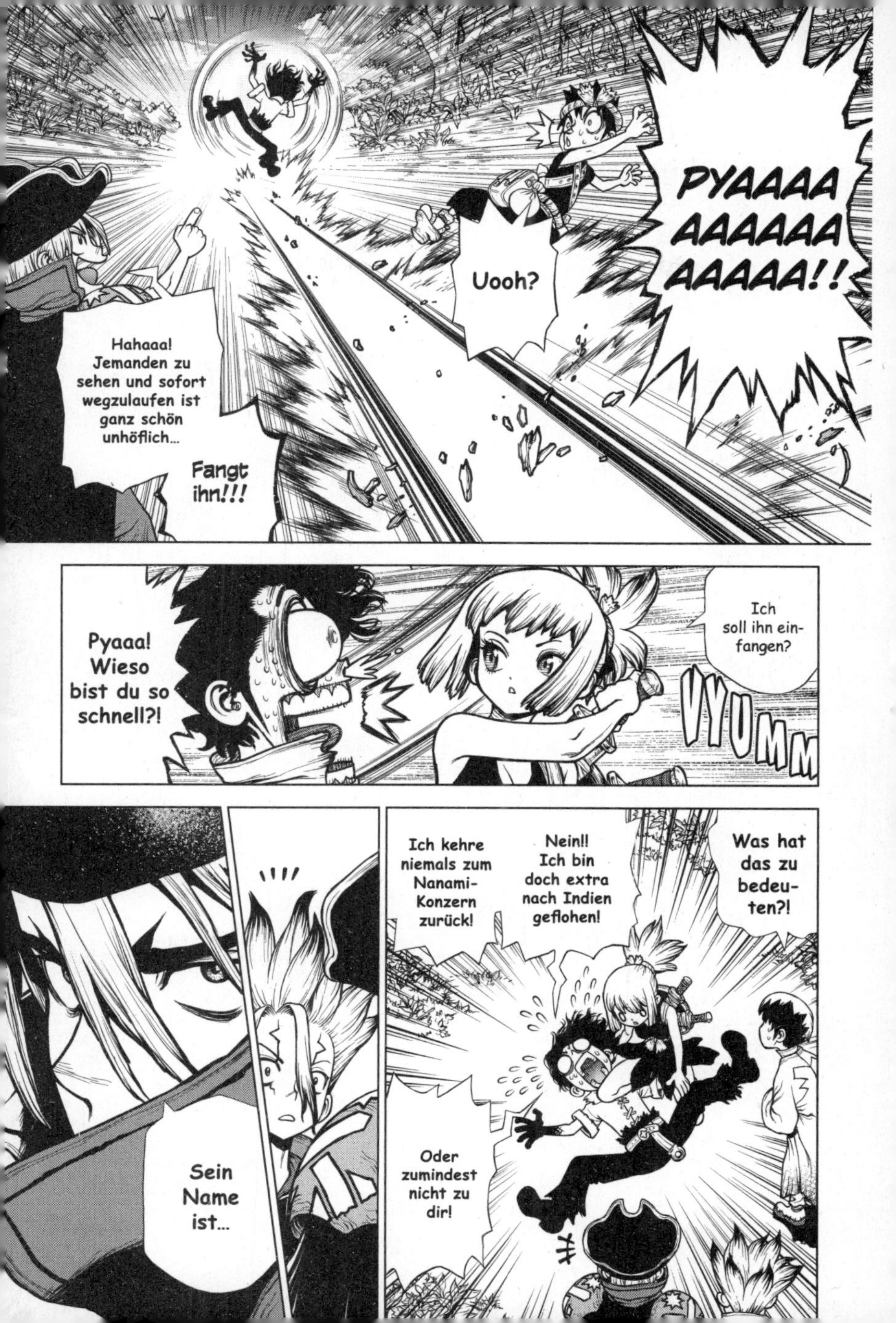

PYAAAA AAAAAA AAAAA!!
Uooh?
Hahaaa! Jemanden zu sehen und sofort wegzulaufen ist ganz schön unhöflich...
Fangt ihn!!!
Ich soll ihn ein-fangen?
VYUMM
Pyaaa! Wieso bist du so schnell?!
Was hat das zu bedeu-ten?!
Nein!! Ich bin doch extra nach Indien geflohen!
Ich kehre niemals zum Nanami-Konzern zurück!
Oder zumindest nicht zu dir!
Sein Name ist...

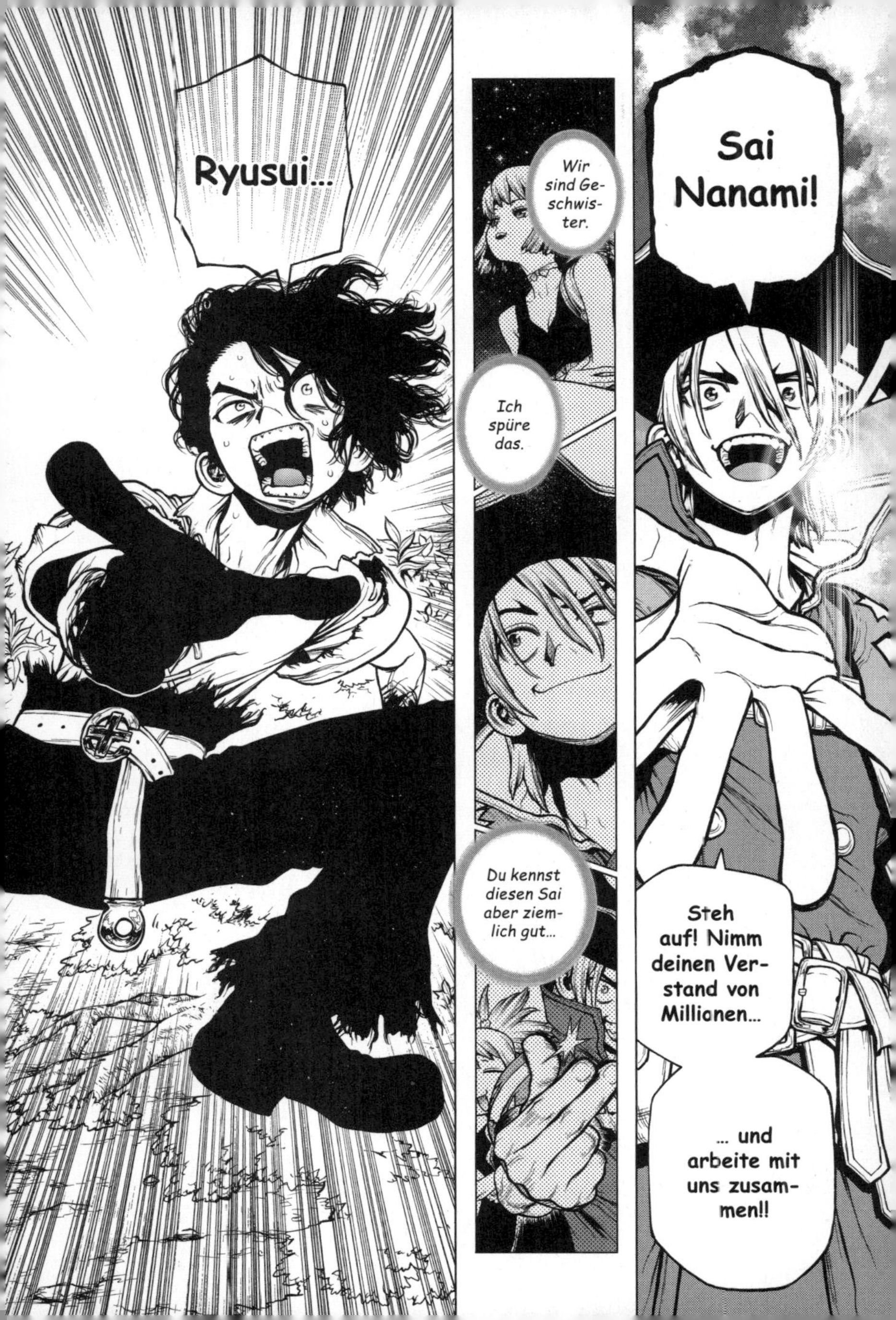

Sai Nanami!
Steh auf! Nimm deinen Verstand von Millionen...
... und arbeite mit uns zusammen!!
Wir sind Geschwister.
Ich spüre das.
Du kennst diesen Sai aber ziemlich gut...
Ryusui...

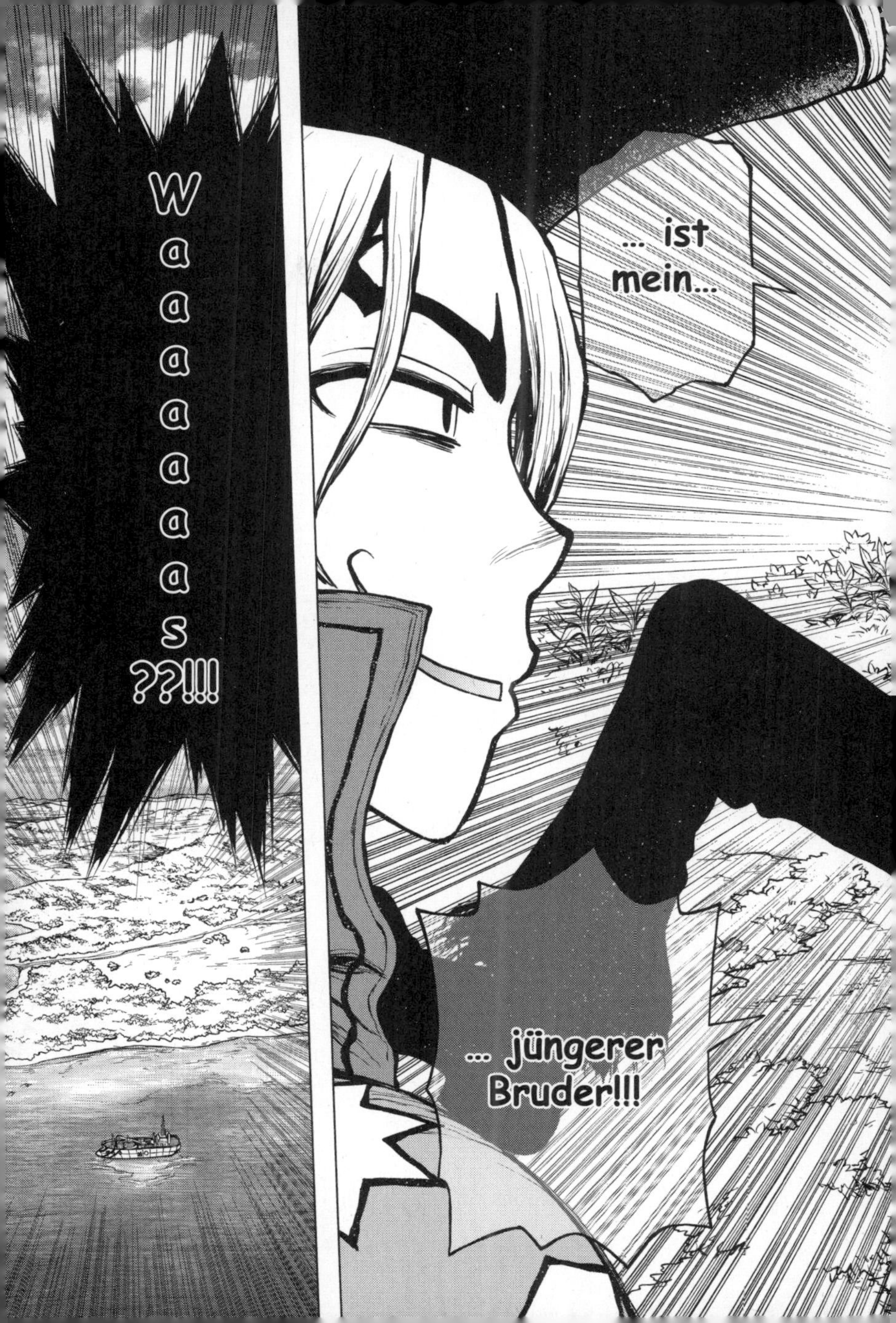
... ist mein...
... jüngerer Bruder!!!
Waaaaaaas??!!!

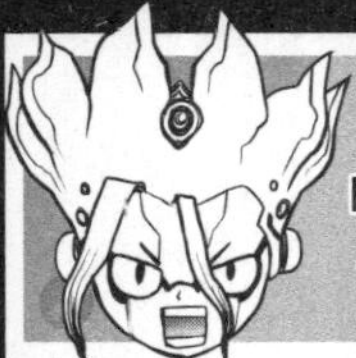

Der Robo-Senku antwortet!

FAQ

SUCHE

Fragen und Antworten

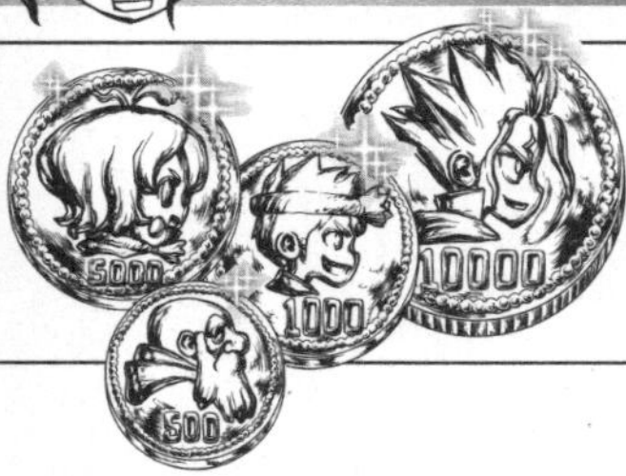

Ryusui und Francois haben das Geld hergestellt, aber es gibt gar keine Münzen von ihnen. Warum nicht?

Von: S.H aus Chiba SUCHE

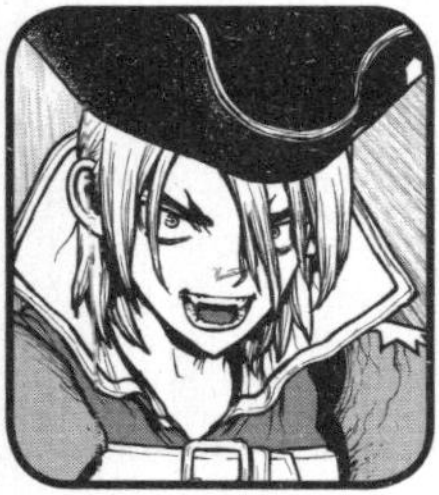

Hahaaa! Es sind schließlich Geldmünzen der Wissenschaft! Natürlich müssen da die Leute eingraviert werden, die den größten Beitrag zum Aufbau des Königreichs der Wissenschaft geleistet haben, oder?!

Mir ist das ein bisschen peinlich, dass mein Gesicht dadrauf ist...

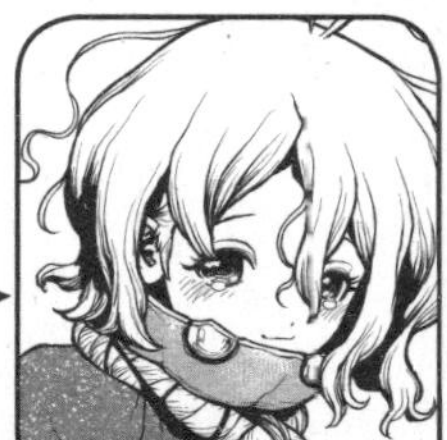

Robo-Senku beantwortet spannende und verrückte Fragen von japanischen Fans!

Das ist mehr als bloß unnützes Wissen, ihr Mistkerle!

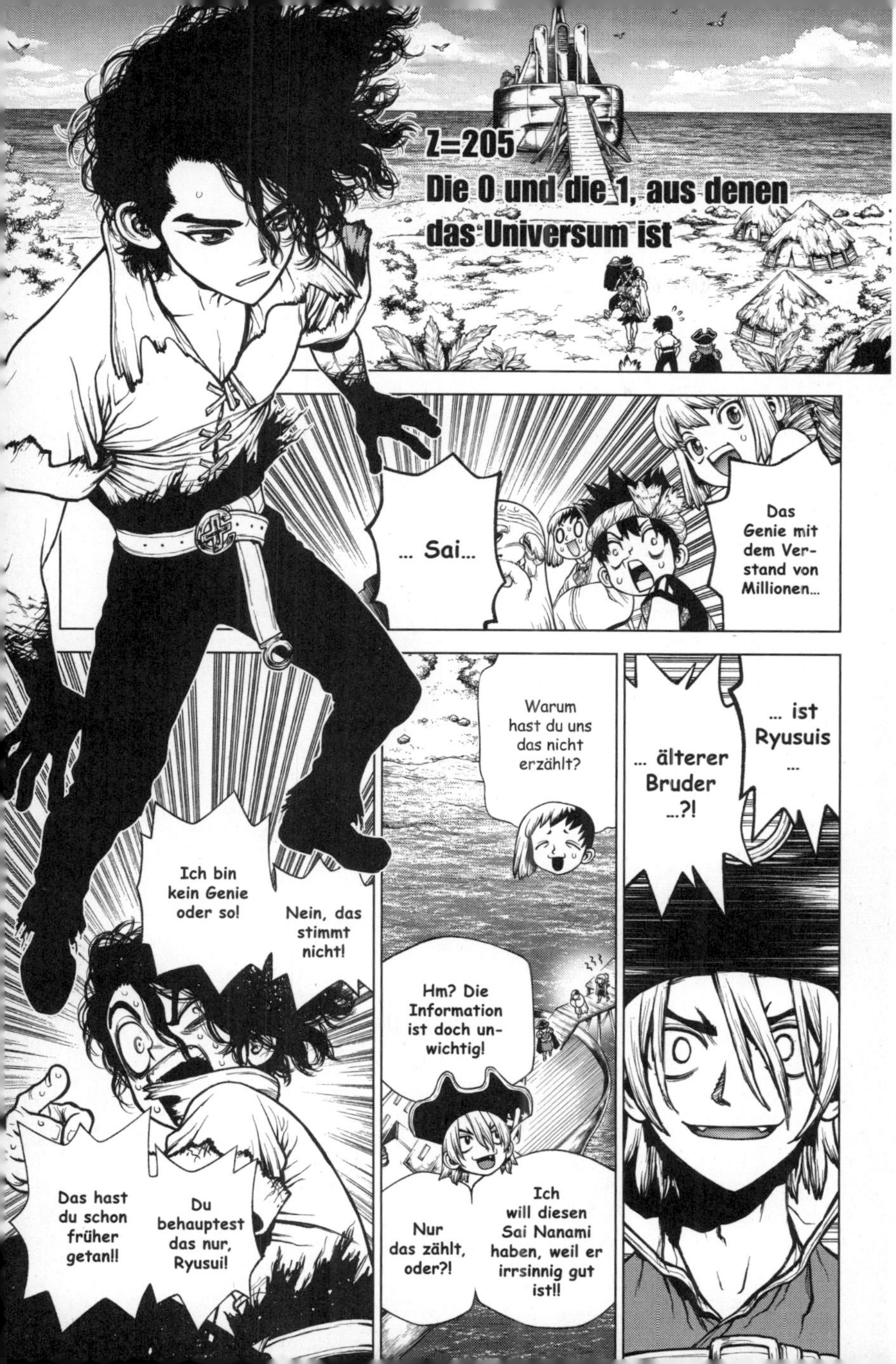

Z=205
Die 0 und die 1, aus denen das Universum ist
Das Genie mit dem Verstand von Millionen...
... Sai...
... ist Ryusuis ...
... älterer Bruder ...?!
Warum hast du uns das nicht erzählt?
Hm? Die Information ist doch unwichtig!
Ich will diesen Sai Nanami haben, weil er irrsinnig gut ist!!
Nur das zählt, oder?!
Ich bin kein Genie oder so!
Nein, das stimmt nicht!
Du behauptest das nur, Ryusui!
Das hast du schon früher getan!!

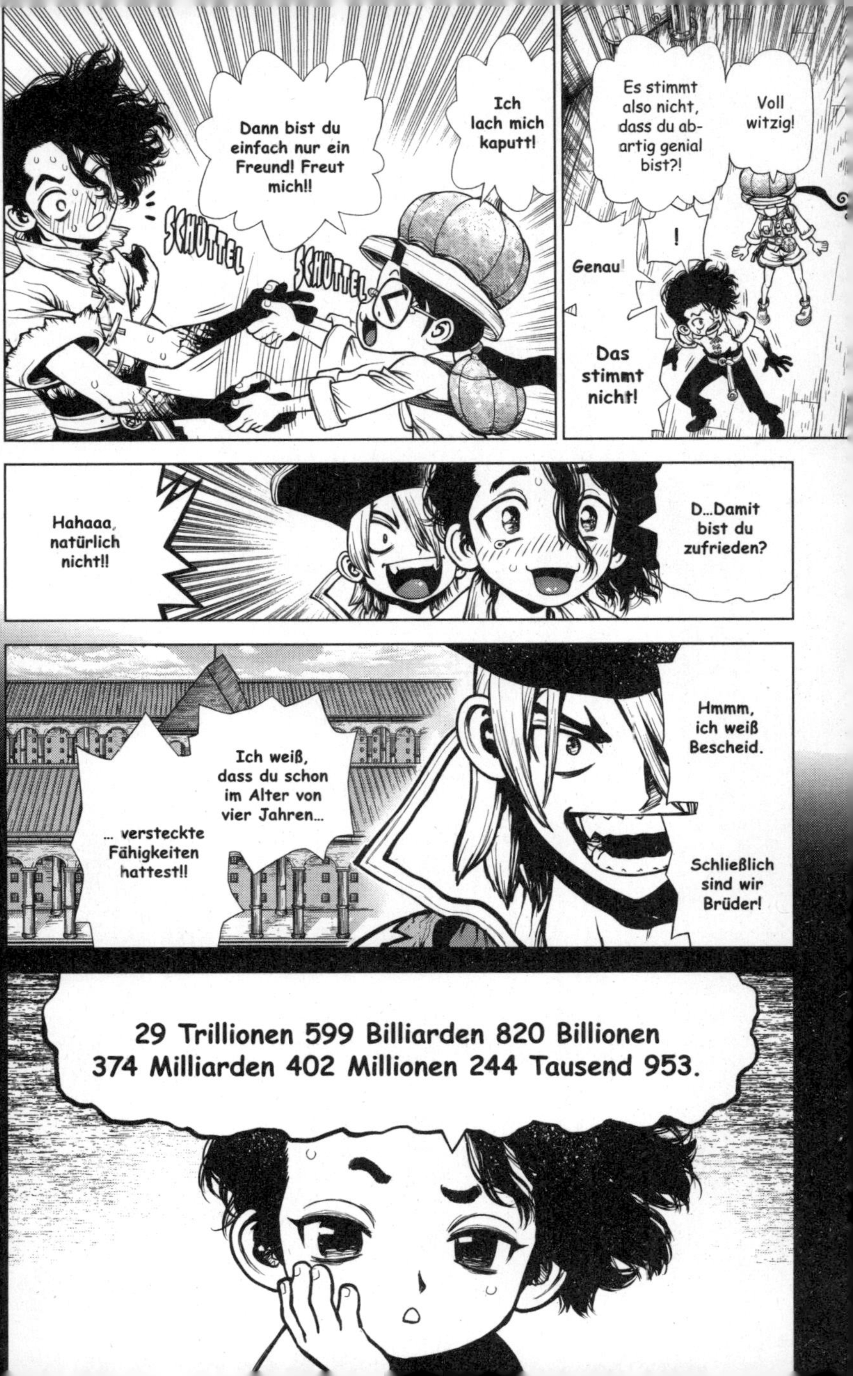

Voll witzig!
Es stimmt also nicht, dass du abartig genial bist?!
!
Genau
Das stimmt nicht!
Ich lach mich kaputt!
Dann bist du einfach nur ein Freund! Freut mich!!
SCHÜTTEL
SCHÜTTEL
D...Damit bist du zufrieden?
Hahaaa, natürlich nicht!!
Hmmm, ich weiß Bescheid.
Schließlich sind wir Brüder!
Ich weiß, dass du schon im Alter von vier Jahren...
... versteckte Fähigkeiten hattest!!
29 Trillionen 599 Billiarden 820 Billionen
374 Milliarden 402 Millionen 244 Tausend 953.

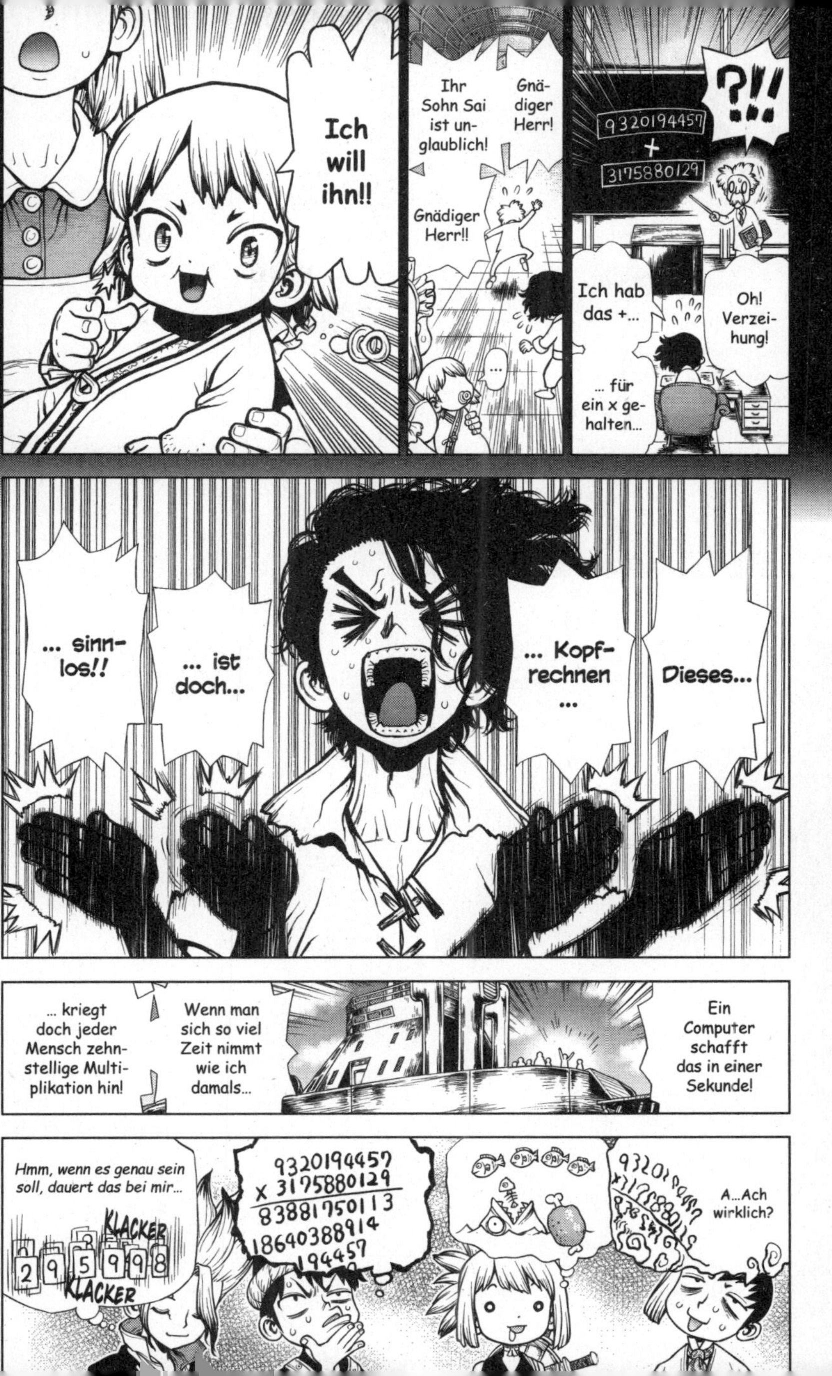
?!!
9320194457
+
3175880129
Oh! Verzeihung!
Ich hab das +...
... für ein x gehalten...
Gnädiger Herr!
Ihr Sohn Sai ist unglaublich!
Gnädiger Herr!!
...
Ich will ihn!!
Dieses...
... Kopfrechnen ...
... ist doch...
... sinnlos!!
Ein Computer schafft das in einer Sekunde!
Wenn man sich so viel Zeit nimmt wie ich damals...
... kriegt doch jeder Mensch zehnstellige Multiplikation hin!
A...Ach wirklich?
9320194457
x 3175880129
83881750113
18640388914
194457
Hmm, wenn es genau sein soll, dauert das bei mir...
KLACKER
295998
KLACKER

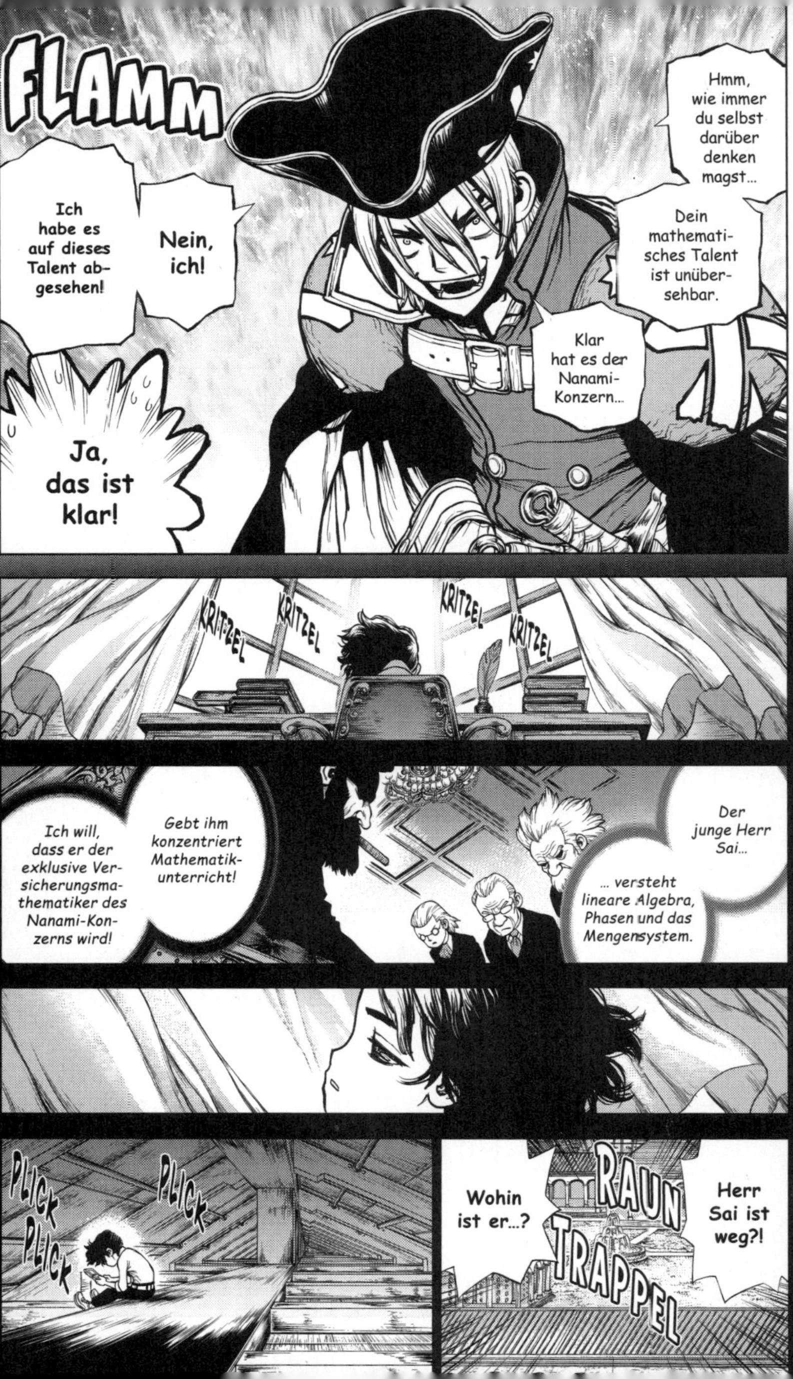
FLAMM
Hmm, wie immer du selbst darüber denken magst...
Dein mathematisches Talent ist unübersehbar.
Klar hat es der Nanami-Konzern...
Nein, ich!
Ich habe es auf dieses Talent abgesehen!
Ja, das ist klar!
KRITZEL
KRITZEL
KRITZEL
KRITZEL
Der junge Herr Sai...
... versteht lineare Algebra, Phasen und das Mengensystem.
Gebt ihm konzentriert Mathematikunterricht!
Ich will, dass er der exklusive Versicherungsmathematiker des Nanami-Konzerns wird!
Herr Sai ist weg?!
RAUN
TRAPPEL
Wohin ist er...?
PLICK
PLICK
PLICK

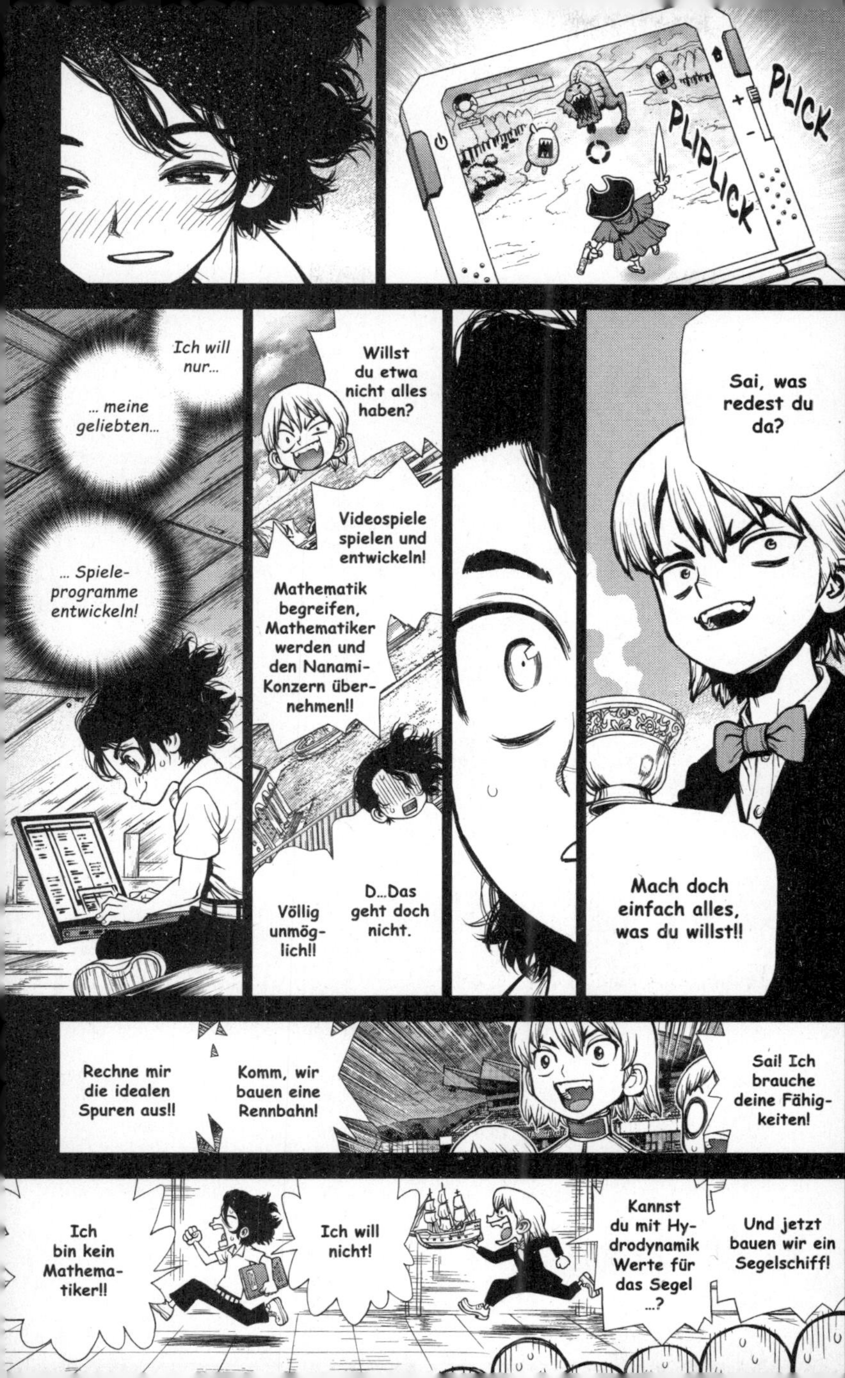
PLICK
PLIPLICK
Sai, was redest du da?
Mach doch einfach alles, was du willst!!
Willst du etwa nicht alles haben?
Videospiele spielen und entwickeln!
Mathematik begreifen, Mathematiker werden und den Nanami-Konzern übernehmen!!
D...Das geht doch nicht.
Völlig unmöglich!!
Ich will nur...
... meine geliebten...
... Spiele-programme entwickeln!
Sai! Ich brauche deine Fähigkeiten!
Komm, wir bauen eine Rennbahn!
Rechne mir die idealen Spuren aus!!
Und jetzt bauen wir ein Segelschiff!
Kannst du mit Hydrodynamik Werte für das Segel ...?
Ich will nicht!
Ich bin kein Mathematiker!!

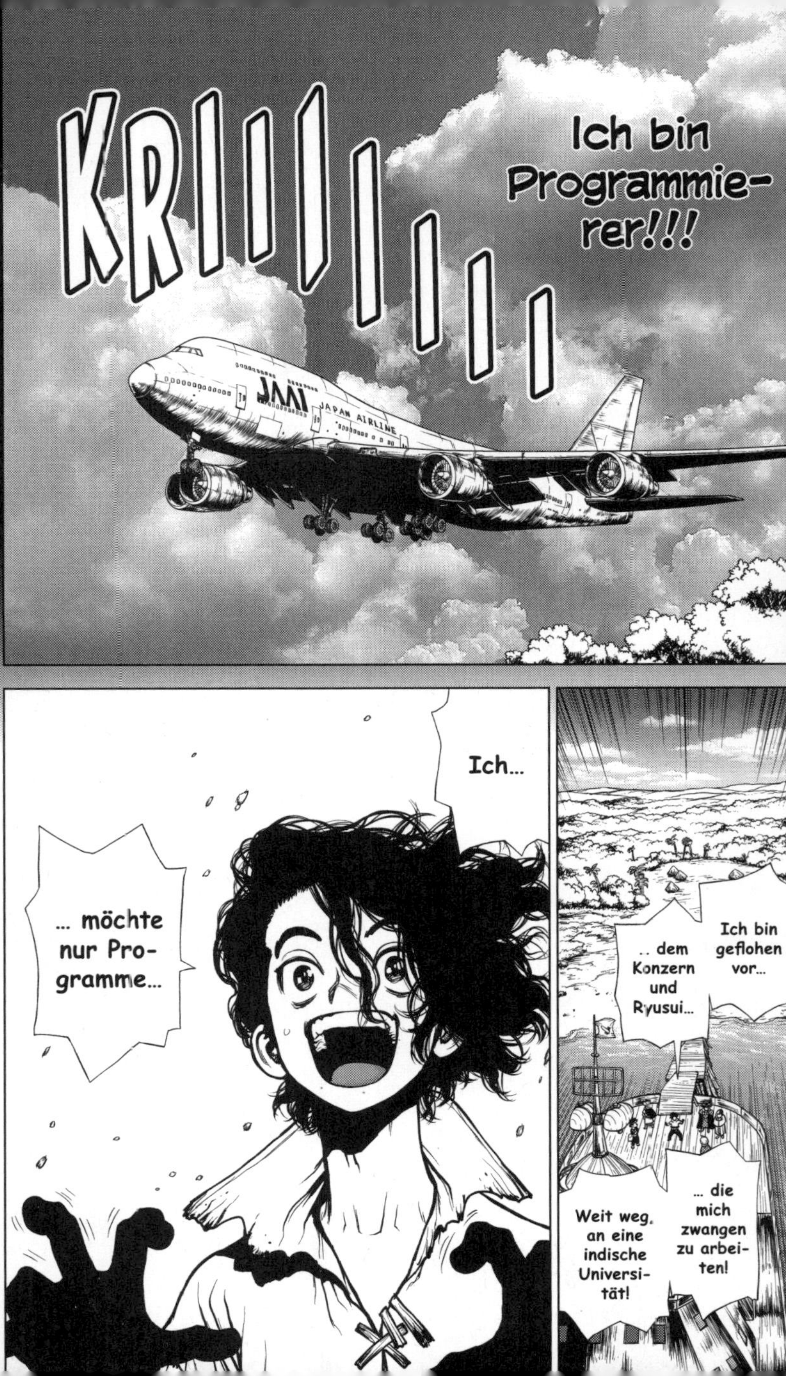
KRIIIIIIIII
Ich bin Programmie-rer!!!
JAPAN AIRLINE
Ich bin geflohen vor...
.. dem Konzern und Ryusui...
... die mich zwangen zu arbei-ten!
Weit weg, an eine indische Universi-tät!
Ich...
... möchte nur Pro-gramme...

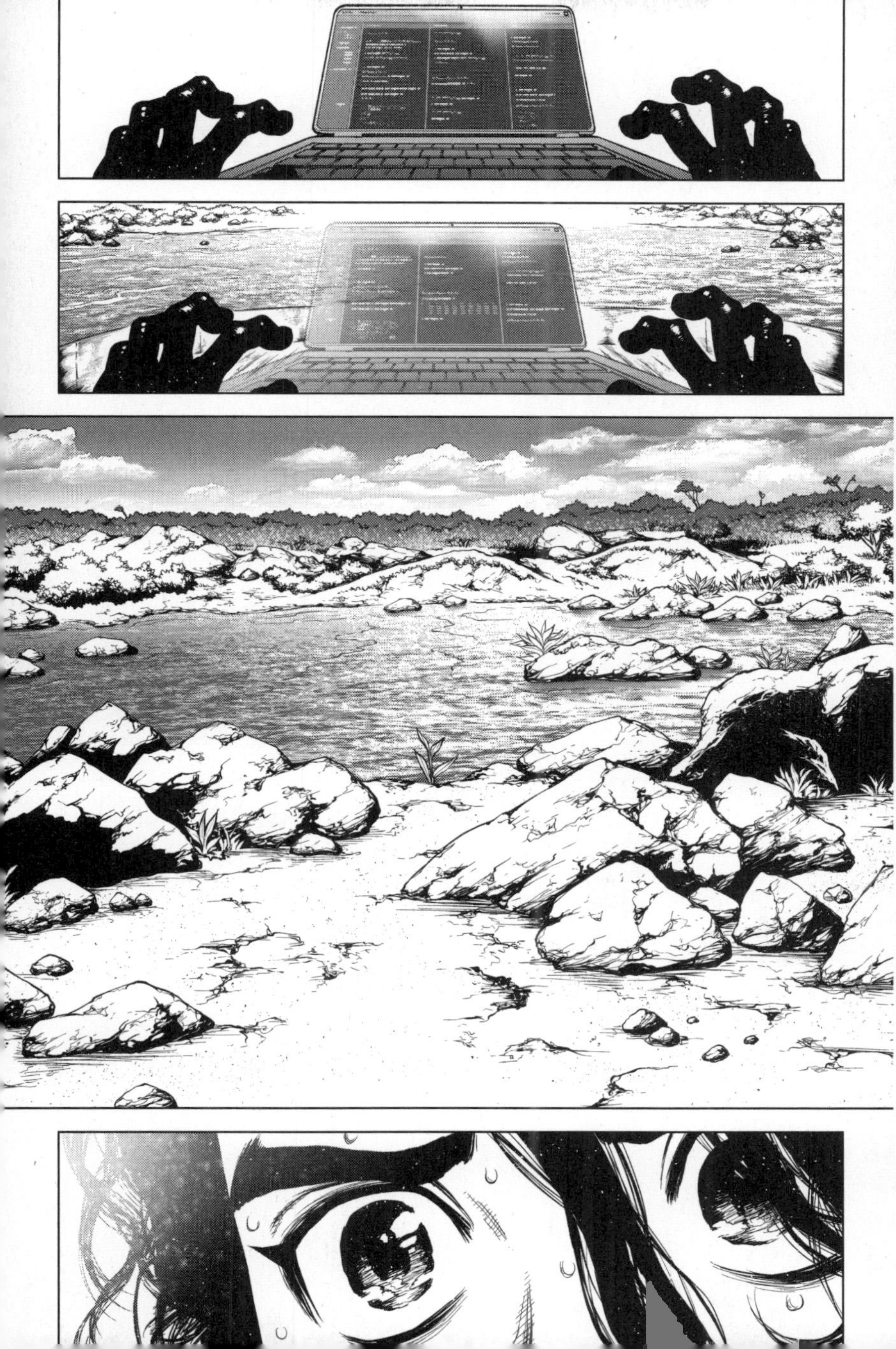

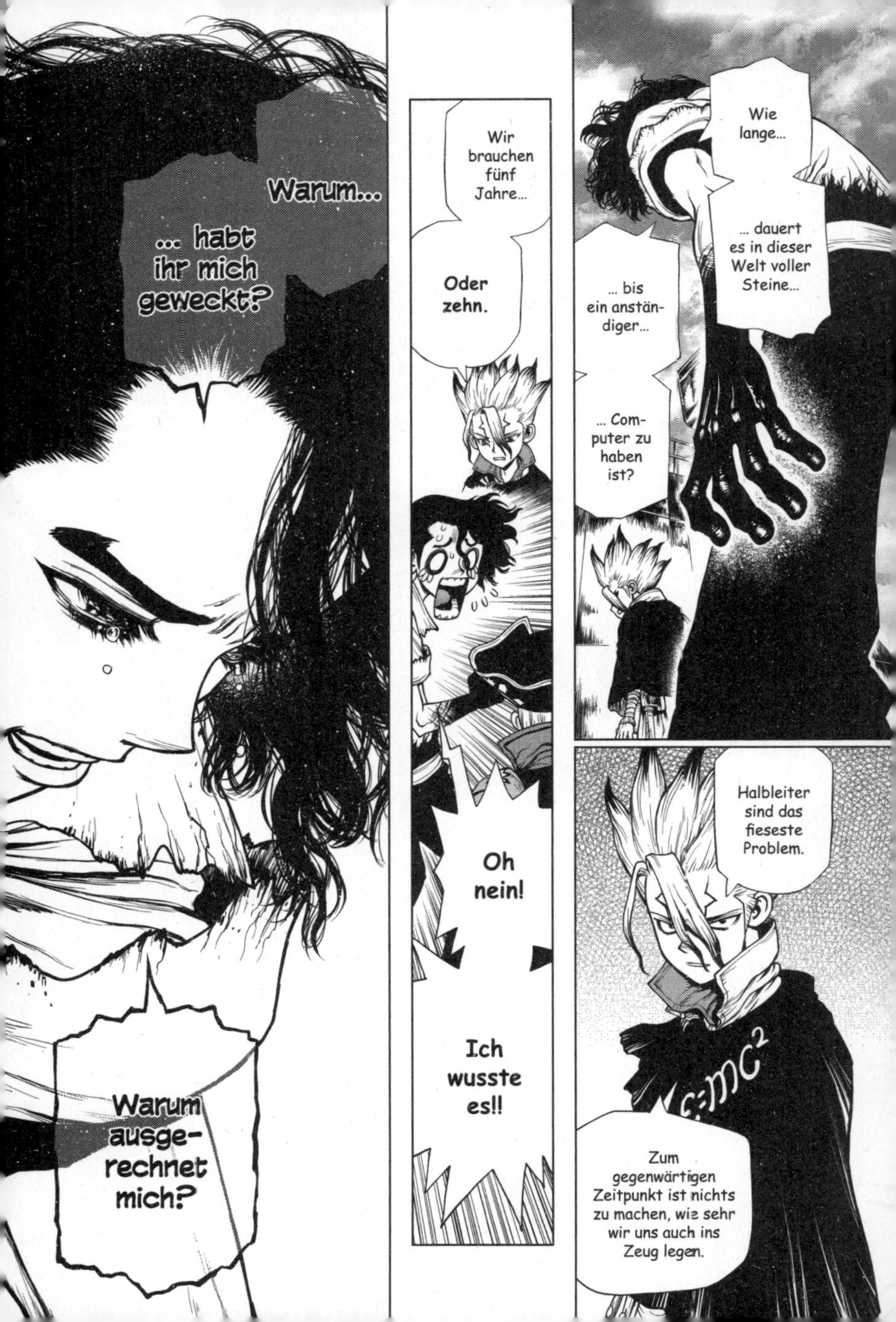
Wie lange...
... dauert es in dieser Welt voller Steine...
... bis ein anständiger...
... Computer zu haben ist?
Halbleiter sind das fieseste Problem.
Zum gegenwärtigen Zeitpunkt ist nichts zu machen, wie sehr wir uns auch ins Zeug legen.
Wir brauchen fünf Jahre...
Oder zehn.
Oh nein!
Ich wusste es!!
Warum...
... habt ihr mich geweckt?
Warum ausgerechnet mich?

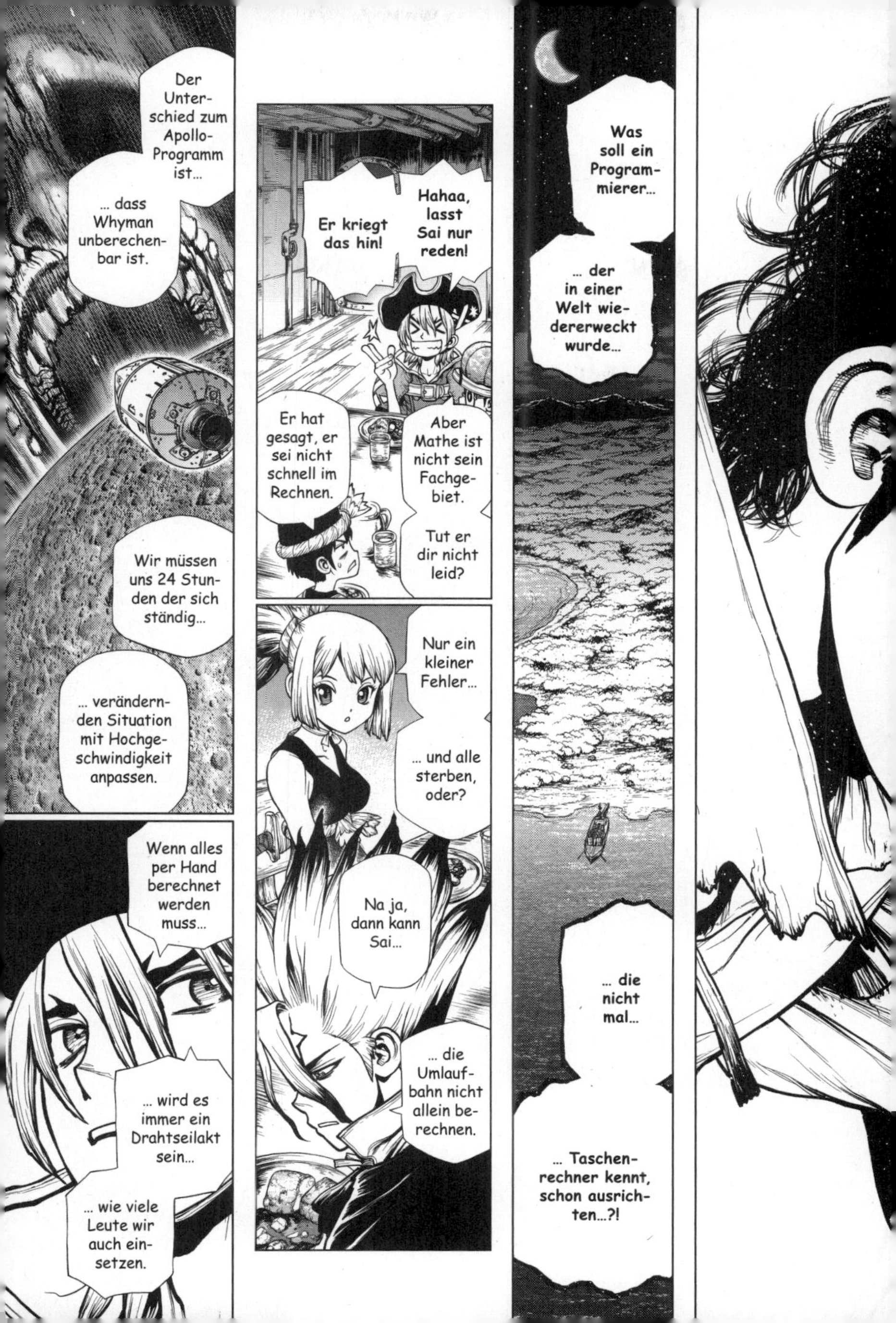

Der Unterschied zum Apollo-Programm ist...
... dass Whyman unberechenbar ist.
Wir müssen uns 24 Stunden der sich ständig...
... verändernden Situation mit Hochgeschwindigkeit anpassen.
Wenn alles per Hand berechnet werden muss...
... wird es immer ein Drahtseilakt sein...
... wie viele Leute wir auch einsetzen.
Hahaa, lasst Sai nur reden!
Er kriegt das hin!
Aber Mathe ist nicht sein Fachgebiet.
Er hat gesagt, er sei nicht schnell im Rechnen.
Tut er dir nicht leid?
Nur ein kleiner Fehler...
... und alle sterben, oder?
Na ja, dann kann Sai...
... die Umlaufbahn nicht allein berechnen.
Was soll ein Programmierer...
... der in einer Welt wiedererweckt wurde...
... die nicht mal...
... Taschenrechner kennt, schon ausrichten...?!

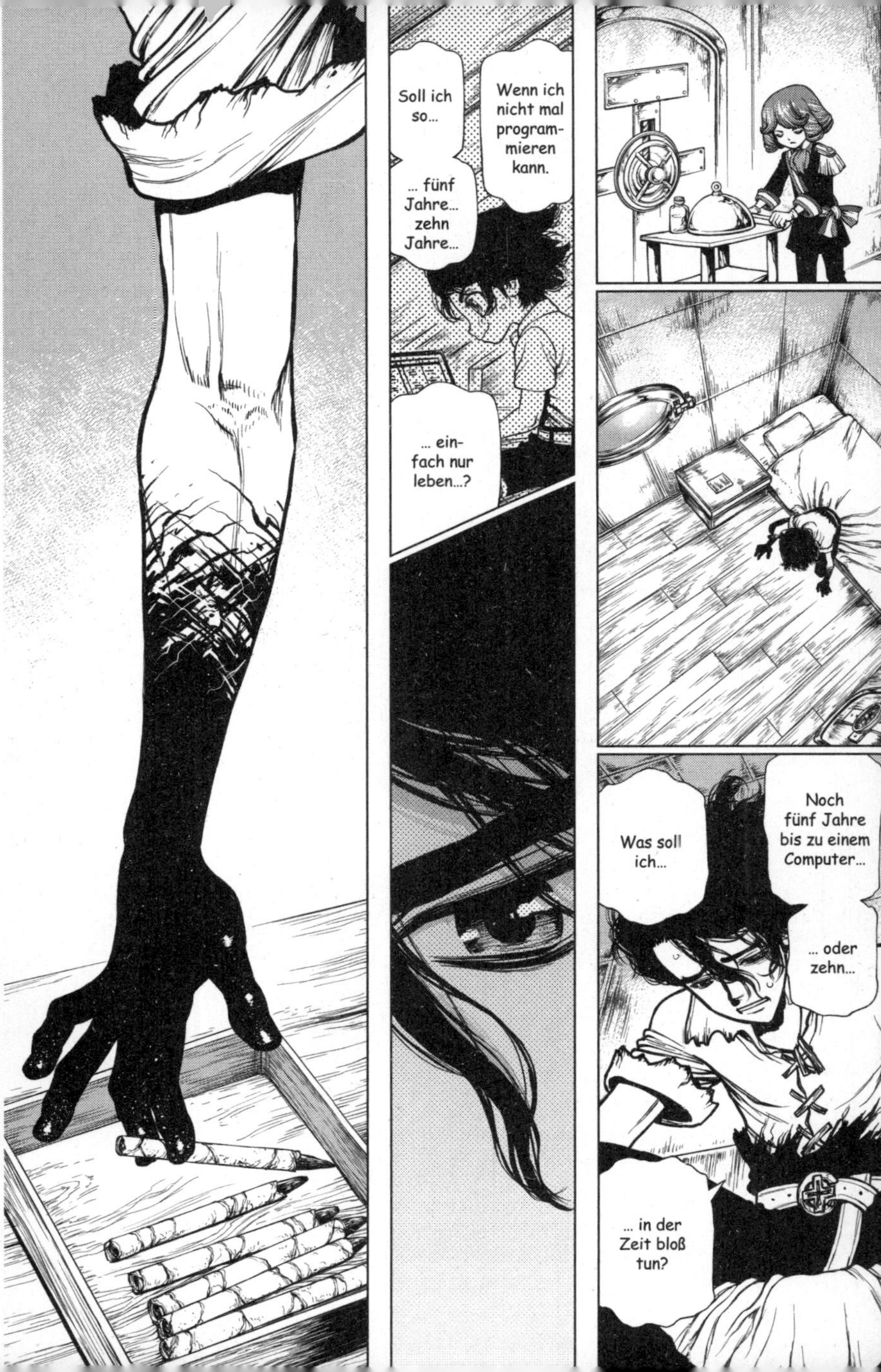
Noch fünf Jahre bis zu einem Computer...
... oder zehn...
Was soll ich...
... in der Zeit bloß tun?
Wenn ich nicht mal programmieren kann.
Soll ich so...
... fünf Jahre... zehn Jahre...
... einfach nur leben...?

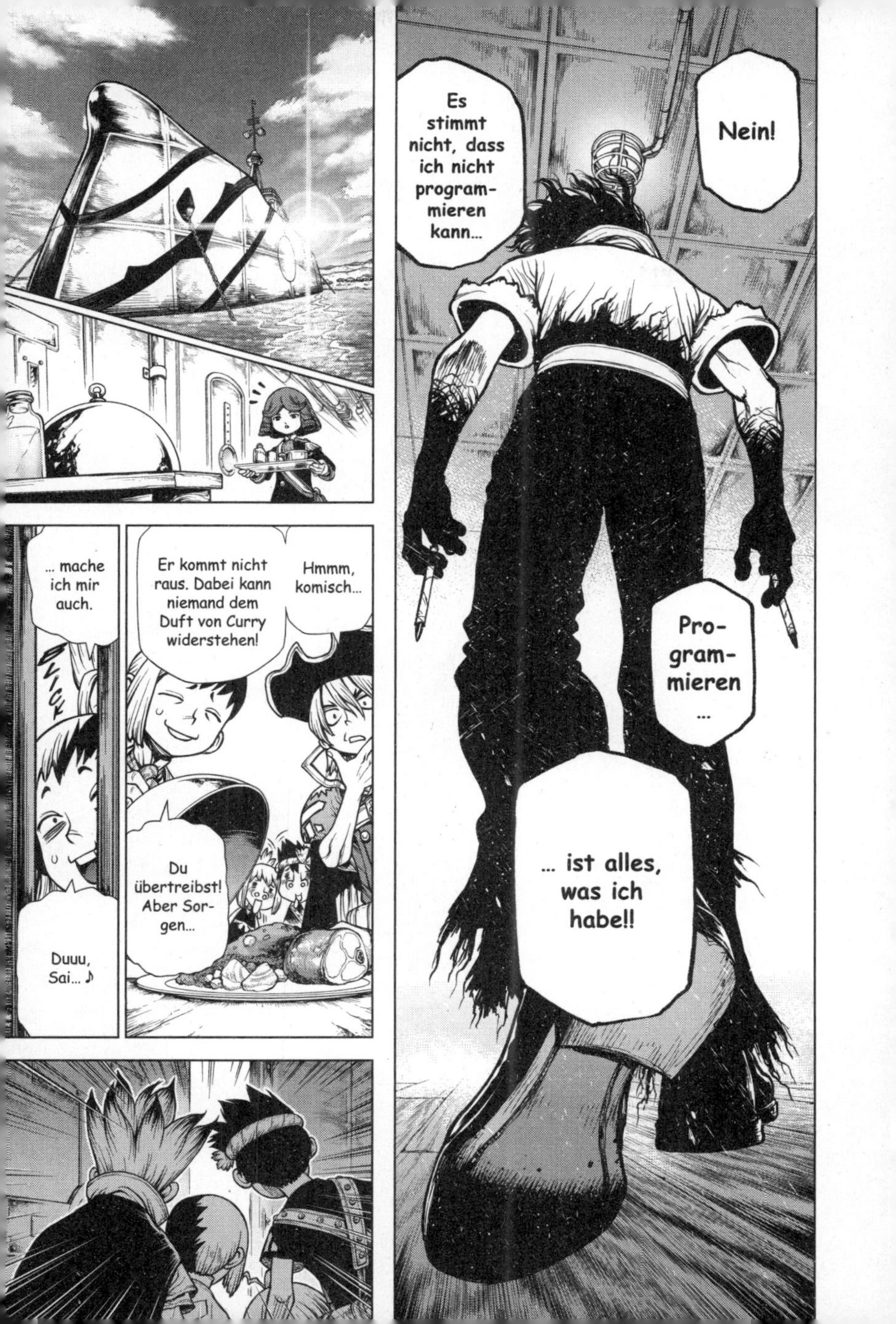
Nein!
Es stimmt nicht, dass ich nicht programmieren kann...
Programmieren ...
... ist alles, was ich habe!!
Hmmm, komisch...
Er kommt nicht raus. Dabei kann niemand dem Duft von Curry widerstehen!
Du übertreibst! Aber Sorgen...
... mache ich mir auch.
BLICK
Duuu, Sai... ♪

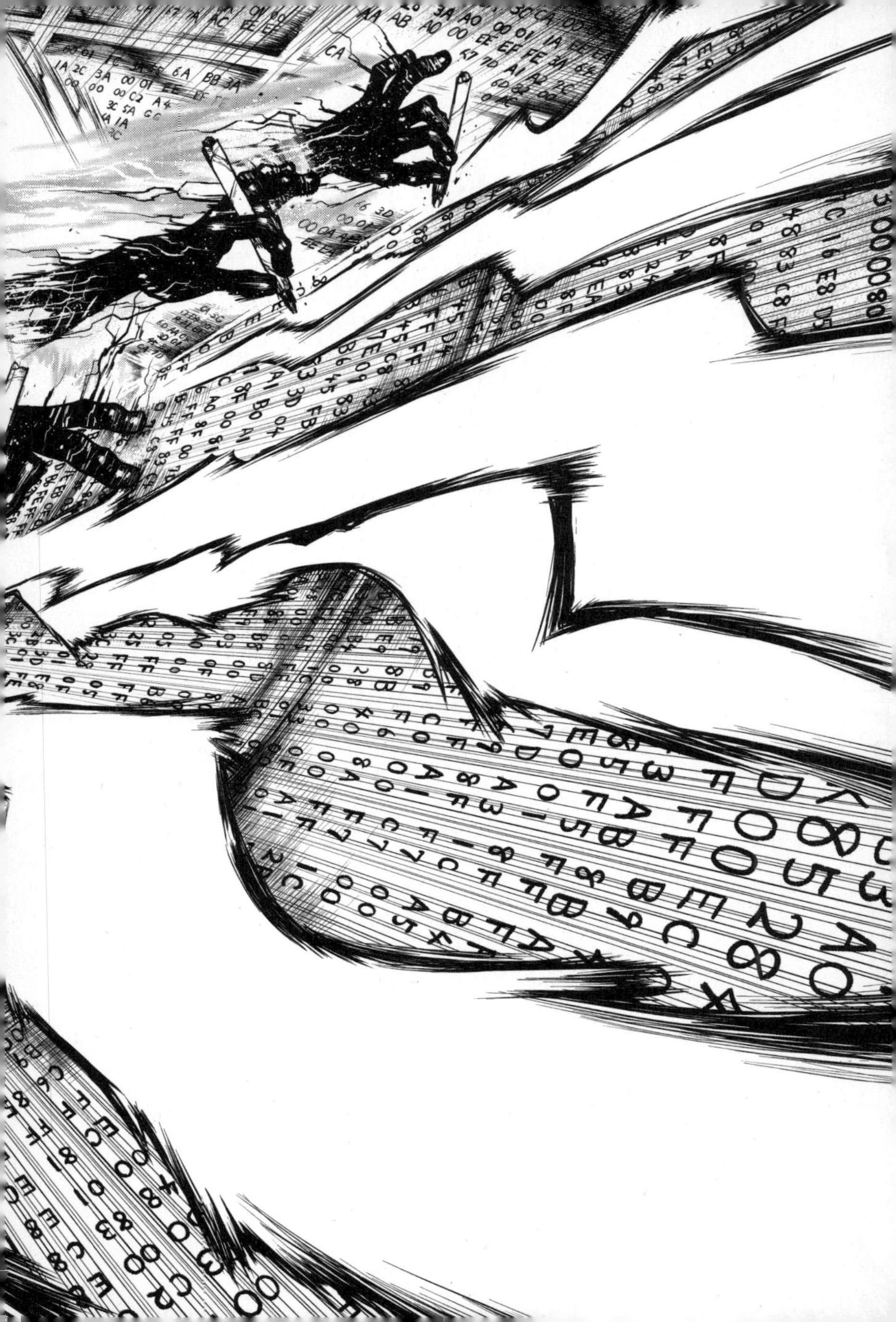

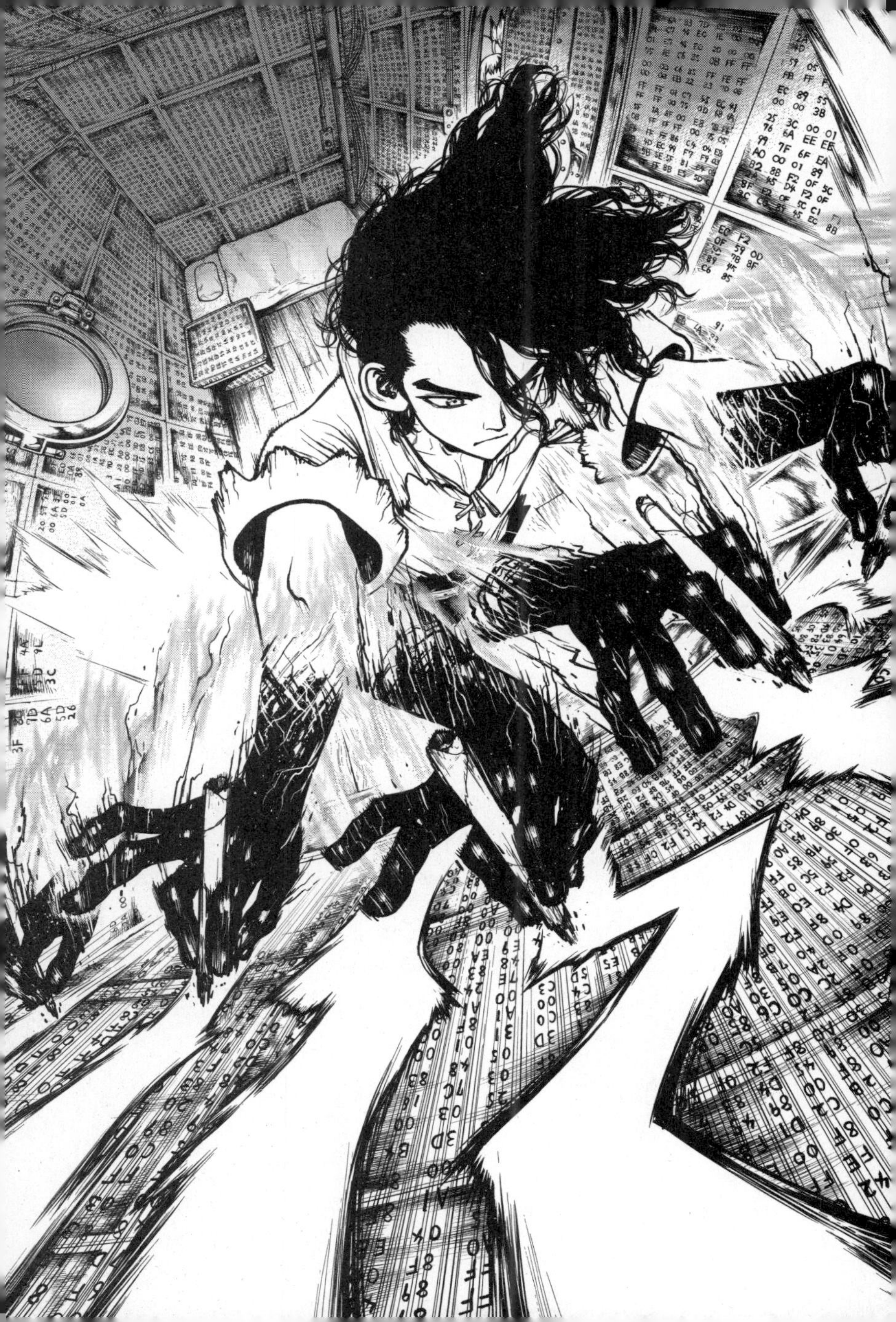

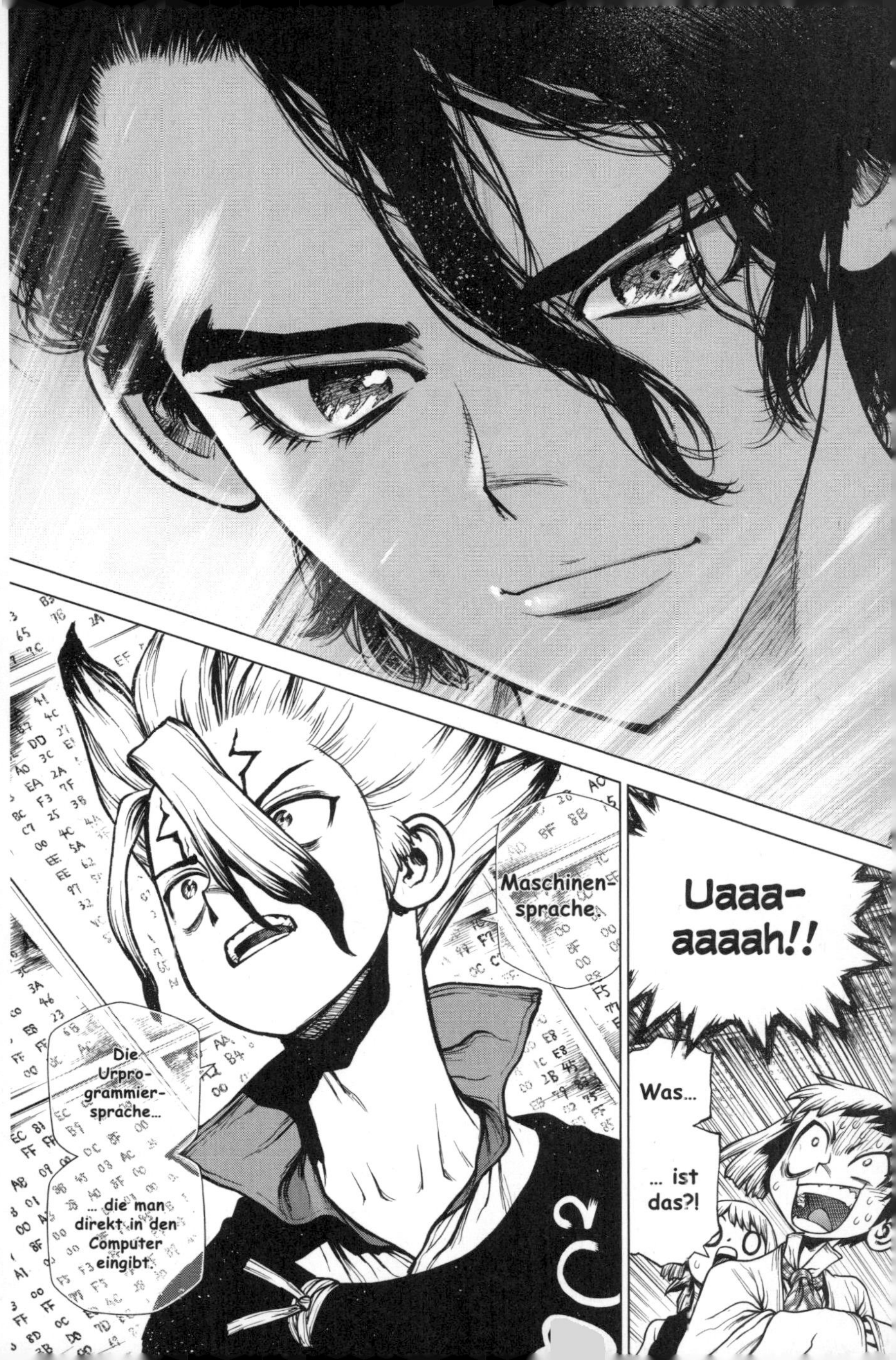
Maschinen-sprache.
Die Urprogrammier-sprache...
... die man direkt in den Computer eingibt.
Uaaa-aaaah!!
Was...
... ist das?!

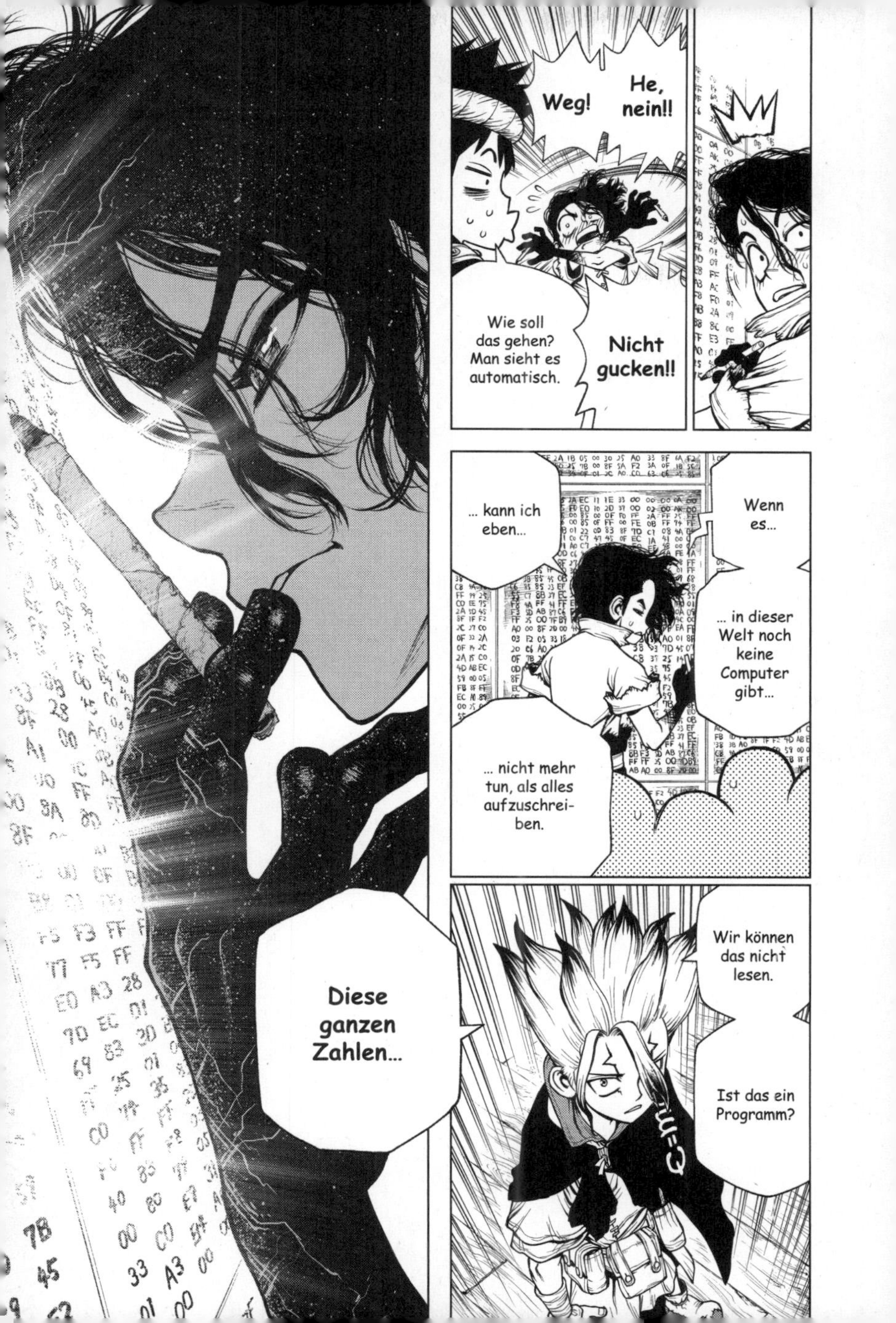
He, nein!!
Weg!
Nicht gucken!!
Wie soll das gehen? Man sieht es automatisch.
Wenn es...
... in dieser Welt noch keine Computer gibt...
... kann ich eben...
... nicht mehr tun, als alles aufzuschreiben.
Wir können das nicht lesen.
Ist das ein Programm?
Diese ganzen Zahlen...

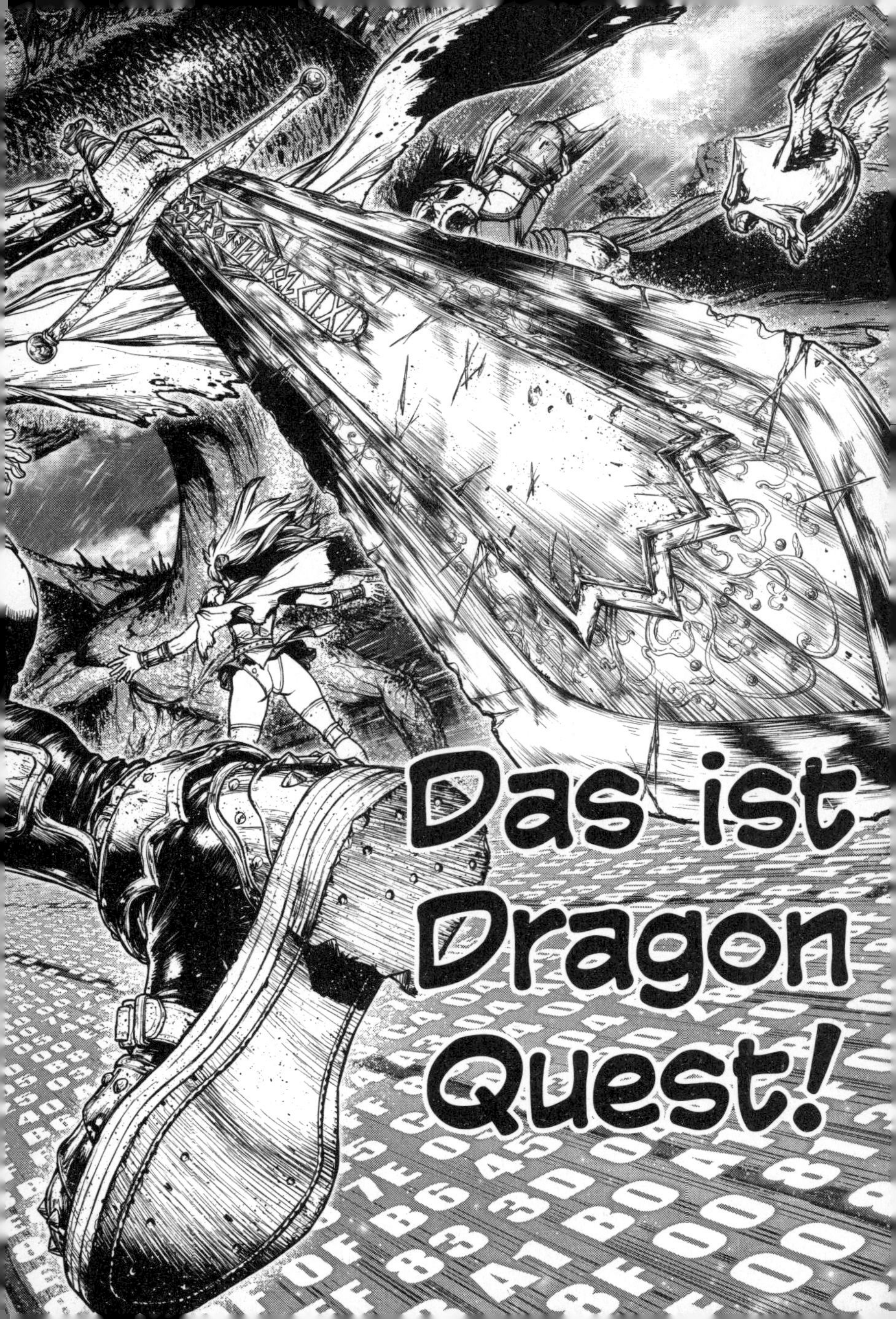
Das ist
Dragon
Quest!

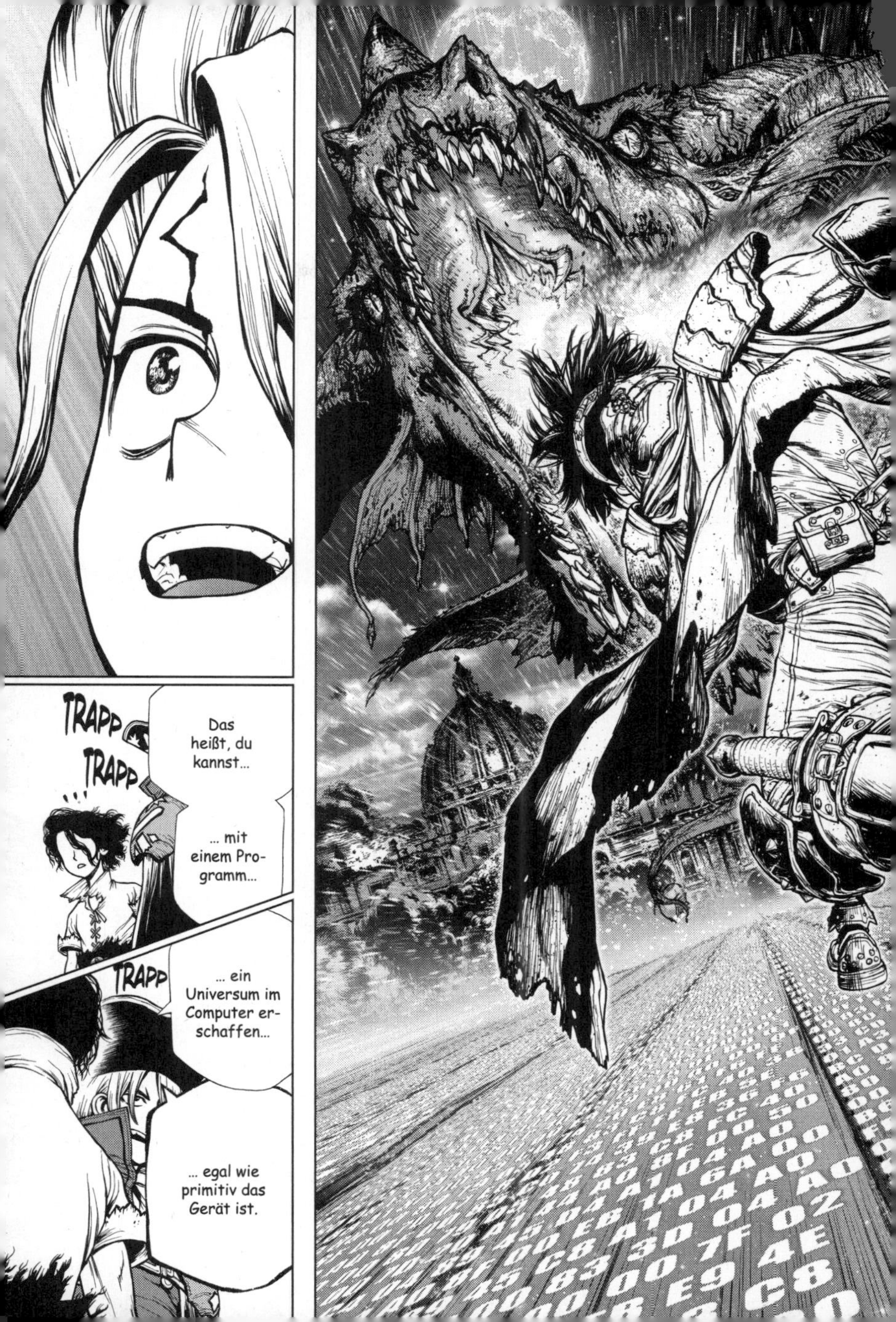
TRAPP
TRAPP
Das heißt, du kannst...
... mit einem Programm...
TRAPP
... ein Universum im Computer erschaffen...
... egal wie primitiv das Gerät ist.

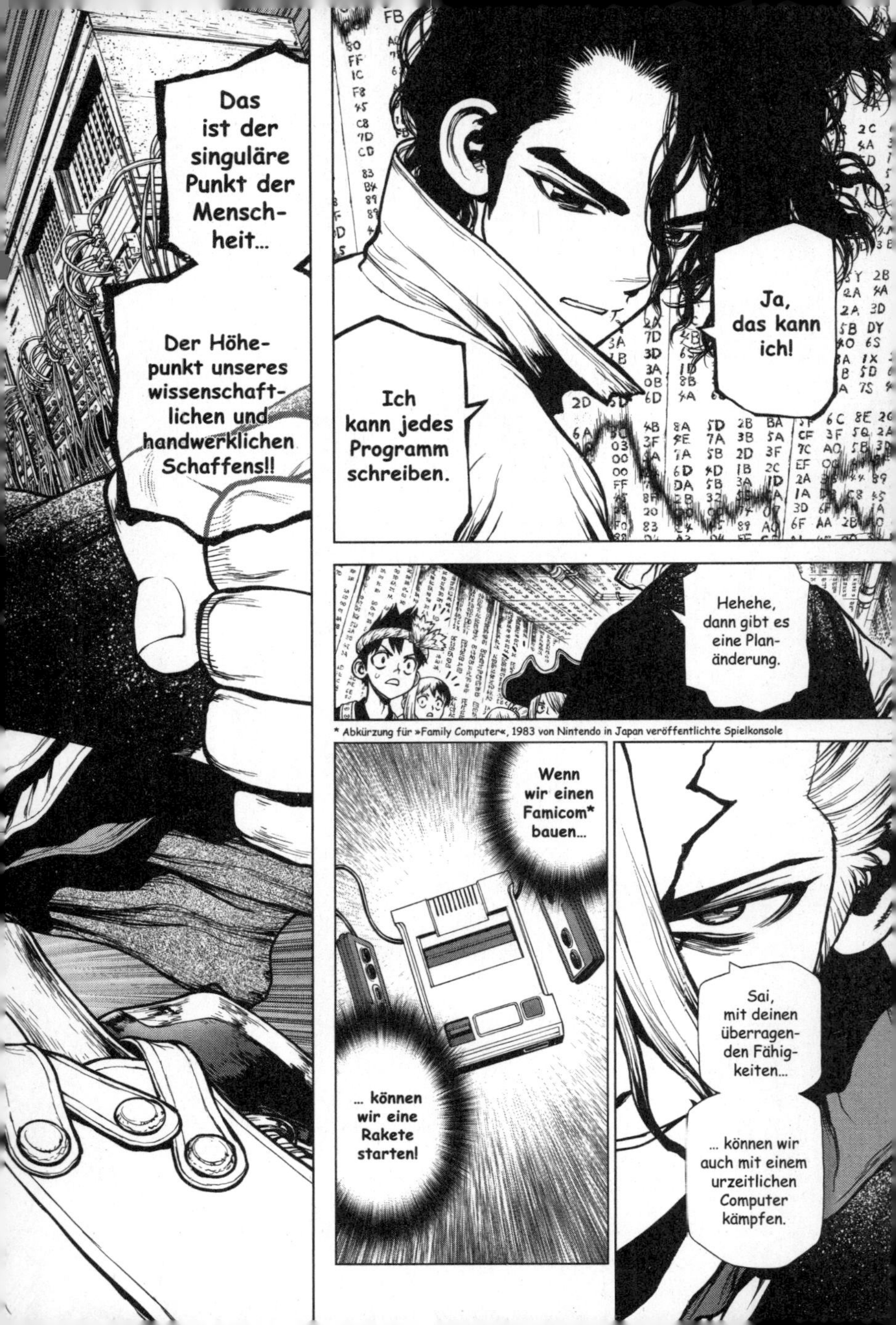

* Abkürzung für »Family Computer«, 1983 von Nintendo in Japan veröffentlichte Spielkonsole

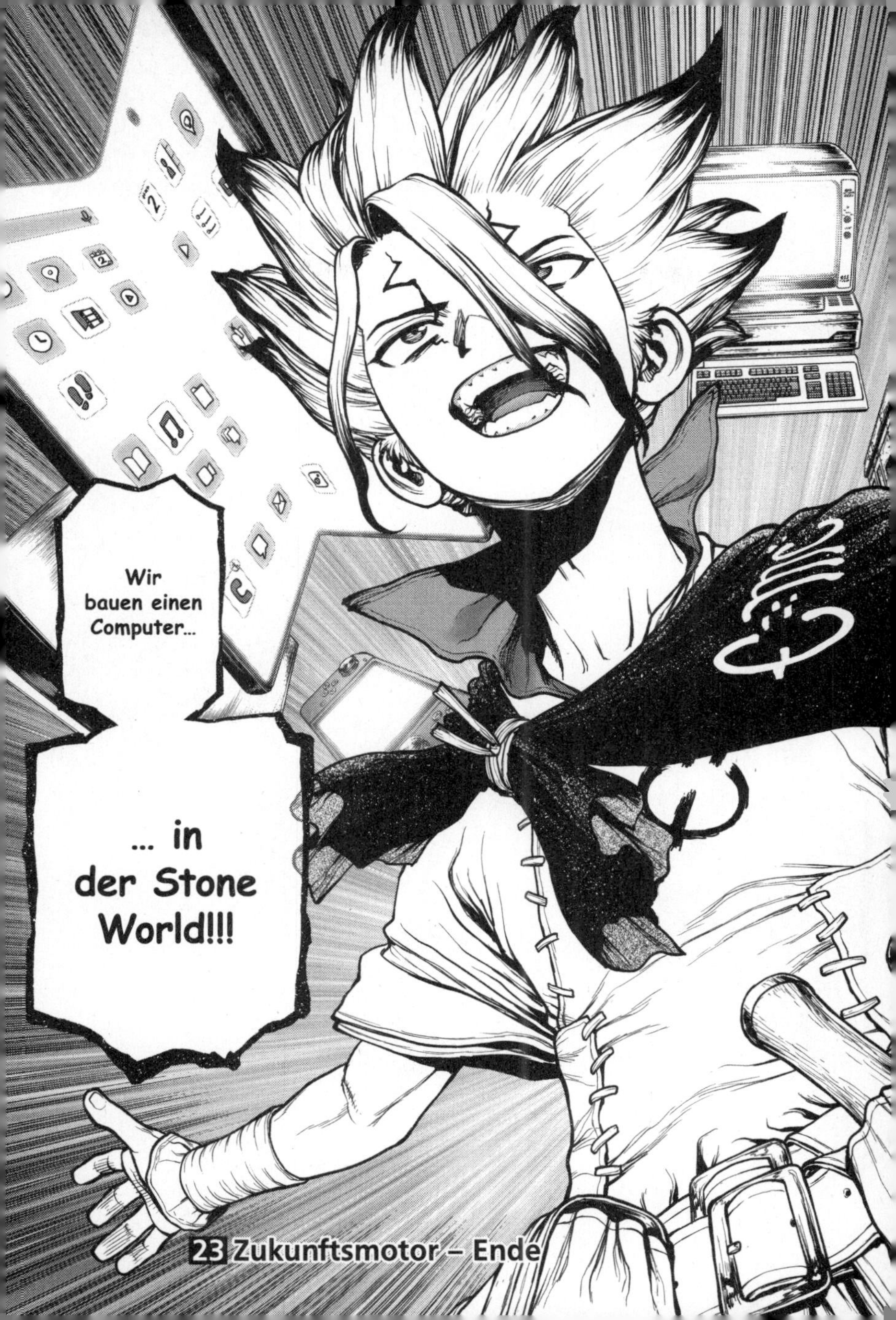
Wir bauen einen Computer...
... in der Stone World!!!
23 Zukunftsmotor – Ende

uen Stone World

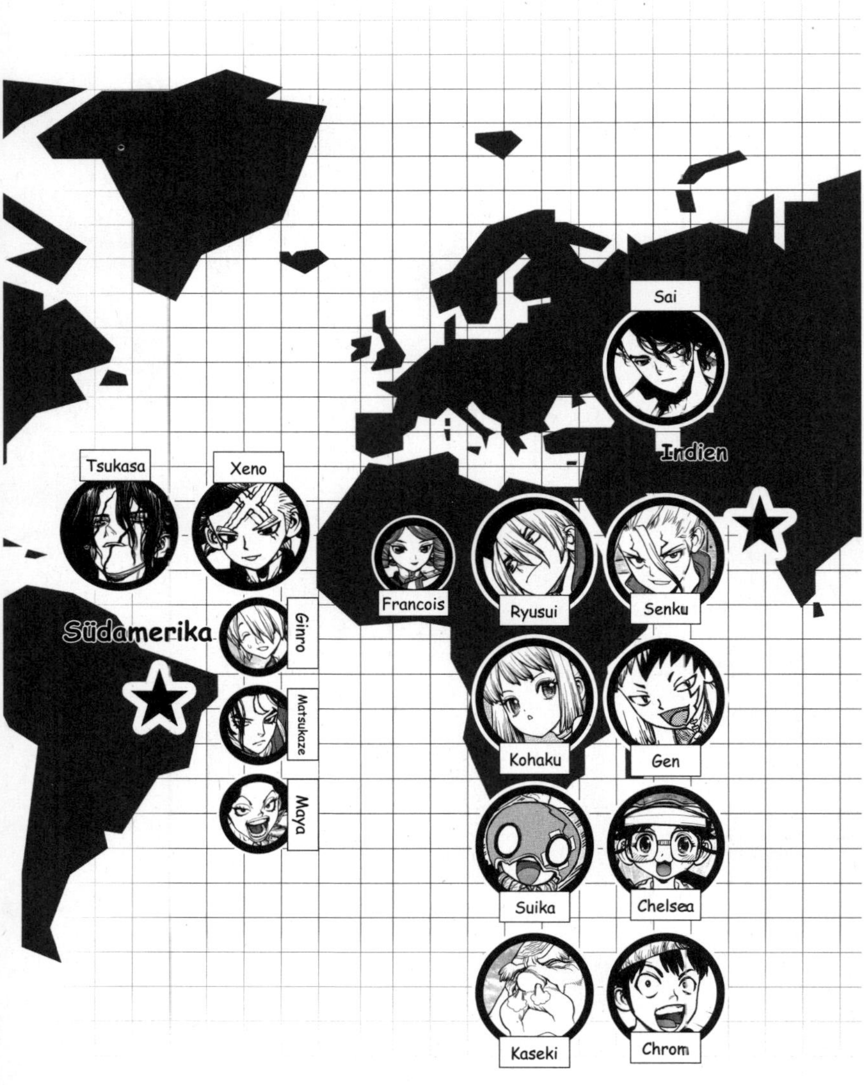

Weltkarte der ne

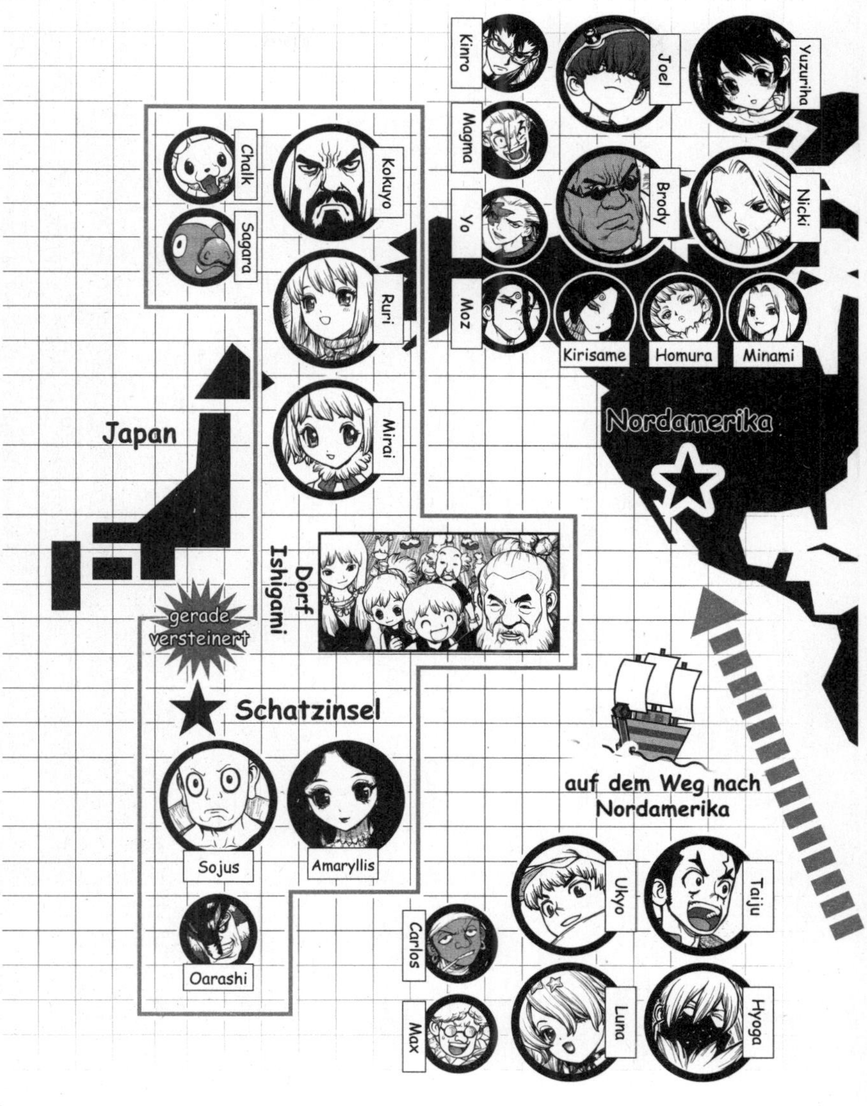

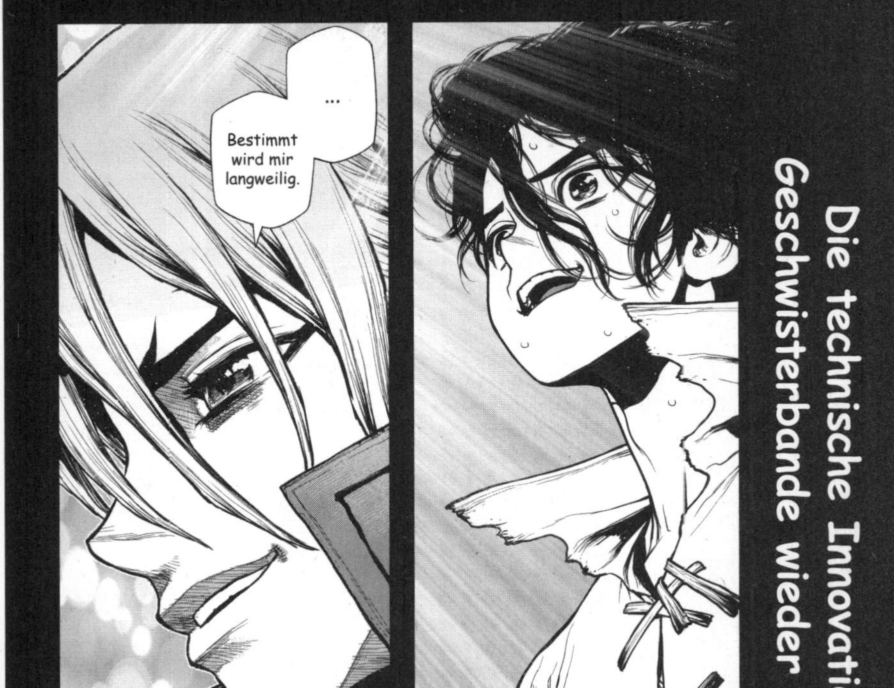
Die technische Innovation lässt Geschwisterbande wieder aufleben...
...
Bestimmt wird mir langweilig.
Ich wünsche mir einen starken Gegner...
... gegen den ich auf dem Schiff kämpfen kann!

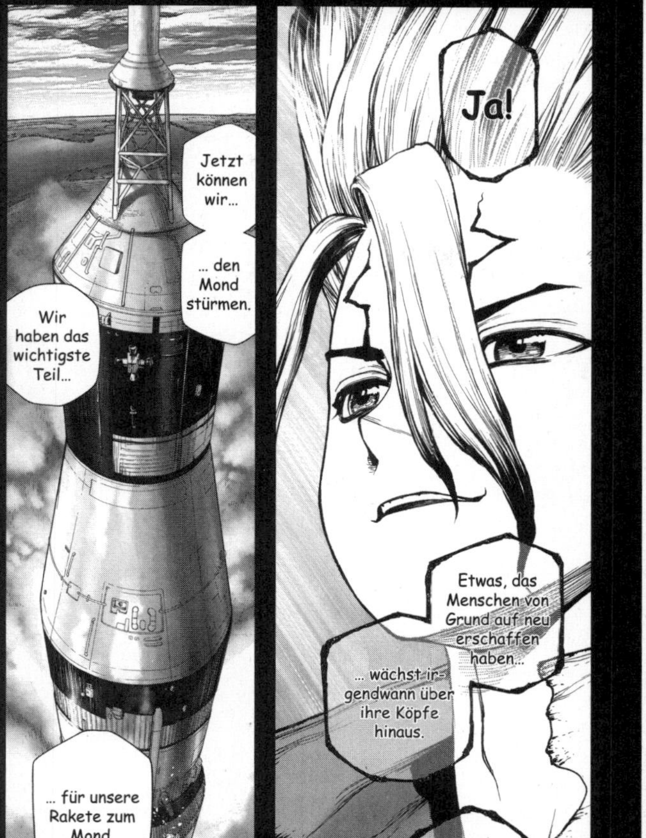

Während der Plan zur Mondlandung immer weiter voranschreitet, wird klar...
... welch dramatischen Entschluss Senku gefasst hat!!

Dr.STONE 24

reiche Serien

Boruto
von Masashi Kishimoto, Ukyo Kodachi und Mikio Ikemoto

Narutos Sohn Boruto gilt als Wunderkind und ist genauso rebellisch wie einst sein Vater. Er bittet Sasuke ihn zu trainieren, um ein besserer Ninja als Naruto zu werden...

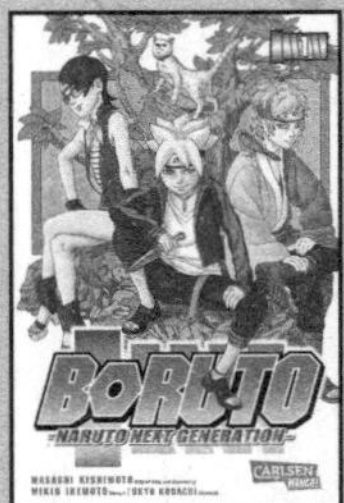

Naruto
von Masashi Kishimoto

Naruto will der beste Ninja der Welt werden. Weil in ihm ein mächtiges Geheimnis schlummert, wird er von vielen bösen und gefährlichen Ninja verfolgt...

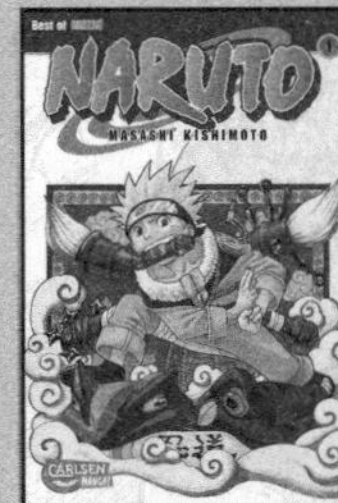

Fairy Tail
von Hiro Mashima

Verrückte Magier, geflügelte Katzen und gefährliche Monster – das ist die Welt von »Fairy Tail«. So nennt sich eine Gilde von sympathischen Outlaws, die mit ihren Zauberkünsten gegen das Böse in der Welt kämpfen, dabei aber mehr als einmal über das Ziel hinausschießen.

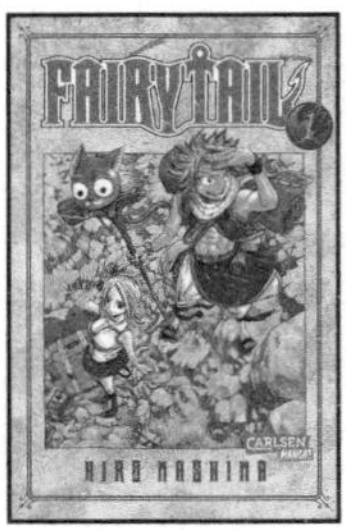

Edens Zero
von Hiro Mashima

Im Reich der Träume, dem Vergnügungspark Granbell, lebt Shiki allein unter Robotern, doch dann treffen die ersten Gäste seit 100 Jahren ein: Rebecca und ihre blaue Katze Happy. Die drei verstehen sich auf Anhieb gut und werden Freunde... Allerdings birgt dieses kleine Aufeinandertreffen große Veränderungen für ihr Schicksal!

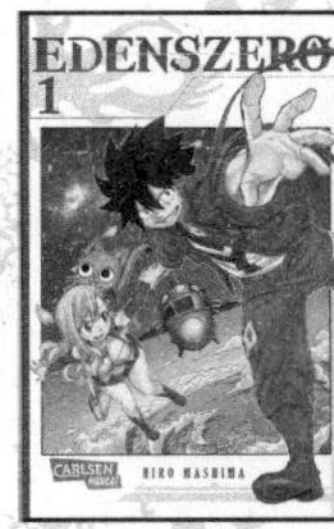

Assassination Classroom
von Yusei Matsui

Ein übermächtiges Tentakelmonster mit Smileygesicht droht die Erde zu zerstören. Aber erst nächstes Jahr ... Bis dahin unterrichtet das Monster die Klasse 9-E der Kunugigaoka Junior Highschool.

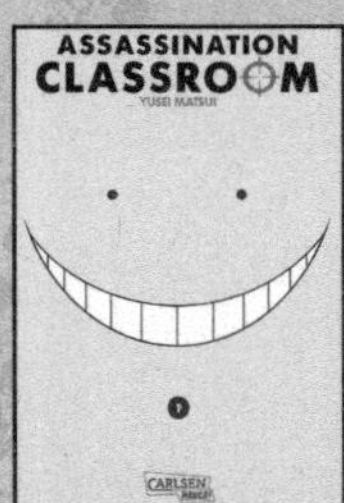

Soul Eater Massiv
von Atsushi Ohkubo

Maka ist Waffenschmiedin in einer spezieller Ausbildung. Ihre Sense namens Soul Eater hat ein Eigenleben und nimmt außerhalb des Kampfes die Gestalt eines ultracoolen Jungen an.

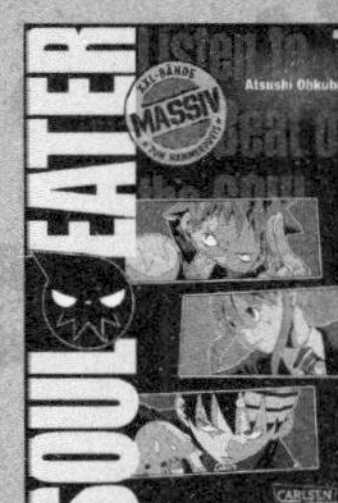

Manga Heroes

Action

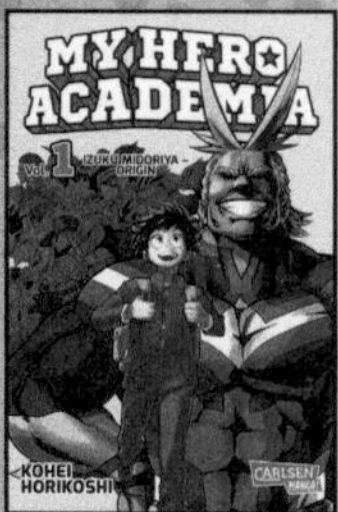

My Hero Academia

von Kohei Horikoshi

In der Welt von Izuku Midoriya besitzt 80% der Bevölkerung Superkräfte.
Doch wie und wo könnten die Helden lernen, ihre Fähigkeiten, die sogenannten »Macken« (jp. Kosei) effizienter zu nutzen? Natürlich an der MY HERO ACADEMIA!

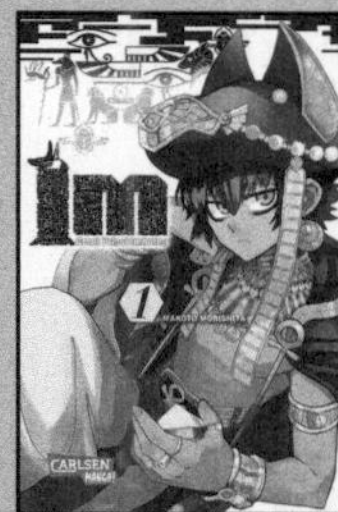

IM – Great Priest Imhotep

von Makoto Morishita

Der Hohepriester Imhotep aus dem antiken Ägypten weilt wieder unter den Lebenden. Im modernen Japan gestrandet, ist er ein Jäger, der die Menschen vor dem uralten Übel der Magai bewahren soll – gottgleichen Wesen, die nach der Vernichtung der Menschen trachten.

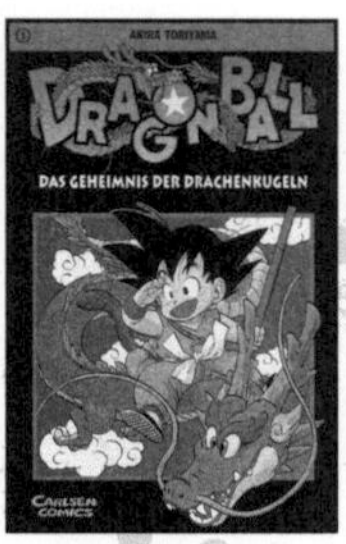

Dragon Ball

von Akira Toriyama

Der Legende nach gibt es sieben »Dragon Balls« auf der Welt. Bringt man alle zusammen, so erscheint der mächtige Drache Shenlong und erfüllt einen Wunsch. Nicht auszudenken, was passiert, sollten die »Dragon Balls« in falsche Hände geraten …

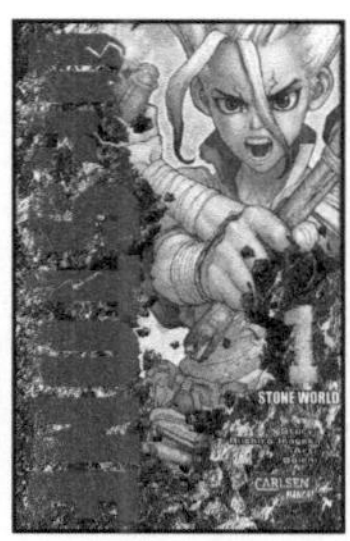

Dr. Stone

von Riichiro Inagaki und Boichi

Ein Augenblick, und die Menschheit erstarrt auf mysteriöse Weise zu Stein. Als die beiden Highschool-Schüler Senku und Taiju mehr als dreitausend Jahre später erwachen, beschließen sie, die menschliche Zivilisation im Alleingang neu aufzubauen!

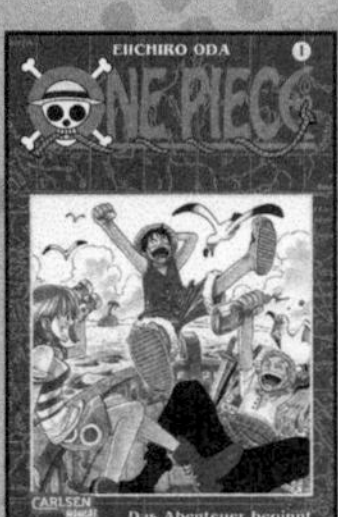

One Piece

von Eiichiro Oda

Monkey D. Ruffy und seine lustige Piraten-Crew sind auf der Suche nach dem größten Schatz der Welt: dem One Piece! Klar, dass sie da nicht die einzigen Piraten auf den Meeren sind…

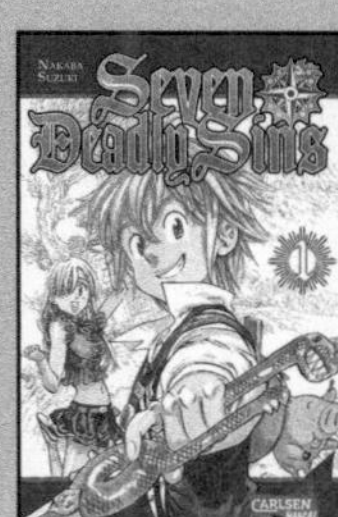

Seven Deadly Sins

von Nakaba Suzuki

Die »Seven Deadly Sins« gelten als die schlimmsten Verbrecher Britannias, Prinzessin Elisabeth macht sich dennoch auf die Suche nach ihnen, denn sie braucht dringend ihre Hilfe…

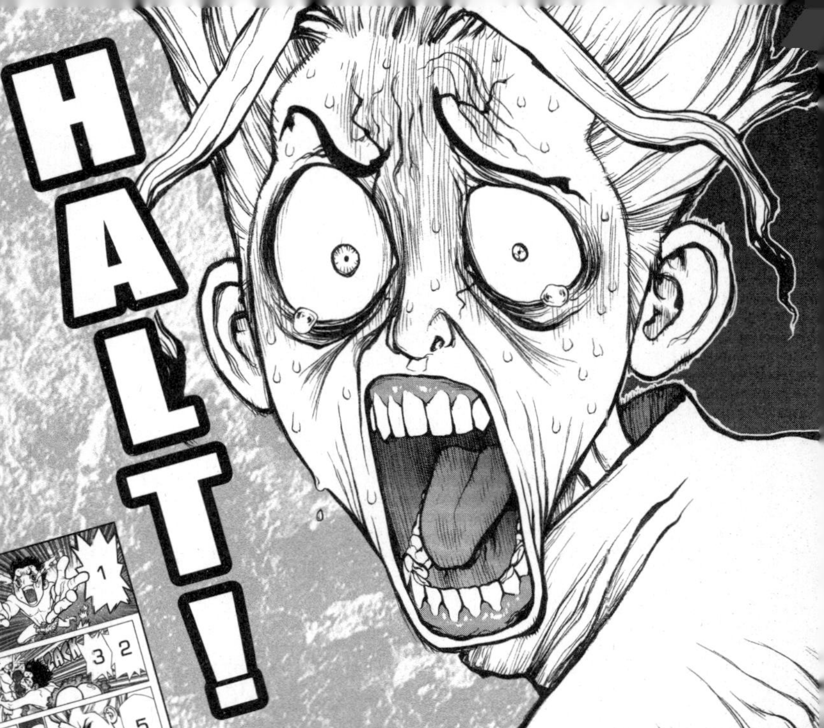

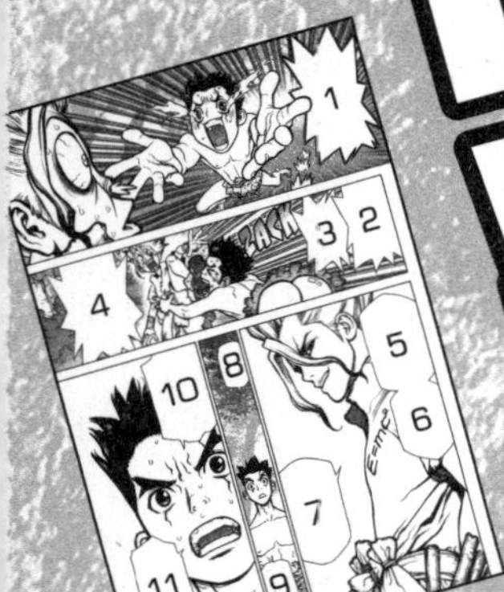

Dieser Comic beginnt nicht auf dieser Seite. **Dr. Stone** ist ein japanischer Comic. Da in Japan von »hinten« nach »vorne« gelesen wird und von rechts nach links, müsst ihr auch diesen Comic auf der anderen Seite aufschlagen und von »hinten« nach »vorne« blättern. Auch die Bilder und Sprechblasen werden von rechts oben nach links unten gelesen, so wie es die Grafik hier zeigt. Viel Spaß mit **Dr. Stone**!

CARLSEN MANGA
Deutsche Ausgabe/German Edition

Aus dem Japanischen von Yuki Kowalsky

First published in Japan in 2017 by SHUEISHA Inc., Tokyo.
German translation rights in Germany, Austria, Luxembourg and German-speaking Switzerland arranged by SHUEISHA Inc. through VME PLB SAS, France.
Redaktion: Philipp Nakata
Textbearbeitung: Steffen Haubner
Herstellung: Tobias Hametner

Bei Fragen zum Produkt: carlsen.de/kontakt
ISBN: 978-3-551-76117-0

MIX
Papier | Fördert gute Waldnutzung
FSC www.fsc.org FSC® C083411